원본

초한지

1

원본

초한지

西漢演義

견위 지음 · 김영문 옮김

1

교유서가

한고조

여후

한신

항우

우희

장량

소하

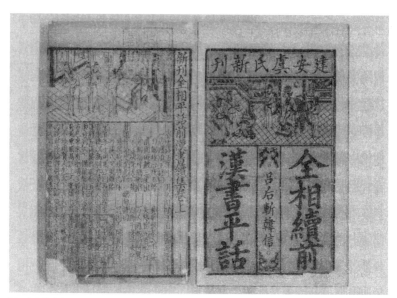

『속 전한서평화續前漢書平話』(1321~23)

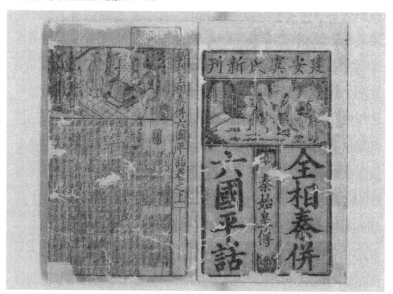

『진병육국평화秦併六國平話』(1321~23)

『검소각본서한연의劍嘯閣本西漢演義』(명말)　　『수상서한연의繡像西漢演義』(1899)

『초한건곤장자방실기楚漢乾坤張子房實記』　　『몽결초한송夢決楚漢訟』

(朝鮮書館,국립중앙도서관소장 1913)　　(新舊書林,국립중앙도서관소장 1914)

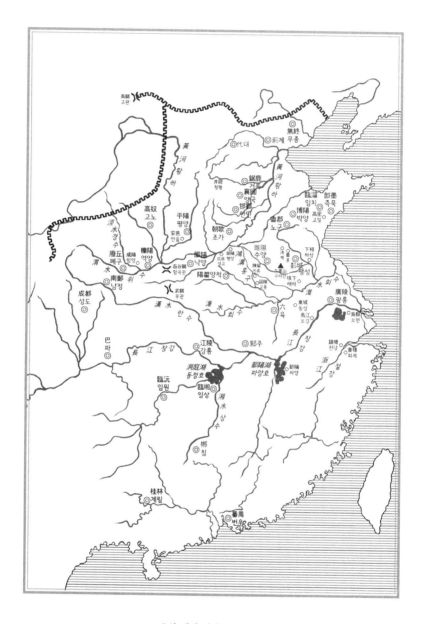

초한 쟁패 시기 주요 도시

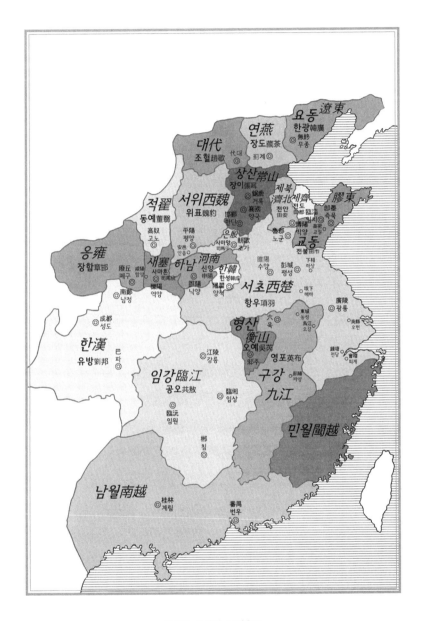

항우가 분봉한 19제후국

1. 『원본 초한지』(『서한연의西漢演義』) 번역본의 저본은 다음과 같다.

- 『신각 검소각비평 동서한연의(新刻劍嘯閣批評東西漢演義)』 중 『서한연의』 부분(國立政治大學 古典小說研究中心 主編, "明淸善本小說叢刊初編", 天一出版社, 臺北, 1985)(이하 검소각본).
- 『수상 서한연의(繡像西漢演義)』(上海書局, 上海, 1899)(이하 상해서국본).
- 『동서한연의(東西漢演義)』(華夏出版社, 北京, 1995)(이하 화하본).

판본에 대한 약간의 설명이 필요하다. '검소각본'은 『서한연의』 최초 판본(1612년 판본)인 견위(甄偉)의 대업당본(大業堂本)을 바탕으로 명나라 말 검소각에서 새로운 평어를 달아 펴낸 판본인데, 앞의 '검소각본'은 대만에서 재간행한 영인본이다. '상해서국본'은 '검소각본' 중 선본을 청나라 말에 석인본으로 재편집하여 출간한 판본이다. 이 책 번역과정에서 '검소각본'의 판독하기 어려운 글자는 '상해서국본'을 참고했고, '상해서국본'의 오자는 '검소각본'을 근거로 바로잡았다. 그리고 '화하본'은 '검소각본'을 저본으로 사용했지만 장회 횟수는 『서한연의』 최초 판본(1612년 판본)처럼 101회를 유지하고 있다. '화하본'은 기존 판본 본문에 포함된 '역사 논평〔史論〕' 부분을 거의 모두 제거했고 연의소설의 특성 중 하나인 삽입시(詩)도 대부분 삭제했다. 이로써 '화하본'은 현재 출간된 『서한연의』 중에서 가장 깔끔하고 정제된 판본으로 인정받고 있지만 삽입 시까지 대부분 제거하여 연의소설의 가장 중요한 특성을 잃어버렸다는 비판을 받고 있다. 이 번역본의 본문, 삽입 시, '역사 논평'은 '검소각본'과 '상해서국본'을, 표점은 '화하본'을 바탕으로 했다. '상해서국본'과 '화하본'의 오자는 '검소각본'을 기준으로 바로잡았지만 특별한 경우를 제외하고는 별도로 표시하지 않았다. 또 장회 횟수 101회도 '화하본'(『서한연의』 최초 판본)에 근거한 것이다. 또 표점을 비교하기 위해 『족본 서한연의(足本西漢演義)』(世界書局, 上海, 1935) 판본도 참고했다.

아울러 '검소각본', '상해서국본' 앞에는 명나라 원굉도(袁宏道)의 「동서한통속연의서(東西漢通俗演義序)」가 들어 있다. 하지만 이 번역본은 『서한연의』만 번역했으므로 서한과 동한을 모두 언급한 원굉도의 서문은 이 번역본의 취지에 맞지 않다. 따라서 『서한연의』 최초 판본인 대업당본의 서문을 『중국역대소설서발집(中國歷代小說序跋集)』 중권(中卷)(丁錫根 編, 人民文學出版社, 1996)에서 가져와 번역하여 실었다.

2. 이 소설 원본에 본문과 함께 실려 있는 '역사 논평'은 대체로 "안(案)", "우안(愚案)", "단설(單說)", "논왈(論曰)", "후사신단지왈(後史臣斷之曰)", "후사관평지왈(後史官評之曰)", "사신운(史臣云)", "사신왈(史臣曰)", "태사공왈(太史公曰)", "반고왈(班固曰)", "반고찬왈(班固贊曰)", "서전왈(叙傳曰)", "동파왈(東坡曰)", "상위(甞謂)", "우상평(又甞評)", "후사칭(後史稱)", "윤씨왈(尹氏曰)", "왕씨왈(王氏曰)" 등등의 이름을 달고 있다. 이 번역본에서는 이들 '역사 논평'을 본문 안에 번역하지 않고 각주 부분에 따로 뽑아 번역했다. 이는 전체 텍스트의 독서 흐름을 방해하지 않고 이 소설 원작자의 논지를 참고하려는 시도이므로 『서한연의』 판본의 새로운 형태라 할 만하다.

3. 소설 원본 본문에 작은 글씨로 달아놓은 평어(評語), 협주(夾註), 비주(批註)와 매회 마지막에 달아놓은 총평(總評)은 모두 생략하고 번역하지 않았다. 현재 국내에 번역된 다른 장회소설도 모두 이런 방식을 택하고 있다.

4. 중국 고대 연의소설에 쓰이는 상투어 '화설(話說)', '각설(却說)', '차설(且說)', '재설(再說)' 등은 따로 직역하지 않고 적절한 접속사로 처리하거나 생략했다. 또 '불설(不說)' 뒤에 앞의 내용을 반복하는 짧은 문장도 거의 번역하지 않았다.

5. 우리에게 잘 알려진 고사성어는 해당 부분에서 부연 설명을 하고 본래 출처를 밝혔다.

6. 두 사람의 대화가 두 번 이상 반복되면서 '아무개 왈(曰)'이 계속 이어지면 그것을 번역하지 않고 자연스럽게 두 사람의 대화가 이어지게 했다. 또 '아무개 왈'도 대화 상황에 따라 단순히 '말했다'로만 번역하지 않고 '물었다', '대답했다', '화를 냈다' 등으로 번역했다.

7. 인명과 지명은 모두 우리말 한자음으로 표기했다. 이 소설의 배경인 초·한 쟁패 시기의 한자음이 현대 중국어 발음보다 우리 한자음에 가깝다고 보기 때문이다.

8. 중국 고대 지명을 표기할 때는 해당 지명을 쓰고 현대 지명도 함께 병기했다. 설명이 필요한 경우는 각주로 처리했다. 더러 상고할 수 없는 지명은 원래의 지명만 썼다.

9. 이 책 앞에 게재된 인물이미지는 '상해서국본'을 근거로 재가공했고, 매 회 본문에 삽입된 삽화는 '검소각본'의 회도(繪圖)를 재가공했다. '검소각본'에 그림이 빠진 장회(章回)에는 '검소각본' 그림의 필치를 살려서 보충해 넣었다.

원본
초한지 1 │ 차례

**원본
초한지 2** | **차례**

나는 2015년 5월 18일 『동주열국지』(글항아리) 완역본을 출간했다. 김구용이 1964년에 처음으로 『동주열국지』 완역본을 낸 이래 반세기 만에 이루어진 일이었다. 출간 이후 독자들의 과분한 사랑과 채찍질에 힘입어 한문 고전 소설에 대한 더 폭넓은 번역 소개가 필요함을 절감하게 되었다. 『동주열국지』 다음은 진(秦)나라와 초한(楚漢) 쟁패 시대이므로 나의 시선은 자연히 『초한지(楚漢志)』 원본인 『서한연의(西漢演義)』로 향했다. 하지만 지난날 이문열의 『초한지』 서문에서 『서한연의』에 대한 부정적인 평가를 읽은 탓에 선뜻 손이 가지 않았다.

그후 한동안 초한 쟁패를 소재로 삼은 다른 연의소설이 있는지 꼼꼼하게 조사해봤지만 끝내 그런 소설은 찾을 수 없었다. 현재 우리나라 각급 도서관에 소장된 『초한연의(楚漢演義)』나 『초한전(楚漢傳)』과 같은 한문소설은 거의 예외 없이 『서한연의』의 축약본에 불과하다. 중국에서도 『서한연의』 외에 별도로 『초한연의』라는 이름의 소설이 간행된 적은 없다. 적어도 소설의 시대라 불리는 명청 시대까지도 그러했다. 나는 어쩔 수 없이 『서한연의』 원전을 구입하여 정독하기 시작했다. 진시황의 부친인 이인(異人)과 여불위(呂不韋)의 만남을 글머리로 삼은 『서한연의』는 이문열의 폄하와는 달리 갈수록 나를 책 속으로 빠져들게 했다.

『서한연의』는 의외로 플롯이 탄탄하고 읽을거리도 풍부했다. 또한 『동주열국지』나 『삼국지연의』보다 훨씬 단순하고 빠른 전개는 독서의 속도와 몰입도를 매우 강하게 추동했다. 초한 두 나라를 중심으로 전개되는 스토리 라인이 너무나 명쾌하여 더러 사건 전개가 거칠고 묘사가 중복되는 듯한 느낌이 들기도 했지만 소설 전체 구조로 보면 그렇게 심한 흠이라고 하기는 어려웠다. 이문열이 가장 심하게 비판한 '구리산(九里山) 십면매복(十面埋伏)' 장면도 소설 전체 구조에서는 충분히 있을 법한 소설 장치였으며, 그 장면이 있음으로써 해하(垓下)로 몰린 항우의 마지막 사투, 우미인과의 애절한 이별 등이 더 비장한 빛을 발하는 듯했다. 다만 항우가 죽고 유방이 천하를 통일한 후의 이야기가 다소 길게 부연된 감은 있었다. 그러나 이 역시 『삼국지』에서 제갈량이 죽은 후에도 그 뒷이야기가 지루하게 이어지는 것과 같은 느낌이었다.

나는 몇 달에 걸쳐 『서한연의』를 정독하고 나서 이 소설이 원본 『초한지』로서의 가치가 충분하다 느끼고 『서한연의』 및 기존 『초한지』 계열 우리말 번역본 검토에 들어갔다. 깜짝 놀란 것은 『서한연의』가 17세기에 이미 우리나라에 유입되었고 거의 동시에 언문(한글) 번역이 이루어졌다는 사실이었다. 지금 국립중앙도서관에 소장된 『셔한연의』 언해 필사본은 그 필체도 유려할 뿐 아니라 번역 문체도 고아(古雅)하고 순통(順通)하다. 아쉬운 것은 연의소설 특성의 하나인 삽입시를 모두 삭제한 점이다. 이 점을 빼면 언해본 『셔한연의』는 완역본이라 해도 좋을 만한 면모를 갖고 있다.

하지만 일제강점기에도 『셔한연의』라는 제목의 번역본으로 출간되던 이 책은 해방 이후에 『통일천하』와 『초한지』라는 이름으로 유통되면서 원전으로서의 기능을 상실하고 말았다. 이 두 가지 이름으로 출간된 '초한 쟁패 이야기'가 『서한연의』를 원전으로 두고 있음에도 상당수의 번역본들이 원저자의 이름을 숨기거나 원전의 제목조차 밝히지 않았다. 이문열의 『초한지』는 『서한연의』와 다른 스토리 라인을 갖고 있으므로 예외에 속한다. 게다가 지금 유통되고 있는 『초한지』나 해방 이후 출간된 초한지 계열 소설을 검토해본 결과 『서한연의』의 완역본이라고 내세울 만한 판본이 한 종도 없음을 발견했다. 이 사실은 내게 큰 충격이었다. 『초한지』가 『동주열국지』나 『삼국지연의』와 함께 중국 역사 연의소설을 대표하는 고전이라면 그 원전에 해당하는 『서한연의』를 이렇게 대접해도 되는 것일까? 심지어 『서한연의』가 17세기에 유입되어 우리의 소설, 민요, 시조, 고사성어 등에 스며들어 우리 삶의 일부가 되었음을 상기해보면 더더욱 현재 완역본이 한 종도 없는 상황을 방치할 수 없는 일이었다. 『삼국지』나 『열국지』의 완역본이 여러 종 나와서 다양한 재창작 콘텐츠의 기반 노릇을 하는 것에 비하면 『초한지』 원본 『서한연의』는 참으로 황막하고 슬픈 형편에 처해 있다고 할 수밖에 없었다.

애초에 『동주열국지』 출간 이후 그 후속작을 소개해야겠다는 마음에서 시작한 『서한연의』 번역 작업에 일종의 사명감 비슷한 마음이 보태진 것은 위와 같은 형편 때문이었다. 그리하여 2016년 6월경부터 본격적으로 번역에 착수하여 거의 1년이 걸려 작업을 완료했다. 본래 중국 화하출판사(華夏出版社) 판 『동서한연의(東西漢演義)』(1995)를 저본으로 삼아 작업을 하다가 이 판본에 원전의 삽입시가 모두 삭제된 것을 알고, 상해서국(上海書局) 판 『서한연의』(1899)와 검소각(劍嘯閣) 판 『신각검소각비평동서한연의(新刻劍嘯閣批評東西漢演義)』(1985, 영인본)를 어렵사리 구하여 원문을 대조하면서 정확한 완역을 위해 최선을 다했다.

이제 기존 『통일천하』나 『초한지』 계열 번역본, 평역본, 번안본과는 다른 이 『서한연의』 완역본의 특징을 몇 가지 들어 독자 여러분의 독서에 참고자료로 제공하고자 한다.

1) 번역 저본을 명확하게 밝혀서 옮긴이가 번역의 책임을 지고자 했다.
2) 번역 문체는 거의 대조가 가능하도록 원전에 충실하면서도 우리말의 자연스러운 표현을 살리려고 힘썼다.
3) 조선시대 언해본에서 삭제한 원전의 삽입시와 역사논평까지 모두 번역하여 『서한연의』 최초 우리말 완역본의 모습을 갖추도록 했다. 따라서 원문 텍스트 번역만 가지고 계산해보면 17세기 조선시대 언해본 이후 거의 350년 만의 완역이며, 삽입시와 역사논평까지 모두 포함한 완역으로 말하자면 이 번역본이 역대 최초의 『서한연의』 완역본이 된다.
4) 『서한연의』 묘사가 정사와 다른 부분에는 상세한 각주를 달아 그 차이를 설명했다.
5) 『서한연의』 원전의 오류에 대해서도 가능한 한 각주를 달아 밝히고

자 했다.

6) 인물 이미지, 삽화, 지도, 연표, 고사성어 등의 부록을 넣어 독서에 도움을 주고자 했다.

7) 중국문학 전공자로서의 특성을 살려 원전의 백화체 표현의 어감을 살리려고 노력했다.

출간 이후 발견되는 오류에 대해서는 쇄를 거듭할 때마다 고쳐나가며 더 좋은 번역본이 되도록 계속 노력하겠다. 물론 몇 쇄를 찍을 수 있을지는 알 수 없는 노릇이지만……

이 책을 선뜻 출간하겠다고 응낙해준 교유서가 신정민 대표, 최연희 실장께 깊이 감사드린다. 또 생소한 동양 고전 편집에 수고를 아끼지 않은 박민영 선생에게도 고마움을 표한다. 그리고 장정, 디자인, 삽화 등 이 책 모든 부분에 큰 공을 들이신 문학동네 모든 분들께도 감사의 말씀을 전한다. 마지막으로 못난 남편을 늘 지지하고 격려해주는 아내 정애에게 하늘만큼 땅만큼의 사랑을 보낸다.

2018년 11월 5일
곤산(崑山) 기슭 수목루(水木樓)에서
옮긴이 김영문

『초한지楚漢志』 원본
『서한연의西漢演義』 최초 완역에 부쳐

김영문

1. 『초한지』, 원본은 있는가?

지금 우리에게 잘 알려져 있는 중국 고대 역사소설을 들자면 『삼국지 연의』(이하 『삼국지』), 『동주열국지』(이하 『열국지』), 『초한지』가 있다. 이중 『삼국지』는 나관중(羅貫中) 원작의 모종강(毛宗崗) 판본이, 『열국지』는 풍 몽룡(馮夢龍) 원작의 채원방(蔡元放) 판본이 원본으로 인정받고 있다. 두 작품은 지금 새롭고도 다채로운 형태의 재창작이 끊임없이 이루어지고 있지만, 원본을 저본으로 한 꼼꼼한 완역본도 출간되어 독자들의 다양 한 독서 욕구에 부응하고 있다. 이러한 완역본은 일반 독자들에게 원 본과 재창작본의 차이가 무엇인지 알려주는 동시에 학문적으로 이들

소설을 연구하는 학자들에게도 전문적이고 심도 있는 연구의 바탕을 제공하고 있다.

하지만 『초한지』의 경우는 현재까지 초·한 쟁패를 다룬 수많은 책이 출간되었고, 또 그에 따른 방대한 독자군이 형성되어 있음에도 불구하고 대부분 자신의 번역이 정확하게 어떤 판본을 저본으로 삼았는지 밝히고 있지 않다. 심지어 어떤 초·한 계열 출판물은 번역본이 확실함에도 책 표지에 버젓이 '아무개 저(著)'란 글자를 박아놓기도 했다. 해방 이전 일제강점기에 출간된 다양한 형태의 초·한 쟁패 이야기는 제외하고 1945년부터 지금까지 출간된 초·한 계열 서적을 두루 살펴봐도 이런 상황은 마찬가지다.

해방 이후 국내에 초·한 쟁패 이야기를 본격적으로 들고 나온 작가는 김팔봉(金八峰)이다. 그는 1954년 3월 11일부터 1955년 10월 25일까지 〈동아일보〉에 『통일천하(統一天下)』라는 제목으로 초·한 쟁패 고사를 연재했다. 이 연재소설을 처음부터 끝까지 읽어보면 중국 명나라 견위(甄偉)의 『서한연의(西漢演義)』가 원본임을 금방 간파할 수 있다. 직역은 아니지만 소설의 줄거리와 디테일은 거의 대부분 『서한연의』를 바탕으로 했고 김팔봉 나름의 작가적 필력을 발휘하여 부분적인 윤색과 첨삭을 가했다. 하지만 이 신문의 1954년 3월 10일자 제2면에 실린 이 소설 연재 광고에는 '김팔봉 작'이라고 하여 마치 이 작품이 김팔봉의 창작인 것처럼 인식하게 했다. 또 연재가 끝날 때까지 '통일천하'라는 제호 아래 단지 '김팔봉'이라는 이름만 써놓고 이름 아래에 '옮김'이나 '역(譯)'을 명기하지 않았다. 게다가 연재 도중인 1954년과 연재 이후인 1955~1956년에 형설출판사와 남향문화사에서 같은 제목의 『통일천하』(전4권)

단행본을 출간할 때도 책 표지에 '김팔봉 저(著)'라고 인쇄했고, 1965년 계몽사에서 같은 내용의『통일천하』(전3권)를 다시 출간할 때도 표지에 '김팔봉 저(著)'라고 인쇄했다. 그런데 1984년 김팔봉은 이 소설의 제목을『초한지(楚漢誌)』로 바꾸고 어문각에서 출간할 때 표지의 '김팔봉'이라는 이름 뒤에 '저(著)'를 떼버리고 판권지에 겨우 '옮긴이 김팔봉'이라는 사실을 밝혔다. 물론 위의 판본들 서문에『서한연의』를 저본으로 삼았다고 언급하고는 있지만 이와 같은 애매모호한 저자 표기 때문에 독자들은『통일천하』나『초한지』가 마치 김팔봉의 창작소설인 것처럼 인식하게 되었다. 게다가 지금까지 다른 작가들이 출간한 30종 남짓 되는 초·한 쟁패 관련 출간물 중 상당수도 김팔봉『초한지』(기실은『서한연의』)의 스토리 라인(특히 '구리산九里山 십면매복十面埋伏' 스토리 라인)을 그대로 따르면서 원본 없는 재창작이나 번안의 형태를 취하고 있다. 우리나라에서 초·한 쟁패 이야기가 부모 없는 사생아로 전락한 이유가 이런 상황에서 기인한 바 큰 것으로 보인다.

2. 이문열의『초한지』이후

김팔봉이 1955년 〈동아일보〉에『통일천하』연재를 끝낸 이후 47년 만인 2002년 3월 29일부터 이문열이 같은 신문에『큰 바람 불고 구름 일더니』라는 제목으로 같은 소재의 초·한 쟁패 이야기를 소설로 연재하기 시작했다. 같은 소재를 같은 신문에 연재하는 만큼 이문열은 자신의 독자성을 확보하기 위해 상당한 노력을 기울인 것으로 보인다. 그는 자신의 장기인 유려한 필치에다 기존의 초·한 쟁패 이야기와 구별되는 새로운 스토리 라인을 선보였다. 그중 대표적인 것이 바로 『서한연의』류의 초·한 쟁패 이야기 하이라이트 도입부에 해당하는 '구리산 십면매복'을 과감하게 제외하고 그 자리를 『사기』의 해당 기록으로 보충해넣은 대목이다. 일종의 역사적 리얼리티 부여라 할 만하다. 이문열은 이 연재를 무려 4년 동안 계속했고, 2006년 3월 31일 729회를 끝으로 새로운 초·한 쟁패 이야기의 긴 여정을 끝냈다. 이후 그는 이 소설을 2008년 1월 『초한지』(전10권)라는 제목을 달아 민음사에서 정식으로 출간했다.

그런데 2008년 출간한 『초한지』(제1권) 서문 「글머리에」에서 이문열은 자신이 새롭게 『초한지』를 쓰게 된 입장과 그 과정에서 느낀 소감을 피력하면서 『서한연의』에 대한 비판을 수행하고 있다. 한 마디로 말하면 『서한연의』가 『삼국지』의 "아류"에 불과하다는 것이다. 이문열은 이 책을 출간한 후 2008년 1월 26일자 〈문화일보〉 '인물' 코너와 가진 인터뷰에서도 『삼국지』는 진실이 6푼, 허구가 4푼 정도 된다면 『서한연의』는 이와 반대로 진실이 4푼, 허구가 6푼 정도라고 평가했다. 이로써 기존 초·한 쟁패 관련 소설을 쓴 작가들이 상당수 『서한연의』가 『초한지』의 원본임을 밝히지 않는 비극에다, 『서한연의』 자체의 문학성까지 폄하되는 상황이 보태지게 되었다. 이로 인해 『초한지』 원본 『서한연의』는 역사 사실과 관련이 적은 가담항설이거나 원본 작가가 터무니없는 상상으로 꾸며낸 판타지일지도 모른다는 인식이 더욱 강화되었다. 이문열은 『사기』에 근거하여 기존의 초·한 이야기를 새롭게 해석함으로써 『초한지』의 새 장을 열었지만 『서한연의』의 문학적 가치를 낮게 평가함으로써 『초한지』 원본에 대한 부정적인 인상을 훨씬 더 심화하는 데 기여하고 말았다.

3. 『서한연의』는 『삼국지』의 아류일까?

그렇다면 이문열이 평가한 대로 『서한연의』는 『삼국지』의 아류에 불과할까? 언뜻 두 소설의 판본 형성 연대를 비교해보면 그렇게 보이기도 한다. 지금까지 알려진 『삼국지』의 최초 판본은 명나라 홍치(弘治) 갑인본(甲寅本, 1494)이고, 우리에게 전해지고 있는 최초 판본은 가정(嘉靖) 임오본(壬午本, 1522)이다. 『서한연의』는 이보다 좀 늦어서 웅대목(熊大木)의 『전한지전(全漢志傳)』 중 「서한(西漢)」 부분이 만력(萬曆) 16년(1588), 저자 미상의 『양한개국중흥지전(兩漢開國中興志傳)』 중 「서한」 부분이 만력 33년(1605), 견위(甄偉)의 『서한연의전(西漢演義傳)』이 만력 40년(1612)에 판각이 이루어졌다. 그리고 지금까지 『서한연의』 판본의 대세를 점하고 있는 『검소각비평서한통속연의(劍嘯閣批評西漢通俗演義)』도 명나라 말기에 간행된 것으로 알려져 있다. 현재까지 전해오는 판본만 가지고 비교해봐도 『삼국지』는 『서한연의』보다 적어도 60여 년 이상 앞서 정본화 작업을 거쳤음이 분명하다. 따라서 텍스트만 가지고 논한다면 중국의 모든 역사 장회소설은 『삼국지』의 영향 아래 있다고 해도 지나친 말이 아니다.

하지만 문제는 그리 단순하지 않다. 중국의 장회소설은 거의 모두 우리나라의 판소리와 유사한 공연 장르인 강사서(講史書)의 대본에서 발전했기 때문이다. 즉 역사 고사가 '열국 이야기', '초한 이야기', '삼국 이야기' 순서로 발생한 후 민간에 널리 전파되어 각종 연희(演戲)로 공연되면서, 당나라 변문(變文), 금나라 원본(院本), 송나라 제궁조(諸宮調), 강사서, 평화(平話), 원나라 잡극, 명나라 전기(傳奇) 등의 형식으로 각색되어 민중의 사랑을 받게 되었고 결국 이 세 가지 이야기가 서로 갈마들고 엇섞이며 어느 고사가 어느 고사에 영향을 줬는지도 모를 복잡한 상황이 조성되었다. 그것은 현존 『삼국지』의 모본으로 일컬어지는 『삼국지평화(三國志平話)』를 보면 더욱 명확해진다. 『삼국지평화』는 소위 '전상평화오종(全相平話五種)'의 하나로 원나라 지치(至治, 1321~1323) 연간 건안(建安, 지금의 푸젠성福建省 젠전建甄)에서 판각되었다. 이 판본은 평화(平話)라는 이름에서도 알 수 있듯이 창(唱) 없이 이야기로만 공연하던 민간 연예의 대본을 텍스트화한 것이 분명하다. 이 판본에는 『삼국지평화』 외에도 『열국지』와 관련된 『무왕벌주(武王伐紂)』, 『악의도제칠국춘추후집(樂毅圖齊七國春秋後集)』, 『진병육국(秦倂六國)』, 그리고 『서한연의』와 관련된 『여후참한신: 속전한서(呂后斬韓信: 續前漢書)』가 함께 들어 있다. 매우 다양한 역사 이야기가 거의 동일한 시기에 민간에 유행했고, 또 그것이 동일한 예술 양식으로 널리 공연되었음을 알 수 있다. 어쩌면 동일한 극단의 동일한 이야기꾼이 위와 같은 다양한 내용의 이야기를 번갈아 공연했을 가능성도 매우 높다.

흥미로운 점은 『삼국지평화』의 이야기 구성방식이다. 『삼국지평화』의 도입 부분에는 '삼국 인물'과 '초한 인물'의 관계를 설정하면서 '삼국 이야기'가 '초한 이야기'의 복수극임을 밝혔다. 복수극이라니 이게 무슨 말인가? '초한 역사'에는 유방(劉邦)의 한나라 건국에 불멸의 공훈을 세우고도 억울하게 죽어간 인물들이 있다. 토사구팽(兎死狗烹)의 대상이었던 한신(韓信), 팽월(彭越), 영포(英布) 등이 그들이다. 이 때문에 천제(天帝)가 한신은 조조(曹操)로, 팽월은 유비(劉備)로, 영포는 손권(孫權)으로 환생하게 하여 헌제(獻帝)로 환생한 한 고조 유방에게 복수극을 펼치게 한다는 설정이다. 또한 한신에게 '천하삼분지계(天下三分之計)'를 건의한 괴철(蒯徹)은 제갈량으로 태어나게 하여 유비에게 역시 '천하삼분지계'를 아뢰고 전생의 소원을 실현하게 하고 있다.

'삼국 이야기'가 '초한 이야기'의 복수극이라는 설정은 『삼국지평화』에만 그치지 않는다. 이미 송나라 때 나온 『신편오대사평화(新編五代史平話)』에도 이와 유사한 배치가 이루어져 있다. 하지만 환생 대상이 조금 달라서 한신은 조조, 팽월은 손권, 진희(陳豨)는 유비로 환생한다. 가장 자세한 것은 명나라 풍몽룡(馮夢龍)이 쓴 「요음사사마모단옥(鬧陰司司馬貌斷獄)」[1]이다. 이 소설은 환생 인물이 『삼국지평화』와 같지만 『삼국지평화』에서는 언급되지 않은 번쾌(樊噲)는 장비(張飛)로, 항우(項羽)는 관우(關羽)로, 기신(紀信)은 조운(趙雲)으로 다시 태어나는 등 모두 22명에 이르는 인물을 환생 대상으로 언급하고 있다.

이 두 가지 이야기의 환생 대상이 과연 적절한가도 관심의 대상일 수 있지만, 더욱 중요한 점은 '초한 이야기' 텍스트인 『서한연의』가 '삼국 이야기' 텍스트인 『삼국지』의 일방적인 영향 아래 있지 않았음을 확인할 수 있다는 사실이다. 오히려 '삼국 이야기' 공연자나 정리자들이 끊임없이 '초한 이야기'를 의식하면서 그것과의 관련성을 강조하거나 '초한 이야기' 인물들의 특성을 '삼국 이야기'에 덧입히려 노력하고 있다. 이는 첫째, 관객들을 계속 모으기 위한 방법의 하나로 고안되었을 가능성이 크다. 즉 '초한 이야기'가 먼저 발생하여 오랫동안 공연되어온 가운데 이미 관객에게 익숙한 '초한' 인물의 원한을 뒤에 발생한 '삼국 이야기'

1_ 풍몽룡의 '삼언(三言)' 소설집 중 『유세명언(喩世明言)』에 실려 있다.

에서 복수한다고 설정함으로써 자연스럽게 관객을 계속 공연장으로 유도할 수 있었을 터이다. 둘째, 장비를 번쾌, 조자룡을 기신의 환생으로 설정하는 등 '초한 이야기' 인물의 특성을 '삼국 이야기'에 투영했다. 이는 관객들에게 친숙한 느낌을 제공하는 측면에서 매우 유용한 방법일 수 있다. 셋째, 불교의 인과응보나 유교의 권선징악을 강조하면서 어느 정도 사회 교화의 역할을 의식했을 가능성도 있다. 이러한 몇 가지 점을 감안하며 아래에서 『서한연의』와 『삼국지』의 영향 관계를 살펴볼 수 있는 구체적인 사례를 들어보겠다.

4. '왕릉 모친 이야기'와 '구리산 십면매복'의 경우

가장 두드러진 사례는 바로 왕릉(王陵)의 모친과 서서(徐庶)의 모친 이야기다. 『삼국지』에 의하면 당시 뛰어난 모사(謀士) 서서가 유비의 진영에서 일하자 위기감을 느낀 조조는 자신의 영역 내에 있던 서서의 모친을 억류하고 서서를 돌아오게 한다. 효자 서서는 모친이 조조에게 상해(傷害)를 당할까 두려워 유비에게 하직 인사를 하고 조조의 진영으로 넘어간다. 그러자 서서의 모친은 자기 아들의 선택이 잘못되었다고 나무라며 스스로 목숨을 끊는다. 이 이야기는 『서한연의』의 왕릉 모친 이야기에서도 놀랍도록 똑같은 모습으로 나타난다. 왕릉이 유방의 진영에서 맹장으로 활약하자 항우는 왕릉의 모친을 사로잡았고, 왕릉의 모친은 자기 아들에게 절대 항우의 위협에 굴복하지 말라는 유언을 남기고 자결한다. 텍스트 정본화 작업이 이루어진 순서로만 보면 이는 명백히 『서한연의』가 『삼국지』를 베낀 사례의 하나다.

하지만 이 일을 단순히 그렇게만 볼 수는 없다. 우선 사건이 발생한 순서를 보면 왕릉 모친 이야기가 먼저다. 서서 모친 이야기보다 거의 400년 전에 발생했다. 게다가 『사기』 「진승상세가(陳丞相世家)」에 이미 아들을 위해 왕릉의 모친이 자결했다는 기록이 실려 있다. 물론 서서의 모친 이야기도 정사 『삼국지(三國志)』 「제갈량전(諸葛亮傳)」에 실려 전한다. 그러나 서서의 모친이 자결했다는 기록은 없다. 이렇게 보면 두 가지 이야기 중에서 왕릉 모친의 사례가 400년이나 일찍 발생했고 또 자살한 기록이 정사에 남아 있으므로 부정할 수 없는 원본에 해당한다. 게다가 왕릉 모친 이야기는 당나라 변문(變文) 「한장왕릉변(漢將王陵變)」이라는 제목으로 지금까지 전해지고 있으며, 명나라 소정괴(邵正魁)가 편찬한 『속열녀전(續列女傳)』에도 「왕릉모(王陵母)」라는 제목의 기록이 존재한다. 따라서 명대 『삼국지통속연의(三國志通俗演義)』의 정리자 나관중(羅貫中)은 민간에 유행한 왕릉 모친 이야기를 근거로 『삼국지』의 서서 모친 이야기를 분식했을 가능성이 훨씬 더 크다.

또한 더욱 관건적인 대목으로는 『서한연의』 하이라이트 도입부에 '구리산 십면매복'을 주목할 만하다. 이문열은 그의 『초한지』 「글머리에」에서 이 대목에 대해 "아무래도 역사를 뒤틀고 엇바꿈이 너무 지나치다"고 폄하했다. 말하자면 『서한연의』의 저자 종산거사(鍾山居士) 견위가 "유방 혹은 한신의 병법이나 전투 능력을 치켜세우기 위해" 서사의 억지를 부렸다는 것이다. 하지만 이는 아무 근거가 없는 추측에 불과하다. 흥미롭게도 이문열이 『서한연의』의 원전 서사로 인정한 『삼국지통속연의』의 현전 최고본인 가정 임오본(1522)의 「유현덕이 형주로 패주하다(劉玄德敗走荊州)」 장에 다음 기록이 있다.

관운장이 말했다. "형님 말씀은 틀렸습니다. 제가 옛날에 듣기로 고조 께서 항우와 천하를 놓고 다툴 때, 여러 번 항우에게 패배하다가 나중 에 구리산 일전에서 성공을 거두어 400년 기업을 열었다고 합니다."(雲 長曰, '兄言差矣. 某昔聞高祖共項羽同爭天下, 數敗於羽, 後九里山一戰成功, 而 開四百年基業.')

현전하는 『서한연의』 최초의 판본이 웅대목의 『전한지전』이고, 이 판 본이 만력 16년(1588)에 간행되었음을 감안해보면 '구리산 십면매복' 이 야기는 적어도 『서한연의』 정본화 작업이 이루어지기 훨씬 전부터 이미 민간에서 널리 공연되고 있었음이 분명하다. 위의 인용문을 만력 40년 (1612)에 판각된 종산거사 견위의 『서한연의』 텍스트와 비교해본다면 이 미 90년 전 기록에 해당한다. 또 『수호전(水滸傳)』 제3회에 실린 노래 가 사에도 "구리산 앞에 전장이 펼쳐져, 목동이 오래된 창칼을 주웠네(九 里山前作戰場, 牧童拾得舊刀槍)"라는 대목이 나온다. 합리적으로 판단해 보건대 『삼국지』나 『수호전』의 정리자들이 구리산 십면매복 이야기를 아 무 근거도 없이 언급했을 리는 만무하므로 『삼국지』나 『수호전』 그리고 『서한연의』 판본이 텍스트로 정본화되기 오래전부터 이 스토리 라인이 '초한 이야기' 공연 리스트에 포함되어 있었음을 알 수 있다. 따라서 이 문열의 지적처럼 견위가 "나관중의 상상력을 빌리고 흉내낸" 것이라고 볼 근거는 매우 희박하다. 물론 『서한연의』 최종 정리자인 견위가 『서한 연의』 텍스트에 마지막 책임을 져야 하는 것은 부정할 수 없는 사실이 지만 당시 민간 공연에서 널리 유통된 서사 구조의 책임까지 그에게 지 울 수는 없는 노릇이다.

『서한연의』의 하이라이트 도입부에 해당하는 '구리산 십면매복' 이야기는 나관중이 『삼국지통속연의』를 간행하기 이전부터 그리고 견위가 『서한연의』를 간행하기 이전부터 민간에 널리 알려져서 지금까지도 중국 민간에서 거의 진실로 받아들여진다. 지금도 중국인들은 '사면초가(四面楚歌)'와 거의 같은 의미로 '십면매복(十面埋伏)'이라는 고사성어를 즐겨 사용한다. 따라서 이문열이 자신의 『초한지』에서 '구리산 십면매복' 이야기를 제거한 것은 자신의 소설에 역사적 리얼리티를 부여한 조치라 할 수 있지만, 기존 '초한 이야기' 또는 『서한연의』의 입장에서는 가장 중요하고 상징적인 대목을 잃어버렸다고 할 수밖에 없다. 이 때문에 이제 우리나라 『초한지』 텍스트는 '구리산 십면매복'이 포함된 『서한연의』 스토리 라인과 그것이 삭제된 이문열의 스토리 라인으로 나뉘는 셈이다.

다시 한번 정리하자면 이른바 '초한 이야기'는 진(秦)나라 말기와 한나라 초기에 발생하여 한 무제 때 사마천의 『사기』에 기록되었고, 이후 삼국, 남북조, 수, 당, 오대, 송, 금, 원, 명에 이르기까지 민간에 널리 유포되어 각종 민간 연예로 공연되었다. 이 과정을 통해서 '초한 이야기'는 '열국 이야기', '삼국 이야기'와 함께 같은 시대에 민간 연예로 공연되면서 각 이야기마다 서로 비슷한 서사 구조가 엇섞이는 현상이 발생했다. 그러므로 지금 우리가 읽고 있는 『열국지』, 『초한지』, 『삼국지』에 서로 베낀 것처럼 보이는 이야기들이 등장하는 것이 결코 이상한 일은 아니다. 말하자면 현대의 소설처럼 어떤 원저가 먼저 출간되고 나서 그후 그것을 베낀 모방작이나 아류가 출현하는 것과는 상황이 아주 다르다는 사실을 인정해야 한다.

5. 견위의 『서한연의』

앞에서 잠깐 소개한 바와 같이 '초한 이야기'는 각종 민간 연예 양식을 거쳐 원나라 지치 연간의 『속전한서』(『전한서』 판본도 물론 있었을 테지만 아직 발견되지 않음)로 텍스트화되었고, 이어서 명나라 만력 16년(1588) 웅대목의 『전한지전』, 만력 33년(1605) 저자 미상의 『양한개국중흥지전』을 거쳐, 만력 40년(1612) 종산거사 견위의 『서한연의전』에 이르렀다. 그리고 얼마 뒤 명나라 말기 검소각(劍嘯閣)에서 견위의 『서한연의전』과 사조(謝詔)의 『동한십이제통속연의(東漢十二帝通俗演義)』를 합하여 『검소각비평동서한통속연의(劍嘯閣批評東西漢通俗演義)』를 간행했다. 여기에 포함된 『검소각비평서한연의』가 이후 널리 유행하면서 '초한 이야기'를 다룬 대표 소설로 자리를 굳혔다. 견위는 당시 대업당(大業堂)에서 『서한연의전』을 간행하며 다음과 같은 「서문」을 남겼다.

대체로 『사기』는 대체할 수 없는 역사서다. 내가 세속과 통하는 소설로 역사의 대의를 풀어낸 것은 감히 이 책을 먼 곳까지 전하고 후세에까지 보여주기 위함이 아니라 역사서의 미진한 점을 보충하기 위함이다. 다만 한가하게 살며 무료함을 느끼던 차에 우연히 『서한권(西漢卷)』²을 읽어보니, 그중에 견강부회하고 지리멸렬하고 저속한 대목이 많아서 초한 이야기를 밝혀내기에 충분해 보이지 않았다. 이에 마침내 간략한 부분을 자세하게 만들면서 역사서를 고찰하여 대의를 넓혔다. 한 해를 넘겨 차례를 매기고 책을 만들었다.(蓋遷史誠不可易也. 予爲通俗演義者, 非敢傳遠示後, 補史所未盡也. 不過因閑居無聊, 偶閱西漢卷, 見其間多牽强

附會, 支離鄙俚, 未足以發明楚漢故事, 遂因略以致詳, 考史以廣義, 越歲, 編次
成書.)

'연의(演義)'란 원본의 서술이 미진하여 대의가 잘 드러나지 않을 때
그 서술을 보충하여 의미를 잘 드러나게 한다는 뜻이다. 그런데 역사소
설에서 '연의'라는 말을 쓸 경우에는 정사의 누락 부분을 상상에 의지
하여 풀어낸다는 뜻도 포함된다. 즉 청나라 장학성(章學誠)이 『삼국지』
를 가리켜 "진실이 7할이고, 허구가 3할이다(七實三虛)"(『丙辰箚記』)라고
했을 때 3할의 허구에 해당하는 것이 바로 '연의'다. 하지만 허구에 해
당하는 '연의' 부분도 이치에 맞지 않게 마음대로 조작해서는 안 된다.
중요한 것은 바로 '세속과 통하는 소설(通俗小說)'이 되어야 한다는 점이
다. 『삼국지통속연의』나 『서한통속연의』의 명칭에 쓰인 '통속'이 현대의
'통속적이다'라고 할 때의 '통속'과 의미가 다른 점에 주의해야 한다. 세
속과 통하기 위해서는 민간에 널리 알려진 이야기를 채택해야 하고, 또
상식에 맞는 서사 구조가 이뤄져야 한다. 또 '연의'가 허구 이외에도 역
사의 대의를 넓힌다는 의미도 갖고 있으므로 지나치게 기괴하고 망령
된 내용은 삭제하는 것이 마땅하다. 위의 서문에서도 잘 드러난 것처럼
견위는 이를 위해 세속과 통할 수 있는(通俗) 인기 공연 콘텐츠를 채택
했고(예컨대 '구리산 십면매복'과 같은 이야기가 여기에 해당한다. 이는 책을 많
이 팔기 위해서도 불가피한 방법이다), 또 전체 서사 구조도 『사기』에 근거

2_ 『서한권(西漢卷)』: 명대 웅대목(熊大木)의 『전한지전(全漢志傳)』 중 서한(西漢) 부분을 가리
키는 것으로 보인다. 『전한지전』에서 서한을 다룬 부분은 6권 61칙(則), 동한을 다룬 부
분은 6권 57칙이다.

하여 새롭게 손질했다. 물론 '구리산 십면매복'은 『사기』에 나오지 않는다. 하지만 『사기』에 기록된 사건 배경 및 순서와 완전히 어긋나는 것도 아니다. 『삼국지』의 적벽대전이나 조자룡의 당양별 전투 장면과 거의 같은 성격이라 할 수 있다. 이와 관련된 논란은 이 책 해당 각주에서 자세히 설명했으므로 참고하시기 바란다. 아울러 "차례를 매기고 책을 만들었다(編次成書)"는 언급도 소홀히 보아 넘길 수 없는 대목이다. 당시 연의소설 정리자들, 즉 나관중이나 견위 등은 현대의 소설가처럼 100퍼센트 창작 소설을 쓴 것이 아니라 민간에서 유행하는 각종 공연 콘텐츠와 이야기 대본 등을 가져와서 차례를 매기는 데 주의했다. 차례를 매긴다는 것은 기존의 이야기 공연 대본 또는 텍스트를 역사 순서에 따라 배열하는 것을 의미할 뿐 아니라, 앞뒤 사건이 필연성을 가지도록 플롯을 부여하는 일이기도 했다.

이문열은 견위의 『서한연의』가 "역사를 뒤틀고 엇바꿈이 너무 지나쳐서" 자신은 정사인 『사기』와 『자치통감(資治通鑑)』 등에 근거하여 새로운 『초한지』를 썼다고 서술했다. 그런데 흥미롭게도 견위 역시 똑같은 입장에 서서, 서한 역사를 다룬 앞서의 작품들이 "견강부회하고 지리멸렬하고 저속한 대목이 많아…… 마침내 간략한 부분을 자세하게 만들면서 역사서(『사기』)를 고찰하여 대의를 넓혔다"라고 토로했다. 두 사람 사이에는 500년이 넘는 세월의 강이 가로놓여 있지만 연의소설을 대하는 입장은 놀랄 만큼 유사함을 확인할 수 있다. 다만 해당 역사 배경에 대한 지식과 소설을 읽는 독자 대상이 상이할 뿐이다. 그럼에도 『서한연의』의 작자 견위가 "나관중의 상상력을 빌리고 흉내냈다"고 폄하하는 것은 너무 지나친 평가가 아닐까.

6. 『서한연의』의 국내 유입과 언해본 및 번안본

'초한 이야기'는 『사기』에 기록되어 있으므로 아주 오래 전부터 국내에 알려졌겠지만, '초한 이야기' 관련 소설이 국내에 유입된 것은 조선 선조 초기나 그 이전으로 봐야 한다. 『조선왕조실록』 선조 2년(1569) 6월 임진일(壬辰日) 저녁 경연(經筵)에서 기대승(奇大升)은 다음과 같이 아뢰었다.

주상께서 행여 이 책의 근본을 알지 못하고 가까이 하실까 두려워 감히 아룁니다. 이 책만 그런 것이 아니라 『초한연의(楚漢衍義)』 등과 같은 책처럼 이와 같은 종류가 하나뿐이 아닌데 모두 의리를 해침이 심한 것들입니다.(自上幸恐不知其册根本, 故敢啓. 非但此書, 如『楚漢衍義』等書, 如此類不一, 無非害理之甚者也.)

놀랍게도 이것은 1569년의 기록이다. 앞에서 살펴본 것처럼 『서한연의』 관련 최초 텍스트 『전한지전』은 1588년, 그다음 텍스트 『양한개국중흥지전』은 1605년, 그리고 견위의 『서한연의전』은 1612년에 나왔다. 그렇다면 위 인용문의 『초한연의』는 '전상평화오종'(1321~1323)에 속한 『속전한서평화』 또는 『전한서평화』일까? 분명하게 『초한연의』로 표기했으므로 그럴 리도 없다. 이에 대해 민관동은 「『西漢演義』와 『楚漢演義』 연구」라는 논문에서 지금까지 알려지지 않은 '초한 이야기'의 또다른 판본이 있었을 가능성이 있다고 추측했다.[3] 중요한 점은 지금까지 알려진 『서한연의』 관련 텍스트가 완성되기 전에 이미 '초한 이야기'에 해당하

는 소설이 조선에 전래되었다는 점이다. 심지어 오희문(吳希文, 1539～
1613)의 「을미일록(乙未日錄)」(1595)에는 『한초연의(漢楚演義)』를 언해했다
는 기록까지 나온다.[4] 물론 『한초연의』가 『초한연의』와 같은 책인지는
확인할 수 없으나 '초한 이야기' 관련 소설이 일찍부터 전해져 언문 즉
한글로까지 번역되었음을 확인할 수 있다. 그후로도 허균(許筠, 1569～
1618)의 「서유록발(西遊錄跋)」,[5] 황중윤(黃中允, 1577～1648)의 「일사목록
해(逸史目錄解)」,[6] 박태순(朴泰淳, 1653～1704)의 「제『서한연의』속설권수
(題『西漢演義』俗說卷首)」,[7] 홍만종(洪萬鍾, 1643～1725)의 「장악위담(莊嶽委
譚)」,[8] 완산이씨(完山李氏)의 『중국소설회모본(中國小說繪模本)』「서문(序
文)」(1762),[9] 『승정원일기(承政院日記)』 영조(英祖) 49년(1773) 4월 9일과
50년(1774) 5월 16일조 '비망기(備忘記)', 홍직필(洪直弼, 1776～1852)의 「잡
록(雜錄)」,[10] 한율산(韓栗山)의 『임진록(壬辰錄)』「서문(序文)」(1876)[11] 등에
'초한' 관련 소설 목록이 기록되어 있다. 이중 박태순의 「제『서한연의』속
설권수」 이후로는 『서한연의』 혹은 『동서한연의』가 전래되어 유통된 것

3_ 민관동, 「『西漢演義』와 『楚漢演義』 연구」, 『中語中文學』 제57집, 2014년 4월, 韓國中語中
文學會, 31～58쪽.
4_ 「쇄미록(鎖尾錄)」 「을미일록(乙未日錄)」 1월 초3일조. "온종일 집에 있자니 심심하기 이를
데 없었는데, 마침 딸의 요청으로 『한초연의』를 언해하여 둘째 딸에게 쓰게 했다.(終日在
家, 無聊莫甚. 因女息之請, 解諺『漢楚演義』, 使仲女書之.)"
5_ 허균, 『성소복부고(惺所覆瓿稿)』 권13.
6_ 황중윤, 『동명선조유고(東溟先祖遺稿)』 권8.
7_ 박태순, 『동계집(東溪集)』, 권2.
8_ 홍만종, 『홍만종전집(洪萬鍾全集)』 상(上), 태학사, 1980.
9_ 완산이씨 작(作), 『중국소설회모본(中國小說繪模本)』「서문(序文)」, 江原大出版部, 1993.
10_ 홍직필, 『매산문집(梅山文集)』 권52.
11_ 『한국고소설비평자료집성(韓國古小說批評資料集成)』, 아세아문화사, 1994.

으로 볼 수 있는 기록이 많이 남아 있다. 이중『승정원일기』영조 49년
과 50년 '비망기(備忘記)'에는 지금 전해지는『서한연의』제44회 제목이
그대로 실려 있다. 영조 49년 4월 9일조 기록을 예로 든다.

> 서유대(徐有大)에게 전하여 일렀다. "「한왕이 늙은이들을 효유하며 덕
> 을 베풀다(諭父老漢王布德)」는『서한연의』의 제목이다. 지금 나도 늙은
> 이들을 불러 널리 효유하겠노라.(傳于徐有大曰.「諭父老漢王布德」,『演義』
> 題目, 今予召耆民廣諭.)"

이처럼 조선 선조 초기 이전에 유입된 '초한' 관련 연의소설은 식자층
에서 한문본으로 널리 읽혔을 뿐 아니라 일찍부터 한글로도 번역되어
널리 유통되었다. 앞에서 오희문이『한초연의』를 언해하여 딸에게 쓰도
록 했다는 기록에서도 그 사실을 확인할 수 있고,『승정원일기』에도 관
련 기록이 남아 있다.

> 대통관(역관)이 칙사의 분부를 올리며, 언문 번역『서한연의』한 질을
> 찾아 들이라고 했으므로, 분부를 전달하는 뜻을 감히 아룁니다.(大通
> 官以上勅使分付, 諺譯『西漢演義』一帙, 使人覓入, 故分付入送之意, 敢啓.)[12]

이것이 현종(顯宗) 13년(1672) 1월 8일조 기록이므로 아마도 1612년에
견위의『서한연의전』이 간행되자마자 국내로 유입된 뒤 얼마 지나지 않

12_『승정원일기(承政院日記)』, 현종(顯宗), 13년(1672) 1월 8일조.

아 한글로 번역되었음을 알 수 있다. 당시 역관이 중국 칙사가 『서한연의』 언해본을 구한다고 임금에게 알렸으므로 『서한연의』 언해 사실이 국제적인 화제로 떠올랐던 듯하다. 『서한연의』 언해본은 이후로도 끊임없이 보급되었고, 지금도 각급 도서관에 그 판본들이 소장되어 있다. 대표적인 것으로는 국립중앙도서관 『셔한연의』 16권 16책, 규장각 『셔한연의』 29권 10책, 고려대 『셔한연의』 16권 16책, 성균관대 『셔한연의』 16권 16책, 이화여대 『西漢演義』 10권 10책 등이 있다. 이중 가장 선본(善本)은 국립중앙도서관 소장 『셔한연의』 판본이다. 자세히 읽으며 검토해본 결과 다음과 같은 특징을 발견할 수 있었다.

첫째, 한글 표기 특징에 근거해보면 대략 19세기 중반을 전후하여 이전 언해본을 재필사한 것으로 보인다. 한 사람이 아니라 여러 사람이 공동으로 필사했다.
둘째, 거의 대부분 축자역에 가까운 직역으로 번역했지만 일부 대목은 의역도 섞었다.
셋째, 『서한연의』의 원문만 번역했고 삽입시, 협주(夾註), 비주(批註), 비평은 모두 번역하지 않았다.

아울러 『서한연의』 외에도 『초한연의(楚漢演義)』, 『초한전(楚漢傳)』, 『쵸한연의』, 『쵸한뎐』, 『초한전』, 『초한긔』, 『초호지』 등의 제목을 단 한문소설이나 언해소설도 다수 발견되는데, 대체로 '초한(楚漢)'이라 이름 붙은 소설은 한문본이든 언해본이든 대부분 부피가 얇은 축약본이다. 또 『서한연의』의 내용을 바탕으로 흥미로운 대목을 발췌하여 번안한 소설도 등장했다. 1859년에 필사된 『유악귀감(帷幄龜鑑)』이 그것이다. '유악(帷幄)'은 본래 군영의 장막을 가리킨다. 여기에서 뜻이 확장되어 '유악'은 흔히 군막 속에서 병법에 근거하여 승리를 강구하는 일 또는 그 담당자인 모사를 의미한다. 『서한연의』에서는 장량(張良)이 그 역할을 담당했으므로, 『유악귀감』에서는 장량을 주인공으로 삼아 이야기를 풀어내고 있다.

일제강점기에 이르면 이주완(李柱浣)이 편역한 『諺文 서한연의』(전4권, 영풍서관, 1917) 한 종을 제외하고는 각종 축약본 『초한전』과 번안본이 한글 판본으로 출간되었다. 이중 주요 번안본만 들어보면 『초한건곤 장즈방실긔』(박건회 譯述, 朝鮮書館, 1913), 『초한풍진 홍문연』(匯東書館, 1916), 『고대초한 전쟁실기』(李鍾楨, 光東書局, 1917), 『홍문연회 항장무』(玄丙周, 博文書館, 1918), 『항우전』(李文演, 博文書館, 1918), 『초패왕』(李源生, 以文堂, 1919) 등이 있다. 일제강점기에도 '초한 이야기'는 중단 없이 간행되어 사람들의 마음속으로 스며들었음을 알 수 있다.

7. 해방 이후 『서한연의』 관련 번역본

1954년 3월 11일 김팔봉(金八峰)이 『서한연의』를 『통일천하』라는 제목으로 〈동아일보〉에 편역, 연재하기 시작한 이래 지금까지 64년이 흐르는 동안 거의 30여 종에 달하는 『서한연의』 관련 번역, 편역, 번안, 축약본이 출간되었다. 그중 표지에 '번역'이나 '옮김'을 표기한 책은 이상근 역 『한고조 통일천하』(전5권, 신문화사, 1974), 김국종 역 『통일천하』(전2권, 서문문화사, 1983), 최용진 역 『통일천하』(전3권, 박우사, 1992) 등이다. 이

상근 역『한고조 통일천하』는 서한뿐 아니라 동한까지 다루고 있으므로 기실『서한연의』번역본이 아니다. 김국종과 최용진의 번역도 연의소설의 가장 큰 특징의 하나인 삽입시를 모두 삭제하는 등 완역에는 훨씬 못 미치는 수준에 그치고 있다. 이 밖에도 김춘복 역『통일천하』(전5권, 동지, 1991)는 중국에서 출간된 저자 미상의『한신전(韓信傳)』이 저본이라고 밝혔고, 강황석 역『(총집결판) 초한지』(전3권, 고려문학사, 1991~1993)는 선우용을 저자로 밝혔다. 이언호 편역『초한지』(학술편수관, 2014)는 지은이를 종산거사로 밝혔으나 단 1권으로 줄인 축약본이다. 안타깝게도 이중에서『서한연의』완역이라고 할 만한 것은 하나도 없다. 모두 시류에 맞춘 판본들이겠으나 고전 번역이라는 입장에서는 오히려 조선시대 언해본보다 후퇴한 감이 없지 않다. 그렇다면 현재 번역임을 밝히지 않은『서한연의』관련 서적 중에서『서한연의』의 아류를 판별할 수 있는 방법이 있을까? 있다. 책을 들추어 '구리산 십면매복' 대목이 들어 있는지 확인하면 된다. '구리산 십면매복'은 '초한 이야기'를 다룬 모든 소설 중에서『전한지전』, 『양한개국영웅지전』, 『서한연의』계열로 이어지는 소설에만 들어 있는 문학적 장치다. '구리산 십면매복'의 특허권은『서한연의』계열에만 있으므로 이를 무단으로 가져다 쓴 후세의 작품들은 모두『서한연의』의 특허권을 위반한 것이다. 특허권 위반의 대가는 무엇인가? 아류임이 저절로 드러나는 가혹한 형벌이다.

『서한연의』는 조선시대 17세기에 이미 언해본이 생산되어 우리 문학과 문화에 큰 영향을 끼쳤다. 산을 뽑을 듯한 항우의 용력, 목숨 바쳐 지킨 우미인의 절개, 남의 가랑이 사이로 기어나간 한신의 인내심, 제갈공명보다 뛰어나다는 장자방의 계책 등은 누구나 익히 아는『서한연의』의 내용이다. 또 사면초가(四面楚歌), 배수진(背水陣), 토사구팽(兎死狗烹), 분서갱유(焚書坑儒) 등과 같은 고사성어는 우리의 일상 어휘로 지금도 너무나 자연스럽게 쓰인다. 심지어『서한연의』의 내용은 각종 민요로도 작곡되어 우리 문화의 한 요소로 녹아들었다. 서도 민요「초한가」를 들어보자.

만고 영웅호걸들아 초한 승부 들어보소
절인지용 부질없고 순민심이 으뜸이라
한 패공의 백만대병 구리산에 십면매복
대진을 둘러치고 초 패왕을 잡으랼 제
천하병마 도원수는 표모 걸식 한신이라
장대에 높이 앉아 천병만마 호령할 제
오강은 일천 리요 팽성은 오백 리라
거리거리 복병이요 두루두루 매복이라
간계 많은 이좌거는 패왕을 유인하고
산 잘 놓는 장자방은 계명산 추야월에
옥통소를 슬피 불어 팔천 제자 해산할 제 (후략)

이 가사가『서한연의』에서 왔음은 '구리산 십면매복'을 보면 바로 알아차릴 수 있다.『서한연의』의 하이라이트인 '사면초가(四面楚歌)'를 노래한 위의 가사는 그 장면의 비장한 분위기를 잘 연출하고 있다. 같은 소재를 다룬 판소리 단가「초한가」와 홍문연의 대결 및 탈출을 노래한「홍문연가(鴻門宴歌)」도 있다. 또 부산 금정구 두구동 민요「우미인가」와 경북 의성의 규방가사 「우미인가」도 초패왕과 우미인의 애절한 이별을 소재로 삼았다. 그리고 『한국시조대사전(韓國時調大事典)』(상·하, 박을수 편저, 아세아문화사, 1992)에는 '초한 이야기' 관련 작품이 80수 가까이 실려 있다. 이 밖에도 이홍란의 연구에 의하면 『서한연의』의 소재가 우리나라 몇몇 소설에도 깊이 스며들었다고 한다. 『제마무전』, 『왕회전(王會傳)』, 『고후전(高后傳)』, 『만옹몽유록(謾翁夢遊錄)』 등이 그러하다는 것이다.[13] 게다가 지금도 우리 서민들이 즐기는 놀이인 '장기'는 직접 초·한 대결을 집약한 두뇌 스포츠다.

『서한연의』가 이처럼 우리 문학과 문화에 깊이 녹아들었음에도 현재 완역본이 하나도 없다는 건 안타까운 일이다. 여기에는 『서한연의』라는 고전을 고전답게 대접하지 못하고 있다는 자괴감도 포함되지만, 더 근본적으로는 우리 문학과 문화의 저변을 구성하고 있는 한 토양을 너무 맹목적으로 버려두고 있다는 쓸쓸함도 포함된다. 『서한연의』는 중국에서 탄생했으므로 물론 중국 고전에 속한다. 하지만 그것이 동아시아 전체에 영향을 끼쳤다면 동아시아 고전에 속하며, 더 나아가 세계의 문학과 문화에 깊이 관련되어 있다면 세계의 고전으로 인식해야 한다. 서구의 고전도 마찬가지다. 『그리스·로마 신화』는 그리스·로마에서 발생했지만 그곳만의 고전이 아니다. 그것은 서구 각국으로 퍼져나가 곳곳에서 현지 토양과 융합했으며, 지금은 세계 곳곳에서 그곳 문화의 피와 살이 되고 있다. 『서한연의』의 '초한 쟁패 고사'는 단순히 옛날이야기가 아니라 『삼국지』, 『열국지』와 더불어 지금도 살아 있는 우리 삶의 일부

13_ 이홍란, 『역사연의소설 「서한연의」 연구』, 보고사, 2015, 187~211쪽 참조.

다. 피와 살로 체화(體化)된 우리 삶의 일부를 더욱 진실하게 향유하기 위해서는 현재 우리 삶의 양상과 그 원천에 대한 점검 및 성찰이 필요하다. 이번 『서한연의』 완역이 고전을 고전답게 대접하고, 그동안 버려졌던 쓸쓸한 땅에 생기를 불어넣고, 우리 삶의 한 바탕을 점검하고 성찰하는 계기가 됐으면 하는 바람이다.

서序

서한(西漢)에는 사마천의 『사기(史記)』가 있는데, 어휘가 정련되고 뜻이 예스러워 천고의 훌륭한 역사서 역할을 하고 있으므로, 천하 고금 사람들이 그것을 암송하고 있다. 이런 상황에 나는 또 어찌하여 그것을 세속과 통하는[通俗] 소설로 풀어냈는가? 세속과 통할 수 없으면 역사의 대의도 풀어낼 필요가 없고, 그 대의를 풀어낼 필요가 없으면 이 책도 지을 필요가 없을 터이다. 또 어찌하여 초나라와 한나라의 20년 역사를 수만 자로 길게 풀어 책으로 편집했는가? 대체로 『사기』는 대체할 수 없는 역사서다. 내가 세속과 통하는 소설로 역사의 대의를 풀어낸 것은 감히 이 책을 먼 곳까지 전하고 후세에까지 보여주기 위함이 아니라 역사서의 미진한 점을 보충하기 위함이다. 다만 한가하게 살며 무료함을 느끼던 차에 우연히 『서한권(西漢卷)』[1]을 읽어보니 그중에 견강부회하고 지리멸렬하고 저속한 대목이 많아서 초한 이야기를 밝혀내기에 충분해 보이지 않았다. 이에 마침내 간략한 부분을 자세하게 만들면서 역사서를 고찰하여 대의를 넓혔다. 한 해를 넘겨 차례를 매기고 책을 만들었다. 어휘는 비록 속어를 썼지만 올바름은 잃지 않았고, 대의는 비록 얕게 드러냈지만 이치에는 어긋나지 않았다. 조서, 표문(表文), 사부(辭賦)는 한나라 작품을 모방했고, 시문(詩文)과 평론문은 제목에 따라 뜻을 취했다. 유방과 항우의 강약, 초나라와 한나라의 흥망은 책을 한 번 펼치기만 하면 모두 차례 제목에 드러나게 했다. 이것이 세속과 통하고 역사의 대의를 풀어낸〔通俗演義〕 까닭이다.

그러나 호사가들이 혹시라도 내 책을 가져가 읽는 과정에서 처음에는 이 소설을 좋아하여 흥밋거리로 삼고, 그다음에는 역사의 흐름에 따라 대의를 구하고, 마지막에는 사물을 넓게 알아 자신의 뜻에 통할 수 있으면, 이에 마음에 드는 독서 자료로 삼아 시중의 패관소설과 비교할 때 이 책이 작은 도움이 되지 않는다고 말하지는 못할 것이다. 만약 구구절절 모두 역사와 부합해야 한다고 말한다면 이 책을 지을 필요가 없었을 것이다.

책이 완성되자 식자들이 서로 전해가며 베끼기 경쟁을 했다. 이처럼 열람하기가 불편해지자 나의 선배가 장인(匠人)에게 책을 판각하게 했

---

1 명나라 시대 웅대목(熊大木)의 『전한지전(全漢志傳)』 중 서한(西漢) 부분을 가리키는 것으로 보인다. 『전한지전』에서 서한을 다룬 부분은 6권 61칙(則), 동한을 다룬 부분은 6권 57칙이다. 『전한지전』은 만력(萬曆) 16년(1588)에 출간되었고 견위의 『서한연의』는 만력 40년(1612)에 출간되었다.

고 그것을 또 사방의 호사가들과 공유하게 했다. 이 책 첫머리에 실을 작은 서문을 내게 부탁하기에 마침내 붓을 잡고 이 글을 써서 내가 이 책을 편집할 때의 초심을 알리고자 한다.

만력 임자년(壬子年) 봄 길일에 종산거사(鍾山居士) 견위가 쓰다.[2]

2_ 이 서문은 명나라 만력 40년 임자년에 간행한 금릉(金陵) 주씨(周氏)의 대업당 본에 실린 것이다. 『중국역대소설서발집』 중권(丁錫根 編, 1996, 878~879쪽)에서 전문을 가져와 번역하여 싣는다.

제1회

인질이 된
진나라 왕손

진나라 군사에게 승리하고
이인을 포로로 잡다
勝秦師異人被虜

전국칠웅 중에서 조(趙)나라는 원래 진(秦)나라와 성(姓)이 같았다. 그들의 선조는 비렴(飛廉)[1]이었고, 그의 아들은 계승(季勝)[2]이었으며, 그 후손으로 조보(造父)[3]라는 사람이 있었다. 주(周) 목왕(穆王)에게는 팔준마(八駿馬)가 있었는데, 첫째 절지(絶地), 둘째 번우(飜羽), 셋째 분소(奔霄), 넷째 초경(超景), 다섯째 유휘(逾輝), 여섯째 초광(超光), 일곱째 등무(騰霧), 여덟째 괘익(挂翼)이 그것이었다. 목왕은 항상 팔준마가 끄는

1_ 비렴(蜚廉)이라고도 쓴다. 그의 맏아들 악래(惡來)와 함께 은(殷)나라 마지막 임금 주왕(紂王)을 섬기다가 주(周) 무왕(武王)에게 주살되었다 한다.
2_ 비렴의 또다른 아들이다.
3_ 계승의 증손자다.

수레를 타고 조보를 어자(御者)로 삼아 천하를 주유했다. 수레바퀴와 말발굽이 미치지 않은 곳이 없었다. 곤륜산(崑崙山)[4]으로도 날아가서 서왕모(西王母)[5]를 만나 요지(瑤池)[6]에서 잔치를 벌이며 옥액(玉液)과 금장(金漿)[7]을 마시고 용포(龍胞)와 봉포(鳳脯)[8]를 먹었다. 목왕은 너무나 즐거워서 돌아갈 생각도 잊었다. 그때 서(徐) 언왕(偃王)[9]이 주나라 땅에서 반란을 일으키자 서왕모가 목왕에게 말했다.

"속히 돌아가시오! 다른 사람에게 나라를 빼앗길까 두렵소."

그리하여 조보에게 어가를 몰게 하고 팔준마를 치달려 귀국했다. 초(楚)나라에게 군사를 빌려 서나라를 정벌하고 주나라를 안정시켰다. 조보는 이 일로 공을 세워 한단(邯鄲, 허베이성河北省 한단시邯鄲市) 땅에 군

4_ 티베트자치구와 위구르자치구의 경계를 이루는 산맥으로 흔히 중국 모든 산의 조산(祖山)으로 일컬어진다.

5_ 곤륜산을 지키는 여신이다.

6_ 중국 신화에 나오는 연못 이름으로 곤륜산에 있다고 한다.

7_ 옥액은 옥례(玉醴)라고도 한다. 중국 도교에서 조제하는 선약(仙藥)이다. 갈홍(葛洪)의 『포박자(抱朴子)』 「금단(金丹)」에 다음과 같은 기록이 있다. "주초(朱草)는 그 모습이 작은 대추와 같다. 서너 자 정도 기르면 가지와 잎이 모두 붉어지고 줄기는 산호와 같아진다. 명산의 바위 아래에서 잘 자라는데 깎으면 피와 같은 즙이 흐른다. 옥이나 여덟 가지 돌과 금은을 그 즙 속에 넣으면 바로 진흙과 같은 환약을 만들 수 있다. 오래 지나면 물이 되는데, 그 속에 금을 넣은 것을 금장(金漿)이라 부르고, 옥을 넣은 것을 옥례라 부른다. 복용하면 모두 오래 살 수 있다(朱草狀似小棗, 栽長三四尺, 枝葉皆赤, 莖如珊瑚. 喜生名山巖石之下, 刻之汁流如血, 以玉及八石金銀投其中, 立便可丸如泥, 久則成水, 以金投之, 名爲金漿, 以玉投之, 名爲玉醴, 服之皆長生)."

8_ 용포는 용의 태(胎)로 만든 음식이고, 봉포는 봉황의 고기를 말린 육포다. 모두 진귀하고 맛있는 음식을 비유한다. 용회봉포(龍膾鳳脯), 인간봉포(麟肝鳳脯)도 같은 의미다.

9_ 서나라는 동이(東夷) 계열의 영성(嬴姓) 제후국이다. 주나라 제후국으로 회수(淮水)와 사수(泗水) 일대에서 맹주로 군림했다. 언왕 때 인의로 나라를 다스려 인근 제후국의 조공을 받았다. 초나라의 공격으로 국력이 쇠퇴했고 이후 오왕(吳王) 합려(闔閭)에게 멸망당했다.

왕으로 봉해졌고 마침내 조씨(趙氏)를 칭하게 되었다.

조보 후손에 조숙(趙夙)[10]이 있었고 조숙은 조최(趙衰)[11]를 낳았으며 조최는 조선자(趙宣子) 돈(盾)[12]을 낳았다. 조돈은 조삭(趙朔)[13]을 낳았는데, 당시의 권신(權臣) 도안고(屠岸賈)[14]에게 멸문지화를 당해 유복자 조무(趙武)만을 남겼다. 이 사람이 바로 조씨고아(趙氏孤兒)[15]다. 조무는 뒷날 장성하여 군사를 거느리고 복수에 나서 도안고를 주살하고 여전히 한단에다 도읍을 정했다. 이후 11세(世)가 이어지는 동안 왕을 칭한 사람은 다섯 명이었다.[16]

이즈음 장하(漳河)[17]를 지키는 조나라 신하 이계숙(李繼叔)은 진나라 군사가 고을의 성곽 가까이 다가오고 있음을 알았지만 감히 성을 나가

10_ 조숙(趙夙, ? ~ ?). 춘추시대 진(晉) 헌공(獻公)의 대부다. 많은 전공을 세워 적(狄) 땅을 봉토로 하사받았다.

11_ 조최(趙衰, ? ~ 기원전 622). 춘추시대 진(晉) 문공(文公)의 동서이자 공신이다. 19년 동안 진 문공의 망명을 수행하며 동고동락했다. 겸손한 처신과 현명한 계책으로 진 문공을 보필하여 패자가 되게 했다. 그의 후손이 전국시대 조나라를 세웠다.

12_ 조돈(趙盾, ? ~ 기원전 601). 조최의 맏아들로 진(晉) 양공(襄公)과 영공(靈公)의 대신이다. 진 영공의 음란함과 무도함을 바로잡기 위해 간언을 올리다가 쫓겨났다. 진 영공이 시해된 이후 진 성공(成公)을 보위에 올렸다.

13_ 조삭(趙朔, ? ~ 기원전 597). 조돈의 아들로 진(晉) 경공(景公)의 하군원수다. 간신 도안고(屠岸賈)의 참소로 멸문지화를 당했다.

14_ 도안고(屠岸賈, ? ~ 기원전 583). 진 영공과 경공의 총신으로 간신배다. 조돈과 불화하여 조씨 가문을 멸문지화로 몰아넣었다. 진(晉) 도공(悼公) 즉위 후 조씨고아 조무가 살아서 돌아와 음모가 밝혀짐으로써 도안고의 죄상이 드러나 참수를 당했다.

15_ 조무(趙武)를 가리킨다. 춘추시대 진 영공 때 명문 조씨 집안이 간신 도안고의 참소로 멸문지화를 당했다. 당시 조씨 집안 일족 모두가 피살당했는데, 갓 태어난 조무만이 공손저구(公孫杵臼), 정영(程嬰), 한궐(韓厥)의 도움으로 살아남아 원수를 갚고 집안을 다시 일으켜세웠다. 이 이야기는 중국 민간에 널리 알려졌다가 원나라 때 기군상(紀君祥)이 잡극 극본『조씨고아(趙氏孤兒)』로 완성하여 지금까지 전해진다.

16_ 전국시대 조나라 무령왕(武靈王), 혜문왕(惠文王), 효성왕(孝成王), 도양왕(悼襄王), 유류왕(幽謬王)이다.

적을 맞아 싸울 생각은 하지 않고 삼군에 명령을 내려 각각 성문을 굳게 지키라고 했다. 그리고 급히 조나라 땅으로 사람을 보내 보고했다.

"진나라가 왕흘(王齕), 왕전(王翦), 왕손 이인(異人)에게 군사 10만을 주고 우리 조나라 국경을 침범하여 벌써 장하에다 진채를 세웠습니다."

조왕은 황급히 대전으로 올라가 백관을 모아놓고 대책을 논의했다.

"진나라는 강하고 조나라는 약하며, 적군은 많고 아군은 적소. 아울러 용병에 뛰어난 왕전이 지금 우리 국경을 침범했으니 그 세력을 감당할 수 없소. 경들에게 적을 물리칠 무슨 대책이 있소?"

상대부 인상여(藺相如)가 말했다.

"진나라 군사는 멀리서 왔으므로 사람과 말이 모두 지쳤을 것입니다. 또 우리나라 땅으로 깊이 들어와 행군의 갈피를 잡지 못하고 있습니다. 이것은 병법에서 꺼리는 일입니다. 우리 장수에게 날랜 병사[驍兵] 3만을 몰래 거느리고 포오(蒲吾) 땅의 궁벽한 길을 따라 재빨리 전진하게 하십시오. 깃발을 내리고 북소리를 울리지 않은 채 두 갈래 길에 복병을 묻어둔 뒤 우리 대장에게 신병(神兵)을 이끌고 적을 맞아 싸우게 하십시오. 우리 군사가 도착하면 적은 틀림없이 진채를 비우고 싸우러 나올 것입니다. 그때 몰래 우리 군사 한 부대로 하여금 텅 빈 진나라 진영으로 잠입하여 저들의 장비와 무기를 빼앗게 하십시오. 혼란 속에서 저들의 세력이 흩어지면 서로 머리와 꼬리를 구원할 수 없을 것입니다. 이것이 이른바 예기치 못한 계책으로 적의 무방비 상태를 공격하는 병법이니 진나라 군사는 틀림없이 패주할 것입니다."

17_ 중국 허베이성 한단시 남쪽에 있다. 타이항(太行) 산맥에서 발원하여 허베이성과 허난성(河南省)의 경계지역을 흐른다.

조왕은 그의 의견에 따랐다. 이어서 공손건(公孫乾), 의화(醫和) 두 장수에게 기병 2만을 거느리고 포오 땅 오솔길로 먼저 진군하여 매복하게 했다. 그후 또 염파(廉頗)에게 군사 5만을 이끌고 모사(謀士) 왕광(王匡), 비장 윤륜(尹綸)을 대동하여 상하로 가서 이계숙에게 성을 나와 군사를 맞으라고 명령을 전했다. 염파의 대군은 성곽 가까이 접근하여 진채를 세웠다.

다음날 염파가 말을 타고 출전하여 왕전과 대적했다. 염파가 말했다.

"네놈들 진왕은 나라 안에서는 전횡을 하고 있지만 우리 조나라와는 아무 원한도 없다. 그런데도 누차 우리나라를 침범했으니 이는 스스로 패망을 자초하는 일이다!"

왕전이 말했다.

"조나라는 변방의 작은 나라이므로 의당 대국에 운명을 맡겨야 한다. 쥐새끼 같은 놈들이 스스로 능력도 헤아리지 못하고 어찌 감히 천자의 군사에게 대항하려 하느냐?"

염파는 대로하여 창을 들고 왕전을 곧바로 찔렀다. 왕전도 칼을 휘두르며 염파를 맞아 싸웠다. 두 필의 말이 서로 교차하며 30합을 넘지 않았을 때 염파는 거짓으로 패배한 척 달아났다. 그러나 왕전은 군사를 통제하며 추격하지 않았다. 그때 왕흘이 높은 곳에서 염파가 패배하여 달아나는 모습을 보고 즉시 군사와 병마를 휘몰아 북소리를 울리며 추격했다. 왕전이 황급히 제지하며 말했다.

"염파는 진짜 패배한 것이 아니오. 매복이 있는 듯하오."

그러나 왕흘은 왕전의 말을 듣지 않고 삼군을 재촉하여 염파를 뒤쫓았다. 채 10리도 행군하지 못했을 때 후위 부대에서 보고가 올라왔다.

"조나라 군사가 두 갈래 길로 협공하여 우리 진영을 부수고 군수품과 무기를 노략질한 뒤 왕손 이인까지 잡아갔습니다."

왕흘과 왕전은 그 말을 듣고 대경실색하며 황급히 군사와 병마를 돌려 본진을 구원하려 했다. 염파는 진나라 군사가 이미 자신의 계책에 빠진 사실을 알고 신호 깃발을 한 번 휘둘렀다. 그러자 5만 정예병이 땅을 휩쓸며 달려왔다. 그것은 마치 거대한 파도가 일어나고 큰 산이 무너지는 듯했다. 파죽지세로 공격을 퍼붓자 진나라 군사는 대패하여 달아났다. 왕흘과 왕전은 서둘러 회군하다 조나라의 공손건, 의화의 주력군과 만났다. 양쪽에서 협공을 당하니 감당할 수 없었고 염파의 군사도 뒤에서 급박하게 추격해왔다. 왕흘과 왕전은 결사전 끝에 겨우 몸을 빼서 50리를 후퇴하고서야 군영을 세웠다. 그리고 바로 부장 유평(劉平)과 모수(毛修)에게 군사를 거느리고 산 뒤편으로 가서 매복한 채 조나라 추격군을 방비하게 했다. 그러나 왕흘과 왕전은 패잔병을 이끌고 군영을 거두어 다시 후퇴 행군을 시작했다. 밤새도록 말을 달려 본국으로 돌아가 조정 밖에서 대죄했다. 진 소양왕(昭襄王)은 자국의 군사가 패배했다는 사실을 알게 되었을 뿐 아니라 왕손 이인마저 포로가 되었다는 소식을 듣고 걱정과 분노로 어쩔 줄 몰라 했다. 소양왕은 바로 왕흘과 왕전을 불러 꾸짖었다.

"너희 두 놈은 군사와 병마를 잃고 왕손마저 포로로 내준 마당에 어떻게 얼굴을 들고 짐을 보러 왔단 말이냐?"

그리고 호위무사에게 호령했다.

"왕흘과 왕전을 참수하고 바로 보고를 올려라!"

그때 안국군(安國君)이 나서서 아뢰었다.

"왕전은 우리 진나라의 명장으로 여러 번 큰 공을 세웠습니다. 지금 참수하여 이런 고굉지신(股肱之臣)을 잃으면 나라에도 이롭지 못하고 왕손의 안위에도 도움이 되지 못합니다."

진왕은 안국군의 간언에 노기를 조금 가라앉혔지만 결국 왕흘을 폐서인(廢庶人)했으며 왕전은 산기상시(散騎常侍)[18]로 강등하여 여전히 군사를 거느린 채 대죄하고, 이후 전공을 세워 은혜에 보답하게 했다. 이 일로 소양왕은 잠시 군사행동을 멈추고 왕손 이인을 귀국시키기 위한 대책을 신료들과 논의했다. 신료들이 말했다.

"왕손마마가 포로가 되었으니 조속히 돌아오게 할 수는 없을 듯합니다. 차라리 국서 한 통을 닦아 언변에 뛰어난 사신을 파견하여 양국 간 군사행동 중지의 이득을 설파하고 왕손마마를 인질로 삼게 하는 것이 좋겠습니다. 주위 여러 나라를 멸망시키고 나면 조나라는 순망치한(脣亡齒寒)의 처지가 되어 고립무원의 지경에 빠질 것이니 오래지 않아 우리 진나라의 신하로 복종할 것입니다. 그러면 왕손마마도 저절로 귀국하는 날이 올 것입니다. 바라옵건대 대왕마마께서는 천천히 일을 도모하시옵소서."

소양왕은 크게 기뻐하며 달변가 우서(牛西)에게 국서를 가지고 조나라로 가서 강화를 논의하게 했다.

한편, 조나라 염파는 대승을 거두고도 왕전이 또다른 계책을 낼까 두려워 감히 추격하지 못하고 군사를 거두어 돌아왔다. 그리고 바로 의

18_ 임금을 수행하는 고위 무관직이다. 궁궐 안에서는 임금의 잘못에 간언을 올리고 임금의 자문에 응한다. 궁궐 밖으로 나갈 때는 말을 타고 임금을 호위한다.

화와 이계숙에게 군사를 증원해주고 장하를 굳게 지키며 진나라 군사를 방어하게 했다. 다음날 그는 군사를 거느리고 진나라 왕손 이인을 구류한 채 귀국하여 조왕을 알현했다. 조왕은 몹시 기뻐하며 염파에게 큰 상을 내리고 삼군을 위로했다. 그리고 이인을 불러 질책했다.

"네 할아비가 잔학무도해 자주 군사를 일으켜 우리 국경을 침범했다. 그러다가 이제 네놈이 우리 포로가 되었으니 무슨 할말이 있느냐?"[19]

조왕은 호위무사에게 이인을 끌고 나가 참수하라고 했다. 그때 인상여가 황급히 제지하며 말했다.

"불가합니다! 지금 진나라는 강국입니다. 만약 이자를 참수하면 진나라와 조나라의 사이는 더 크게 나빠집니다. 이후 저들이 군사를 동원하여 공격해오면 우리 조나라는 아마도 편안한 날이 없을 것입니다. 차라리 이곳에 인질로 잡아두는 편이 더 좋을 듯합니다. 그럼 진나라는 감히 우리를 공격하지 못할 것이니 이제 조나라는 무사태평한 날을 보낼 수 있습니다."

조왕이 말했다.

"옳은 말씀이오."

며칠 뒤 문득 진나라에서 국서를 지닌 사신 우서를 파견했다는 보고가 올라왔다. 조왕이 말했다.

"불러들여라!"

우서가 국서를 받들어 올렸다.

19_ 정사에는 이인이 왜 조나라 인질이 되었는지 기록되어 있지 않다. 전국시대 각국 사이에 전쟁을 억제하고 우호를 유지하기 위해 서로 인질을 교환하는 관행이 있었던 것으로 보인다.

진왕 영직(嬴稷)은 재배하며 국서를 받들어 조왕 전하에게 올립니다. 가만히 생각하옵건대 조나라와 진나라는 본래 동성(同姓)인데 각각 강역을 나누어 차지한 이래로 비로소 서로 다른 지파가 되었습니다. 나라의 원대한 계책은 서로 밝히지도 않은 채 각기 작은 땅을 두고 다투고 있습니다. 우리 두 나라는 동기간이지만 어진 마음을 서로 해치고 있습니다. 지난번에 이인이 군사를 감독하다 두 나라 간의 금기를 알지 못하고 포로가 되어 그 목숨이 아침저녁에 달려 있습니다. 이제 군사행동을 멈추고 평소의 우호를 온전히 하여 조속히 석방해주기를 바랍니다. 골육의 생사를 대왕께서 밝게 살펴주십시오. 모든 일을 일일이 아뢰지 못합니다.

조왕은 국서를 다 읽고 나서 사신 우서 앞으로 몸을 기울이며 말했다.

"그대들 진왕은 우리 조나라와 일가 간이라는 걸 알면서도 무슨 연유로 누차 우리 땅을 침범했소? 이인이 우리에게 사로잡혀 있지만 차마 죽일 수는 없었소. 이제 그대가 국서를 받들고 와서 강화를 요청하니 잠시 전쟁을 그치고 각각 강토를 지키다가 우호가 완전히 이루어진 뒤에 이인을 방면하겠소. 그래도 늦지 않을 것이오."

사신 우서가 말했다.

"진나라와 조나라는 본래 일가 간이기는 하지만 국력에 강약이 있는데, 서로 나눔의 몫을 겨루는 사이에 날마다 다툼이 일어난 것입니다. 우리 진나라는 힘이 강할 뿐 아니라 대왕께서 또 이렇게까지 행동하시니 침략하지 않을 수 없었습니다. 그러나 지금은 강화를 하고 서로 군

진나라 이인이 조나라에 포로가 되다

사행동을 멈추는 것이 두 나라에 이롭습니다. 대왕께서 이인을 긍휼히 여기시고 은혜를 베풀어주시면 뒷날 귀국하여 그 은혜에 보답할 수 있을 것입니다. 그렇게 되면 진과 조 두 나라는 서로 우호를 맺고 천년 동안 골육지친으로 지낼 수 있을 것입니다. 그러나 대왕께서 이인을 가두어두고 돌려보내지 않으신다면 대왕께 화씨지벽(和氏之璧)[20]이라는 보물이 있다 해도 그 엄청난 원한을 푸실 수 없을 것입니다. 대왕께서는 깊이 생각하시옵소서."

조왕은 사신의 말을 다 듣고 또 말했다.

"그대는 진나라에서 무슨 관직을 맡고 있소?"

우서가 대답했다.

"신은 진나라에서 정식 관직을 맡지 못하고 있습니다. 단지 이번에 사신의 책임을 맡고 있을 뿐입니다."

조왕이 말했다.

"그대는 참으로 임금의 명령을 욕되게 하지 않았다 할 만하오."

그리고 융숭하게 접대한 뒤 답서를 주어 진나라로 돌려보냈다.

조왕은 마침내 공손건에게 명령을 내렸다.

"경은 사저에서 이인을 감시하도록 하시오. 마음대로 놓아두어서도 안 되지만 너무 엄격하게 가두지도 마시오. 그자 스스로 목숨을 해칠지도 모르니까 말이오. 모든 음식과 경비는 관에서 제공하겠소. 경은

20_ 춘추시대 초나라 변화(卞和)가 형산(荊山)에서 얻은 보옥이다. 변화는 가공하지 않은 옥돌 원석을 여왕(厲王), 무왕(武王)에게 바쳤으나 옥을 알아보지 못한 두 왕에게 두 발을 잘렸다. 이후 문왕(文王)이 옥돌임을 알아보고 가공하여 천하의 보배를 얻었다. 그것이 화씨지벽이다.

신중하게 감시하시오!"

공손건은 어명을 받들고 이인을 자신의 집으로 데려갔다. 말을 나란히 타고 저잣거리를 지나는데 사람들 사이에 어떤 사람이 우뚝 서 있었다. 그는 이인의 모습을 보고 자신도 모르게 큰 소리로 감탄했다.

"참으로 간직할 만한 기이한 보배로다!"

이 사람이 누구인지는 다음 회를 보시라.21

21_ 원문은 "不知此人是誰, 且看下節分解"다. 중국 연의소설 상투어 중 하나로 직역하면 "이 사람이 누구인지 알 수 없으므로 다음 대목의 이야기를 보시라" 정도에 해당한다. 이것을 현재 우리말답게 번역하기 위해 "이 사람이 누구인지는 다음 회를 보시라"로 조금 다듬었다. 다음 번역에서도 이 원칙을 준수했다. '보시라(且看 또는 便見)'는 흔히 '들으시라(且聽)'로 쓰기도 하는데, 이는 중국 연의소설이 이야기꾼들의 공연에서 비롯되었음을 잘 보여주는 어휘다. 이 소설에서는 '보시라'와 '들으시라'를 혼용하고 있다.

여불위의 선택

여불위는 관상술로
이인을 알아보다
不韋風鑒識異人

이인을 알아본 사람은 누구인가? 그는 바로 양적(陽翟, 허난성河南省 위저우시禹州市)의 거상으로 성은 여씨(呂氏), 이름은 불위(不韋)이며 한단에서 장사를 하고 있었다. 그는 타고난 자질이 영민하고 식견이 밝았다. 어려서 귀곡자(鬼谷子)[1]에게 관상술을 배워 사람의 관상을 잘 보았다. 그는 이인을 알아보고 연이어 탄성을 질렀다.

"참으로 간직할 만한 기이한 보배로다!"[2]

당시에 이인은 공손건과 함께 그의 사저로 가고 있었다.

1_ 귀곡자(鬼谷子. ? ~ ?). 본명은 왕허(王栩)로 알려져 있다. 술수학(術數學), 병학(兵學), 유세학, 신선술에 달통했다고 한다. 귀곡(鬼谷)에 숨어서 제자를 길렀으므로 흔히 귀곡자로 부른다. 그의 제자 중 유명한 사람으로는 손빈(孫臏), 방연(龐涓), 소진(蘇秦), 장의(張儀) 등이 있다.

여불위는 이인을 보고 집으로 돌아와 부친에게 물었다.

"농사를 지으면 몇 배의 이익을 남길 수 있습니까?"

부친이 대답했다.

"열 배다."

"구슬이나 옥돌을 사고팔면 몇 배의 이익을 남길 수 있습니까?"

"백 배다."

"만약 임금을 세우고 한 나라를 장악하면 몇 배의 이익을 남길 수 있습니까?"

"숫자로 헤아릴 수 없다."

"장사를 하면 마음이 수고롭고, 농사를 지으면 몸이 고되지만, 그 이익을 계산할 수 있습니다. 지금 진나라 왕손 이인의 관상을 보니 후덕하고 우아하여 나중에 틀림없이 아주 귀하게 될 듯합니다. 지금 이곳에 인질로 잡혀 자기 나라로 돌아가지 못하고 있습니다. 그러나 조나라 근신들에게 천금의 뇌물을 주고 귀국시켜 장차 부귀를 도모하고자 합니다. 이 일로 무궁무진한 이문을 남길 수 있을 것입니다."

"그 일은 이루기가 쉽지 않다. 이룰 수 있다면 왕후장상이 될 수 있겠지만, 이루지 못하면 멸문지화를 당하고 만다. 너는 잘 생각하고 행동해야 할 것이다."

"저의 관상술은 백발백중입니다. 짐작건대 이인은 나중에 틀림없이 귀하게 될 것이고, 이 아들의 운명도 장차 드넓게 열릴 것입니다. 이 일

---

2 기화가거(奇貨可居): 기이한 물건을 손에 넣어 간직하다. 뒷날 큰 이익을 가져다줄 진귀한 보배나 뛰어난 인물을 미리 알아보고 투자하는 것을 비유한다.(『사기(史記)』「여불위열전(呂不韋列傳)」)

은 이문이 막대하니 아버지께서는 염려하지 마십시오."

그리하여 여불위는 백방으로 공손건을 찾아 친분을 트고자 했다.

그 무렵 한단성 동쪽에 성은 계씨(季氏)이고 이름은 묵(默)이라는 사람이 있었다. 그는 공손건의 인척으로 평소에 청탁을 받고 뒷거래를 하며 살았다. 여불위는 예의를 갖추어 그를 찾아갔다. 여불위는 한단에서 장사를 하던 처지라 부탁할 만한 사람이 없었다. 이에 옥돌과 비단을 예물로 갖추어 공손건을 한 번 만나 그의 은총을 받고자 했다. 다른 방법은 찾을 수 없었다. 계묵도 마침내 여불위의 부탁을 받아들이고 다음날 공손건을 만나 여불위의 행적을 자세히 이야기했다. 여불위는 이전부터 계묵과 친하게 지냈기에 그에게 청탁하여 공손건을 만나 은택을 입고 싶다고 했다. 여불위는 계묵 편에 말을 전했다.

"감히 갑작스레 만나 뵙고자 할 수 없어 아무개 편에 먼저 허락을 구합니다. 만남을 허락해주시겠습니까?"

공손건이 만남을 허락하자 계묵은 그날 바로 여불위를 공손건의 집으로 인도했다. 여불위는 미리 금괴 열 덩이와 백벽(白璧) 한 쌍을 마련하여 그에게 바쳤다. 공손건은 그것을 흔쾌히 받아들이고 마침내 하루 종일 술을 함께 마시며 환담을 나누었다. 여불위의 말솜씨는 매우 재치 있었고 응답도 마치 물 흐르는 것처럼 유창했다. 공손건은 두 사람이 너무 늦게 만났다고 안타까워했다. 이때부터 여불위와 공손건은 지난 정을 다 풀지 못한 것처럼 자주 만났다. 여불위는 매번 맛있는 음식이나 제철 먹을거리가 있으면 바로 공손건에게 보냈다. 이 때문에 공손건은 전혀 의심하지 않고 그를 마음 맞는 친구로 여겼다.

어느 단오절 공손건은 후원에 술자리를 마련하고 여불위와 계묵을 초청하여 이야기를 나누다 마침내 이인을 불러내 여불위와 인사를 나누게 했다. 여불위가 짐짓 모른 체하고 물었다.

"이분은 뉘신지요?"

공손건이 말했다.

"이분은 진나라 왕손마마로 함자는 이인이네. 평소에 다른 사람과 만나서는 안 되지만 자네는 나의 친한 벗이라 일부러 합석을 청했네."

여불위는 거듭 겸손한 태도로 말했다.

"왕손마마라면 진나라 귀인이신데 제가 어찌 감히 합석을 할 수 있겠습니까?"

공손건이 말했다.

"모두가 같은 사람이니 지나치게 겸양할 필요는 없네."

여불위는 마침내 이인과 합석했고 공손건은 계묵과 마주앉았다. 서로 술이 반쯤 취했을 때는 각자 마음이 매우 즐거워져서 피차 아무런 거리낌도 없게 되었다. 여불위는 그날 기쁘게 술을 마시다 한밤중이 되어서야 작별 인사를 하고 귀가했다. 다음날 여불위는 채색 비단을 갖추어 이인을 찾아갔다. 전날 주연에 감사를 드린다는 핑계를 대고 공손건의 집안으로 들어갔다. 마침 공손건이 조정에서 아직 퇴청하지 않아서 여불위는 단독으로 이인을 만나 채색 비단을 바쳤다. 이인이 말했다.

"나는 진나라에서 버려진 몸인데, 그대는 무슨 연유로 나를 이렇게 환대하시오?"

여불위는 주위에 아무도 없자 마침내 비밀리에 이렇게 말했다.

"제가 이곳에 온 것은 마마의 대문을 활짝 열어드리려는 마음에서입

공손건이 여불위에게 이인을 소개하다

니다. 천금을 아끼지 않고 공손건을 만난 것도 그 뜻이 바로 여기에 있습니다."

이인이 웃으면서 말했다.

"그대는 그대의 대문을 열지 않고 어째서 내 대문을 열려 하시오?"

"마마께서는 잘 모르십니다. 저의 대문은 마마의 대문이 열리기를 기다려 저절로 열릴 것입니다. 저는 지금 마마의 대문을 활짝 열려고 하지만 기실 이것은 저의 대문을 여는 일입니다."

이인은 여불위의 마음을 짐작하고 마침내 그를 끌어들여 서로 마음속에 담아둔 깊은 이야기를 나누었다. 여불위가 말했다.

"진왕 전하는 연로하셔서 안국군을 태자로 책봉하셨습니다. 지금 진나라의 왕업은 크게 안정되어 국력이 나날이 강해지고 있습니다. 태자 마마께선 화양부인(華陽夫人) 마마를 총애하고 계시지만 슬하에 아들이 없습니다. 후사를 세울 수 있는 사람은 오직 화양부인 마마뿐입니다. 하물며 마마의 형제분은 모두 20여 명이나 되고 마마께서는 차자(次子)이실 뿐입니다. 또 지금 조나라에 인질로 잡혀 계시니 날이 갈수록 더욱 소원해질 것입니다. 그러다가 만약 진왕께서 세상을 뜨시면 틀림없이 태자마마가 보위에 오르실 것이고, 그럼 아침저녁으로 임금의 눈앞에 있는 여러 왕자가 태자가 되기 위해 온갖 다툼을 벌일 것입니다. 이후 진나라의 부귀를 다른 형제들이 가져가게 되면 마마께서는 하릴없이 조나라에서 늙어 죽으실 것입니다. 어떻게 진나라로 돌아가실 수 있겠습니까?"

이인은 여불위가 자신의 아픈 상처를 건드리자 마침내 흐느끼며 말했다.

"그대의 말은 참으로 금옥과 같은 이치이고 폐부를 찌르는 명언이오. 그럼 이제 나는 어떻게 하면 좋소?"

"지금 마마의 빈한함이 이와 같으니, 빈객과 교분을 맺기 위해 예물도 보내실 수 없습니다. 비록 제가 가난하지만 집안의 재산으로 천금을 마련하여 마마와 함께 서쪽 진나라로 가서 태자마마와 화양부인 마마를 섬기고자 합니다. 일의 전말을 자세히 말씀드리고 마마의 충애심을 아뢰겠습니다. 그럼 아마도 태자마마와 화양부인 마마께서는 틀림없이 기뻐하시며 마마를 적자로 삼으실 것이고, 이후 진나라로 귀국하실 수만 있다면 반드시 태자가 되실 것입니다. 저의 계책이 어떠합니까?"

이인은 머리를 조아리며 감사를 표했다.

"나는 부모의 나라에 오래도록 가보지도 못하고, 하루 종일 우울하게 지내고 있으니 살아도 죽은 것만 못 하오. 그대가 천금을 희사하여 나를 구출한 뒤 뒷날 귀국하여 다시 밝은 태양을 보게 해주고, 또 진나라 땅을 얻게 해준다면 천하의 부귀를 그대와 함께 공유하겠소. 그대는 조속히 진나라로 가서 좋은 소식을 전해주시오. 나는 이곳에서 손을 꼽으며 기다리겠소."

이에 여불위는 500금을 이인에게 주고 날마다 빈객들과의 사귐에 쓰도록 했다. 그리고 다시 천금으로 기이한 보물, 노리개, 금은보화, 휴대 물품 등을 사서 여행을 준비했다. 며칠 뒤 준비가 완료되자 여불위는 공손건의 집으로 와서 작별 인사를 했다.

"저는 근래 줄곧 이곳에서 장사를 했기 때문에 물건이 모두 떨어졌습니다. 지금 물건을 장만하러 출행하오니 한두 달 뒤면 돌아올 수 있을 듯합니다. 그래서 잠시 문하를 떠나고자 합니다."

공손건은 송별을 위해 주연을 베풀며 차마 헤어지지 못하겠다는 듯이 여불위에게 이렇게 당부했다.

"먼길에 온갖 풍상을 겪을 테니 몸을 잘 보중하고, 지금 떠나더라도 빨리 돌아오게. 오래도록 화류계에 빠져서 나를 애타게 하지 말고."

"삼가 명령을 받들겠습니다."

그러고는 작별 인사를 하고 대문을 나와 귀가하여 여행 짐을 꾸렸다. 진나라에서 유세하는 일이 어떻게 될지는 다음 회를 보시라.

제3회

화양부인의 약속

안국군이 부절을 나누어
이인을 후사로 세우다
安國君剖符立嗣

여불위는 심복 하인 한두 사람만 데리고 조나라를 떠나 진나라 함양
(咸陽, 산시성陝西省 셴양시咸陽市)으로 향했다. 함양 땅은 옥토가 1000리
라 하늘이 내린 곳간이라 할 만했다. 팔수(八水)[1]와 삼천(三川)[2]이 흐르
고 사방 요새에 다섯 관문이 설치되어 있었다. 풍경이 화려하고 인물들
도 빼어났다. 사람들은 당시 여섯 나라 중에서 진나라를 천하제일로
쳤다. 지금의 소양왕이 보위에 오르고 나서 부국강병을 이루어 대단한

---

1 중국 관중(關中)지방에 있는 여덟 줄기 강이다. 경수(涇水), 위수(渭水), 파수(灞水), 산수
(滻水), 노수(澇水), 휼수(潏水), 풍수(灃水), 호수(滈水)가 그것이다.
2 중국 관중지방 기산(岐山)에서 발원하는 경수, 위수, 예수(汭水)를 가리킨다. 팔수와 삼천
에는 경수와 위수가 중복된다. 흔히 팔수와 삼천이 관중지방을 상징하는 어휘로 쓰이기
때문이다.

번영을 누리고 있었다.

　여불위는 함양성으로 들어가 조용한 여관을 찾아 휴식했다. 수행 시종은 거리로 나가 비밀리에 화양부인의 친척을 찾았다. 어떤 사람이 말하기를 화양부인에게는 다른 친척은 없고 오직 왕이(王姨)[3]라고 불리는 언니 한 사람이 태자부(太子府) 맞은편에 산다고 했다. 그 여인은 거리에 면하여 100여 칸이나 되는 빈방을 마련하고 진나라를 왕래하는 객상(客商)들에게 빌려주고 있어서 사람들은 그 집을 왕이객점(王姨客店)이라 불렀다. 여불위는 거짓으로 여관방을 찾는다는 핑계를 대고 몰래 문지기에게 부탁하여 왕이의 남편에게 황금 열 량과 채색 비단 한 단을 주고 만남의 예물로 삼아달라고 했다. 왕이의 남편은 그것을 보고 매우 기뻐하며 곧바로 여불위에게 물었다.

　"족하께선 어디 분이오?"

　여불위가 대답했다.

　"아무개는 양적 사람으로 성은 여가이고 이름은 불위인데 조나라에서 장사를 하고 있습니다. 지금 진나라 왕손마마 이인의 거처 맞은편에 살고 있어서 수시로 왕래하며 서로 마음을 의지하고 있습니다. 왕손마마는 늘 이모님이 화양부인 마마와 혈친임을 우러러보다가 이번에 저를 보내 문안 인사를 여쭙게 하면서 감히 소식을 전하고 자신을 귀국시켜 주도록 청하게 했습니다. 밖에 또 황금 50량이 있사오니 다과 비용으로 써주십시오. 부디 이모님께 이 소식을 전해주시기 바라옵니다."

　왕이의 남편은 여불위의 말을 다 듣고 나서 급히 시녀를 보내 아내

3_ 원문에는 황이(皇姨)로 되어 있지만 진왕이 아직 황제를 칭하기 전이므로 왕이(王姨)로 번역한다. 화양부인과는 자매간이어서 '이(姨, 이모)'라는 호칭을 썼다.

를 불러오게 했다. 여불위는 왕이를 보고 예의바르게 인사를 올렸다. 그리고 이인의 상황을 한바탕 간곡하게 호소한 뒤 황금을 바쳤다. 왕이는 매우 기뻐하며 말했다.

"예물은 왕손마마가 보냈더라도 기실 족하께서 고생을 많이 했소. 지금 왕손마마는 조나라에서 어떻게 지내고 있소? 족하께서 자세한 내막을 아는 듯하오만."

여불위가 말했다.

"아무개는 왕손마마의 공관 맞은편에 살고 있는지라 하루종일 만나면서 깊은 교분을 나누고 있습니다. 또 모든 일을 서로 마음을 터놓고 상의합니다. 왕손마마는 현명하고 어질고 효성스러우며 모습도 비범합니다. 제후들의 빈객과도 널리 사귀자 천하 사람들이 모두 그분의 풍모를 우러르고 있습니다. 그리고 늘 이렇게 말했습니다. '나는 우리 화양부인 마마를 하늘로 여기며 밤낮으로 그리워하고 있지만 돌아가 뵐 수가 없소. 부디 그대가 내 서찰을 화양부인 마마께 전해드리고 만수무강을 빌어준다면 그것은 내가 직접 화양부인 마마의 옥안을 뵙는 것과 같을 것이오.' 바라옵건대 왕손마마의 이모님께서 이 사실을 화양부인 마마께 전해주시옵소서. 지금 왕손마마는 조나라에서 하루를 1년처럼 지내고 있습니다. 이 때문에 아무개가 불원천리하고 이곳으로 와서 이모님의 구원을 바라는 것입니다. 왕손마마가 진나라 강산을 얻는 날에는 절대로 이 크신 은혜를 잊지 않을 것입니다."

왕이가 말했다.

"선생은 우리 객점에서 편히 쉬시오. 내일 내가 화양부인 마마를 뵙게 해주겠소. 그때 다시 원대한 계책을 논의해보도록 하시오."

여불위는 내친김에 왕이에게 또 이렇게 말했다.

"제가 듣건대 미색으로 사람을 섬기는 여인은 미색이 쇠퇴하면 사랑을 받지 못한다고 합니다. 지금 화양부인 마마께서는 태자마마를 섬기며 사랑을 받고 계시지만 슬하에 아들이 없습니다. 이런 때에 일찌감치 여러 왕손 중에서 현명하고 효성스러운 사람을 골라 적자(嫡子)로 삼지 않으시면 태자마마께서 나중에 보위에 오르셨을 때 직접 다른 왕자를 태자로 세우겠다고 스스로 선포하실까 두렵습니다. 그럼 화양부인 마마의 문전에는 틀림없이 쑥 덤불이 자라날 것입니다. 그때가 되면 꽃이 시들듯 사람도 늙게 될 터이니 말씀을 올리려 해도 태자마마께서 끝내 듣지 않으실 것입니다. 지금 왕손마마 이인은 현명하고 효성스러우며 화양부인 마마를 우러러 사모하는 마음이 날이 갈수록 더욱 절실해지고 있습니다. 지금 화양부인 마마께서 두터운 총애를 받으실 때 태자마마께 바른 말씀을 올리면 틀림없이 받아들이실 것이니 어진 후사를 천거하자는 말씀을 드리고 왕손마마 이인을 적자로 삼으시옵소서. 그럼 왕손마마는 나라가 없다가 나라를 갖게 되고, 화양부인 마마께서는 아들이 없다가 아들을 두게 되실 것입니다. 이렇게 하면 화양부인 마마께서는 대대로 진나라의 복록을 누리게 되시고 이모님께서도 오래오래 부귀를 보존하실 수 있게 됩니다. 이것이 이른바 한마디 말로 만세토록 이익을 얻는 방법입니다."

"족하의 말씀은 참으로 훌륭하오. 내가 이 말을 화양부인 마마께 전달하고 왕손마마를 구하여 귀국시키도록 하겠소."

다음날 왕이는 아침 일찍 일어나 여불위를 인도하여 화양부인을 알현하게 했다. 왕이가 먼저 내궁으로 들어가 화양부인을 만나 인사를 나눈 뒤 이렇게 말했다.

"지금 왕손 이인이 조나라에 인질로 잡혀 있는데 밤낮으로 마마를 그리워하고 있다 합니다. 왕손이 심복 여불위에게 서찰을 주어 마마의 만수무강을 축원하러 왔습니다. 지금 감히 들어오지 못하고 궁궐 문밖에서 기다리고 있습니다."

화양부인이 말했다.

"왕손이 보낸 사람이고 서찰까지 갖고 있다면 어서 들라 하세요."

여불위는 명령에 따라 의관을 바로 하고 허리를 굽힌 채 궁궐 문으로 들어섰다. 알현의 예를 끝내고 서찰과 예물을 바쳤다. 화양부인이 상자를 열고 예물을 살펴보니 밝은 구슬 네 개와 옥비녀 두 개였다. 화양부인은 매우 기뻐했다. 서찰은 아직 개봉하지 않고 태자 안국군이 사냥에서 돌아올 때 함께 열어보기로 했다. 화양부인이 여불위에게 말했다.

"그대는 잠시 객점으로 돌아가 계시오. 태자마마께서 돌아오시면 사람을 보내 다시 상면할 수 있도록 하겠소."

여불위는 인사를 하고 객점으로 돌아왔다.

한편, 왕이는 화양부인과 한담을 나누면서 여불위가 앞서 했던 이야기를 처음부터 끝까지 자세히 들려주었다. 화양부인은 그 말을 듣고 슬픔이 북받쳐올라 자신도 모르게 눈물을 흘리며 왕이에게 말했다.

"여불위의 말은 매우 일리가 있고, 내가 밤낮없이 근심해야 할 일이에요. 왕손들에게는 모두 생모가 있지만 다행히 이인에게만 지금 모친이 없고, 또 그렇게 현명하고 효성스럽다니 마땅히 내 적자로 세워야겠어요. 태자마마께서 돌아오시기를 기다려서 장기 대책을 세워 일이 어긋나지 않게 할 겁니다."

이렇게 이야기를 나누는 사이에 나인이 보고했다.

"태자마마께서 환궁하셨습니다."

화양부인은 서둘러 옷매무새를 바로잡고 태자를 맞이했다. 안국군이 왕이와 인사를 끝내자 화양부인은 이인의 애절한 사정을 이야기하며 서찰도 함께 올렸다. 안국군은 예물을 살펴보고 나서 서찰을 개봉했다.

불초자 이인은 목욕재계하고 머리를 조아리며 아버지 안국군 마마와 어머니 화양부인 마마의 천추만대 궁궐 아래에 백배의 절을 올립니다. 불초자는 군사를 감독하며 조나라를 정벌하다가 전투에 패배하여 포로가 되었습니다. 적국은 원수의 나라이므로 스스로 목숨을 끊으려 했습니다. 그런데 다행히도 사신 우서가 국서를 받들고 와서 대의에 맞춰 웅변으로 제 본분을 밝혀주며 부왕의 명령을 욕되지 않게 해주었습니다. 이에 조나라는 두려워 굴복했지만 불초자를 감금하여 인질로 삼고 우리 진나라 대군의 정벌을 막고 있습니다. 조나라는 마침내 좋은 계책을 얻었다고 여기고 있으니 이 불초자가 어찌 살아서 돌아갈 수 있겠습니까? 밤낮없이 귀국을 생각하면서 끝도 없이 방황합니다. 부모님을 우러러 그리워하지만 꿈속에서나 뵐 수 있을 뿐입니다. 반걸음을 걸으면서도 잊지 못하고 밥 한 술 뜨면서도 세 번이나 탄식합니다. 지금 제 마음을 여불위에게 실어 보내 보옥과 함께 부모님께 바칩니다. 끝없이 이어지는 제 마음은 지금 부모님의 슬하에 가 있는 듯합니다. 여러 가지 우여곡절은 여씨가 자세히 말씀드릴 것입니다. 부디 이 외로운 자식을 굽어 살피시어 조속히 구원해주시기를 바라옵니다. 만약 살아서 돌아갈 수 있으면 그 은혜 하늘처럼 끝이 없을 것입니다. 부모님의 자애로움과 지엄함에 감히 무례한 모습을 보이며 이 불초자 간절한 마음을 올립니다.

안국군과 화양부인은 서찰을 다 읽고 비 오듯 눈물을 흘렸다. 화양부인은 이인을 생각하는 안국군의 감정이 북받쳐 있는 틈에 이렇게 아뢰었다.

"이인은 마마의 여러 아들 중에서 가장 현명하고 왕래하는 빈객들도 대부분 그 아이를 칭송하고 있다 합니다. 소첩은 다행히도 후궁의 대열에 서서 마마의 사랑을 지극하게 받고 있지만 깊은 은총에도 불구하고 아들을 낳지 못했습니다. 이 때문에 혈혈단신 혼자 몸으로 그림자의 위로만 받고 있을 뿐입니다. 눈앞의 즐거움은 지극하지만 길이길이 그 즐거움을 유지할 수는 없을 듯합니다. 지금 이인이 현명하다는 소문을 들은지라 그를 적자로 세우고 싶습니다. 왕실의 원대한 계책에 부합하는 일은 실로 이 거사에 달려 있습니다. 마마! 윤허해주시옵소서!"

그러면서 화양부인은 땅에 엎드려 미간을 찌푸리고 오열했다. 안국군은 친히 화양부인을 부축하여 일으키며 말했다.

"부인께서는 너무 근심하지 마시오. 내가 그렇게 하도록 하겠소. 다만 이인이 조나라에 인질로 잡혀 있어서 아마도 쉽게 돌아오지 못할 듯하오. 그러니 주상 전하께 이 일을 상주하여 모사들과 함께 의논해야 장기 대책을 세울 수 있을 것이오."

화양부인이 말했다.

여불위가 안국군을 만나다

"지금 서찰을 가져온 여불위가 왕이의 객점에 있다 합니다. 소문에는 그 사람이 지혜가 뛰어나고 꾀가 많다 하니 틀림없이 이인을 구출할 계책도 갖고 있을 것입니다. 그를 불러 자문하시면 바로 기이한 계책을 얻으실 수 있을 듯합니다만……."

"그 사람이 정말로 그런 계책을 갖고 있다면야 어찌 불러서 면담을 하지 않을 수 있겠소?"

안국군은 바로 사람을 보내 여불위를 불러오게 했다.

잠시 뒤 여불위는 사자를 따라 궁궐로 들어와 안국군을 알현했다. 알현 예절이 끝나자 여불위는 자신이 가산을 기울여 이인을 구원한 내막을 처음부터 끝까지 자세히 이야기했다. 안국군은 그의 말을 듣고 매우 기뻐하며 말했다.

"진실로 족하의 말씀과 같다면 이인은 틀림없이 귀국할 수 있을 것이오. 족하의 공로는 마땅히 금석에 새겨 전하겠소. 또 나중에 주상 전하께 이 일을 상주하면 막대한 부귀를 누리게 해주실 것이오."

그러자 여불위는 이인을 적자로 세워달라고 거듭 간곡히 부탁했다. 안국군은 마침내 장인에게 명하여 옥 부절 한 매를 새기게 하고 이인을 적자로 삼겠다고 맹세한 뒤 화양부인과 부절을 나누어 가졌다. 또 황금 500량을 여불위에게 주어 이인을 귀국시키기 위한 경비로 사용하라 하고 여불위에게 자신의 친필 서찰도 전해달라고 요청했다.

여불위가 말했다.

"저하께서 이미 신을 심복으로 삼아주시는데 어찌 신이 감히 제 목숨을 바쳐 왕손마마를 귀국시키지 않을 수 있겠습니까? 만약 신이 확실한 기별을 보내면 저하께서는 대장 한 명에게 명령을 내리시어 정예병을 이끌고 연도에서 호응하며 적의 추격을 막아주십시오."

안국군이 말했다.

"족하께서는 언제 돌아올 작정으로 준비하고 있소?"

"이 일은 서둘러 추진하기 어려우니 모름지기 천천히 진행해야 합니다. 길면 1년이요, 짧으면 반년이 걸릴 것입니다. 확실한 소식이 있으면 먼저 사람을 보내 저하께 미리 알려드릴 테니 너무 조바심내지 마시옵소서."

여불위는 하직 인사를 하고 객점으로 돌아와 짐을 꾸린 뒤 왕이에게도 작별을 고하고 시종과 함께 조나라로 돌아갔다. 뒷일을 알고 싶다면 다음 회를 보시라.

미녀를
앞세우다

이인을 꾀어
몰래 주씨와 사통하게 하다
智異人竊通朱氏

여불위는 진나라를 떠나 조나라로 돌아왔다. 연도 내내 늦가을 날씨가
사람을 스산하게 만들었다.

남쪽 밭두렁엔 여전히 나그네가 지나가는데,	南陌遊人依舊,
동쪽 울타리엔 노란 국화가 금빛을 휘날린다.	東籬黃菊飄金.
말 머리엔 서풍이 세차게 불고,	馬前西風正急,
오동잎 아래에선 새가 울어댄다.	梧桐葉底鳴禽.
저자에서 술을 불러 누구와 대작하랴?	正是旗亭喚酒對誰斟?
들꽃은 아름다우나,	野花雖艶色,
시냇물 에돌아 찾아갈 마음 없다.	無意繞溪尋.

며칠 지나지 않아 여불위는 한단에 도착했다. 성으로 들어선 뒤 먼저 집으로 가서 부친 여옹(呂翁)을 뵈었다. 그는 부친에게 진나라 안국군을 만나 이인을 적자로 세우기로 한 사실을 자세히 알려주었다. 여옹은 매우 기뻐했다.

여불위가 침소로 돌아와 애첩 주희(朱姬)[1]를 보니 심사가 심드렁하고 모습이 노곤해 보였다. 그래서 바로 물었다.

"내가 집을 떠난 지 두 달밖에 안 되었는데 집에서 혹시 몰래 외간 남자를 만난 게 아니냐?"

"천첩은 어려서부터 대인 댁에서 자라 성인이 되었고 규방에서만 깊숙이 지내며 감히 중당(中堂)을 나간 일이 없는데, 어찌 외간 남자를 만날 수 있겠어요? 천첩은 한 달 전 대인의 은혜를 입고 나서 바로 태기가 있게 되었어요. 그래서 매일 몸이 노곤한 것이지 다른 까닭이 있는 건 아니어요."

여불위는 주희의 말을 듣고 매우 기뻐하며 고개를 숙이고 잠시 생각했다.

'우리 집안이 이제 크게 번창하겠구나!'

그리고 마침내 주희와 잠자리에 들어 그녀를 부추겼다.

"너는 부잣집 아낙네가 되고 싶으냐? 아니면 왕가의 부인이 되고 싶

1_ 여불위의 애첩으로 나중에 이인에게 바쳐져 진시황 영정(嬴政)을 낳은 여인이다. 흔히 조희(趙姬)로 알려졌으나 중국 정사에는 이름이 전하지 않는다. 『사기』 「진시황본기(秦始皇本紀)」에는 "여불위의 무희(呂不韋姬)"라고만 되어 있다. 「여불위열전」에서는 "한단의 무희들 중에서 춤을 잘 추는 자(邯鄲諸姬好善舞者)"라 하기도 하고, "조나라 부호의 딸(趙豪家女)"이라 하기도 했다. 조나라 여인이란 의미의 조희로 부르게 된 것은 『동주열국지(東周列國志)』 이후의 일이다.

으냐?"

"어찌 그런 말을 하세요?"

"지금 진나라 왕손 이인이 이곳 조나라에 인질로 잡혀 있다. 내가 그의 용모를 보니 용과 봉 같은 모습에 하늘의 태양 같은 풍채가 있어 뒷날 틀림없이 아주 귀하게 될 관상이다. 내가 그를 위해 천금을 들여 진나라로 가서 그의 모친 화양부인과 그의 부친 안국군에게 유세를 했다. 그래서 안국군이 벌써 옥 부절을 새겨 맹세를 하며 이인을 적자로 세우기로 약속했다. 뒷날 이인을 구해 진나라로 돌아가면 그는 틀림없이 왕이 될 것이다. 내가 내일 술을 마련하여 너와 이인을 만나게 해주겠다. 너는 주연 자리에 나와 그를 뵙고 술 시중을 들거라. 만약 이인이 네게 연모의 마음을 가지면 너는 못 이기는 체하고 그와 사통하거라. 그럼 나는 거짓으로 화를 낼 테니 너는 바로 슬피 울며 어쩔 수 없었다고 하소연하면 된다. 내가 둘을 짝지어주겠다. 뒷날 아들을 낳으면 너는 왕태후가 되고 나도 함께 부귀를 누리며 대대로 진나라 세족이 될 것이다. 너는 어려서부터 행동거지가 비범하여 매우 귀하게 될 상이다. 허나 이 일이 이루어진 이후에도 오늘의 정분을 절대 잊어서는 안 된다."

"천첩은 여러 해 동안 대인의 사랑을 받아 그 정이 아교풀처럼 끈끈한데 어찌 이렇게 빨리 헤어질 수 있겠어요?"

"나는 너와 부귀를 함께하려고 이러는 것이니 내 마음을 저버려서는 안 된다. 옛사람이 이르기를 '큰일을 이루려면 작은 행실에 신경쓰지 않는다'라고 하지 않더냐? 비록 잠시 몸을 굽히는 것이지만 기실은 천추만대를 위한 계책이니 어찌 즐거이 행하지 않을 수 있겠느냐?"

"대인의 입에서 나온 말씀은 본래 대인의 마음이니 천첩은 이제 대인의 명령에 따르지만 이 일은 기실 대인께서 원해서 하는 거예요."

여불위는 매우 기뻐하며 드디어 계교를 확정했다. 다음날 여불위는 금 술동이와 옥 술잔 두 벌, 무소가죽 띠 하나를 준비하여 공손건을 만나러 갔다. 그는 문지기에게 자신이 왔음을 알려달라고 했다.

공손건이 급히 밖으로 나와 마침내 여불위를 맞이하고 오래 만나지 못한 아쉬움을 이야기했다. 서로 간의 정이 매우 도타웠다. 여불위가 말했다.

"제가 줄곧 외지에서 장사를 하다 우연히 금 술동이와 옥 술잔 두 벌, 무소가죽 띠 하나를 손에 넣었습니다. 이제 이걸 공에게 드리고 소소하나마 공경의 마음을 바칩니다."

공손건이 말했다.

"자네는 원로에 풍상을 겪으며 장사를 하느라 노심초사했을 터인데, 또 이런 기이한 보물까지 가지고 돌아와 내게 은혜를 베풀다니. 내가 사양을 하려니 공손하지 못한 듯하고, 받으려니 부끄러움만 늘어나네. 깊이 감격하는 바이네."

"이 보잘것없는 물건은 제 공경심을 표하기 위한 것인데, 어찌 마음 쓰실 필요가 있겠습니까?"

결국 공손건은 선물을 받아 넣었다. 그리고 술자리를 마련하라 분부하고 여불위를 머물게 한 뒤 그와 환담을 나누며 술을 마셨다. 또 내친 김에 이인과 상봉하게 하고 함께 술자리에 배석하게 했다. 여불위는 공손건이 옷을 갈아입기 위해 내실로 들어간 틈에 자신이 진나라로 가서 왕에게 부탁한 일과 안국군, 화양부인을 만나 옥 부절을 새기고 이인을 적자로 세우기로 맹세한 일을 낮은 목소리로 알려주었다. 왕손 이인은 여불위의 말을 듣고 나서 매우 기뻐하며 말했다.

"공의 은혜는 내 마땅히 폐부에 새겨 감히 잊지 않겠소."

두 사람의 대화가 미처 끝나기도 전에 공손건이 다시 술자리로 나왔다. 다시 여러 잔을 마시고 나서 여불위가 말했다.

"술기운을 이길 수 없어서 귀가하고자 합니다. 저는 오래전부터 공의 수레를 모시고 가서 제 누추한 집을 빛내려고 했지만 세속의 일에 얽매여 아직 뜻을 이루지 못했습니다. 내일 봉행하기를 청하오니 번거로우시더라도 왕손과 함께 오시옵소서. 공의 뜻은 어떠십니까?"

공손건이 말했다.

"현명한 벗이 원행을 하고 돌아왔으니 나도 한 번 가보려던 참이었네. 내일 왕손과 함께 가겠네."

여불위는 바로 귀가하여 하인들에게 집 안팎을 깨끗이 청소하게 하고 술자리를 준비해두도록 했다.

다음날 공손건과 왕손 이인은 나란히 말을 타고 여불위의 집으로 갔다. 여불위는 밖으로 나가 두 사람을 맞으며 각각 예절에 맞게 인사를 나누었다. 산해진미를 두루 마련하고 피리 소리까지 일제히 울리게 했다. 그 광경은 이러했다.

주객이 기쁨 나누니 마음 더욱 상쾌하고,　　　　　　賓主交歡情更暢,
풍광을 밝게 즐기니 즐거움 두루 많아지네.　　　　　風光曉弄樂偏多.

주흥이 도도해질 무렵 여불위는 다시 두 사람에게 작은 정원 뒤에 있는 취운헌(翠雲軒)으로 가서 술을 좀 깨자고 청했다. 나머지 시종들은 모두 밖에 머물게 하고 하인들에게 감시하게 했다. 그리고 여불위는 비첩을 시켜 자신의 애첩 주희를 불러내 술을 권하게 했다. 공손건과 왕손 이인이 주희를 보니 마치 달나라 항아가 내려온 듯 요지의 선녀가 왕림한 듯했다. 주희는 부끄러워하며 술자리로 와서 수줍게 술동이 앞에 앉았다. 정말 서시(西施)[2]의 아름다움도 주희를 뛰어넘을 수 없을 정도였다. 술자리가 무르익어 저녁이 가까워 오자 은 등잔을 높이 내걸었고, 또 공손건이 만취하자 하인들이 부축하여 작은 정자로 옮겨 잠을 자게 했다. 여불위도 짐짓 취한 듯 잠을 자는 척하자 이인만 혼자서 주희와 술잔을 주고받았다. 서로 은근한 눈빛을 교환하는 가운데 각자 연모의 정이 싹트게 되었다. 하물며 이인은 오랫동안 타향살이를 해온 터임에랴! 마침내 이인은 주희와 그 자리에서 기쁨을 나누었다. 그때 갑자기 여불위가 깨어나 분노한 척 꾸짖었다.

"나의 애첩은 꽃과 같아서 천금을 준다 해도 바꾸지 않을 것이오. 그런데 마마는 나의 두터운 은혜를 입고서도 내 애첩을 희롱한단 말이오?"

그러자 주희가 무릎을 꿇고 아뢰었다.

"대인께서는 집안의 전 재산을 기울여 왕손마마를 위해 부귀를 도모하신다더니, 지금은 오히려 천첩을 위해 이렇게 화를 내십니까? 천첩은 이제 대인을 노엽게 했습니다. 이제 대인께서도 저를 저버리셨고 왕손마마도 잃게 되었으니 진퇴양난의 지경에 빠졌습니다. 차라리 죽는 편

---

2 춘추시대 월(越)나라 미녀로 월왕 구천(勾踐)이 오왕 부차(夫差)에게 바쳤다. 부차는 서시에게 빠져 정사를 게을리하게 되었다. 이를 기회로 구천은 오나라를 멸망시켰고, 이때 월나라 재상 범려(范蠡)가 서시를 구출하여 함께 강호로 자취를 감추었다고 전해진다.

이 낫겠습니다."

주희는 바로 벽에 걸린 칼을 뽑아 자결하려 했다. 여불위는 황급히 주희를 끌어안고 낮은 목소리로 말했다.

"잠시 손을 멈추고 내 말 한 마디만 들어다오. 너는 이제 왕손마마에 게 몸을 더럽혔다. 하물며 왕손마마께서도 너를 깊이 사랑하며 차마 버리지 못하고 계시지 않느냐? 두 사람의 마음이 서로 통했으므로 이 일을 가로막기는 어려울 듯하다. 차라리 너와 왕손마마가 함께 가정을 꾸리는 편이 더 낫겠다. 뒷날 진나라 땅을 얻었을 때 나를 잊어서는 안 된다."

이인과 주희는 부끄러운 모습으로 앞으로 나가 머리를 조아리며 감 사 인사를 올렸다.

"대인의 마음이 여기에까지 이르렀으니 분골쇄신하더라도 이 크신 은덕을 잊지 않겠습니다."

잠시 뒤 공손건이 술에서 깨어나자 여불위는 앞서 있었던 일을 숨기 고 이렇게 말했다.

"왕손마마께서 오랫동안 타향살이를 해서 참으로 적적하신 듯합니 다. 그래서 이제 저의 애첩 주희와 왕손마마를 짝지어 함께 세월을 보 내게 할 작정입니다. 공의 뜻은 어떠신지 모르겠습니다."

공손건이 말했다.

"자네는 참으로 대장부일세! 대의에 의지하여 모든 재산을 희사하는 건 세상에 드문 일일세."

공손건은 자신이 중매를 서겠다고 하면서 이인이 매고 있는 벽옥대 (碧玉帶)를 정혼 예물로 삼게 한 뒤 길일을 잡아 주희를 맞게 했다. 이날

이인과 주희가 정을 통하다

다시 주흥이 도도해져 삼경(저녁 11시~새벽 1시)의 북소리가 울리고서야 두 사람은 작별 인사를 하고 집으로 돌아갔다.

여불위가 주희에게 말했다.

"대사가 이미 정해졌으니 조만간 혼례를 치르도록 하자. 너는 오늘의 맹세를 저버려서는 안 된다."

한편, 이인은 주희와 헤어진 뒤 춘정(春情)이 들끓어올라 객관이 더욱 적적하게 느껴졌다. 그는 공손건에게 일찌감치 여불위와 혼사를 의논해달라고 거듭 애원했다. 시간이 오래 지나면 혹시 마음이 변할지도 모르기 때문이었다. 공손건은 사람을 보내 여불위를 재촉하여 9월 스무닷새 날을 혼인 날짜로 선택했다. 그날 주희는 공손건 집으로 가서 이인과 혼례를 올렸다.

눈 깜짝할 사이에 세월은 흘러 어느덧 열 달이 지났다. 그때가 바로 진 소양왕 55년 갑진년(甲辰年) 6월 초하루였다.[3] 주희는 해산일이 되어 아들을 낳았다. 콧날이 우뚝하고 눈이 부리부리했으며 이마가 반듯하고 눈썹이 길었다. 또 등에는 비늘이 있었고 태어날 때부터 이가 나 있는 등 용모가 기이했다. 왕손 이인은 몹시 기뻐하며 이름을 정(政)이라 짓고 사람을 보내 여불위에게 소식을 알렸다. 여불위는 몰래 기뻐하며 말했다.

"큰일을 이루었도다!"

여불위는 즉시 시종과 함께 공손건의 집으로 가서 왕손 이인에게 축하 인사를 했다. 공손건과 여불위는 손을 잡고 후당으로 가서 주객의

3_ 정사에는 진시황이 진 소양왕 48년(기원전 259년) 음력 12월 초3일에 태어난 것으로 기록되어 있다.

자리에 나누어 앉고는 밤늦게까지 술을 마시다 헤어졌다. 이때부터 항상 두 집 사이를 왕래하며 함께 모여 음주를 즐겼다.

다시 여름이 가고 초가을이 되자 여불위는 부친과 상의하며 말했다.

"이인이 오래도록 귀국하지 못하면 장차 대사를 어떻게 이룰 수 있겠습니까? 오늘 아버지께서 노파를 공손건의 집에 보내시어 주희와 그 아들 정을 우리집으로 초청해와 며칠만 머물게 해주십시오. 소자에게 계책이 있습니다."

여옹은 그 말에 따라 노파를 공손건의 집으로 보내 주씨 모자를 초청해오도록 했다. 이인은 그 사실을 공손건에게 알리고 바로 주씨와 아들 정을 함께 수레에 태워 여불위의 집으로 보냈다. 여불위는 부친에게 집안 재산과 패물을 수습하고 심복 몇 사람을 대동하여 가족과 주씨 모자를 인솔한 뒤 밤새 먼저 함양으로 가서 진왕에게 상황을 보고하게 했다. 여불위가 어떻게 몸을 빼내는지는 다음 회를 들으시라.

탈출하는 잠룡

여불위가 이인을 빼내
귀국하게 하다
不韋竊異人還國

여옹은 하룻밤 동안 집안 재산과 노복들을 점검했다. 그리고 주씨 모자와 함께 수레에 올라 아직 날이 밝지 않은 오경(새벽 3~5시) 무렵에 한단 북문으로 도주하여 밤새 진나라로 말을 몰았다.

한편, 여불위는 다음날 공손건이 연일 훈련장에서 군마를 조련하느라 쉴 틈이 없다는 소식을 들었다. 하루는 공손건의 공무가 조금 한가해진 틈을 타서 여불위가 그의 집으로 갔다. 공손건이 말했다.

"마침 내가 사람을 보내 초청하려던 참이었는데, 뜻밖에도 자네가 이렇게 왕림해주니 참으로 내 마음에 위로가 되네."

그러고는 마침내 여불위를 후원으로 이끌었다. 잠시 앉아 있으려니 이인도 그곳으로 나와서 함께 만났다. 한담을 나누다 공손건이 말했다.

"해는 긴데 소일거리가 없으니 어진 벗과 바둑을 한 판 두고 싶은데 어떤가?"

여불위가 말했다.

"바둑에는 승부가 있는 법이니 공연히 헛손질하기 싫습니다. 세 판을 지는 사람이 술자리를 한 번 베푸는 걸로 벌을 정하시지요. 이것이 그야말로 '300개의 바둑돌로 해가 긴 날을 보내고, 만 가지 맛있는 술로 꽃핀 새벽을 감상하네(三百枯棋消永日, 十千美酒賞芳晨)'라는 경지이니 이 또한 즐거운 일이 아니겠습니까?"

공손건은 마침내 좌우 시종에게 명하여 바둑판을 가져다놓으라 하고 여불위와 대국했다. 여불위는 연이어 세 판을 지고 나서 말했다.

"제가 졌으니 장차 술자리를 한 번 마련하겠습니다."

이인도 곁에 앉아 바둑을 구경하자 여불위가 말했다.

"마마께서도 바둑을 둘 줄 아십니까?"

이인이 대답했다.

"진나라 사람 중에도 바둑을 잘 두는 사람이 많아서 나도 어려서부터 바둑의 이치를 나름대로 깨친 바가 있소. 대체로 생각을 많이 해야 이길 수 있고, 생각을 적게 하면 이길 수 없는데, 하물며 생각을 하지 않는 경우야 어떠하겠소? 또 포석을 안정되게 하고, 돌의 생사를 적절히 조절하면서 마음은 손을 따라 응하게 하고 뜻은 선수를 잡는 데 두어야 하오. 이것이 바둑을 두는 방법이니 옛사람들이 마음으로 깨달은 묘법이오."

여불위는 이인의 말을 듣고 매우 기뻐하며 말했다.

"마마께서 바둑의 이치를 그처럼 깊이 통달하셨으니 저는 마마와 대적하기 어렵겠습니다."

공손건이 말했다.

"자네가 왕손마마와 한 판 두어보면 고수인지, 하수인지 알 수 있지 않겠는가?"

여불위가 그렇게 하겠다 하고 이인에게 먼저 넉 점을 놓으라 했다. 여불위가 또 연이어 세 판을 지고 나서 말했다.

"제가 마침 두 분을 성밖의 작은 정원으로 모시고 가서 함께 연꽃을 감상하려던 참이었습니다. 그런 차에 뜻밖에도 바둑을 져서 술자리를 두 번 마련하게 되었습니다. 내일 아침 그곳으로 왕림하시어 온종일 함께 즐기시는 게 어떻겠습니까?"

공손건이 허락했다.

여불위는 작별 인사를 하고 귀가한 뒤 바로 심복 하인에게 분부하여 앞뒤로 달아날 준비를 하게 했다. 그리고 한 명의 심복에게는 먼저 수행원들을 한곳에 모아 술과 밥을 대접해야 하니 도수가 높고 향기로운 고급술 20병을 준비하게 했다. 또 사람을 여춘관(麗春館)으로 보내 여악(女樂)[1]을 함께 불러 왕손과 공손건에게 술을 권하게 했다. 아울러 미리 후문 곁채에 발이 빠른 준마 네 필도 감추어두게 했다. 모든 준비가 끝났다. 다음날 공손건과 이인은 성을 나가 10리 밖 화원(花園)에서 여불위와 만났다. 호수 저멀리서 맑은 물결 소리가 들려오는 가운데 정원 가득히 아름다운 경치가 펼쳐져 있었다. 이런 원림(園林)의 경치를 읊은 시가 있다.

1_ 음악과 가무로 주흥을 돋우며 술 시중을 드는 여인들이다.

태평성대에 벼슬하다 잠시 한가히 유람하니, 盛時作宦暫閑遊,
야외 정원 그윽한 경물 마음 더욱 기쁘구나. 更喜郊園景物幽.
산빛은 구름에 이어져 새벽녘에 길 잃겠고, 山色連雲迷曉徑,
솔바람 소리 계곡 감돌아 물소리에 섞여드네. 松聲繞澗雜清流.
층층누대에 다가가니 붉은 대궐은 멀어지고, 層臺漸近朱欄逈,
높은 누각 하늘에 걸려 푸른 기운 위에 떠 있네. 高閣懸空翠藹浮.
처음 터뜨린 꽃술 향기 코끝에 스쳐오고, 噴鼻花香初破蕊,
미풍 속에 주렴이 층층누대에 드리워 있네. 風微簾幕下重樓.

공손건은 매우 기뻐하며 마음 놓고 통음했다. 또 여악에게도 술잔을 올리라 하고 노래를 부르며 투호 놀이까지 즐겼다. 그러다가 저녁 무렵에 만취하여 대월루(對月樓) 아래에 누워 잠이 들었다가 날이 밝아오는 줄도 몰랐다. 그를 수행한 시종들도 여불위의 하인들이 권하는 술을 받아 마시고 잔뜩 취하여 각각 청량수(清凉樹) 아래에서 쉬고 있었다. 이인도 벌써 여불위의 의도를 짐작하고 거짓으로 취한 척했다. 여불위는 여악들을 성안으로 돌려보내고 나서 동행한 하인들에게 밥을 배불리 먹으라고 분부했다. 그리고 마침내 이인과 후문 밖으로 나가 말을 타고 함양을 바라보며 밤새도록 지름길로 도주했다. 하룻밤에 200리가 넘는 길을 치달렸다.

한편, 공손건은 이경(저녁 9~11시)까지 잠들었다 비로소 깨어났다. 촛불과 향은 벌써 꺼져 있었으며 술자리도 파하고 사람들도 모두 흩어진 뒤였다. 주위를 샅샅이 뒤져보았지만 여불위와 이인은 종적을 찾을 수 없었다. 곧바로 일어나 추격하려고 해도 성문이 이미 닫힌 시간이었고

이인과 여불위가 조나라를 탈출하다

수행원도 모두 만취하여 깨어나지 못했다. 또 주위도 너무 어두워 공손건은 가슴을 치며 후회했다. 공손건은 그곳에 누워서도 편안히 쉴 수 없었다. 날이 밝기를 기다려 집으로 돌아가 조복(朝服)으로 갈아입고 조정 문밖으로 가보니 조왕이 이미 대전에 나와 있었다. 공손건은 시종들을 데리고 여불위의 집으로 가서 그곳 가솔들을 잡아들이려 했다. 그러나 대문은 겹겹이 잠겨 있었고 사람은 그림자도 보이지 않았다. 수소문한 결과 여불위의 가솔들은 사오일 전에 이미 어디론가 멀리 떠났다고 했다. 공손건은 할 수 없이 상대부 인상여의 집으로 가서 대책을 강구할 수밖에 없었다. 문지기가 들어가서 보고하자 인상여가 나와 공손건을 맞았다. 공손건은 여불위가 잔꾀로 이인을 몰래 데리고 달아난 사정을 처음부터 끝까지 자세히 들려주었다. 인상여가 말했다.

"진나라가 조나라에 감히 군사를 보내지 못한 까닭은 우리가 이인을 인질로 잡고 있었기 때문이오. 그런데 지금 이인을 도둑맞았으니 저들은 바로 지금 원한을 품고 군사를 일으킬 것이오. 어찌할 작정이오?"

공손건은 꿇어 엎드린 채 눈물을 흘리며 대책을 물었다. 인상여가 말했다.

"일을 지체해서는 안 되오. 서둘러 주상 전하께 알리고 인마(人馬)를 보내 추격해야 하오. 평소보다 두 배 빠른 속도로 밤새도록 쫓아가야 하오. 게다가 이인은 아직 멀리 가지 못했을 터이니 따라잡을 수 있을 것이오. 조금이라도 늦추었다간 큰일을 그르치게 되오."

인상여는 곧바로 공손건과 함께 조정으로 들어가 사자를 통해 조왕에게 사정을 아뢰게 했다. 조왕은 다급하게 대전으로 나와 바로 두 사람을 불러 사태를 따졌다. 공손건은 조왕을 보고 황망하게 머리를 조아리며 몸을 일으키지 못했고 입으로도 아무 말을 할 수 없었다. 조왕이 말했다.

"이게 대체 무슨 일이오? 이런 낭패가 있소?"

공손건이 말했다.

"지난번에 어명을 받잡고 이인을 구금한 뒤 지금까지 줄곧 조심스럽게 감시하며 조금도 태만하지 않았습니다. 그런데 뜻밖에도 양적 상인 여불위가 이인과 몰래 왕래하다 문지기를 매수한 뒤 이인을 데리고 진나라로 달아났습니다. 벌써 하루가 지났습니다. 바라옵건대 대왕마마께서 군사를 풀어 저들을 추격하시옵소서. 신은 마음대로 군사를 보낼 수 없었습니다. 신을 죽여주시옵소서."

조왕은 대경실색하며 소리를 질렀다.

"네놈이 이인을 놓쳤으니 진나라는 틀림없이 군사를 일으켜 원한을 풀려고 할 것이다. 네놈이 대장이 되어 이 일에 책임을 지도록 하라. 일이 잘못되면 주살을 면치 못하리라. 서둘러 군사를 이끌고 추격하라. 이인을 잡아오면 죄를 면하겠지만 그렇지 않으면 처벌을 면하기 어려울 것이다."

인상여가 말했다.

"공손건이 추격에 나서더라도 사람이 많으면 속도를 배로 높일 수 없을 것입니다. 차라리 한밤중에라도 먼저 사람을 장하로 보내 이계숙에게 알리고 기찰을 강화하여 저들을 잡아들이는 편이 훨씬 쉬울 듯합니다."

조왕이 말했다.

"내 생각도 바로 그렇소."

그리고 바로 이계숙에게 사람을 보내 주의하여 관문을 지키라고 명했다. 이어서 공손건에게 기병 5000을 주어 이인을 추격하게 했다.

한편, 여불위는 한단을 떠나 밤새도록 도주 길을 재촉했다. 사람도 씩씩하고 말도 튼튼한데다 진나라로 가려는 마음도 화살과 같아서 일찌감치 장하 나루에 도착했다. 여불위는 하인의 옷을 가져와 이인에게 바꾸어 입게 하고 그들 속에 어울려 장하를 건너게 했다. 게다가 이계숙은 평소에 여불위와 왕래하던 사이여서 특별히 인사를 위해 따로 선물을 보낼 필요도 없었다. 그래서 그들은 별다른 심문도 받지 않고 바로 관문을 통과했다. 한나절도 안 되어 조왕의 사자가 도착하여 이인이 도망간 일을 전했다. 이계숙이 발을 구르며 탄식했다.

"여불위는 오늘 아침에 이곳을 통과했습니다. 아직 한나절이 안 되었으니 빨리 달려가면 따라잡을 수 있을 겁니다."

함께 온 의화는 정예병 300을 이끌고 금궁(金弓)에 짧은 화살을 지닌 채 잠시도 쉬지 않고 이인을 추격했다.

여불위와 이인은 장하를 떠난 지 거의 이틀 만에 강을 건너 황하 동쪽 연안에 도착했다. 그런데 갑자기 뒤쪽에서 희뿌연 먼지가 이는 것이 보였다. 벌써 추격병이 도착한 것으로 생각하고 이인이 말했다.

"앞에는 황하가 가로막고 있고, 뒤에서는 추격병이 저렇듯 다급하게 쫓아오니 이젠 속절없이 사로잡히게 되었소."

여불위가 말했다.

"마마! 걱정하지 마십시오. 제가 동쪽 연안을 살펴보니 군마(軍馬) 한 부대가 달려오고 있지만 틀림없이 진나라 대왕마마께서 보낸 구원병인 듯합니다."

아직 말을 다 마치지도 않았는데 장수 하나가 말을 박차며 앞으로 달려와 몸을 굽혔다.

"저는 진나라 장수 장함(章邯)²입니다. 어명을 받들고 왕손마마를 뫼시러 왔습니다. 갑옷을 입은 몸이라 제대로 예를 갖추지 못합니다."

그리고 마침내 이인 일행을 떠나보내고 조나라 추격병을 막아섰다.

이계숙과 의화는 곧바로 장함을 쫓아왔다. 장함은 창을 들고 그들과 맞서 싸웠다. 싸움이 벌어진 지 10여 합도 되지 않아 장함은 의화를 찔러 말 아래로 떨어뜨렸다. 이계숙은 의화가 쓰러지는 모습을 보고 싸울 마음이 없어져서 말 머리를 돌려 달아났다. 장함은 그를 추격하려다 멀리서 희뿌연 먼지가 이는 것을 보았다. 먼저 도착한 장수는 바로 조나라의 공손건이었다. 공손건이 말했다.

"이놈들아! 속히 이인을 내놓아라! 내가 데려가서 죄를 청해야 한다. 신의를 온전히 지켜 양국 간의 우호를 해치지 않았으면 좋겠다. 여불위의 도둑질만 따르다가 우리 대군이 들이닥치면 어떻게 수습하려 하느냐?"

장함이 웃으면서 말했다.

"옛날에 우서가 국서를 받들고 갔던 것은 임시로 강화하여 왕손마마를 보호하려는 조치에 불과했다. 그건 기실 진정한 강화가 아니었다. 너희 조나라 놈들은 어찌 그리 멍청하냐?"

공손건은 불같이 화를 내며 칼을 뽑아 바로 장함을 찔렀다. 장함은 창을 들고 맞서 싸웠다. 3, 4합도 겨루지 않았는데 공손건의 군사가 멀

2_『사기정의(史記正義)』에 '邯'의 발음을 '胡甘切'이라 했으므로 '함'으로 읽는다.

리서 들이닥쳤다. 그러나 쉬지도 못하고 달려오느라 힘이 모두 소진되었고, 장함의 창술이 너무나 뛰어났으며, 장함의 군사들도 모두 정예병이라 그들의 공격을 막아낼 수 없었다. 조나라 군사들은 말을 박차고 샛길로 도망치기에 급급했다. 장함은 군사를 휘몰아 한바탕 살육전을 벌인 뒤 이인을 안전하게 보호하며 그곳을 떠났다.

며칠 되지 않아 그들은 함양에 도착했다. 여불위가 말했다.

"화양부인 마마는 초나라 분입니다. 그러니 마마께서는 초나라 옷을 입고 화양부인 마마를 뵈어야 합니다."

이인은 그 말에 따라 초나라 옷으로 갈아입고 궁궐로 들어가 안국군과 화양부인을 알현했다. 모두 그동안의 슬픈 마음을 이야기하며 회포를 풀었다. 그때 화양부인이 안국군에게 말했다.

"소첩은 초나라 사람입니다. 그런데 왕손이 초나라 옷을 입고 돌아왔으니 정말 우리 아들입니다. 이름을 자초(子楚)로 바꾸도록 윤허해주십시오."

안국군이 말했다.

"좋소!"

이에 자초는 또다시 무릎을 꿇고 아뢰었다.

"불초자가 사로잡혀 인질이 되었을 때 다행히 여불위가 준 천금의 재산으로 좌우 사람들과 잘 지낼 수 있었습니다. 또 그의 애첩을 소자의 아내로 삼게 했습니다. 집이 파산 나고 힘이 다하도록 소자를 구출하여 귀국하게 했습니다. 목숨을 다시 살려준 이 같은 은혜는 고금을 통틀어보아도 매우 드뭅니다. 엎드려 바라옵건대 거듭 관작을 더하여 그의 공로에 보답해주십시오."

안국군은 바로 여불위를 안으로 불러들여 감사 인사를 했다.

"우리 아이가 조나라에 있을 때 족하께서 부월(斧鉞, 도끼)도 피하지 않고 구출하여 귀국시켜주었으니 이는 세상에 드문 공로이며 진실로 목숨을 다시 살려준 은혜요. 존공(尊公, 여불위의 부친)께서 얼마 전 모든 가솔을 데리고 오셨을 때 이미 땅 일천 무(畝)를 하사했고 또 새 저택에서 편히 살 수 있게 해드렸소. 내일 부왕께 아뢴 뒤 관작을 주고 은덕에 보답하겠소."

여불위가 말했다.

"보잘것없는 공로에 후한 보답을 받았으니 이는 이미 막중한 은혜를 입은 것이나 다름없습니다. 어찌 감히 다른 소망을 품을 수 있겠습니까?"

여불위는 인사를 하고 귀가했다. 자초와 아내 주씨, 아들 정은 화양부인의 궁궐에서 함께 살게 되었다.

다음날 안국군은 아침 일찍 조회에 나와 아뢰었다.

"소자의 자식 이인이 조나라를 정벌하러 갔다 사로잡혀 오랫동안 인질로 억류되어 있었습니다. 그런데도 아바마마께서 줄곧 군사를 보내지 못하신 것은 쥐를 잡다가 귀한 보물을 깨뜨릴까 염려하셨기 때문입니다. 그런데 지금 양적의 대상 여불위가 파산을 무릅쓰고 천금을 희사했을 뿐 아니라 온갖 고생도 마다하지 않고 조나라 시신(侍臣)들을 매수하여 자식 놈을 귀국시켰습니다. 이는 우리 진나라를 빛낸 일로 불세출의 공적입니다. 아바마마께 이 일을 알려드리오니 여불위에게 관직을 내려주시옵소서."

진 소양왕은 크게 기뻐하며 여불위를 불러 태자소부(太子少傅)3 겸 동궁승국(東宮承局)4 직에 임명했다. 여불위는 머리를 조아리며 사은(謝恩)의 예를 올렸다. 여불위는 이로부터 진나라에서 뜻을 얻어 출세의 길을 걷게 되었다. 또 그는 일찌감치 자초를 적자로 세워달라고 몰래 왕이를 통해 화양부인에게 간청하도록 부탁했다. 안국군의 마음이 바뀔까봐 걱정되었기 때문이다. 그리하여 왕이는 궁궐로 들어가 화양부인을 만났다.

"자초가 진나라에 돌아온 건 모두 마마께서 구원해주신 덕분이고 옥 부절을 나누어 맹세한 일과도 부합합니다. 맹약은 벌써 정해졌으니 서둘러 적자로 삼으시어 만세의 기틀을 튼튼히 하시옵소서."

화양부인이 말했다.

"나도 그 일을 태자마마와 의논하려는 참인데 연일 국사를 돌보시느라 겨를이 없어서 감히 입을 떼지 못하고 있어요."

어느 날 마침 안국군이 아무 일이 없을 때 화양부인이 아뢰었다.

"마마께서는 일찍이 자초를 소첩의 자식으로 삼도록 윤허하셨습니다. 비록 지금 이 궁궐에 함께 살고 있지만 아직 밖으로 분명하게 선포하지는 않았습니다. 다른 자식들이 이후 보위를 다투는 틈에 당초의 논의가 바뀔까 두렵습니다."

안국군이 말했다.

"그 말씀이 바로 내 뜻과 같소."

3_ 태자의 스승에는 삼태(三太)와 삼소(三少)가 있다. 삼태는 태사(太師), 태부(太傅), 태보(太保)이고 삼소는 소사(少師), 소부(少傅), 소보(少保)다. 삼소가 삼태를 보좌한다.
4_ 어떤 관직인지 불분명하다. 승지(承旨)와 비슷한 직책으로 추정된다.

그리고 바로 길일을 잡아 자초를 화양부인의 아들로 삼았다. 안국군 내외의 총애가 나날이 두터워지면서 자초의 대업도 굳건해졌다. 여불위의 입장에서는 진실로 "집안일이 나랏일 되니 그 마음씀이 바다처럼 깊고, 씨앗 심어 싹이 트니 그 의도가 더욱 심원하네(化家爲國機如海, 立種生苗意更深)"라는 상황이라고 할 수 있었다. 마침내 장래의 일이 어떻게 될지는 다음 회를 보시라.

제6회

여불위가
자결하다

여정을 보위에 올려
몰래 진나라의 후사를 끊다
呂政立暗絶秦嗣

진 소양왕 56년 늦봄 3월 소양왕이 세상을 떠났다. 신료들은 의견을 모아 태자 안국군을 왕위에 올리고 화양부인을 왕후로 삼았다. 또 자초를 태자로 세우고 주씨를 태자비로 삼았다. 그리고 왕전과 장함에게 군사를 이끌고 가서 조나라를 정벌하게 했다. 이계숙은 진나라의 공격을 막아내지 못하고 성을 잃었다. 진나라는 마침내 장하를 얻었다. 또 진나라가 주(周) 왕실을 공격하자 주나라 군사는 패배를 거듭했다. 이때부터 진나라는 국력이 나날이 강성해져 위(魏)나라를 정벌하고 한(韓)나라를 빼앗았다. 진나라가 천하무적이란 소문이 사방에 두루 퍼졌다. 안국군은 보위에 오른 지 1년 만에 세상을 떠났다.[1]

신료들은 태자 자초를 왕위에 올렸다. 화양왕후는 화양태후로, 이미 죽은 자초의 생모 하후(夏后)는 하태후(夏太后)로, 주씨는 왕후로 봉해졌고 아들 정은 태자가 되었다. 또 여불위를 승상으로 삼아 문신후(文信侯)에 봉하고 하남(河南) 낙양(洛陽)의 10만 호를 식읍으로 하사했다. 또 칼을 차고 대전에 오를 수 있게 했고 명령을 받을 때도 이름을 말하지 않아도 되게 했다. 여불위의 권위는 나날이 높아져 신료들은 감히 우러러볼 수도 없었다. 진왕 자초는 즉위 3년 만에 세상을 떠났다.[2]

태자 정이 보위에 올랐고 주씨는 태후가 되었다. 진왕 정은 여불위를 상국으로 높이고 중보(仲父)[3]로 불렀다. 진왕 정이 나이가 어린 탓에 국정은 모두 여불위가 전담했다. 이에 여불위는 궁궐을 출입할 때 아무 거리낌이 없었으며, 때때로 태후와 사통하기도 했다. 그러나 궁궐 안 사람들은 여불위의 권세가 무서워 감히 아무 말도 하지 못했다. 여불위는 사치가 나날이 심해져 집안에 시동 1만 명을 길렀고, 또 사방에서 손님을 초청하여 늘 수천 명의 문객이 드나들었다. 금과 옥이 산처럼 쌓였고 으리으리한 저택이 구름처럼 이어졌으며 진기한 보배도 이루 다 헤아릴 수 없이 많았다. 친척과 친구 들은 모두 귀족 대열에 섰고 눈앞에 가득한 황금 관인을 마음대로 나누어주며 권세를 부렸다. 또 천하 명사들을 만나보고 그들의 견문을 두루 모아 책을 편찬했다. 이 저작은 「팔람(八覽)」, 「육론(六論)」, 「십이기(十二紀)」 등 총 20여만 자나 되었으며 천지만물과 고금지사(古今之事)가 모두 갖추어져 있었다. 이 책 제목

1_ 진왕 안국군의 사후 시호는 효문왕(孝文王)이다.

2_ 진왕 자초의 사후 시호는 장양왕(莊襄王)이다.

3_ '부(父)'는 남자를 높여 부를 때는 '보(父)'로 읽는다. 춘추시대 제 환공(桓公)의 재상 관중(管仲)도 중보(仲父)로 존칭했다.

여불위가 진나라 상국이 되다

이 바로 『여씨춘추(呂氏春秋)』다. 여불위는 이 책을 함양 시장 문밖으로 가지고 가서 그 위에 천금을 걸어놓고 제후, 유세객, 빈객 들을 초청하여 한 글자라도 보태거나 뺄 수 있으면 천금을 주겠다고 했다.[4]

그러나 10여 일이 지나도록 아무도 글자를 보태거나 빼는 사람이 없었다. 이에 여불위는 이 책을 증감할 수 없는 경전으로 여기고 천하에 반포했다.

진왕은 나이가 어렸지만 부조(父祖)의 넉넉한 업적을 계승했고, 또 국가가 강성한 때를 맞아 보위에 올랐다. 당시 동주(東周)[5]는 조상의 제사도 제대로 잇지 못했고 육국(六國)은 날이 갈수록 더욱 쇠퇴해져갔다. 이때 진나라는 여불위가 내정을 전담하고 왕전이 외적을 다스렸다. 초나라를 멸망으로 몰아넣고 조나라를 계속 정벌했으며 연나라를 격파하고 위나라를 빼앗았다. 천하를 마음대로 유린하고 변경을 튼튼히 했다. 사람들은 진나라의 강성함만 알았지, 진나라가 이미 멸망해가고 있음은 몰랐다. 후세 사람이 이 일을 시로 읊었다.

전국칠웅 다투느라 백성은 고달팠고,	七雄爭據苦生靈,
어지러운 전쟁 놀음 잠시도 안 멈추었네.	擾擾干戈不暫停.
주희 시켜 황제 대업 이룩하게 하였나니,	一着朱姬成帝業,
그 누가 진시황이 업둥인 줄 알았겠나?	誰知呂政是螟蛉.[6]

---

4 일자천금(一字千金): 글자 하나가 천금에 해당하다. 문장의 묘사나 가치가 지극히 뛰어나 함부로 빼거나 보탤 수 없음을 비유한다.(『사기』「여불위열전」)

5 주 평왕(平王)이 서쪽 견융(犬戎)에 쫓겨 낙양(洛陽)으로 천도한 이후의 주나라를 동주라고 한다. 왕실의 권위가 약화되어 각 지역 제후국이 패권을 다툰 춘추전국시대가 바로 이때다.

한편, 여불위는 진왕 정이 세상을 덮을 만한 자질을 지녔고, 또 태후가 음란한 짓을 그치지 않자 재앙이 자신에게 미칠까봐 두려웠다. 이에 그는 몰래 양물이 큰 노애(嫪毐)를 사인(舍人)으로 삼았다.[7]

태후가 그 소문을 듣고 만나보려 하자 여불위가 노애를 바쳤다. 거짓으로 환관을 만들고 수염과 눈썹을 뽑은 뒤 태후를 받들게 했다. 마침내 태후는 노애와 사통하고 지극히 사랑하며 장신후(長信侯)에 봉했다. 태후는 일이 새어나갈까 걱정되어 잠시 세상을 피해 살아야 한다는 점괘가 나왔다 속이고 옹주(雍州, 산시성陝西省 평상현鳳翔縣)의 대정궁(大鄭宮)으로 거처를 옮겼다. 궁궐 안의 모든 대소사는 노애의 재가를 받게 했다. 진왕 9년 5월 5일 태후와 노애는 술을 마시다 만취하여 어의부인(御衣夫人) 계씨(季氏)에게 술을 더 가져오라고 명령을 내렸다. 계씨가 우연찮게 실수로 땅바닥에 술을 쏟자 노애가 화를 내며 꾸짖었다.

"늙은 할망구가 감히 무례한 짓을 하다니!"

그러자 계씨가 말했다.

"저는 궁궐에서 10여 년 동안 살면서 진나라 선왕들을 시봉하느라 고생을 많이 했습니다. 그런데 어찌 그렇게 심하게 욕을 하십니까?"

노애는 대로하여 사람을 시켜 계씨의 등에 매질을 한 뒤 쫓아냈다. 계씨는 원한을 품고 곧바로 태사 조고(趙高)에게 달려가 노애가 기실

6_ 중국 고대 장회소설에는 흔히 작자나 평자(評者)가 해당 사건을 정리하고 평가하기 위해 간단한 시를 삽입한다. 이것은 소설로 정착되기 이전에 노래와 이야기로 공연하던 전통이 일부 남아 있는 것으로 볼 수 있다. 작자의 창작시가 대부분이지만 해당 사건을 읊은 역대 시인들의 작품이 삽입되는 경우도 있다.

7_ 『동주열국지』 제104회에 나온다.

환관이 아닐뿐더러 태후와 몰래 사통하여 두 아들까지 낳았으며, 두 아들을 궁궐에서 몰래 길러 주상이 세상을 떠난 뒤 천하를 도모하려 한다고 고변했다. 조고는 사실을 알고 나서 대경실색했다. 그는 감히 일을 숨기지 못하고 진왕 정을 만나 계씨의 말을 낱낱이 모두 아뢰었다. 진왕은 대로하여 노애를 잡아들여 하옥시키고 진상을 추궁했다. 모든 사실이 고변과 같았다. 9월에 이르러 노애와 그 삼족을 멸하고 태후가 낳은 두 아들까지 죽인 뒤 태후를 옹주의 다른 별궁으로 옮겼으며 상국 여불위도 어두운 방에 가두었다. 대신과 빈객 들이 진왕에게 태후와 화해하라고 극력 상소를 올렸지만 진왕은 그들 27명을 모두 죽여서 사지를 자르고 궁궐 문 아래에 쌓아두었다.

이때 제나라 사람 모초(茅焦)가 처형의 칼날도 피하지 않고 다시 간언을 올리려 했다. 진왕은 대로하여 칼을 잡고 앉아 침을 튀기며 욕을 했다. 그리고 편전 곁에 기름이 끓는 솥을 걸고 사람을 시켜 모초를 불러와 삶아 죽이라고 했다. 모초는 아무것도 뵈는 것이 없다는 태도로 천천히 걸어들어왔다. 진왕 앞에 이르러서는 두 번 절하고 자신의 생각을 아뢰기 시작했다.

"신 모초는 하늘에 28수(宿)[8]가 있다고 들었습니다. 지금까지 사형당한 사람이 27명이라 신은 이번에 그 28수의 숫자를 꽉 채우러 왔습니다. 신은 죽음이 두렵지 않습니다. 무릇 살려는 사람은 죽음을 꺼리지 않고, 생존하려는 사람은 멸망을 꺼리지 않습니다. 죽음을 꺼리는 사

---

8 동양 천문학에서 내세운 28가지 별자리다. 각(角), 항(亢), 저(氐), 방(房), 심(心), 미(尾), 기(箕), 두(斗), 우(牛), 여(女), 허(虛), 위(危), 실(室), 벽(壁), 규(奎), 누(婁), 위(胃), 묘(昴), 필(畢), 자(觜), 삼(參), 정(井), 귀(鬼), 유(柳), 성(星), 장(張), 익(翼), 진(軫)이 그것이다.

람은 삶을 얻을 수 없고, 멸망을 꺼리는 사람은 생존할 수 없습니다. 생사존망에 관한 논리는 옛 성군들께서도 서둘러 듣고 싶어했습니다. 대왕마마께서 그 논리를 듣고 싶으시면 신이 극력 말씀을 올리겠지만, 듣고 싶지 않으시면 신을 저 솥에 던져넣으십시오. 신은 대왕마마 앞에서 죽고 싶을 뿐 아무것도 두렵지 않습니다."

진왕이 말했다.

"네놈이 무슨 말을 하는지 들어나 보자꾸나."

모초가 말했다.

"대왕마마께서는 스스로 미치광이의 패륜을 범하고 계시다는 걸 모르십니까? 양부(養父) 노애를 거열형에 처하셨고, 두 아우를 자루에 넣어 때려 죽이셨고, 모후를 옹주 땅 별궁에 유폐시키셨고, 간언하는 선비를 도륙하셨으니 폭군 걸왕(桀王)과 주왕(紂王)9도 이런 지경에까지 이르지는 않았을 것입니다. 지금 천하 사람들은 그 사실을 알고도 기왓장이 깨지듯 모두 흩어져 아뢰는 이가 한 사람도 없습니다. 대왕마마께서는 누구와도 함께하지 않으시고 홀로 서 계시니 신은 남몰래 대왕마마께서 위험에 처해 계시다고 생각합니다. 신은 이제 말씀을 다 올렸고 반드시 죽어야 한다는 사실도 알고 있습니다."

그리고 바로 옷을 벗고 기름이 끓는 솥으로 걸어갔다. 진왕은 황급히 대전에서 내려와 친히 손을 잡고 말했다.

"선생께선 옷을 입으시오. 내가 지금 그 말씀을 다 받아들이겠소."

그리고 모초를 상경(上卿)에 임명했다.

---

9 걸왕은 하(夏)나라 마지막 임금이고, 주왕은 은(殷)나라 마지막 임금이다. 모두 망국의 군주이므로 폭군의 대명사로 인정된다.

며칠 뒤 수레의 왼쪽 자리를 비워두고 옹주 땅 별궁으로 가서 태후를 모시고 함양으로 돌아와 처음처럼 모자관계를 회복했다. 그리고 여불위를 어두운 방에서 풀어주고 문신후의 자격으로 그의 봉토 하남으로 가게 했다. 1년여의 세월이 흐르는 동안 제후들의 빈객과 사신이 낙양으로 오가느라 길에서 자주 얼굴을 볼 수 있을 정도였고 문신후를 초청하여 연회를 여느라 빈 날이 없을 정도였다. 진왕은 그가 반란을 일으킬까 두려워 신료들을 불러놓고 이렇게 일깨웠다.

　"여불위는 선왕을 구해준 공이 있어 막중한 봉작을 주고 지위를 높였으니 은혜를 두텁게 베풀었다 할 만하오. 그렇지만 말을 타고 피를 흘린 전공도 없이 문무백관의 윗자리를 차지하고 있으므로 이는 천하 사람들에게 옳은 일을 권면하는 방법이 아닌 듯하오. 촉(蜀) 땅으로 좌천시켜 먼 곳에서 늙어 죽게 할 생각이오. 차마 죽이지는 못하겠소."

　신료들 중에서 감히 다시 간언을 올리는 사람은 없었다. 진왕은 서찰을 써서 여불위에게 전했다.

　그대는 우리 진나라에 무슨 공을 세웠다고 하남 땅에서 군왕 노릇을 하며, 10만 호의 녹봉을 먹고 있소? 또 그대는 우리 진나라와 무슨 친척관계가 있다고 중보로 불리고 있소? 이제 식솔과 함께 촉 땅으로 옮기기 바라오. 죽이지는 않겠소. 짐의 명령을 어기지 말고 속히 시행하도록 하시오!

　여불위는 서찰을 읽고 나서 흐느끼며 말했다.

　"늙은 이 몸이 어떻게 먼길을 갈 수 있겠나?"

여불위는 스스로 주살을 면하기 어렵다고 생각하고 결국 짐독(鴆毒)[10]을 마시고 죽었다. 진왕은 소식을 듣고 여불위의 시신을 하남 낙양성 북망산(北邙山, 허난성 뤄양시洛陽市 북쪽)으로 오르는 길 서쪽에 후하게 장사 지냈다.[11]

진왕은 여불위를 자살하게 한 뒤 우쭐한 마음이 더욱 심해졌다. 어느 날 신료들을 불러놓고 이런 논의를 했다.

"나는 이제 육국을 병합하여 강역을 하나로 통일했소. 고금을 통틀어 성세를 누리고 있고 천하를 통틀어 유일무이한 임금이 되었으니 마땅히 나라의 모든 호칭을 고쳐 천하의 이목을 새롭게 해야겠소. 지금 짐이 생각하기에 덕망은 삼황(三皇)[12]을 겸전했고 공적은 오제(五帝)[13]를 뛰어넘었소. 따라서 호칭을 높여 황제라 부르도록 하겠소. 또한 짐에서 시작하여 일세라 칭하고 짐의 뒤를 이은 임금은 이세라 칭하게 하여 보위가 끊임없이 만세에 전해지도록 할 터이니 이제 짐을 시황제로 높여 부르시오."

또한 천하를 36군(郡)으로 나누고 천하의 무기를 녹였으며 문자도

10_ 짐새의 깃에 들어 있다는 맹독이다. 하늘을 날아가는 짐새가 술잔에 비치기만 해도 치명적인 해를 입는다고 한다.

11_ 원본에는 이 구절 뒤에 '역사 논평'이 달려 있다. 여기에 번역해둔다. "살펴보건대 여불위는 자신의 기이한 계략을 이루기는 했지만 기회에 편승함이 너무 심했다. 진나라 영씨(嬴氏)의 제사까지 끊은 것은 심하게 불인한 짓이다. 따라서 귀신과 인간이 모두 분노하여 그를 패망에 이르게 한 것은 마땅한 일이었다 할 수 있다. 그러나 분서갱유의 참화가 여불위를 죽인 일에서 비롯되었으니 만대 이후에도 유감스러운 일이 아니겠는가?"

12_ 삼황에 대해서는 다양한 학설이 있다. 가장 많이 알려진 학설은 복희씨(伏羲氏), 여와씨(女媧氏), 신농씨(神農氏)다.

13_ 오제에 대해서도 여러 가지 학설이 있다. 사마천의 『사기』「오제본기(五帝本紀)」에서는 황제(黃帝), 전욱(顓頊), 제곡(帝嚳), 요(堯), 순(舜)을 들고 있다.

하나로 통일했다. 그리고 천하의 호걸들을 함양으로 옮겨 살게 했고 쇠로 12개의 거인상을 만들어 국부를 과시했다. 상림원(上林苑)[14]에는 장대(章臺)[15]를 세우고 그 상판으로 회랑을 통하게 했다. 대형 토목공사를 일으켜 궁궐을 새로 짓고 각 제후국에서 데려온 미녀, 보물, 악기 등을 가득 채워넣었다.

진시황 27년, 시황제는 신료들을 불러놓고 또 이렇게 논의했다.

"옛날 성군들은 천하를 순행하며 민풍을 살폈소. 짐도 그것을 본받아 순행에 나서고 싶소. 이 일을 백관들과 논의하여 대책을 마련하고자 하오. 경들은 어떻게 생각하시오?"

신료들이 아뢰었다.

"옛날에 올바른 도를 행한 군주는 천하를 순행하며 민간의 고통을 살폈습니다. 이를 '명당(明堂)에 앉아 천하의 정사(政事)를 듣는다'라고 했습니다. 만약 구중궁궐에서만 깊이 지낸다면 천하의 이익이나 병폐를 어떻게 알 수 있겠습니까? 폐하의 이번 순행은 옛사람의 뜻에도 부합합니다."

시황제는 곧바로 어가를 준비하라 명하고 먼저 농서(隴西, 간쑤성甘肅省 룽시현隴西縣 일대)의 북산으로 순행했다. 우연히 계두산(鷄頭山)[16]을 지나다 산꼭대기에 올라 먼 곳을 바라보니 동남쪽에서 연기도 아니고 안개도 아닌 구름 기운이 자욱이 피어나고 있었고 그 속에서 오색의

14_ 진·한 시대의 황실 직속 원림이다. 지금의 산시성(陝西省) 시안시(西安市)에서 서쪽으로 저우즈현(周至縣)과 후현(戸縣)에 걸쳐 있었다.

15_ 진나라 궁궐의 하나다.

16_ 지금의 닝샤후이족자치구 서남부와 간쑤성 동부에 걸쳐 있는 류판산(六盤山)이다.

서기도 은은히 배어나고 있었다. 시황제는 근신 송무기(宋無忌)에게 물었다.

"저것이 무슨 조짐이오?"

송무기가 아뢰었다.

"구름이 피어나는 모습은 각각 상이합니다. 상운(祥雲), 부운(浮雲), 서운(瑞雲), 제운(霽雲), 경운(慶雲) 등을 모두 구름이라 합니다. 신이 보기에 저 구름은 구름이 아니라 큰 귀인이 일어날 기운이고, 또 용이 오색을 만들고 있으므로 호응하는 바가 적지 않을 듯합니다."

시황제가 말했다.

"그럼 어찌해야 하오?"

송무기가 대답했다.

"저 기운은 폐하가 아니면 진압할 수 없습니다. 그러니 동남쪽으로 순행하시어 보물로 진압해야 저 조짐에 호응하는 기운을 없앨 수 있습니다."

시황제가 말했다.

"경의 말이 내 뜻과 일치하오."

그리고 마침내 어가를 돌리라 명령을 내리고 동쪽으로 순행 길을 잡았다. 시황제는 추역산(鄒嶧山, 산둥성山東省 찌우청시鄒城市 동남)에 올라 자신의 공덕을 칭송하는 비석을 세웠고 동악(東嶽) 태산에 올라 봉선례를 올리면서 마침내 차고 있던 태아검(太阿劍)[17]을 산 아래에 묻었다. 그리고 회수(淮水, 淮河)를 건너 장강(長江)에 배를 띄웠고 다시 남군(南郡,

---

17 춘추시대 검의 명장(名匠) 구야자(歐冶子)와 간장(干將)이 힘을 합쳐 만들었다는 초나라 명검이다.

후베이성湖北省 징저우荊州 일대)까지 갔다가 돌아왔다. 어가가 함양으로 귀환하자 군신들이 영접하여 궁궐로 모셨다. 후세에 사관이 이 일을 시로 읊었다.

동남쪽 왕성한 기운 유씨에게 귀착되었는데,　　東南旺氣已歸劉,
무슨 일로 백성 힘들게 날마다 멀리 행차했나.　　何事勞人日遠遊.
사백 년간 이어질 왕업 이미 정해졌으니,　　四百年來王業定,
진시황은 하릴없이 사구에서 죽으리라.　　始皇難免喪沙丘.

시황제가 함양으로 돌아온 이후 줄곧 아무 일도 없었다. 늘 동남쪽 구름 기운이 생각났지만 어떤 조짐인지 알 수 없어 마음이 즐겁지 못했다. 그때 근신이 아뢰었다.

"연일 날씨가 화창하여 궁궐 정원에 온갖 꽃이 만발했습니다. 폐하! 어찌 한 번 놀러 나가서 즐기자는 명령을 내리지 않으십니까?"

그리하여 시황제는 어가를 대령하라 명령을 내렸다. 그리고 근신과 비빈을 대동하고 궁궐 꽃밭으로 나가 아름다운 경치를 구경했다. 앞으로의 일이 어떻게 될지는 다음 회를 보시라.

책을 불태우고
유생을 생매장하다

시황제가 서복에게 명령을 내려
신선을 찾게 하다
始皇命徐福求仙

시황제는 어가를 타고 동쪽 꽃밭으로 들어가 아름다운 경치를 감상
했다.

곤룡포에 꽃잎 떨어지니 구름무늬 비단이 무겁고,	花過宮袍雲錦重,
버들가지가 일산을 헤치는데 가지 끝에 이슬 달렸네.	柳披春仗露梢枝.
궁궐 전각에 미풍 불어 짙은 꽃향기 떠돌고,	風微殿閣飄芬鬱,
자주색 붉은색 온갖 꽃이 환하게 어우러졌네.	萬紫千紅藹翠薇.

근신들의 인도를 받아 꽃밭을 다 구경하고 나서 현경전(顯慶殿)에 올
라 잠시 휴식했다. 시황제는 자기도 모르게 피곤함을 느끼고 안석에 엎

드려 잠이 들었다. 어디선가 높고 맑은 소리가 울리며 천지를 가득 채웠다. 저 앞쪽에 붉은 해가 지고 있었다. 동쪽에서 어린아이 하나가 나타났다. 푸른옷을 입고 있었는데, 얼굴이 강철 같았으며 양쪽 눈에 눈동자가 각각 두 개였다.[1] 그 아이는 붉은 해를 안고 가려다 일어나지 못했다. 그때 또 남쪽에서 붉은옷을 입은 아이가 나타나 소리를 질렀다.

"야! 푸른옷 입은 놈아, 그거 안고 가지 마! 내가 상제의 명령으로 특별히 해를 안고 가려고 왔다."

두 아이는 서로 지지 않고 뛰어 일어나 있는 힘을 다해 싸웠다. 그러다가 푸른옷을 입은 아이가 땅에 쓰러졌고, 결국 숨이 끊어져 죽었다. 붉은옷을 입은 아이는 붉은 해를 안고 남쪽으로 갔다. 시황제가 아이를 불렀다.

"멈춰라! 너는 뉘 집 아이냐? 이름을 말하라!"

아이가 말했다.

"나는 요(堯)·순(舜)의 후예로 풍(豊) 땅 패현(沛縣)[2]에서 태어났습니다. 먼저 함양으로 들어갔다가 촉(蜀, 쓰촨성四川省 지역) 땅에 봉해져 의군(義軍)을 일으킬 겁니다. 당신은 사구(沙丘, 허베이성河北省 싱타이시邢台市 광쭝현廣宗縣)에서 죽을 것이고, 나는 장안에서 나라를 세울 겁니다. 간책에 기록된 천제의 명령이 있으니 400년을 이어갈 겁니다."

아이는 말을 마치고 남쪽으로 떠나갔다. 운무가 남쪽 하늘을 뒤덮었

---

1 원문은 중동(重瞳)이다. 한 눈에 눈동자가 두 개인 사람이라고 한다. 흔히 비범한 인물을 나타낸다. 중국 역사에서 순임금, 진(晉) 문공(文公), 항우(項羽) 등이 중동이었다고 한다.
2 지금의 장쑤성(江蘇省) 쉬저우시(徐州市) 펑현(豊縣)과 바현(霸縣) 지역이다. 한 고조 유방의 고향이다. 흔히 풍패(豊沛)라고 하면 제왕의 고향을 가리킨다.

고 붉은빛이 땅에 가득했다. 어린아이의 행방은 알 수 없었다. 시황제는 문득 잠에서 깨어 방금 꾼 꿈을 골똘히 생각했다. 길조보다는 흉조가 많은 것 같았다. 영씨의 진나라가 아마도 다른 사람에게 빼앗길 조짐인 듯했다. 시황제는 어가에 명령을 내려 궁궐로 돌아왔고 온종일 마음이 불쾌했다. 그리하여 근신들과의 논의를 통해 불로장생약을 찾아 만세토록 임금이 될 방도를 마련하려 했다.

연나라 출신 송무기가 아뢰었다.

"동해 중에 삼신산(三神山)[3]이 있고 산속에 십주삼도(十洲三島)[4]가 있습니다. 그곳의 봉래산과 방장산은 모든 계절이 봄과 같고 사시가 청명하여 추위와 더위를 알 수 없고 세월이 가는 줄도 모릅니다. 그중에 불로장생약이 있는데 그 약을 복용하면 무궁하게 장수할 수 있습니다."

시황제가 말했다.

"경은 그 선경을 구경한 적이 있소?"

송무기가 말했다.

"신의 집에 서복(徐福)이라는 방사가 있습니다. 그가 동해에 가서 봉래산과 방장산을 본 적이 있습니다. 신선을 만나 난새와 학을 타고 놀았다니 그 역시 보통 사람과는 다릅니다. 지금 신의 집에 잠시 머물고 있습니다."

3_ 중국 전설에 나오는 세 산으로 봉래산(蓬萊山), 방장산(方丈山), 영주산(瀛洲山)을 가리킨다. 동해 안에 있고 신선이 산다고 한다.

4_ 중국 전설에 따르면 불사약이 많이 자라고 신선들이 노니는 땅이라고 한다. 전5주(前五洲)는 영주(瀛洲), 현주(玄洲), 장주(長洲), 유주(流洲), 취굴주(聚窟洲)이고, 후5주는 생주(生洲), 조주(祖洲), 염주(炎洲), 봉린주(鳳麟洲), 원주(元洲)이며, 삼도는 곤륜도(崑崙島), 방장도(方丈島), 봉래도(蓬萊島)라고 한다.

시황제가 그 말을 듣고 서복을 입궁하게 한 뒤 불로장생약을 구하려 한다고 했다. 서복이 말했다.

"약을 구하는 건 어렵지 않습니다만 바다에 들어가 진짜 불사약을 구하는 것이 어렵습니다. 이 약을 꼭 구해야 한다면 반드시 바다에 들어가야만 합니다."

시황제가 말했다.

"진짜 약을 구하여 경과 함께 나누어 먹고 하늘로 날아올라 신선이 될 수 있다면 이 또한 아름다운 일이 아니오?"

서복이 말했다.

"꼭 신을 보내시려면 큰 배 열 척이 필요합니다. 또 각종 장인도 모두 갖추어주셔야 합니다. 동남(童男), 동녀(童女)도 각각 500명씩 필요하고 음식과 그릇도 모두 빠뜨려서는 안 됩니다. 이것들을 모두 갖추어주시면 바로 출발하겠습니다."

시황제는 바로 어명을 내려 배를 만들게 하고 각종 준비물도 모두 완비하게 한 뒤 서복을 바다로 보내 불사약을 구하게 했다.

서복은 배를 타고 신선을 찾으러 바다로 들어갔다. 그러나 떠난 뒤에는 감감무소식이었다. 시황제는 서복이 오래도록 돌아오지 않자 마음이 급해져 다시 유학자 노생(盧生)을 바다로 보내 서복을 찾게 했다. 노생은 바닷가에 이르러 거센 파도가 굽이치고 흰 물결이 뒤집히면서 바다 안개가 망망하게 덮인 것을 보고 어디로 가야 할지 몰라 오랫동안 탄식하다 돌아갈 마음을 품었다. 그러나 많은 백성을 고생시켰고, 또 막대한 돈과 양식을 허비했다는 생각이 들자 빈손으로 돌아가면 틀림없이 시황제에게 질책을 당할 것 같았다. 그래서 시종 몇 명을 데리고

진시황이 서복에게 불사약을 구하게 하다

진나라 산속으로 들어가 진짜 신선의 자취를 두루 찾아보기로 했다. 그들은 동화산(東華山, 장시성江西省 리촨현黎川縣 경내) 꼭대기에 올랐다. 그곳에서 봉두난발을 하고 얼굴에 땟국이 자르르 흐르는 사람을 만났다. 그는 바위에 누워 있다가 일어났다. 노생은 이렇게 높은 곳에는 사람이 살 수 없다는 생각이 들자 그가 틀림없이 특별한 사람일 것이라 여겼다. 그래서 마음을 공손히 하고 정중하게 앞으로 나가 예의를 표했다. 그 사람이 일어나서 말했다.

"공은 뉘시오? 여긴 무엇 하러 오셨소?"

노생이 말했다.

"아무개는 시황제의 명령을 받들고 이곳에 와서 신선을 찾아 불로장생약을 구하고 있습니다."

그 사람이 웃으면서 말했다.

"운명은 이미 정해진 것이니 하늘에서 정한 목숨은 벗어나기 어렵소. 세상에 어찌 불로장생약이 있겠소? 시황제께서 아마도 잘못 아신 듯하오."

노생은 그 사람의 말이 보통 사람과 다른 것을 알고 거듭 간절하게 호소하며 자신을 미로에서 건져달라고 했다. 그 사람이 옆에 있는 돌을 손으로 밀자 커다란 구멍이 나타났고 그곳에서 책 한 권을 꺼냈는데, 그 책에는 『천록비결(天籙秘訣)』이란 제목이 붙어 있었다. 그것을 노생에게 주면서 당부했다.

"이 책을 시황제와 함께 상세히 살펴보시오. 생사존망의 이치가 들어 있소."

노생이 다시 상세하게 내력을 물으려 했지만 그 사람은 눈을 감고 아무 말도 하지 않았다.

노생은 책을 가지고 돌아와 시황제에게 말했다.

"동해가 너무나 망망하여 건너편 해안을 짐작도 할 수 없었고, 서복이 간 곳을 찾아보았지만 종적도 찾을 수 없었습니다. 그런데 신이 동화산 꼭대기에 갔다가 어떤 이인이 주는 책 한 권을 받았습니다. 그중에 역대 왕조의 운수가 바뀐 그림이 있었는데, 글자는 모두 과두문자(蝌蚪文字)로 쓰여 있었고 언어는 너무 은밀하여 알아볼 수 없었습니다."

시황제는 이사(李斯)에게 그 책을 주고 글자의 뜻을 상세히 해석하게 했다. 그중에는 다음과 같은 구절이 있었다.

"진나라를 멸망시키는 것은 호(胡)다."

시황제는 깜짝 놀라며 말했다.

"이 『천록비결』이란 책에서는 진나라의 천하를 멸망시키는 것이 틀림없이 호라고 말하는구려!"

그리고 마침내 몽염(蒙恬)에게 인부 80만을 동원하여 변방을 따라 장성을 높이 쌓고 북방 오랑캐〔胡〕를 방어하게 했다. 후세에 호증(胡曾)이 이 일을 시로 읊었다.

요순 임금 본받으면 절로 태평 이룰 텐데,　　祖舜宗堯自太平,
진시황은 무슨 일로 백성을 괴롭혔나?　　　始皇何事苦蒼生.
높은 궁궐 담장 안에서 재앙 생길 줄 모르고,　不知禍起蕭牆內,
오랑캐 막는 만리성만 헛되이 쌓았구나.　　虛築防胡萬里城.[5]

시황제는 몽염을 시켜 북쪽에 장성을 쌓게 했고, 또 동쪽에서는 바다를 매우게 했다. 그리고 서쪽에는 아방궁(阿房宮)6을 짓고 남쪽에는 오령(五嶺)7의 길을 닦고 도성에는 새로운 궁전을 건축했다. 공사를 크게 일으키고 수많은 백성을 동원하느라 그 대열이 끝없이 이어졌다. 제도를 바꾸고 옛 법도도 크게 뜯어고쳤다. 또 사람들이 자신의 잘못을 비난할까 두려워 이사의 계책에 따라 역대 시서(詩書)와 제자백가 서적을 모두 불태웠다. 사사롭게 모여서 쑥덕거리는 자들은 모두 잡혀가 목이 잘려 저잣거리에 효수되었다. 후생(侯生)과 노생 등 460여 명의 선비가 생매장당하자 유생들은 중원에서 살 수 없게 되었다.8

시황제의 맏아들 부소가 간언을 올렸다.

"유생들은 모두 공자의 말씀을 법도로 삼아 암송하는데 지금 폐하께서는 무거운 법률을 적용하시어 그들을 옭아매고 계십니다. 신은 천하 사람들이 불안해할까 두렵습니다."

시황제는 대로하여 부소를 북방으로 보내 몽염의 군사를 감독하게 했다.

5_ 당(唐)나라 호증의 영사시(詠史詩) 「장성(長城)」이다. 지금 통행본에는 둘째 구 '시황(始皇)'이 '진황(秦皇)'으로 되어 있다. 호증은 경력이 자세하지 않다. 당 의종(懿宗) 함통 연간(860~874)을 전후하여 활동한 문인으로 알려져 있다. 특히 역사를 소재로 읊은 영사시 칠언절구 150수가 유명하다.

6_ 진시황 35년(기원전 212)에 완공한 진나라 궁궐이다. 규모가 거대할 뿐 아니라 장식이 장엄하고 화려하여 천하제일 궁으로 불렸다. 항우가 불태운 것으로 알려져 있다. 지금의 산시성(陝西省) 시안시 서쪽 교외 15킬로미터 지점에 유허지가 있다.

7_ 지금의 후난성(湖南省)과 광시성(廣西省)·광둥성(廣東省)을 가르는 산맥이다. 월성령(越城嶺), 도방령(都龐嶺), 맹저령(萌渚嶺), 기전령(騎田嶺), 대유령(大庾嶺)이라는 큰 고개가 있어 오령이라 불린다. 오령 남쪽을 흔히 영남지방이라 부른다.

8_ 분서갱유(焚書坑儒): 책을 불태우고 유생을 생매장하다. 문화적 억압과 지식인 탄압을 비유한다.(『사기』「진시황본기」)

시황제는 오직 동남쪽의 거센 기운만을 생각하며 그곳 사람들이 반란을 일으킬까봐 전전긍긍하면서 근심했다. 또 어가를 준비하라 분부하고 동쪽으로 순행을 떠났다. 해마다 흉년이 들어 백성들은 편안한 삶을 도모할 수 없었다. 시황제가 한 번 어가를 타고 나서면 날마다 수십만 금을 허비해야 했다. 백성은 도망가고 천하는 큰 실의에 빠졌다.

한편, 한(韓)나라 도성 서쪽 30리 밖 야트막한 산기슭 주점에서 그 고을 노인 몇몇이 술을 마시고 있었다. 취기가 반쯤 오르자 각각 천지의 이치를 논하고 고금의 도를 설파했다. 그야말로 "막걸리를 통음하니 길을 걷다 비틀비틀, 망중한을 즐기나니 사시가 봄이로다(暢飮村醪行欲倒, 務中閑樂四時春)"와 같은 광경이었다. 그들 중에 성은 조씨(趙氏)요, 이름은 삼공(三公)이란 노인이 있었다. 그는 500년 전에는 천하가 태평하여 사람들이 모두 즐겁게 살았다고 이야기했다. 그러자 여러 노인이 바로 물었다.

"어떻게 태평했소?"

조삼공이 대답했다.

"풍경은 찬란하고 시절은 밝았으며 백성은 평화를 노래하느라 도처에 음악소리가 울렸소. 사흘에 한 번씩 바람이 불어도 나뭇가지조차 흔들리지 않았으니 숲속 나무에 전혀 손상을 입히지 않았소. 닷새에 한 번 비가 내려도 흙덩이조차 부수지 않고 농작물에 피해를 주지 않았소. 도적도 생기지 않아 밤에 빗장을 지를 필요도 없었고 행인들은 길을 가면서 떨어진 물건도 줍지 않았소. 변방에는 전쟁의 노고도 없었고 조야에는 간신배의 우환도 없었소. 야외에는 해충이나 가뭄이나 홍수의 재난도 없었고 백성에게는 피로와 고난의 괴로움도 없었소. 오곡이 풍성했고 천하가 안락했소. 이것이 바로 태평 시절이오."

노인들이 또 물었다.

"지금 시절은 어떻소?"

조삼공이 말했다.

"지금 시절은 법도가 너무 엄격하여 감히 입을 뗄 수가 없소."

노인들이 말했다.

"우리는 벽촌에 살고 있고 지금 또 외부 손님도 없는데 말씀을 한다 해도 무슨 관계가 있겠소?"

그러나 조삼공은 고개를 가로저으며 말하지 않았다. 그때 주점 곁에서 어떤 사람이 훌쩍 나타났다. 그는 높은 관(冠)을 쓰고, 넓은 허리띠를 매고, 삼베 도포를 입고, 짚신을 신고 있었다. 얼굴은 고운 옥과 같았고 눈빛은 밝은 별과 같았다. 그가 말했다.

"어르신께서 말씀하지 않으시니 제 말씀을 들어보십시오."

사람들은 공손하게 귀를 기울였다. 그 사람이 말했다.

"지금은 시황제가 포악무도하여 남자는 밭을 갈지 못하고 여자는 길쌈을 하지 못할 정도입니다. 아버지와 아들은 서로 떨어져 살고 남편과 아내는 생이별하고 있습니다. 남쪽에서는 오령에 길을 닦고 북쪽에서는 장성을 쌓고 있습니다. 동쪽에서는 바다를 메우고 서쪽에서는 아방궁을 짓고 있습니다. 책을 불태우고 유생을 생매장하면서 미치광이의 패륜 행위를 함부로 자행합니다. 이 때문에 백성은 생계를 유지하지 못해 천하 사람들이 실망하고 있습니다."

이전에 시황제의 무도한 시절을 읊은 시가 있다.

전쟁으로 하릴없이 쑥 덤불 집만 지키며,　　　　　夫因兵亂守蓬茅,

삼베 모시 치마저고리에 귀밑머리 말라가네.　　　麻紵裙衫鬢髮焦.

뽕나무 베어내도 세금을 거두어가고,　　　桑柘廢來猶納稅,

전원은 황폐해도 새싹에 징수하네.　　　田園荒盡尙微苗.

때때로 야채 뽑아 나무뿌리와 삶아먹고,　　　時挑野菜和根煮,

수시로 생나무 베어 낙엽과 함께 태우네.　　　旋斫生柴帶葉燒.

깊은 산 가운데서 가장 깊은 곳으로 가도,　　　任是深山最深處,

병역, 부역 피할 계책 도저히 못 찾겠네.　　　也應無計避征徭.[9]

그 사람이 또 큰 소리로 몇 마디 말을 하자 조삼공은 바로 일어나서 그곳을 떠나려 했다. 노인들이 그를 잡아끌며 말했다.

"왜 가려는 거요?"

조삼공이 말했다.

"모두 죽는 게 두렵지 않소? 지금 시황제의 법도에 따르면 쓸데없는 말을 하는 자는 목이 잘려 저잣거리에 효수되오. 우리도 모두 잡혀가서 죽게 되오."

노인들은 그 말을 듣고 모두 그곳을 떠났다. 그러자 그 사람은 껄껄 웃으며 말했다.

"바보 천치들이 내 마음을 몰라주는군. 그렇지만 이 깊은 원한을 어디서 풀어야 하나?"

이 사람이 누구인지는 다음 회를 들으시라.

9_ 당나라 시인 두순학(杜荀鶴)의 「산중과부(山中寡婦)」다. 현재 통용본에는 첫째 구 난(亂)이 사(死)로, 둘째 구 군(裙)이 의(衣)로, 넷째 구 진(盡)이 후(後)로, 여섯째 구 감(斫)이 작(斫)으로, 일곱째 구 최(最)가 갱(更)으로 되어 있다.

제8회

신발을
진흙탕에 빠뜨리다

장량이 역사를 시켜
진시황의 수레를 공격하다
張良使力士擊車

이 사람의 성은 장(張)이요, 이름은 량(良), 자(字)는 자방(子房)인데, 5세(世) 동안 한(韓)나라 재상을 지냈다. 그는 시황제가 한나라를 멸망시켰기 때문에 줄곧 시황제에게 원한을 품고 있었다. 그는 자기 나라 임금의 복수를 하기 위해 천금으로 천하의 장사들과 교분을 맺고 시황제를 죽이려 했다. 그러던 차에 이 마을에 들렀다가 노인 몇 명을 만났고 자기도 모르게 몇 마디 말을 내뱉자 그 노인들은 모두 달아나버렸다. 그때 주점 뒤에서 장사(壯士) 한 명이 나타났다. 장량이 바라보니 키가 1장(丈)이나 되었고 용모가 아주 당당했다. 그 장사는 장량에게 읍(揖)을 하며 말했다.

"현공(賢公)께서는 마침 시황제가 포악무도하다고 말씀하셨는데, 천하를 위해 이 포악한 진나라를 없앨 생각이시고 제가 혹시 쓸모가 있다면 공과 함께 힘을 다 바치고 싶습니다."

장량이 말했다.

"이곳에서는 대화를 나눌 수 없으니 장사께서는 우리집으로 왕림하시어 가르침을 내려주시기 바랍니다."

장사는 장량과 함께 그의 집으로 가서 각각 주객의 예에 맞게 나누어 앉았다. 장량이 장사의 이름을 물었다. 그 사람이 대답했다.

"저는 성이 여(黎)가인데, 해변에 살기 때문에 사람들이 저를 창해공(滄海公)이라 부릅니다. 다소 완력이 있어서 100근짜리 쇠창을 마음대로 씁니다. 늘 천하의 불공평한 일을 해결하려 해왔습니다. 오늘 마침 공의 풍채가 비범하고 언어가 출중한 것을 보고 틀림없이 뛰어난 선비라 여겨져 감히 제 속마음을 털어놓으려는 것입니다. 성함이 무엇이며 어떤 가르침을 내려주시려는지 알고 싶습니다."

장량이 말했다.

"아무개는 한나라 사람으로 성명은 장량이고, 5세 동안 한나라의 재상을 지냈습니다. 지금 한나라가 시황제에게 멸망당했기 때문에 천금을 기울여 지사를 구하고 있지만 아직까지 그런 사람을 만나지 못했습니다. 그런데 오늘 바로 장사를 만났으니 제 소원을 이루었습니다. 게다가 지금 시황제는 포악무도하여 천하 사람들이 모두 이를 갈고 있습니다. 만약 공께서 힘을 떨쳐 이 무도한 자를 주살하고 육국을 위해 복수를 해주신다면 천하가 모두 공의 은덕을 우러러볼 것이며 청사에도 떳떳하게 이름을 남겨 만세토록 불후의 업적으로 칭송될 것입니다."

장사가 말했다.

"삼가 공의 가르침에 따르겠습니다. 절대로 식언하지 않겠습니다."

장량은 마침내 그 장사를 자신의 집에 머물게 하고 진시황이 동쪽으로 순행에 나서는 날짜와 경유하는 장소를 두루 수소문했다.

며칠 뒤 장량은 외출하여 수소문하던 끝에 진시황이 양무현(陽武縣)¹을 지나간다는 사실을 알아냈다. 장량은 장사를 시켜 높은 언덕에서 먼 곳을 살피게 했다. 멀찌감치 진시황의 어가 행렬이 나타났다. 그들이 숨은 곳에서 3리 가까이 다가와 막 박랑사(博浪沙, 허난성 동쪽 교외)를 지나고 있었다. 장사는 누런 비단 일산을 보고 그 아래에 있는 사람이 진시황이라고 생각했다. 그는 큰 걸음으로 곧장 앞으로 내달려 있는 힘을 다해 철퇴로 일산이 덮인 수레를 내리쳤다. 수레가 산산조각이 났다. 그런데 진시황은 사람들이 암살을 시도할까봐 늘 보조 수레를 앞세우고 다녔다. 그러나 장사는 그 사실을 알지 못하고 보조 수레를 박살내고 말았다. 그는 바로 어가를 호위하던 어림군(御林軍) 장졸들에게 사로잡혔다. 진시황이 추궁했다.

"누가 시켰느냐?"

장사는 이를 갈며 눈을 감은 채 큰 소리로 꾸짖었다.

"내가 천하를 위해 너처럼 포악무도한 놈을 죽이려 한 것이지, 어찌 시킨 사람이 있겠느냐?"

장량은 일이 실패한 것을 보고 남몰래 비명을 지르며 구경꾼 무리에서 몸을 빼냈다. 진시황은 조고를 시켜 심문했지만 장사는 어떤 사람도

1_ 허난성 신샹시(新鄉市) 위안샹현(原鄉縣)으로 알려져 있지만 진나라 때와 초·한 쟁패 시기의 양무현은 관할 영역이 매우 넓었다. 지금의 허난성 성저우시(鄭州市)와 중무현(中牟縣) 일대에서 산둥성 둥밍현(東明縣)과 그 남쪽 일대까지 포괄했다.

장량이 역사를 시켜 진시황을 공격하다

발설하지 않고 기둥에 머리를 부딪고 죽었다. 호증이 이 일을 시로 읊었다.

진시황은 전국시대 육국을 병탄하며,	嬴政鯨吞六合秋,
천하를 착취하고 제후들을 사로잡았네.	削平天下虜諸侯.
산동에도 공실 자제가 없지는 않았을 텐데,	山東不是無公子,
무슨 일로 장량만 복수에 나섰는가?	何事張良獨報仇.[2]

진시황은 천하에 이 사건의 주모자를 찾으라고 명령을 내렸으나 열흘이 지나도록 잡지 못했다. 장량은 마침내 하비(下邳, 장쑤성 쑤이닝현睢寧縣 구피진古邳鎭)로 도망가서 친구 항백(項伯)의 집에 숨었다. 항백은 초나라 장수 항연(項燕)[3]의 후예로 장량과 교분이 매우 깊었기에 그를 머물게 해도 아무런 의심을 받지 않았다.

어느 날 장량은 우연히 외출했다가 성밖 이교(圯橋) 곁에 한가하게 서 있었다. 그때 문득 한 노인을 만났다. 그 노인은 누런 옷을 입고 다리 아래를 지나다 진흙탕 속에 신발을 빠뜨렸다. 신발을 꺼낼 수 없자 장량을 불렀다.

"젊은이! 내 신발 좀 꺼내주게!"

장량은 노인의 신선 같은 풍채를 보고 보통 사람과는 다르다는 생각

2_ 당나라 호증의 영사시 「박랑사(博浪沙)」다.

3_ 항연(項燕, ? ~ 기원전 223). 전국시대 말기 초나라의 마지막 명장이다. 초왕 부추(負芻)의 친동생 창평군(昌平君)을 초왕으로 옹립하고 난릉(蘭陵)에서 진나라와 마지막 항전을 벌이던 중 창평군이 진나라의 화살을 맞고 전사하자 자신도 스스로 칼로 목을 찌르고 장렬한 최후를 마쳤다. 항우의 조부다.(『동주열국지』 제107회, 제108회 참조)

이 들었다. 장량은 서둘러 진흙탕 속으로 들어가 신발을 건져 무릎을 꿇고 노인에게 바쳤다. 그 태도가 지극히 공손했다. 노인은 몇 걸음 가지 않고 또 신발을 진흙탕 속에 빠뜨리고 장량에게 건져오도록 했다. 장량은 앞서와 다름없이 다시 신발을 건져내 무릎을 꿇고 바쳤다. 이와 같이 세 번을 반복했다. 그러자 노인이 말했다.

"가르쳐볼 만한 젊은이로다."[4]

그리고 마침내 다리 옆 큰 나무를 가리키며 말했다.

"너는 닷새 뒤에 일찍 저곳에 와서 나를 기다려라. 내가 네게 전해줄 물건이 있다. 약속을 어기지 마라!"

닷새가 지나고 장량은 일찍 일어나 그 나무 옆으로 갔다. 노인은 이미 나무 아래 앉아 있었다. 노인이 말했다.

"젊은이가 노인과 약속을 하고 어찌하여 이렇게 늦게 온단 말이냐? 물러갔다가 닷새 뒤에 좀더 일찍 오너라."

장량은 다시 닷새 뒤에 일찌감치 오경(새벽 5시) 무렵에 왔지만 또 노인이 나무 아래에 먼저 와서 기다리고 있었다. 노인이 화를 내며 말했다.

"젊은이가 어찌 이리 게으르단 말이냐? 물러갔다가 닷새 뒤에는 더 일찍 와야 할 것이다."

장량은 닷새 뒤에 잠도 자지 않고 나무 아래로 와서 기다렸다. 얼마 뒤 노인이 바로 도착했다. 장량은 노인을 보고 꿇어 엎드려 절을 올렸다. 밝은 달빛 아래에서 그 노인을 바라보니 이전보다 더욱 환하게 빛

4_ 유자가교(孺子可敎): 가르쳐볼 만한 젊은이라는 뜻이다. 유아나 청소년의 재능이 뛰어나 장차 큰 성취를 이룰 만함을 비유한다.(『사기』 「유후세가(留侯世家)」)

이 났다. 도포에 죽장을 짚고 가죽 관모에 짚신을 신고 있었다. 그렇게 표연한 모습을 보니 정말 신선과 다름없었다. 장량은 무릎을 꿇고 아뢰었다.

"가르침을 받들겠습니다."

노인이 말했다.

"너는 젊고 힘이 좋으니 부지런히 학문에 힘써야 한다. 뒷날 귀하게 되어 제왕의 스승 노릇을 할 것이다. 다행히 오늘 나와 만난 건 천재일우의 기회다. 네게 비급(秘笈) 세 권을 주겠다. 이 책에 실린 기이한 계책과 신묘한 술수는 비록 손자(孫子)[5]와 오자(吳子)[6]라 해도 미칠 수 없을 것이고, 공을 이루고 스스로 물러나는 이치는 비록 노중련(魯仲連)[7]과 범려(范蠡)[8]라 해도 이를 뛰어넘을 수 없을 것이다. 너는 이 책을 가

5_ 손자(孫子, ? ~ ?). 춘추시대 오나라 군사(軍師) 손무(孫武)다. 그가 남긴 저서가 『손자병법(孫子兵法)』 13편이다. 그의 후손으로 알려진 전국시대 제나라 군사 손빈(孫臏)도 『손빈병법(孫臏兵法)』을 남겼다.

6_ 오자(吳子, 기원전 440? ~ 기원전 381). 본명은 오기(吳起)다. 본래 전국시대 위(衛)나라 사람으로 노(魯)나라에서 공부했으며 이후 위(魏)나라, 초(楚)나라에서 군사전략가, 정치가로 활동했다. 『오자병법(吳子兵法)』 48편이 전한다. 흔히 손(孫)·오(吳)로 병칭된다.

7_ 노중련(魯仲連, 기원전 305? ~ 기원전 245?). 전국시대 제나라 변론가다. 진나라가 조나라를 침공할 때 위(魏)나라 장수 신원연(新垣衍)이 진나라 임금에게 제호(帝號)를 붙여주고 강화를 해야 한다고 주장하자 노중련은 차라리 동해를 밟고 들어갈지언정 그렇게 할 수 없다고 했다. 결사항전으로 진나라 공격을 물리친 뒤 조나라에서 주는 벼슬과 황금을 모두 사양하고 동쪽 바닷가로 가서 은거했다.

8_ 범려(范蠡, ? ~ ?). 춘추시대 월(越)나라 재상이다. 월왕 구천(勾踐)과 함께 오나라에 잡혀가서 온갖 굴욕을 견뎠다. 귀국 후 와신상담(臥薪嘗膽)으로 복수에 성공하여 오나라를 멸망시켰다. 큰 공을 세운 뒤 강호로 은거했다. 이후 도주공(陶朱公)으로 불리며 장사에 수완을 발휘하여 막대한 돈을 벌었다. 그가 남긴 "교활한 토끼가 죽으면 그것을 뒤쫓던 사냥개는 삶기고, 날아가는 새를 잡고 나면 좋은 활은 감추어둔다(狡兔盡, 走狗烹, 飛鳥盡, 良弓藏)"라는 명언은 초·한 쟁패 시기 한신(韓信)에 의해 다시 한번 인용되면서 유명해졌다.

지고 가서 한나라를 위해 복수를 하거라. 그리고 진정한 군주를 옹립하여 그 이름을 후손만대에까지 드리우면 일월과 빛을 다투어도 뒤지지 않을 것이다."

후세에 호증이 이 일을 시로 읊었다.

묘한 계책 장량만 혼자 넉넉하게 펼쳐내는데,	妙算張良獨有餘,
어린 시절엔 하비에서 난리를 피했다네.	少年逃難下邳初.
느릿느릿 세 번이나 진흙탕에서 신발 건져,	逡巡三進泥中履,
황석 선생 비방 적힌 책 한 권을 얻었다네.	爭得先生一卷書.[9]

장량은 노인 앞에 꿇어앉아 간절하게 말했다.

"크신 성함을 알고 싶습니다."

노인이 말했다.

"잘 기억하거라. 13년 뒤 곡성(穀城)[10] 동쪽에 어떤 임금을 장사 지내게 될 것이다. 그 빈 땅에서 황석(黃石)을 하나 얻을 것인데 그것이 바로 나다."[11]

노인은 말을 마치고 표연히 사라졌다. 장량은 서책을 감추어 항백의 집으로 돌아왔다. 서책을 펼쳐보니 『소서(素書)』[12]라는 제목이 붙어 있

9_ 당나라 호증의 영사시 「이교(圯橋)」다. 현재 통용본에는 셋째 구 삼진(三進)이 부진(不進)으로 되어 있다. 이렇게 되면 뒤의 쟁(爭)은 '어찌, 어떻게'로 번역해야 한다.

10_ 지금의 산둥성 타이안시(泰安市) 둥핑현(東平縣) 주센향(舊縣鄉) 주센싼촌(舊縣三村) 구구성(古穀城) 남쪽이다. 항우의 무덤이 있는 곳이며 현지에서는 패왕묘(霸王墓)로 불린다.

11_ 『원본 초한지』 3 제90회 참조.

12_ 『사기』「유후세가(留侯世家)」에는 『태공병법(太公兵法)』으로 되어 있다.

었다. 이 책을 남몰래 읽으며 암기하자 흉금이 넓게 트이고 식견이 정밀해져 이전과 확연히 달라짐을 느꼈다. 장량이 항백의 집에 숨어 사는 이야기는 여기에서 잠시 거론하지 않기로 한다.

한편, 진시황이 동쪽으로 순행을 떠나 팽성(彭城)[13]에 이르자 풍경도 다르고 민속도 특별했다. 뽕나무밭과 삼밭이 들판을 비단처럼 수놓고 있었으며 벼와 기장도 논밭에 가득 펼쳐져 있었다. 백성이 가화(嘉禾)[14]를 바치는데 줄기 하나에 이삭이 셋씩이나 달려 있었다. 진시황은 매우 기뻐하며 백성에게 큰 상을 내렸다. 다시 동남쪽 패현에 당도하자 뭔가 왕성한 기운이 서려 있는 듯했다. 진시황은 이곳에 틀림없이 이인(異人)이 있을 것으로 여기고 세밀하게 방문 조사하고 혹시 그런 사람이 있으면 바로 주살하여 후환을 없애라고 분부했다. 그러자 이사가 말했다.

"구름 기운이 출몰하는 것은 우연에 불과합니다. 폐하께서는 무슨 걱정을 그리 심하게 하십니까? 만약 사람을 보내 조사하다 백성을 동요시켜 오히려 다른 우환이 생길까 두렵습니다."

진시황이 말했다.

"경의 말이 옳소."

그리고 마침내 어가를 출발시키라고 명령을 내리고 회계성(會稽城, 저장성浙江省 사오싱시紹興市)으로 갔다. 그곳 네거리의 사람들 속에서 어떤 소년 장사가 달려나와 칼로 진시황을 찔러 죽이려 했다. 이 사람의 이름은 무엇일까?

13_ 원본에는 서주(徐州)로 되어 있으나 진시황 시기에는 팽성이었다. 후한 말기 또는 삼국시대부터 서주로 불렸다. 따라서 이 소설에서 서주로 표기된 곳은 팽성으로 번역한다.
14_ 태평성대에 자란다는 전설상의 벼다.

제9회

자결하는
비운의 태자

조고가 조서를 위조하여
호해를 옹립하다
趙高矯詔立胡亥

그 소년 장사가 칼로 진시황을 찌르려 하자 한 노인이 황급히 제지하며 말했다.

"안 된다! 대장부가 자손만대에까지 전해질 불후의 공적을 세워야지, 어찌 자객 따위의 행동을 본받으려 한단 말이냐?"

그러자 소년이 마침내 행동을 멈추었다. 이들은 누구인가? 노인의 성은 항(項), 이름은 량(梁)이고, 소년의 성은 항(項), 이름은 적(籍)으로 자(字)는 우(羽)였다. 이들은 모두 초나라 대장 항연의 후손으로 하상(下相, 장쑤성 수첸시宿遷市) 사람이었다. 항우1는 처음에 글쓰기를 배웠으나

1_ 원문에는 항적과 항우를 혼용하고 있으나 이 번역본에서는 모두 항우로 통일한다.

글쓰기를 다 마치지 못했다. 이어서 검술을 배웠으나 검술도 다 배우지 못했다. 항량2이 대로하여 꾸짖었다.

"너는 대체 뭘 하려고 그러느냐?"

항우가 대답했다.

"글쓰기는 이름을 쓰는 기술에 불과하고, 검술은 한 명을 상대하는 기술에 불과합니다."

항량이 말했다.

"그럼 이제 뭘 배우고 싶으냐?"

항우가 말했다.

"저는 만 명의 적과 상대하는 방법을 배우고 싶습니다."

항량은 매우 기특하게 생각했다. 그래서 오늘 항우가 진시황을 우연히 만나 칼로 찔러 죽이려 하자 항량이 황급히 제지한 것이다. 이후 항우는 오(吳) 땅과 초(楚) 땅 사이를 널리 돌아다니며 천하를 도모할 뜻을 몰래 품었다.

진시황 36년, 어떤 군(郡)에서 운석이 발견되었는데 그 위에 여섯 글자가 새겨져 있었다.

始皇死而地分(진시황이 죽고 땅이 나뉜다).

어사(御史)를 시켜 한 사람씩 자세히 조사했지만 범인을 찾지 못했다.

2_ 『사기』 「항우본기(項羽本紀)」에 의하면 항우의 숙부는 항량과 항백이다. 그러나 항우의 아버지가 누구인지는 전혀 기록이 없다. 중국에 전해지는 각종 항씨 종보(宗譜)에도 항우의 아버지 이름이 항영(項榮), 항거(項渠), 항초(項超) 등으로 다르게 기록되어 있다.

그리하여 마침내 운석 곁에 거주하는 사람을 모두 죽이고 운석을 불태우게 했다. 어사가 일이 끝났음을 보고하자 이사가 간언을 올렸다.

"폐하의 순행 기간이 오래 지속되면서 온갖 변고가 생겨 나라의 상서로움이 증명되지 못하고 있으니 백성들에게 믿음을 심어주지 못할까 두렵습니다. 차라리 어가를 돌려 돌아가셔서 변방의 방비를 엄정히 하시고 나라 안을 편안하게 위무하시면서 두 손을 모으고 무위(無爲)의 정치를 하시는 것이 더 나을 것입니다. 그럼 저절로 무사하게 될 터인데, 하필이면 어가를 멀리까지 몰고 나가 사단을 만들며 온종일 불편해하실 필요가 있습니까?"

시황제는 이사의 말에 따라 어가를 되돌렸다. 연주(兗州, 산둥성 서남부 옌저우구兗州區 지역)로 돌아와 시황제는 밤에 꿈을 꾸었다. 꿈속에서 동해의 용신(龍神)과 싸움을 했다. 그러나 용신의 위력이 너무 거세 대적할 수 없었다. 시황제는 황급히 도망치려 했지만 망망대해에서 출로를 찾을 수 없었다. 다급한 상황에 빠져 있는데 갑자기 용 한 마리가 하늘에서 내려와 그를 꿀꺽 삼켰다. 꿈에서 깨어났지만 정신이 아득했고 사지가 피곤했다. 그는 자신의 몸에서 뭔가를 잃어버린 것처럼 느껴졌다. 사구(沙丘)에 이르렀을 때 시황제의 병이 더욱 위중해졌다. 시황제는 이사를 비밀리에 불러 당부했다.

"짐이 지난번에 동해 바다를 메우려 해서 용신의 심기를 건드렸소. 용신이 나타나는 꿈을 꾸고 나서 병에 걸렸으니 아마도 일어나지 못할 것 같소. 내가 죽고 난 뒤에는 상군(上郡, 산시성陝西省 쑤이더현綏德縣 일대)으로 가서 태자 부소에게 보위에 오르라고 알리시오. 진나라의 천하를 잃어서는 안 되오."

그리고 그날 바로 이사에게 나라의 보배, 유조(遺詔), 옥새 등을 주었다. 이사는 흐느끼며 그것을 받았다. 시황제는 또 이렇게 말했다.

"경은 오랫동안 나를 섬겼으니 대소 사무의 처리는 모두 경에게 부탁하오. 경은 국사에 마음을 다 바치고 짐의 명령을 어겨서는 안 되오. 또 태자 부소는 인자하고, 사랑이 깊고, 성실하고, 경건하여 보위를 이을 만하오. 나는 한때 그애를 잘못 보아 먼 곳으로 폄적시키고 말았소. 경들은 더이상 실수하지 않도록 애써주시오. 짐의 유언을 경솔하게 다른 사람에게 발설해서는 안 되오."

말을 마치고는 끝내 세상을 떠났다. 재위 37년이었고 향년 50세였다. 이때 시황제의 죽음을 안 사람은 공자 호해, 조고, 이사, 환관 대여섯 명에 불과했다. 이들은 시황제의 죽음을 비밀에 부치고 장례도 선포하지 않았다. 관은 온거(轀車)3에 싣고 도착하는 곳마다 음식을 올렸으며 아뢰는 일도 평상시처럼 했다. 사후에 절인 생선으로 냄새를 풍겨 시신에서 나는 악취와 뒤섞었다. 아무도 시황제의 죽음을 알지 못했다.4

시황제는 부소를 임금으로 옹립하라는 유조를 내렸지만 근신들은 아직 사자를 부소에게 보내지도 않았다. 그때 조고가 다급하게 이사에

3_ 사면에 장막을 드리우고 지붕을 덮은 수레다. 사람이 안에 누워서 쉴 수 있다.

4_ 원본에는 이 구절 뒤에 다음과 같은 '역사 논평'이 실려 있다. "살펴보건대 진시황은 천하를 병탄한 이래 잔학하고 포악하게 행동하며 미친 짓을 함부로 자행했다. 시법(諡法)을 폐지하고 정삭(正朔)을 고쳤다. 태산에서 봉선례를 올리며 자신의 공덕을 칭송했다. 무기를 녹이고 호걸들을 함양으로 옮겨 살게 했다. 성곽을 부수고 제방을 헐었다. 만리장성을 쌓고 오령을 수리했다. 궁궐을 새로 짓고 토목공사를 크게 일으켰다. 모든 병력을 동원하여 함부로 전쟁을 도발했다. 옛 법도를 어기고 지금의 정치를 혼란에 빠뜨렸다. 천하를 순행하며 멈출 줄 몰랐다. 유가 경전을 불태우면서도 거리낌이 없었다. 이사를 임용했지만 이사는 정치를 어지럽게 했고, 조고를 총애했지만 조고는 나라를 멸망시켰다. 남은 악취가 만세에까지 전해져서 고금의 죄인이 되었다."

게 말했다.

"대장부는 하루라도 권력을 놓쳐서는 안 되오. 권력이 없으면 벼슬과 은총이 사라져서 몸이 위태롭게 되오. 저는 승상을 위해 유조를 고쳐 공자 호해를 옹립하려고 하는데 승상의 뜻은 어떤지 모르겠소."

이사가 말했다.

"그건 나라를 멸망시키려는 말씀이오. 신하가 해서는 안 될 말이오."

조고가 말했다.

"승상께선 장자 부소의 신임이 몽염과 승상 중에서 누구에게 더 두 텁게 미친다고 생각하시오?"

이사가 말했다.

"내가 몽염보다 못하오."

조고가 말했다.

"부소는 현명하고 결단력이 있으며 강직하고 전도유망하오. 평소에 공과 잘 지내지 못했는데 만약 임금이 되면 몽염을 승상으로 삼고 공 의 인수를 빼앗아 그에게 줄 것이오. 그럼 공은 고향으로 쫓겨나 서민 으로 강등되어 서서히 화를 당할 것이고 결국 죽은 뒤 장사 지낼 땅도 찾지 못할 것이오. 공은 어찌하여 스스로 깨닫지 못하시오?"

이사는 오랫동안 깊이 신음하다 말했다.

"공의 말에도 일리는 있지만 폐하의 마지막 부탁을 차마 저버릴 수 없소."

조고가 말했다.

"마지막 부탁을 따르다가 몸이 위태로워지는 것과 마지막 부탁을 저 버리고 권력을 오래 유지하는 것 중에서 어느 게 더 나은 일이오? 이

두 가지 중에서 저는 승상께서 결정하는 대로 따르겠소."

이사가 일어나 감사 인사를 하며 말했다.

"삼가 공의 가르침대로 하겠소."

두 사람은 마침내 곧바로 호해에게 가서 말했다.

"오늘날 천하 권력의 존망은 공자와 승상, 조고에게 달려 있습니다. 만약 유조대로 장자를 임금으로 옹립하면 권력은 틀림없이 다른 사람에게 넘어가 불러도 오지 않고 가라 해도 가지 않을 것입니다. 그럼 우리는 궁벽한 땅으로 물러나서 일개 평민으로 전락할 것입니다. 두터운 은총을 받던 분이 어느 날 그 지위를 잃게 되면 마음이 편안하겠습니까? 저와 승상은 유조를 고쳐 공자를 황위에 옹립하여 부귀를 함께 누리기로 했습니다. 공자의 뜻은 어떤지 모르겠습니다."

호해가 말했다.

"형을 폐위하고 아우를 옹립하는 건 윤리를 어지럽히는 행태요. 부왕의 명령을 어기고 정사를 전횡하는 건 불효막심한 행동이오. 다른 사람이 가진 것을 빼앗고 그를 해치는 건 불인한 짓이오. 이 세 가지는 순리를 거스르고 상도(常道)를 어지럽히는 패륜이므로 천하가 불복할 터이니 해서는 안 될 일이오."

조고가 말했다.

"사소한 절개를 지키다 큰일을 그르치고, 작은 의리를 지키다 원대한 계획을 망치는 걸 군자들은 모자라는 짓이라 합니다. 때는 놓칠 수 없고 권력은 빌릴 수 없습니다. 공자께서는 서둘러 생각해보시고 후회하지 마시기 바랍니다."

호해가 말했다.

"알겠소. 그럼 그대에게 모든 일을 맡기겠소."

조고는 매우 기뻐하며 마침내 이사와 함께 유조를 고쳐 부소를 죽이기로 하고 호해를 태자로 세웠다. 그리고 염락(閻樂)을 시켜 거짓 유조를 부소에게 전하라고 했다.

염락도 시황제의 죽음을 모른 채 수레 앞에서 명령을 받아 바로 출발했다. 하루도 되지 않아 상군에 도착하여 유조를 받으라고 했다. 부소와 몽염이 황급히 나와서 거짓 유조를 받아 읽었다.

37년 7월 13일, 시황제가 조서를 내린다. 삼대(三代)[5]에는 효로써 천하를 다스려 큰 근본을 돈독히 했다. 아비는 이로써 윤리를 세웠고, 아들은 이로써 직분을 다했다. 이를 어기면 패륜과 반역이 되므로 올바른 도(道)가 아니다. 장자 부소는 어명을 받들어 벽지에서 공을 세우지는 않고 감히 상소문을 올려 조정의 일을 비방하며 함부로 미치광이의 반역 행위를 자행했다. 부자(父子)의 정으로는 긍휼히 여길 수도 있지만 조종(祖宗)의 법으로는 용서할 수 없다. 이제 호해를 태자로 세우고 너는 서민으로 강등한다. 독주와 단도를 내리니 자결하도록 하라. 장군 몽염은 밖에서 군사를 거느리고도 부소의 잘못을 바로잡기 위한 간언을 올리지 않았다. 이는 본래 주살을 면치 못할 일이나 장성 수축 공사가 아직 끝나지 않았으니 잠시 그곳에 머물며 공사를 계속 감독하라. 이 조서로 알리는 바이니 모두 사태를 잘 알아야 할 것이다.

5_ 중국의 상고시대인 하(夏), 상(商), 주(周) 세 나라를 가리킨다.

부소는 조서를 다 읽고 나서 흐느끼며 말했다.

"임금이 신하에게 죽음을 명령하면 신하는 감히 죽지 않을 수 없소. 아버지가 아들에게 죽음을 명령하면 아들은 감히 죽지 않을 수 없소. 지금 임금과 아버지가 내게 죽음을 명했으니 독주를 마시고 내 시신이라도 온전히 보전하고자 하오."

그리고 바로 독주를 마시려 하자 몽염이 다급하게 제지하며 말했다.

"황상께서는 신에게 30만 군사를 이끌고 변방을 지키라 하셨고, 또 태자마마를 이곳에 오래 머물게 하며 군사를 감독하라고 부탁하셨습니다. 이것은 천하의 중임입니다. 이렇게 중임을 맡기시고도 사약을 내리시다니요? 이는 아마도 중간에 속임수가 있는 듯합니다. 직접 만나뵙고 사정을 아뢴 뒤 과연 거짓이 아니라면 그때 죽어도 늦지 않을 것입니다."

부소가 말했다.

"군부의 명령이 이미 내려졌으므로 거스를 수 없소. 어명이 당도했는데 그것이 어찌 사실이 아니겠소? 만약 다시 주청을 올린다면 더욱더 불효를 더하는 일이 될 것이오."

부소는 마침내 독주를 마시고 죽었다. 몽염은 부소의 시신을 덮으며 통곡을 멈추지 않았다. 삼군의 군사들도 눈물을 흘리지 않는 사람이 없었다. 후세에 사관이 이 일을 시로 읊었다.

온 나라가 진 태자를 아프도록 가련히 여기니,　　　擧國痛憐秦世子,
천년 동안 한스러워 슬픔을 이길 수 없네.　　　　千年還恨不勝悲.
지금도 계곡 입구 샘물이 오열하는 것은,　　　　至今谷口泉嗚咽,

태자 부소가 거짓 유조를 받고 사약을 마시다

진나라 사람들이 이사를 원망하는 듯하네.　　　　　猶似秦人怨李斯.[6]

　염락은 부소의 죽음을 확인하고 돌아와 보고했다. 이사와 조고가 그 사실을 호해에게 알리자 호해는 슬픔을 금치 못했다. 그리고 마침내 시황제의 수레를 출발시키라고 명령을 전했다. 뒷일이 어떻게 될까?

6_ 당나라 호증의 영사시 「살자곡(殺子谷)」과 유사하다. "擧國賢良盡淚垂, 扶蘇屈死樹邊時. 至今谷口泉嗚咽, 猶似秦人恨李斯."

제10회

흰 뱀을 베다

망탕산에서 유계가
흰 뱀을 베다
芒碭山劉季斬蛇

이사, 조고, 호해는 시황제의 영거(靈車, 시신을 모신 수레)를 붙잡고 정형(井陘, 허베이성 스자좡시石家莊市 징싱현井陘縣) 관문과 구원직도(九原直道)1를 통해 함양으로 돌아와 비로소 장례를 선포했다. 호해는 황제의 자리를 세습하여 이세 황제가 되었다. 9월에 시황제를 여산(驪山, 산시성陝西省 리산驪山) 아래에 안장했다. 궁녀 중에 시황제의 자식을 낳지 못한 여인은 모두 그의 무덤에 순장했다. 이때부터 조정의 대권은 모두 이사와 조고의 수중으로 들어가게 되었다. 또 엄하고 잔혹한 형벌을 시

---

1 진시황 35년에 닦은 옛 간선도로다. 진시황이 몽염에게 명령을 내려 닦게 했다. 북쪽 구원(九原, 네이멍구자치구 바오터우시包頭市 서북쪽)에서 남쪽 운양(雲陽, 산시성陝西省 춘화현淳化縣 서북)에 이르는 길로 전체 길이 736킬로미터에 달한다.

행하여 백성을 학대했다. 대신과 황실 공자들 중에서 죄지은 사람도 곧바로 주살했다. 사해 백성이 원망을 토해냈고 군사 봉기가 곳곳에서 일어났다. 또 진이세는 몽염이 밖에 있고 그의 형제, 아들, 조카 들은 안에 있으면서 반란을 일으킬까 두려워 그들을 불러들여 모두 죽이려고 했다. 자영(子嬰)이 간언을 올렸다.

"몽씨는 진나라의 대신이고 모사입니다. 그가 어느 날 버려지면 이로써 절개를 지키려는 사람이 없어질 것입니다. 이 일로 신료들은 믿음을 갖지 못할 것이고 투사들은 굳은 의지를 버릴 것입니다."

진이세는 자영의 간언을 듣지 않고 몽씨의 구족(九族)²을 몰살하려 했다. 몽염은 그 소식을 듣고 탄식했다.

"나는 많은 공을 세워 진나라 3세 동안 신임을 받았고 지금도 군사 30여 만을 거느리고 있다. 이 세력만으로도 충분히 반란을 일으킬 수 있다. 그러나 차라리 대의를 지킬지언정 망령되이 행동하지 않는 것은 감히 선조의 가르침을 욕되게 할 수 없고 선왕의 은혜를 잊을 수 없기 때문이다."

그리고 끝내 짐독을 마시고 죽었다. 진이세는 몽염이 죽었단 소식을 듣고 몽씨의 형제, 아들, 조카 들을 모두 촉군(蜀郡, 쓰촨성)으로 옮겼다. 평소에 이사와 조고가 꺼리던 사람은 부소와 몽염일 뿐이었는데 이제 모두 죽었으니 그밖에 꺼릴 사람은 하나도 없어진 셈이었다. 그리하여 마침내 진이세에게 살상과 정벌만을 권하며 모든 국가 대사를 알리지 않았다. 이 때문에 사방에서 도적이 벌떼처럼 일어났다. 산동(山東),

---

2_ 고조(高祖), 증조(曾祖), 조부(祖父), 부친(父親), 자신, 아들, 손자(孫子), 증손(曾孫), 현손(玄孫, 高孫)에 이르는 직계 친족과 여기에서 갈라진 방계 친족을 모두 가리킨다.

산서(山西),3 하남(河南), 하북(河北), 오초(吳楚) 지역에는 전란이 없는 곳이 한 군데도 없었다. 진승(陳勝)과 오광(吳廣)은 기(蘄, 안후이성安徽省 쑤저우시宿州市)에서 거병했고, 무신(武臣)은 조(趙)에서 거병했고, 유방(劉邦)은 패(沛)에서 거병했고, 항량은 오(吳)에서 거병했다. 사해에 온통 군사들이 종횡했고 천하 곳곳에 변란이 가득했다. 진이세는 황음무도하여 주색을 밝히며 쾌락만 탐닉했다. 국가의 일을 아뢰려고 하는 사람은 온종일 기다려도 황제를 만나볼 수 없었다. 이 때문에 각처의 상소문은 거의 황제에게 전해지지 않았다.

한편, 유방은 자(字)가 계(季)로 패현 사람이다. 그의 모친 온(媼)이 일찍이 큰 소택지 제방 위에서 휴식하다가 꿈에 신(神)과 교합했다. 갑자기 번개가 치고 날씨가 어두워져서 유방의 부친 태공(太公)이 가서 보니 교룡(蛟龍)이 자신의 아내 몸 위에 있었다. 마침내 임신을 하여 나중에 유방을 낳았다. 유방은 우뚝한 콧대에 용과 같은 얼굴이었고4 수염이 아름다웠으며 왼쪽 넓적다리에 검은 점이 72개 있었다. 사람을 아끼고 베풀기를 좋아하며 흉금이 넓었지만 직접 생산에 종사하지는 않았다. 나이가 들어 몇 가지 시험을 거쳐 사상정장(泗上亭長)5에 보임되었다.

3_ 산동과 산서는 태항산을 기준으로 동서를 나눈 지명이다.
4_ 원문은 융준(隆準) 용안(龍顔)이다. 『사기』「고조본기(高祖本紀)」에 "고조의 사람됨은 콧날이 우뚝하고 용과 같은 얼굴을 하고 있다(隆準而龍顔)"라는 기록이 있다. 따라서 '융준'은 흔히 한 고조 유방을 가리키는 전문 어휘로 정착되었다.
5_ 사상(泗上)은 지금의 장쑤성 쉬저우시 페이현(沛縣) 쓰수이정(泗水亭) 마을이다. 진·한 시대에는 시골에 10리마다 정(亭)을 하나씩 설치하여 정장(亭長)을 두었다. 정장은 그 지역의 치안, 경비, 여행자 관리를 담당했다. 페이현 및 인근 지역은 역대 개국 황제가 많이 탄생한 곳으로 유명하다. 한나라 개국 황제 유방, 남조 송나라 개국 황제 유유(劉裕), 오대십국시대 남당(南唐) 후주 이욱(李煜)이 모두 이 지역 사람이다. 그리고 명나라 개국 황제 주원장(朱元璋)의 본적도 이곳이다.

술을 좋아하고 여자를 밝혀서 사람들이 대부분 그를 업신여겼다. 그런
데 유독 선부(單父, 산둥성 허쩌시河澤市) 사람 여문(呂文)은 유방의 모습
을 보고 매우 기이하게 생각하며 항상 이렇게 말했다.

"유계는 술을 좋아하고 여자를 밝혀서 사람들이 대부분 그를 경시하
지만 아직 때를 못 만났을 뿐이다. 일단 한 번 성공하면 그 고귀함을
말로 표현할 수 없을 것이다."

그리하여 집으로 돌아가 자신의 아내와 의논하면서 딸 여안(呂顏)6을
유방에게 시집보내고 싶다고 말했다. 그의 아내가 화를 내며 말했다.

"지난번에는 패현 현령에게 혼사를 허락하신다더니 이번에는 또 어
찌하여 저런 천한 놈에게 시집보내려 하십니까?"

여문이 말했다.

"이 일은 당신 같은 아녀자가 알 수 있는 일이 아니오."

그리고 마침내 유방을 초청하여 상좌에 앉게 하고 함께 술을 마셨
다. 대화를 나누는 동안 여문이 일어나 술잔을 들고 유방에게 권했다.

"자네의 관상을 보니 아주 귀하게 될 상이네. 자중자애해야 할 것이
네. 내게 딸이 있는데 자네에게 시집보내고 싶네. 집안을 청소하는 빗
자루로 삼아주게. 내 말을 어기지 말게."

유방이 말했다.

"저는 아직도 이루지 못한 일이 세 가지 있습니다. 첫째, 어려서 배울
기회를 잃었습니다. 둘째, 힘이 약하고 용기가 없습니다. 셋째, 가난한
데도 스스로 부자가 될 능력이 없습니다. 이런 세 가지 부족한 점이 있

6_ 정사에는 한 고조 유방의 부인 여후(呂后)의 이름이 여치(呂雉)로 나온다.

는데 제가 어찌 감히 공의 따님에게 굴욕을 줄 수 있겠습니까?"

여문이 말했다.

"내 뜻은 이미 굳어졌네. 거절하지 말게."

유방은 마침내 자리에서 일어나 여문과 그의 아내에게 감사의 재배를 올렸다.

술자리가 무르익고 밤이 깊어지자 유방은 인사를 하고 밖으로 나왔다. 여문이 유방을 100걸음 정도 전송하는데 문득 어떤 사람이 다가와 유방에게 길게 읍을 하며 말했다.

"연일 유공을 방문하여 한 번 만나고 싶었소."

여문이 그 사람의 관상을 보니 풍채가 늠름하고 용모가 당당했으며 목소리는 우레와 같았다. 여문은 이 사람도 태평성대의 제후가 될 만한 사람이라고 몰래 생각했다. 여문은 내친김에 길옆 주막으로 들어가 유방과 그 사람을 초청하여 술을 마셨다. 그가 장사의 이름을 묻자 그 사람이 대답했다.

"저는 성이 번(樊)가이고 이름은 쾌(噲)입니다. 이곳 패현 사람으로 개 잡는 일이 주업입니다. 유공을 방문했다가 현명하신 어르신을 만나 뵙는 행운을 얻었군요. 또 이렇게 술자리까지 베풀어주시니 이제 감히 성함을 여쭙겠습니다."

여문이 말했다.

"아무개는 성이 여가이고 이름은 문으로 선부 사람이네. 이곳 패현에는 객으로 살고 있네. 자네의 명성을 들은 지 오래인데 오늘 다행히 서로 얼굴을 보게 되었네그려. 내가 자네에게 한 가지 할말이 있네. 혹시 가정을 이루었는가?"

번쾌가 말했다.

"아무개는 빈천하고 부모가 없어서 아직 짝을 맞지 못했습니다."

여문이 말했다.

"내 맏딸은 이름이 안(顏)인데, 이미 여기 유계에게 시집보내기로 했네. 둘째 딸은 이름이 수(鬚)인데, 자네를 섬기게 하고 싶네. 자네 생각은 어떤가?"

번쾌는 겸손하게 사양하며 감당하지 못할 일이라고 했다. 그러자 유방이 말했다.

"오늘 모임은 참으로 기이한 만남이오. 하루 사이에 여공께서 두 따님을 우리에게 허락하셨소. 여공은 관상을 잘 보니 뒷날 우리 두 사람이 처자를 잘 보호할 수 있으리라 짐작이 되오. 그런데 번공께선 무엇 때문에 사양하시오?"

그리고 마침내 세 사람은 서로 절을 했다. 이들은 이날 만취한 뒤에야 헤어졌다.

다음날 패현에서는 유방을 시켜 막노동 인부들을 여산으로 호송하라고 했다. 그러나 중도에 도망치는 자들이 많았다. 어느 날 새벽 풍 땅 서쪽 소택지에 이르렀을 때 유방이 말했다.

"공들이 이렇게 노역에 잡혀가면 기한도 없이 일을 해야 하오. 도망친 사람은 이미 삶을 얻었는데, 남아 있는 사람만 고통을 당할 것이오. 각자 가고 싶은 대로 가서 죽음의 노역에서 벗어나는 편이 더 좋겠소."

그러자 사람들이 모두 꿇어 엎드려 말했다.

"진나라 법은 심히 엄격합니다. 우리는 살 수 있겠지만 공이 이 일에 연루되면 아마도 죄가 가볍지 않을 것입니다."

유방이 말했다.

"여러분이 모두 떠나고 나면 나도 여기서 사라질 것이오."

그들 중 장사 10여 명은 유방을 따르고 싶어서 차마 버리고 갈 수 없었다. 이날 유방은 술에 만취했고 밤중에 오솔길을 따라 몰래 도망쳤다. 어떤 사람을 길잡이로 삼았는데 그가 앞서가다 돌아와 보고했다.

"앞에 길이가 10여 장이나 되는 큰 뱀이 있습니다. 길을 막고 있어서 앞으로 갈 수 없습니다. 다른 길로 가서 상해를 면하는 편이 좋겠습니다."

유방이 말했다.

"장사가 길을 가는데 무엇이 두렵단 말이오?"

그리고 마침내 옷자락을 추슬러 묶고 칼을 빼든 채 성큼성큼 앞으로 나아갔다. 그는 몰래 뱀에게 접근하여 있는 힘을 다해 칼을 휘둘렀다. 뱀이 두 동강이 나자 길을 열고 다시 몇 리를 전진했다. 장사들이 깜짝 놀라며 말했다.

"유계는 평소에 엄청난 겁쟁이였는데 오늘 이처럼 용감하게 힘을 발휘하다니! 이 일은 뭔가 우연이 아닌 듯하다."

그들은 함께 망탕산(芒碭山, 허난성 융청시永城市 북쪽) 소택지 사이에 숨었다. 그때 유방에게 귀의해오는 패 땅의 자제들이 많았다. 나중에 어떤 사람이 뱀을 벤 곳에 갔다가 어떤 노파가 뱀 위에 엎드려 밤새도록 슬피 우는 모습을 보았다. 울음소리가 매우 애절했다. 그 사람이 노파에게 물었다.

"뱀을 죽여 피해를 없앴는데 어찌 그리 슬피 우시오?"

노파가 말했다.

"내 아들은 백제(白帝)의 아들인데, 뱀으로 변해서 길을 막고 있다가 이제 적제(赤帝)의 아들에게 몸이 동강이 났소. 이 때문에 내가 돌아갈 데가 없어서 슬피 울고 있소."

함께 있던 사람들은 모두 그 말을 믿지 못하고 기괴한 일이라고 의심했다. 그들이 지팡이로 노파를 때리려 하자 노파가 갑자기 사라졌다. 그 사람이 돌아와 이 일을 유방에게 이야기했다. 유방은 그 이야기를 듣고 혼자 마음속으로 기뻐하며 자부심을 가졌다. 후세에 호증이 이 일을 시로 읊었다.

흰 뱀을 베어 죽이고 사람을 다니게 하니,   白蛇初斷路人通,
한 고조 용천검엔 붉은 피가 물들었네.   漢祖龍泉血刃紅.
함양 땅이 앞으로 와해되지 않는다면,   不是咸陽將瓦解,
어찌하여 흰 뱀 정령이 달밤에 울었겠나?   素靈那哭月明中.[7]

유방이 뱀을 벤 뒤 사방에서 귀의해오는 사람이 수백 명이 되자 그의 위엄과 명성이 자못 주위를 진동하게 했다. 패현의 관리 소하(蕭何)와 조참(曹參)은 진나라가 더욱 포악하게 변해가고 세금과 부역을 과중하게 부과하는 것을 보고 패현 현령을 보좌하여 사람들을 모아 진나라에 반란을 일으키기로 했다. 그리하여 번쾌에게 유방을 불러와 함께 상의하자고 했다. 유방은 번쾌와 함께 수백 명의 휘하 인원을 거느리고 패현으로 왔다. 이들의 위세가 대단하자 패현 현령은 깜짝 놀라 자신의

7_ 당나라 호증의 영사시 「대택(大澤)」이다.

유방이 흰 뱀을 베어 죽이다

행동을 후회했다. 그리고 소하와 조참을 불러 말했다.

"너희는 나를 보좌하겠다는 명의만 빌려 외부 군사를 불러들였다. 이는 호랑이를 불러 날개를 달아주는 격이니 안에서 우환이 생길 것이다. 저자들이 이곳을 침탈한 참화는 너희가 일으켰다."

그리고 현령은 여러 번 소하와 조참을 참수하려 했지만 주위 사람들이 말려서 그만두었다. 그날 밤 소하와 조참은 심복 수십 명을 모은 뒤 성을 넘어 유방의 대열에 투신했다. 그리고 유방에게 이렇게 말했다.

"패현 현령은 재주가 용렬하여 큰일을 함께 도모할 수 없습니다. 공은 지금 기세가 대단하므로 이 기회를 빌려 패성(沛城)을 장악하고 잠시 군사와 병마를 주둔시키십시오. 그리고 나서 점차 외지로 도망간 사람들을 불러들여 위무하고 의군의 깃발을 높이 세우면 사방에서 인재들이 호응해와 천하를 도모할 수도 있을 것입니다."

유방이 말했다.

"현공들께서 기꺼이 대의를 따르겠다면 반드시 패성의 성문을 열고 현령을 죽이겠소. 그런 뒤 사람들의 여망에 따라 어진 성주를 옹립하면 큰일을 이룰 수 있을 것이오. 두 분께서는 어떤 계책을 쓸 작정이오?"

소하가 말했다.

"성안의 노인들은 지금 경황중에 있습니다. 만약 오늘밤 백성을 효유하고 이해관계를 잘 설명하는 서찰을 써서 성안으로 쏘아 보내 안에서 변란을 일으키게 하면 하루이틀도 안 되어 성을 함락할 수 있을 것입니다."

유방은 두 사람의 말에 따라 서찰을 써서 성안으로 쏘아 보냈다.

천하 사람들이 진나라의 가혹한 법에 고통받은 지 오래되었습니다. 백성은 생계를 도모할 수 없어서 호걸과 함께 떨쳐 일어나고 있습니다. 저는 의병을 일으켜 군사를 모으고 있습니다. 이제 공론에 따라 패성 성주를 가려 뽑은 다음 제후들에게 호응하여 큰일을 함께 이루고자 합니다. 만약 성문을 열고 일찍 투항하면 도륙을 면할 것이나 천명에 순응하기를 거부한다면 성이 함락되는 날 모두 죽음을 면치 못할 것입니다. 그때가 되어 후회해도 어떻게 돌이킬 수 있겠습니까?

노인들이 의논하며 말했다.

"지금 상황을 보면 유계가 군사를 이끌고 성을 포위하자 소하와 조참이 모두 그에게 귀의했소. 그러니 성이 함락되는 날 우리집 부자(父子)는 모두 목숨을 보전하기 어려울 듯하오."

마침내 이들은 자제를 이끌고 관가로 들어가서 현령을 죽였다. 그리고 성문을 활짝 열고 유방을 성안으로 맞아들였다. 소하와 조참은 그곳 사람들과 함께 의견을 모아 유방을 현령으로 추대했다. 유방이 말했다.

"불가한 일이오. 지금 천하는 혼란에 빠져 있고 제후들이 모두 떨쳐 일어나고 있소. 만약 악한 성주를 옹립하면 백성이 편치 못하게 될 것이오. 나는 덕망이 부족하고 재주도 없소. 패현의 성주를 맡을 만한 능력이 없으니 어진 사람을 가려서 옹립해주기 바라오."

그러자 노인들이 말했다.

"소문을 들으니 유공께서 기이한 재주를 지니고 있어서 뒷날 고귀하게 될 것이라 합니다. 또 점을 쳐봐도 유공이 가장 길하게 나옵니다. 그러니 유공을 마땅히 패현 주인으로 옹립해야 합니다. 만약 우리의 의견에 따르지 않으면 우리는 이대로 해산하겠습니다."

유방은 더이상 사양할 수 없어서 마침내 패공 지위를 받아들였다. 소하와 조참, 번쾌는 여러 노인과 함께 새로운 패공에게 절을 올렸다. 깃발을 세울 때는 모두 붉은색을 숭상했다. 이것은 대체로 유방이 적제의 아들이란 도참을 드러내기 위해서였다. 열흘도 되지 않아 패현 자제 3000명을 모아 진승과 연합하고 진나라 정벌에 나섰다.

이때 항량은 형의 아들 항우와 줄곧 회계에 머물러 있었다. 회계군수 은통(殷通)은 항량이 기이한 지모를 갖추고 있음을 알고 불러서 계책을 상의했다.

"지금 진이세가 황음무도하여 진승(陳勝)이 군사를 일으켰소. 그러자 천하 사람들이 분분히 들고일어나 각각 서로 호응하고 있소. 나도 진나라를 등지고 대의를 따르고 싶소. 그래서 공을 불러 함께 일을 도모하고자 하는 것이오."

항량은 거짓으로 응낙하고 집으로 돌아와 항우와 이렇게 의논했다.

"대장부가 마땅히 자립을 해야지 어찌 답답하게 다른 사람 밑에서 오래 몸을 굽힐 수 있겠느냐? 게다가 은통은 큰 뜻이 없어서 왕업을 성취하기 어렵다. 내가 너와 계책을 상의하는 것이 더 나을 것이다. 네가 날카로운 칼을 몰래 숨기고 관아로 들어가 그 칼로 은통을 참하고 군사를 불러모아 큰일을 성취하면 이 또한 아름다운 일이 아니겠느냐?"

항우가 말했다.

"제 뜻과도 일치합니다."

다음날 항우는 항량과 함께 관아로 들어가 은통을 죽이려 했다. 일이 어떻게 될지는 다음 회를 보시라.

우희와 오추마를
만나다

회계성에서 항량이
의군을 일으키다
會稽城項梁起義

다음날 항량과 항우는 은통을 만나 반진(反秦) 거병에 대해 상의했다. 상의 도중 항우가 대로하여 소리쳤다.

"네놈은 우리와 다르다. 우리 집안의 초나라 대장 항연 공께선 일찍이 진나라 놈들에게 살해되셨다. 우리는 진나라와 한 하늘 아래에서 함께 살지 않으리라고 맹세했다. 네놈은 진나라의 녹봉을 먹는 회계 군수다. 그런데 이런 반역을 일으키다니 불충이 너무 심하구나. 내가 네놈을 죽여 불충한 신하의 본보기로 삼으리라."

항우는 칼을 뽑아들고 은통을 틀어잡았다. 칼날이 번쩍 스치자 은통의 머리가 떨어졌다. 항우는 은통의 머리를 들고 소리쳤다.

"은통은 진나라를 배반하여 군수 자격이 없으므로 지금 내가 죽였다. 인수를 항량 공에게 드리고 새 군수로 옹립하고자 한다. 너희 중에 불복하는 자가 있으면 이 목으로 명령을 대신하겠다."

문지기, 아전, 서리 들이 모두 대경실색하며 땅에 엎드렸다. 이때 그곳의 두 아장(牙將)[1] 계포(季布)와 종리매(鍾離眛)가 대청 위로 올라와 꾸짖었다.

"그 땅으로 들어가 그 주인을 죽이고 그 자리를 빼앗아 자립하는 건 의로운 일이 아니오."

항우가 말했다.

"이제 은통은 반역을 일으킨 신하가 되었지만 항량 공은 대의를 받드는 주인이 되었소. 진나라 땅을 빌려 초나라 원수를 갚는 것이야말로 천하의 큰 지혜라 할 만하오. 만약 장군들께서 우리 뒤를 따라 포악한 진나라를 함께 토벌하고 육국의 후예를 다시 세워주면 그 명성은 청사에 기록되어 불후의 공적으로 남을 것이오. 어찌 구구하게 은통에게 연연해할 필요가 있소?"

두 장수는 대청 아래로 내려가 땅에 엎드려 절을 올렸다.

"장군의 지휘를 따르겠습니다."

항량은 마침내 두 장수를 도기(都騎)[2]로 삼았다. 열흘 만에 군현 사람들이 소문을 듣고 투항해와 정예병 1만 명이 모였다. 이들을 각각 능력에 맞게 배치하고 상벌을 엄격하게 시행하며 직무 임용을 타당하게 처리하자 기쁘게 복종하지 않는 사람이 없었다.

1_ 중국 고대에는 군사 5000명을 거느리는 부대에 정아장(正牙將)과 편아장(偏牙將)을 두었다.

2_ 기병대장으로 추정된다.

항량과 항우가 회계성에서 봉기하다

어느 날 계포와 종리매가 또 간언을 올렸다.

"힘을 합하면 우리의 계책을 이룰 수 있고 장수를 얻으면 위대한 공적을 세울 수 있습니다. 지금 비록 서로가 힘은 합쳤지만 좌우에 아직 우리를 도와줄 장수는 얻지 못했습니다. 이처럼 고립된 세력으로는 위대한 공적을 세울 수 없습니다. 지금 회계의 도산(塗山, 저장성 사오싱시 서북)에 환초(桓楚)와 우영(于英)이란 두 장수가 있습니다. 두 사람은 정병 8000을 거느리고 산림 속에 모여 의적 활동을 하고 있습니다. 1만 명이 나선다 해도 두 사람의 용력을 당해낼 수 없습니다. 만약 공께서 이 두 장수를 얻을 수 있다면 앞으로 큰 도움을 받을 수 있을 것입니다."

항량은 항우를 보내 두 장수를 초빙했다. 항우는 계포 등과 도산으로 갔다. 그는 먼저 언변에 능한 말단 장수 한 사람을 시켜 두 장수에게 말을 전했다.

"초나라 장수 항량이 비장(裨將) 항우를 보내 두 장군을 뵙고 싶어합니다. 지금 갑옷도 입지 않고 수행원도 불과 몇 사람밖에 데리고 오지 않았습니다. 이제 함께 대의를 논하면서 왕업을 성취하고 싶어합니다."

환초와 우영은 사자의 말을 듣고 항우와 계포를 청하여 인사를 나누었다. 항우가 말했다.

"지금 진이세가 무도한 학정을 펴자 영웅들이 모두 떨쳐 일어나고 있소. 지금 천하에는 포악한 자들을 주살하고 백성을 도탄에서 구하려 하지 않는 사람이 없소. 두 장군께서 이처럼 강력한 무용(武勇)을 갖춘 분들이라면 천하를 위해 해로운 자들을 제거해야 할 터인데 어찌하여 산속으로 숨어들어 이름을 계곡에 숨기고 있소? 지금 천하의 제후들은 소문을 듣고 두 장군을 겁쟁이라 비웃고 있소. 나는 지금 항량 공을 따라 정병 수만 명을 규합하여 진나라 정벌을 함께 논의하면서 육국을 위해 복수하고 이 포악한 적을 제거하려 하오. 두 장군의 명성을 들은 지는 오래되었소. 오늘 이곳에 와서 대의를 모두 말씀드리니 이제 산을 내려가 힘을 합쳐 진나라 정벌에 나서주기를 삼가 부탁드리오. 만약 왕업을 이룬다면 부귀를 함께하겠소."

환초가 말했다.

"진나라가 비록 무도하지만 세력은 매우 강합니다. 온 세상을 장악할 만한 영웅이 아니면 대적할 수 없습니다. 공은 지금 대의의 깃발을 높이 들었지만 힘이 부족할까 두렵습니다. 바라건대 힘이 강한지 시험해보고 싶습니다. 과연 1만 명의 적을 상대할 만한 힘이 있다면 우리 두 사람은 공을 따르겠습니다. 그렇지 않으면 소위 호랑이를 그리다가 개를 그린 꼴이 될 것입니다."

항우가 말했다.

"장군들의 뒤를 따라 내 힘을 시험해보겠소. 내 힘은 충분히 시험을 통과할 수 있소."

환초가 말했다.

"산 아래 우왕묘(禹王廟)3 앞에 커다란 솥이 있습니다. 무게가 몇천 근인지 알 수 없습니다. 공이 그것을 밀어서 넘어뜨렸다가 일으켜세우기를 연거푸 세 번 반복할 수 있으면 가히 천하무적이라 할 만합니다."

항우가 말했다.

"가보고 싶소."

3_ 하(夏) 우왕의 능침에 있는 사당이다. 지금의 저장성 사오싱시 동쪽 콰이지산(會稽山) 기슭에 있다.

두 장수를 따라 항우와 계포, 말단 장수들이 우왕묘 앞으로 갔다. 그 솥은 높이가 7척이었고, 둘레가 5척이었으며, 무게가 대략 5000여 근은 되어 보였다. 항우는 솥을 한 번 살펴보고 강건해 보이는 병졸을 시켜 있는 힘을 다해 밀어보라고 했다. 그러나 솥은 미동도 하지 않았다. 그러자 항우는 옷자락을 다잡아 묶고 앞으로 나가서 단 한 번의 힘으로 솥을 쓰러뜨렸다가 곧바로 다시 일으켜세웠다. 그 동작을 연거푸 세 번 반복했다. 마치 아무 무게도 느끼지 못하는 사람 같았다. 두 장수는 기쁨에 넘치는 목소리로 말했다.

"공의 힘은 온 천하를 대적할 만합니다."

항우는 웃으면서 말했다.

"이렇게 힘을 시험하는 건 그리 특별한 게 아니오."

그리고 다시 옷자락을 수습하고 솥으로 다가가 솥발 아래로 손을 넣어 전력을 다해 솥을 들어올렸다. 그리고 허리를 쫙 펴고 우왕묘 건물을 연이어 세 바퀴 돌았다. 그러면서도 얼굴 표정 하나 바뀌지 않았고 숨도 한 번 헐떡이지 않았다. 항우는 솥을 가볍게 본래의 자리에 내려 놓고 두 장수를 바라보며 말했다.

"어떻소?"

두 장수는 항우 앞으로 다가가 그를 얼싸안으며 말했다.

"공은 정말 천신(天神)입니다. 저희는 공의 뒤를 따르겠습니다."

수많은 말단 장수도 땅에 엎으려 절을 올리며 말했다.

"공은 보통 사람이 아닙니다. 옛날의 장사 맹분(孟賁)⁴과 하육(夏育)⁵이라 해도 어찌 공의 용력에 맞설 수 있겠습니까?"

두 장수는 마침내 항우 일행을 초청하여 산채로 들어가 주연을 베풀며 환대했다. 다음날 그들은 각각 행장을 수습하여 인마를 거느리고 항우와 함께 하산했다.

막 행군을 시작하려 할 때 갑자기 그곳 부족 한 사람이 놀라며 달려왔다. 항우는 말에 채찍을 가하고 가까이 다가가서 물었다.

"너는 이곳 주민인 듯한데 왜 놀라 달려왔느냐?"

그 사람은 여러 장졸들 앞으로 다가와 알렸다.

"도산 바닷속에 흑룡 한 마리가 나타나 갑자기 말로 변했습니다. 매일 남쪽 부두 마을로 와서 포효하며 곡식을 짓밟는데 주민들이 막을 수가 없습니다. 장군께서 군사를 이끌고 오셨단 소문을 듣고 이렇게 달려왔습니다. 부디 이곳 백성을 위해 해로운 짐승을 처치해주십시오."

항우와 환초 등 수십 명이 그 마을의 넓은 소택지 곁으로 다가가자 그 말이 달려와 이들 앞에서 포효하며 두 다리를 치켜들고 사람을 물어뜯을 듯한 모습을 보였다. 항우는 큰 소리로 꾸짖으며 옷자락을 다잡아 묶고 앞으로 다가갔다. 그리고 내친김에 말갈기를 움켜잡고 몸을 뻗어 말 위에 올라탔다. 말은 소택지 주변을 마구 치달리며 10여 바퀴를 돌다 온몸에 땀을 흘렸고 기세도 한풀 꺾였다. 항우가 마침내 고삐를 매고 천천히 1, 2리를 달리자 말은 더이상 날뛰지 않았다. 그곳 주민들이 모두 항우 앞에 엎드려 절을 올리며 이름을 알고 싶다고 했다. 항우가 말했다.

4_ 맹분(孟賁. ? ~ ?). 전국시대 제나라 용사. 진나라로 가서 무왕의 총애를 받았다. 무왕과 구정(九鼎) 들기 내기를 하다 무왕이 정강이뼈가 부러져 죽자 그 죄를 뒤집어쓰고 거열형에 처해졌다.

5_ 하육(夏育. ? ~ ?). 주(周)나라 시대 위나라 용사. 1000균의 무게를 들 수 있었다고 한다. 1균(鈞)은 30근(斤)이다.

"아무개는 성이 항가이고, 이름은 적, 자는 우라 하오. 의군을 일으켜 진나라를 정벌하기 위해 군사를 모으려고 이곳에 왔소."

그중 한 노인이 앞으로 나와 길게 읍을 하며 말했다.

"우리는 장군의 명성을 들은 지 오래입니다. 다행히 이 누추한 마을에 들르셨으니 잠시 군사를 멈추시길 바랍니다. 장군을 작은 마을로 모셔서 차라도 한 잔 대접하고 싶습니다. 감히 오래 붙잡지는 않겠습니다."

항우는 마침내 환초 등 일행과 마을로 들어갔다. 서로 인사가 끝나자 노인이 은근히 술을 권했다. 항우가 물었다.

"현공께선 성함이 어떻게 되십니까? 이전에 본 적도 없는 사이인데 어떻게 이처럼 애틋한 정을 보여주십니까?"

노인이 말했다.

"아무개는 성이 우(虞)가입니다. 집에서 항렬이 맏이인지라 사람들이 우일공(虞一公)이라 부르지요. 감히 묻건대 장군께선 올해 연령이 어떻게 되십니까?"

항우가 대답했다.

"올해 스물넷입니다."

우공이 말했다.

"장군께선 배필이 있으십니까?"

항우가 대답했다.

"아직 배필을 정하지 못했습니다."

우공이 말했다.

"아무개는 나이가 많지만 아들이 없고 딸 하나만 있습니다. 이 아이는 태어나면서부터 총명한데다 조용하고 정숙하며 우스갯소리도 쉽게 하지 않습니다. 그래서 집안 친척이라 해도 이 아이의 얼굴을 가볍게 보지 못합니다. 어려서부터 책을 읽어서 대의에도 밝습니다. 아내가 이 아이를 낳을 때 집안에서 봉황 다섯 마리가 우는 꿈을 꾸었습니다. 그래서 나중에 성장하면 틀림없이 귀하게 될 것이라 생각했습니다. 이 마을에도 세도 있는 집안 자제들이 있지만 모두 어리석어 제 딸의 배필이 되기에는 부족합니다. 그런데 마침 장군의 모습을 뵈니 힘은 솥을 들어 올릴 정도고, 용기는 만 명의 적을 상대할 만합니다. 그리고 의군을 일으켜 천하 평정에 뜻을 두고 계시니 진정 세상을 덮을 만한 영웅이십니다. 부디 제 여식을 배필로 삼아주십시오."

항우는 바로 일어나 재배하며 감사 인사를 올렸다. 우공은 우희(虞姬)를 불러 항우에게 인사를 시켰다. 난초와 혜초 같은 자태가 정말 경국지색(傾國之色)이었다.6 항우는 마침내 차고 있던 보검을 풀어 혼사를 정했다. 또 군사들이 그 마을을 소란하게 할까봐 곧바로 출발하라고 명령을 내렸다.

항우는 회계성에 도착하여 두 장수를 데리고 숙부 항량을 뵈었다.

---

6 우희의 본명, 출생지, 출생 연도, 항우와 만난 연유, 만난 장소 등은 기존 역사책에 아무런 기록이 남아 있지 않다. 심지어 이름에 대해서도 『사기』 「항우본기」에서는 "미인의 이름이 우(有美人名虞)"라고 하여 '우(虞)'를 이름으로 기록했지만, 『한서(漢書)』 「항적전(項籍傳)」에서는 "미인의 성이 우(有美人姓虞)"라고 했다. 우희의 고향에 대해서도 중국 민간 전설에서는 지금의 장쑤성 수양현(沭陽縣) 옌지진(顔集鎭)이라는 설과 지금의 장쑤성 쑤저우시 창수(常熟) 위시촌(虞溪村)이란 설이 있다. 또 우희의 무덤도 지금의 안후이성 링비현(靈璧縣) 위지촌(虞姬村)과 안후이성 딩위안현(定遠縣) 얼룽향(二龍鄕) 두 곳에 있다. 이 소설에서 묘사하고 있는 항우와 우희의 첫 만남 장면도 문학적 상상력으로 이루어진 결과물이다.

항량이 두 사람을 보니 정말 늠름한 장수였고 씩씩한 무인(武人)이었다. 함께 거느리고 온 8000자제도 모두 정예병이었다. 또 항우는 자신이 길들인 말을 대청 아래로 끌고 왔다. 그 말은 키가 6척이었고 앞뒤 길이는 1장이나 되어 정말 용마라 할 만했다. 항량은 그 말의 이름을 오추(烏騅)라 지어주었다. 항우는 우희를 배필로 맞이하게 된 사연도 하나하나 자세히 이야기했다. 항량은 매우 기뻐하며 이렇게 말했다.

"나는 군사를 일으킨 이래 도망간 사람을 초빙하고 배반한 사람을 받아들였다. 그런데 지금 민심까지 이와 같이 귀의하니 천하를 도모하는 일도 어렵지 않겠다."

며칠 뒤 항량은 사람을 보내 우희를 회계로 맞아오게 하여 항우와 짝을 지어주었다. 그리고 우희의 사촌 동생 우자기(虞子期)를 데려와 군대 직책에 등용했다.

열흘도 되지 않아 항량은 사방으로 도망간 군사 10여만 명을 모았다. 그는 항우 및 여러 장수와 진나라 정벌을 상의한 뒤 마침내 길일을 받아 출발했다. 그때 회계의 노인들이 길을 막고 아뢰었다.

"군후께서 떠나시면 누구를 군수로 삼아야 합니까?"

항량이 말했다.

"지난번에 내가 회계를 장악할 때는 잠시 군마를 주둔할 장소를 빌려 큰일을 도모하고자 했을 뿐이오. 그런데 지금 대군이 주둔한 기간이 오래되면서 이곳을 소란하게 한 듯하오. 이제 장강을 건너 진나라를 정벌하여 여러분을 위해 잔학하고 포악한 적을 제거할 작정이오. 뒷날 큰일을 성취하면 회계에서는 10년 동안 세금을 받지 않겠소. 여러분이 옛날처럼 편안하게 생활하면 저절로 어진 군수가 와서 여러분의 주인이 될 것이오."

노인들은 땅에 엎드려 절을 하며 차마 그곳을 떠나지 못했다. 항량은 군사를 지휘하여 행군에 나섰다. 대로를 따라가다 장강을 건너 회수에 도착했다. 강가에서 삼군이 전진하지 못하고 있는데 길을 살피러 갔던 정탐 기병이 달려와 보고했다.

"앞에 한 무리의 군사가 길을 막고 있습니다."

항량은 항우를 보내 상황을 알아보게 했다. 그곳 깃발이 꽂힌 곳에 어떤 장수 한 사람만 말을 타고 나와 있었다. 위세가 당당했고 풍채가 사나워 보였다. 항우가 말했다.

"그대는 뉘시기에 대군의 길을 막고 있소?"

그 사람이 말했다.

"아무개의 성은 영(英)이고, 이름은 포(布)로 육안(六安) 사람이오. 내 일찍이 듣건대 출병할 때는 이름 있는 사람이 앞장서야 정병(正兵)이라 부른다 했소. 그런데 보아하니 무명 인사가 군사를 이끌고 나와서 회수 서쪽 땅을 지나가려는 것 같소. 이는 폭군을 도와 악행을 부추기는 일이라 내가 길을 막고 있소."

항우가 말했다.

"아무개의 성은 항이고, 이름은 적으로 초나라 장수 항연 공의 후예요. 진이세의 무도함을 보다못해 회계에서 거병하여 8000자제의 항복을 받고 10만 군사를 모아 초나라의 복수를 하려는 것이오. 이제 잔학하고 포악한 자들을 제거하고 천하를 안정시키려는데 어찌 무명 인사라 운운하시오?"

두 사람의 말이 아직 끝나지도 않았는데 환초가 영포의 이름을 듣고 말고삐를 당겨 진영 앞으로 와서 고함을 질렀다.

"영 장군은 어찌하여 말에서 내리지 않으시오? 나는 이미 항 장군에게 항복했으니 이전의 우리 약속을 지키기 바라오."

환초를 보자 영포는 말에서 내려 땅에 엎드렸다. 항우가 말했다.

"두 분께선 구면인 듯하오."

환초가 말했다.

"영 장군의 무예와 용력은 천하무적입니다. 옛날에 여산 공사장에서 노역을 하다 도망친 뒤 장강을 건너 저에게 투신한 적이 있습니다. 제가 영 장군을 머물게 하고 여비를 주었습니다. 그리고 각자 어진 주인을 만나면 합심하여 보좌하고 함께 부귀를 도모하기로 약속했습니다. 전에 이곳에서 의군을 모아 거병했다는 소식은 들었지만 확신하지 못했는데 뜻밖에도 오늘 이렇게 만나게 되었습니다."

영포가 말했다.

"어려운 일인데도 장군께서 의군을 일으켰으니 저도 이에 호응하고 싶습니다."

항우는 매우 기뻐하며 영포를 인도하여 항량을 만나게 해주었다. 항량도 기뻐하며 이렇게 말했다.

"천군만마를 얻기는 쉽지만 훌륭한 장수 한 명을 얻기는 어렵소. 지금 영 장군을 만났으니 마치 만리장성을 얻은 듯하오."

그리고 마침내 두 곳의 군사를 한곳에 모아 함께 행진하게 했다. 진나라 정벌은 과연 어떻게 될까?

범증이 세상에
나오다

범증이 계책을 올려
초왕의 후예를 옹립하다
范增獻策立楚後

항량은 영포를 받아들여 세력이 더욱 강성해졌다. 어느 날 지휘 막사에서 장수들과 장래 대책을 논의했다.

"지금 군사와 장수는 나날이 강해져 진나라를 대신할 만하지만 이 중 모사(謀士) 한 분이 부족하오. 근래 소문에는 회양(淮陽) 땅 거소(居巢, 안후이성 차오후시巢湖市)에 성은 범(范)이요, 이름은 증(增)인 한 노인이 있다 하오. 나이는 일흔인데 지모가 뛰어나 옛날의 손자와 오자라 해도 그 노인을 뛰어넘을 수 없다 하오. 언번에 뛰어난 사람을 보내 초나라에 귀의하게 하고 싶소. 이 같은 분이 와야 큰일을 성취할 수 있을 것이오."

그러자 계포가 일어나 아뢰었다.

"아무개도 범증 선생의 성함을 안 지 오래되었습니다. 제가 가서 설득하겠습니다."

항량은 크게 기뻐하며 예물을 갖추어 계포를 보냈다.

하루도 되지 않아 거소에 도착하여 먼저 객점에 투숙했다. 다음날 계포는 의관을 정제하고 범증을 만나러 갔다. 먼저 근처에 가서 범증의 거처를 수소문했다. 이웃 사람이 말했다.

"범증의 거처는 성안에 있지만 시끄러운 저잣거리를 싫어합니다. 이성에서 3리 떨어진 곳에 기고산(旗鼓山, 안후이성 차오후시 치산旗山)이 있습니다. 범증은 늘 그 산에서 조용히 수양하면서 평소에 사람들과 만나려 하지 않습니다."

계포는 그 이야기를 듣고 이 사람을 찾아와서 만나지 못하면 돌아가서 무슨 말을 할 수 있을까 걱정이 되었다. 그래서 결국 수행원 중에서 적당한 사람을 골라 멀리서 온 장사꾼으로 꾸미고 이렇게 말을 전하게 했다.

"저는 거소에 와서 장사를 하다가 본전을 까먹어 집으로 돌아가지도 못하고 있습니다. 선생의 명성을 듣고 한 번 뵙기를 청합니다. 이 한 몸을 건사할 방법을 알려주십시오."

범증은 평소에 기이한 계책 내기를 좋아했기 때문에 먼 곳에서 온 손님이 뵙기를 청하고, 또 거소에서 오래 장사를 하고 있다는 가동(家僮)의 보고를 듣고는 마침내 상견을 허락했다. 계포는 수행원을 따라와 범증의 산속 거처로 들어갔다. 범증을 만나고 보니 얼굴은 동안이었고, 머리는 학발(鶴髮)이었으며, 갈건(葛巾)에다 베 도포 차림이었다. 또 뱃속에는 병법을 감추고 있었고 가슴에는 신묘한 계책을 품고 있었다. 그

표연한 모습이 진정으로 회수 일대의 초나라 일민(逸民)이라 할 만했다. 서로 인사 예절을 마치자 범증이 물었다.

"공은 어느 곳 사람이며 성씨는 무엇이오? 지금 무슨 장사를 하고 있소?"

계포는 마침내 항량이 갖춰준 예물을 수행원에게 들고 오게 하고 꿇어앉아서 말했다.

"아무개는 사실 멀리서 온 손님이 아닙니다. 또 거소에서 장사를 한 적도 없습니다. 지금 초나라 장수 항량의 명을 받고 예물을 갖추어 선생을 초청하러 왔습니다. 그런데 만나 뵙지 못할까 걱정이 되어 결국 멀리서 온 손님이라는 거짓말을 했습니다. 너무 허물하지는 말아주십시오. 눈앞의 진이세는 잔혹하고 포악하여 영웅들이 모두 들고일어나 각각 군수를 살해하고 제후들에게 호응하려 합니다. 대체로 백성을 위해 해악을 제거하여 천하를 편안하게 하려는 행동입니다. 무릇 한 가지 재주나 한 가지 기예를 지닌 자들도 이 세상에 쓰이기를 바라는데, 하물며 선생처럼 경세제민의 재능을 품고 있는 인재야 말해 무엇 하겠습니까! 손자와 오자 같은 계책을 지니고 계신데도 일흔이 넘도록 쑥덤불 속에 거주하시면서 초목과 더불어 기쁨과 즐거움을 함께하고 계십니다. 그 옛날 여망(呂望)[1]이 출세한 연세에 이르렀는데도 여망과 같은 대

---

1 강성(姜姓) 여씨(呂氏)로 이름은 상(尙), 자는 자아(子牙)다. 주 태공(太公) 고공단보(古公亶父)가 항상 성인이 주나라로 올 것이고 그럼 주나라가 흥성한다고 소망했다. 이 때문에 주 문왕(文王)이 위수(渭水) 가에서 여상을 만나 태사로 등용하면서 태공이 소망한 분이란 뜻으로 태공망(太公望)이라고 불렀다 한다. 이에 강태공(姜太公)으로도 불린다. 문왕 사후 무왕을 도와 은 주왕을 정벌하고 천하를 통일했다. 벼슬은 태사(太師)에 이르렀으며 상보(尙父)로 존칭되었고 제나라를 봉토로 받았다.

우를 받지 못하신 채 하릴없이 창문 아래에서 늙어가고 계시니 진실로 애석합니다. 지금 항량 장군은 초나라 대장 항연의 후예입니다. 그분은 대의에 의지하여 인(仁)을 행하는 분으로 문무겸전한 인물입니다. 회계에서 의군을 일으키자 사방에서 호응해왔고, 또 장강을 건너 서쪽으로 정벌에 나서자 흉악한 무리들이 모두 두려움에 떨며 항복해왔습니다. 그 항 장군께서 선생의 명성을 듣고 특별히 저를 보내 초빙하게 했습니다. 부디 때에 맞게 초빙에 응하시어 금석(金石)에 이름을 남기시고 여망처럼 말을 달리시면서 천하의 뛰어난 인재가 되어주시길 바랍니다. 번거롭게 여러 번 생각하지 마시고 서둘러 결정해주십시오.”

범증은 계포의 말을 듣고 천시를 계산하여 책략의 가부를 따져보고 싶었지만 계포가 폐백을 바치며 무릎을 꿇은 채 일어나지 않자 어떻게 할 수 없었다. 범증이 말했다.

“아무개도 진이세가 잔혹하여 백성이 생업을 도모하지 못한다는 소식은 들었지만 직접 군사를 일으켜 저 무도한 자를 제거하지 못함을 한스럽게 생각하고 있었소. 그런데 이제 그대가 항 장군의 명령을 받들고 멀리서 찾아와 이처럼 예를 갖추어 초청해주니 진실로 일을 도모할 수 있는 기회라 할 만하오. 이는 진정 내 뜻과도 부합하오. 허나 나는 오늘 그대를 처음 만났으니 잠시 돌아가도록 하시오. 내일 다시 만나 명령을 받들도록 하겠소.”

계포는 땅바닥에 엎드려 계속해서 간절하게 초빙의 뜻을 보였다.

“오늘 다행히 선생을 만나 뵈니 마치 보옥을 얻은 듯합니다. 그런데 내일까지 기다리는 동안 다른 논의가 생길 수도 있으니 부디 선생께서는 제 초청을 물리치지 마십시오.”

범증은 계포가 바치는 예물을 받아들일 수밖에 없었고 이에 그를 상좌로 이끌어 넉넉하게 술자리를 베풀었다. 밤이 늦어서 계포는 결국 범증의 집에서 잤다. 범증은 초나라의 운수를 깊이 생각하며 장래의 흥망성쇠를 몰래 짚어보다가 발을 구르며 안타깝게 말했다.

"초나라는 진정한 천명을 받지 못하니, 끝내 먼 장래까지는 도모할 수 없겠구나. 그러나 대장부가 한마디 말로 이미 함께하기로 허락한 상황이니 만금을 준다 해도 마음을 바꿀 수가 없다. 어찌 후회할 수 있으랴?"

그는 그날 밤 잠을 자고 나서 다음날 바로 행장을 꾸린 뒤 시종 한두 명만 데리고 계포 일행과 함께 항량을 만나러 갔다. 계포가 미리 상황을 알린 터라 항량은 의관을 정제하고 환영을 나왔다. 그는 범증을 맞아 상좌에 모시고 말했다.

"아무개는 선생의 명성을 들은 지 이미 오래입니다. 이에 밤낮 없이 마음속으로 선생을 그리워하고 있었습니다. 그런데 안타깝게도 군무가 어지러워 직접 찾아뵐 수 없었습니다. 어제 계포에게 예를 갖추어 선생을 찾아뵙고 하산을 요청하게 했습니다. 다행히 선생께서 제 요청을 물리치지 않으시고 이렇게 보살핌의 은혜를 베풀어주시니 제 평소의 소원에 크게 위로가 됩니다. 부디 선생께서는 모든 마음속 계책을 다 발휘하시어 모자라는 저를 구제해주시기 바랍니다."

범증이 일어나 절을 올리며 말했다.

"장군께서는 대대로 초나라를 보좌한 가문의 후예답게 이런 의거를 일으키셨으니 천하의 민의가 귀의하고 만민의 여망이 쏠리고 있습니다. 그러므로 장군의 위엄과 무용이 미치는 곳이라면 어느 누가 기꺼이 복종하지 않을 수 있겠습니까? 이 범증은 보잘것없는 늙은이라 아무 뛰어난 재주도 없습니다. 그런데도 예를 갖추어 초빙해주시니 어찌 감히 전심전력으로 왕업 성취에 힘쓰며 오늘 저를 알아주신 은혜에 보답하지 않을 수 있겠습니까?"

항량은 바로 항우에게도 범증을 만나 뵙게 했다. 이후 항량은 매일 밤늦게까지 범증과 장래의 대책을 논의했다. 범증의 방략과 대책은 모두 적절하고도 타당했다. 항량은 매우 기뻐하며 자신들의 만남이 너무 늦었다고 탄식했다.

어느 날 항량은 사람을 보내 진승의 소식을 탐문하게 했다. 그 사람이 열흘 만에 돌아와 보고하기를 진승이 장함에게 크게 패해 여음(汝陰, 안후이성 푸양시阜陽市) 땅으로 갔다가 마침내 장가(莊賈)에게 피살되었고, 각 제후들도 모두 해산했으며, 장함은 군사를 남양(南陽, 허난성 난양시南陽市)에 주둔시켰다고 했다. 항량은 깜짝 놀라며 말했다.

"나는 제후들을 규합하여 진승을 도와 진나라를 정벌하려 했다. 그런데 뜻밖에도 진승이 패배 끝에 벌써 피살되었다니 군사를 가볍게 움직일 수 없을 듯하다."

그리고 마침내 범증과 대책을 논의했다. 범증이 말했다.

"진승은 이익을 밝히는 소인배로 대사를 성취할 만한 자가 아닙니다. 그가 지금 패배한 것은 초왕의 후예를 세우지 않고 스스로 왕이 되었기 때문이고, 또 조급하게 부귀만 얻으려 하면서 원대한 대책을 세우지 못했기 때문입니다. 또 장군께서 의군을 일으키자 사방의 선비들이 모두 소문을 듣고 달려온 것은 다른 까닭이 있는 것이 아닙니다. 대체로 장군께서는 대대로 초나라 장수를 역임한 후예라 틀림없이 초왕의 후

항량이 범증을 초빙하다

예를 옹립하여 무도한 진이세를 주살할 수 있으리라 생각하기 때문입니다. 지금의 대책을 말씀드리면 먼저 초왕의 후예를 옹립하여 사람들의 여망에 따르는 것이 가장 좋습니다. 그럼 천하 사람들은 이렇게 말할 것입니다. '항 장군은 자신을 위하지 않고 초왕의 후예를 옹립하여 육국의 원수를 갚으려 하시니 이는 진실로 천하의 의거다.' 이렇게 되면 민심이 기꺼이 복종하고 제후들도 호응하게 될 것입니다. 따라서 비록 진나라가 강하다 하더라도 일거에 격파할 수 있을 것입니다."

항량이 말했다.

"참으로 훌륭한 대책입니다."

그리하여 마침내 범증을 군사로 삼고 바로 사람을 보내 초왕의 후예를 두루 찾게 했다.

한편, 초나라는 진나라에게 멸망당한 뒤 자손들이 뿔뿔이 흩어져 나라의 명맥이 이미 끊긴 상태였다. 항량은 사람을 보내 초왕의 후예를 널리 찾아보았으나 종적을 찾을 길이 없었다. 사자가 돌아와 보고하기를 초나라 땅에는 초왕의 후예가 없다 했다. 항량은 대로하여 사자를 심하게 꾸짖었다. 그리고 종리매를 보내 더욱 엄밀히 찾아보게 했다. 종리매는 자신의 시종들과 이렇게 상의했다.

"초왕의 후예는 도시에는 없으니 혹시 사람들이 알아챌까 두려워 시골 궁벽한 곳에 이름을 감추고 숨어 살 수도 있다."

종리매는 마침내 시종들과 시골로 내려가 초왕의 후예를 찾았으나 전혀 소식을 알 길이 없어서 마음이 매우 침울했다. 그러던 어느 날 그들은 남쪽 회포(淮浦, 장쑤성 롄수이현漣水縣) 지방에 갔다가 그곳 양치기 아이들이 어떤 어린아이 하나를 뒤쫓아가며 구타하는 광경을 보았다.

그 어린아이의 용모는 보통 아이와 달라서 콧날이 우뚝하고 귀가 컸으며 미간도 맑고 눈매도 준수했다. 그런데 그 아이는 양치기 아이들에게 심하게 얻어맞으면서도 화내는 기색이 없었다. 종리매는 앞으로 가서 그 아이를 불렀다.

"너는 무엇 때문에 아이들에게 얻어맞고 있느냐?"

그 아이가 말했다.

"이 양치기 아이들은 모두 자기집 친자식인데 저만 이곳 왕사장(王社長)[2]에게 어려서부터 고용된 처지이기 때문입니다. 제가 양치기 아이들에게 '너희는 친자식이지만 모두 하찮은 백성에 불과하고, 나는 고용된 사람이지만 왕족이다'라고 하자 아이들이 제 말에 무슨 내막이 있다고 느끼면서도 제 말을 믿을 수 없다 생각하고 저를 때린 것입니다."

종리매가 말했다.

"네가 왕족이라면 틀림없이 이름이 있으렷다?"

아이가 말했다.

"저는 어려서부터 외지에서 자라 관향을 잃어버렸습니다."

종리매가 한 걸음 더 앞으로 가서 다시 질문했다. 그 아이는 종리매의 질문이 집요해지는 것을 보고 그곳에서 도망치려 했다. 그러자 종리매는 웃음을 머금고 목소리를 낮추어 물었다.

"애야! 내가 네 관상을 보니 보통 아이와 다르다. 나중에 틀림없이 아주 귀하게 될 것이다. 네가 만약 사실대로 말해주면 내가 너를 위해 모든 일을 해결해주마."

2_ 중국 고대 시골 마을의 행정조직인 사(社)를 관장하는 관리다. 보통 50가(家)를 1사(社)로 편성하여 나이가 많고 농사에 밝은 사람을 사장에 임명했다.

아이가 말했다.

"저는 올해 열세 살이고 이곳에 온 지는 벌써 8년이 되었습니다. 전에 저희 어머니께서 하시는 말씀을 들었는데, 저는 초 회왕(懷王)의 직계 자손이라 합니다. 병란 때문에 도망쳐서 잠시 외지에서 사는 거라 합니다. 그래서 제가 왕족이란 걸 알았습니다."

종리매는 아이의 말을 다 듣고 나서 급히 말에서 내렸다. 그는 시종들을 불러 아이를 부축하여 말에 태우고 곧장 왕사장의 초가로 가서 얼른 아이의 어머니를 뵙고 싶다고 했다. 왕사장은 깜짝 놀라 공포에 떨며 무슨 말을 해야 좋을지 몰랐다. 그러다가 마침내 땅에 엎드려 호소했다.

"저는 심심산골의 농부라 국법을 모릅니다. 제가 무슨 범법 행위를 했다면 대인께서 너그러운 마음으로 용서해주시기 바랍니다."

종리매가 말했다.

"어서 아이 어머니를 나오게 해라. 내가 할말이 있느니라."

왕사장은 바로 아이 어머니의 옷을 갈아입게 하고 초당으로 불렀다. 종리매는 아이의 거처와 본적, 내력에 대해 물었다. 아이 어머니는 처음에는 아무 말도 하지 않으려 했다. 그러나 종리매가 거듭 간청하자 몸에 지니고 있던 옛날 적삼을 꺼내 종리매에게 건넸다. 종리매는 그 적삼 옷깃에 글자 같은 것이 있는 것을 보았다. 글자가 분명하게 보이지 않자 햇볕을 향해 그 가장자리를 자세히 비추어보았다. 거기에 글자가 몇 줄 쓰여 있었다.

초 회왕의 적손 미심,3 초나라 태자부인 위씨(楚懷王嫡孫米心, 楚太子夫

人衛氏).

왕실 종파가 이어온 내력에 모두 근거가 있었고 거기에 나라의 믿을 만한 기록까지 있었다. 종리매는 다 읽고 나서 크게 기뻐하며 엎드려 예를 올렸다. 그리고 왕사장을 불러 분부했다.

"어린 전하에게 옷을 갈아입게 하라. 함께 회서(淮西, 안후이성 장회江淮 지역)로 가서 항 장군을 뵈면 틀림없이 많은 상을 내리실 것이다."

왕사장은 종리매의 말을 듣고 땅에 엎드려 절을 올렸다. 그리고 어린 전하에게 새 옷을 갈아입고 종리매 일행을 따라 회서로 갔다. 왕사장은 항량을 만나 지난 일을 낱낱이 이야기했다. 항량은 몹시 기뻐하며 길일을 받아 대소 장수들을 거느리고 미심을 초 회왕으로 옹립했고, 또 그의 어머니 위씨를 왕태후로 봉했다. 초 회왕은 항량을 무신군(武信君)으로 봉하고 항우를 대사마(大司馬) 부장군(副將軍)으로 임명했다. 그리고 범증을 군사(軍師)로, 계포와 종리매를 도기(都騎)로, 영포를 편장군(偏將軍)으로, 환초와 우영을 산기(散騎)로 임명했으며 그들 휘하의 대소 장수에게도 모두 봉작과 포상을 내렸다. 또 왕사장을 고향으로 돌려보내면서 황금 50량과 채색 비단 1속(束)을 상으로 내렸다.

3_ 『사기』 「항우본기」와 『한서』 「항적전」에는 모두 항량이 초 회왕의 손자 심(心)을 초왕으로 옹립했다고 되어 있다. 전국시대 초 회왕은 진 소양왕에게 속아 진나라로 갔다가 돌아오지 못하고 그곳에서 객사했다. 항량은 초나라 백성에게 진나라에 대한 원한을 상기시키기 위해 회왕의 손자를 옹립하여 역시 회왕이라 불렀다. 따라서 전국시대 회왕과 항량이 옹립한 회왕은 다른 사람이다. 또 초나라 왕실의 성(姓)은 웅(熊)이고 씨(氏)는 미(芈)이므로 이 소설의 미심(米心)은 웅심(熊心) 또는 미심(芈心)으로 표기해야 하지만 아마도 초 회왕의 손자가 민간에 숨어 살면서 미(芈)를 미(米)로 고쳐서 신분을 감추었다고 볼 수도 있다.

초나라 군사는 이때부터 나날이 강성해졌고 각처의 제후들도 소문을 듣고 분분히 귀의해왔다. 이때 초나라 장수 송의(宋義)는 강하(江夏, 후베이성 동부와 허난성 남부 일대)에서 군사를 모으다 항량이 초왕의 후예를 옹립했다는 소식을 듣고 마침내 5만의 병력을 이끌고 와 힘을 합친 뒤 진나라를 정벌하려 했다. 그는 먼저 항량을 만났다. 항량은 송의를 인도하여 회왕을 알현하게 했다. 회왕은 그를 경자관군(卿子冠軍)[4]에 봉하고 항우와 함께 군사를 이끌고 가서 진나라를 정벌하게 했다. 송의가 말했다.

"회서는 비록 초나라 땅이지만 도성으로 삼기에 부족합니다. 지금 진영(陳嬰)이 우태(肝胎, 장쑤성 화이안시淮安市 쉬타이현盱眙縣)에 군사를 주둔하고 있으므로 그와 군사를 합치고 그곳을 양보받아 근거지로 삼은 뒤 서쪽을 향해 진나라를 정벌하면 공격할 때는 적을 격파할 수 있고 돌아와서는 지킬 곳이 있게 되니 이것이 바로 만전의 대책입니다."

항우가 말했다.

"좋소!"

그리고 마침내 무신군 항량과 함께 회왕에게 아뢰어 대군을 정비한 뒤 앞뒤 삼로의 군사로 길을 열면서 우태로 갔다. 본대와 지대의 인마가 회수로 다가갈 때 저쪽에서 뿌연 먼지를 일으키며 또다른 삼군의 군사가 다가왔다. 범증과 무신군이 말고삐를 당겨 잡고 바라보니 깃발이 펄럭이는 곳에 붉은 광채가 번쩍이고 있었고 창칼이 움직이는 곳에 자줏빛 기운이 일어나고 있었다. 범증이 깜짝 놀라며 말했다.

---

4 경자(卿子)는 공자(公子)와 같은 뜻이고, 관군(冠軍)은 가장 뛰어난 장수 또는 상장(上將)을 뜻한다. 진나라 말 초 회왕의 대장 송의를 높여 부른 말이다.

"저 한 무리 군사는 보통 군사와 다릅니다. 저 사이에 틀림없이 진짜 천명을 받은 왕이 있을 것입니다."

말을 아직 다 마치지도 않았는데 그중 한 사람이 말을 치달려 왔다. 그 사람은 요임금의 눈썹과 순임금의 눈, 우뚝한 콧날에 용 같은 얼굴을 하고 있었다. 진정 400년 왕조의 창업의 기틀을 닦을 만한 인물이었다. 범증은 그 사람을 보고 나서 고개를 숙이며 몰래 생각했다.

'내가 주인을 잘못 만났구나!'

이 사람을 만나 어떤 일이 벌어질까?

제13회

가랑이 사이를
기다

장함이 진채를 공격하여
항량을 격파하다
章邯打寨破項梁

이 한 무리의 군사를 이끄는 우두머리는 성이 유(劉), 이름은 방(邦), 자는 계로 패현 사람이었다. 망탕산에서 뱀을 베고 풍 땅 서택에서 의군을 일으켜 군사 10만을 모았다. 그는 항량의 군사가 다가오고 있다는 소식을 듣고 하후영(夏侯嬰), 번쾌 등 주요 장수를 이끌고 마중을 나왔다. 그는 항량의 군사와 한 곳에서 군사를 합친 뒤 진나라 정벌에 힘을 보탤 생각이었다. 유방은 항량, 범증과 만나자 매우 기뻤다. 유방을 뒤따라온 병마가 모두 도착하자 함께 회수를 건너 우태로 들어갔다. 그들은 진영과 군사를 합쳐 한 곳에 주둔했다. 회왕이 우태에 도읍을 정하자 모든 문무백관이 회왕을 알현했다.

항량이 군사를 이끌고 사수(泗水)¹ 가에 주둔할 무렵 회음(淮陰, 장쑤성 화이안시) 사람 한신(韓信)이 칼을 차고 와서 항량을 뵈었다. 항량은 한신의 용모를 보고 마음에 들지 않아 그를 등용하지 않으려 했다. 그러자 범증이 말했다.

"이 사람은 외모가 깡말랐지만 가슴속에 뛰어난 지략을 품고 있습니다. 만약 이 사람을 내치면 현인들이 귀의할 길이 막힐까 두렵습니다."

항량은 범증의 말에 따라 한신을 지극낭관(持戟郎官)[2]에 임명하고 막하에서 명령을 따르게 했다. 애초에 한신이 회수에서 낚시할 때 하루 종일 밥 한 끼도 먹지 못할 정도였다. 표모(漂母, 빨래하는 아낙네)가 한신의 굶주린 기색을 보고 밥을 주었다. 한신이 감사 인사를 했다.

"제가 나중에 땅을 얻으면 아주머니께 후하게 보답하겠습니다."

표모가 화를 내며 말했다.

"대장부가 스스로 벌어먹지도 못하다니. 나는 왕손[3]이 불쌍해서 밥을 드리는 것입니다. 어찌 보답까지 바랄 수 있겠습니까?"

하루는 한신이 시장 어물전을 지나는데 강회(江淮) 지방의 왈패 소년

---

1 산둥성 취푸(曲阜) 근처를 흐르는 쓰허(泗河) 강을 가리킨다. 고대에는 지금의 쓰허 강 상류의 쓰수이현(泗水縣)과 취푸시를 거쳐 서남 방향으로 흘러 지닝시(濟寧市) 동남쪽에서 징항(京杭) 운하 물길인 난양(南陽)호로 흘러들었다. 그 이후 자오양(昭陽)호 서쪽을 거쳐 장쑤성 페이현 동쪽을 지나 남쪽으로 흘러 쉬저우시를 경유했다. 그리고 다시 동남쪽으로 쓰양현(泗陽縣)을 거쳐 화이인현(淮陰縣) 마터우진(碼頭鎭)에서 화이허(淮河) 강과 합류했다. 1128년에서 1855년까지 황허 강이 화이허 강의 물길로 흐를 때는 쉬저우시 이하의 사수 물길은 황허 강에 의해 침탈되었다. 다시 황허 강이 북쪽으로 물길을 돌린 이후에는 화이허 강으로 흘러들던 사수의 물길은 사라져버렸다. 지금의 쓰허 강은 루차오진(魯橋鎭) 이상의 상류지역을 일컫는 명칭이다.

2 집극랑(執戟郎)이라고도 한다. 창을 들고 대장을 호위하는 말단 무관이다.

3 『사기』「회음후열전(淮陰侯列傳)」에 의하면 한신은 한(韓)나라 왕실 후손이다. 이 때문에 왕손으로 부른 것이다.

이 그를 모욕하며 말했다.

"너는 늘 칼을 차고 거리를 돌아다니는데, 그 칼로 나를 찌를 수 있겠느냐? 찌를 수 없다면 내 가랑이 아래로 지나가야 한다!"

그러자 한신은 고개를 숙이고 가랑이 아래로 기어갔다.[4] 시장 사람들은 모두 그를 비웃으며 겁쟁이라고 생각했다. 그때 관상을 잘 보는 허부(許負)[5]라는 사람이 한신을 보고 이렇게 말했다.

"그대는 왕후장상이 될 만한 고귀한 관상을 갖고 있소. 틀림없이 천하의 대장군이 될 것이며 부귀를 누림이 가볍지 않을 것이오."

한신이 웃으며 말했다.

"하루에 밥 한 끼도 못 먹는 주제에 무슨 부귀를 바랄 수 있겠소?"

뜻밖에도 그 한신이 항량의 거병 소식을 듣고 마침내 입대하러 온 것이다. 그런데 항량이 그를 겨우 지극낭관 벼슬에 임명하자 울적한 마음으로 불만을 품었다. 그는 항량을 지키는 대오에 소속되어 호위병 임무를 맡았다.

초나라 군사의 기세가 하늘을 뒤흔들자 사람들이 수시로 귀의해왔다. 그 소식은 서쪽 진나라에도 전해졌다. 조고는 두려움을 느끼고 장

4_ 과하지욕(胯下之辱): 남의 가랑이 아래를 기어서 지나가는 치욕을 당하다. 장차 큰일을 이루기 위해 눈앞의 작은 치욕을 참는 것을 비유한다.(『사기』 「회음후열전」)

5_ 하내군(河內郡) 온현(溫縣, 허난성 원현) 사람이다. 한나라 초기에 활동한 여성으로 관상술에 뛰어났다. 수많은 왕후장상의 관상을 보고 그 사람의 운명을 알아맞혔다 한다. 한 고조가 신기하게 여겨 그녀를 명자후(鳴雌侯)에 봉했다. 한나라의 유명한 협객 곽해(郭解)가 그녀의 외손이다. 명나라 때 주이정(周履靖)이 수집, 정리한 『허부상법(許負相法)』 16편이 전해온다. 『회경부지(懷慶府誌)』에 관련 기록이 전한다. 『원본 초한지』 2 제55회와 제59회에도 허부가 나오는데 성별이 밝혀져 있지 않지만 대체로 남자로 인식하고 있는 듯하다.

함을 불러 대책을 논의했다.

"바야흐로 천하 곳곳에 병마가 날뛰는데 오초(吳楚) 지방이 더욱 심하오. 항량이 초나라 왕실의 후예를 세우고 민심을 수습하여 진영, 유방과 한 곳에서 군사를 합친 뒤 우태에 병력을 집결했소. 반란의 기세가 대단하오. 그대가 대장의 몸으로 저들을 쓸어버리지 않고 좌시하다가 마침내 반란군이 창궐하면 아마도 이곳 진나라 땅으로 쳐들어와 도성까지 뒤흔들 것이오. 그때 가서 후회한들 어찌 미칠 수 있겠소?"

장함이 말했다.

"연일 절차에 따라 하나하나 보고받고 있습니다. 이제 바야흐로 상소문을 올리고 출정하려던 참입니다. 그런데 뜻밖에도 승상께서 대책을 논의하려고 저를 부르셨습니다. 출병은 신속함을 귀하게 여기니 지체할 수 없습니다. 오늘 당장 출발하도록 하겠습니다."

장함, 사마흔(司馬欣), 동예(董翳), 이유(李由)도 대소 장령을 대동하고 정예병 30만을 거느린 채 함곡관(函谷關)⁶으로 나가 동쪽 위(魏)나라를 향해 진격하고 그다음으로 초나라를 칠 작정이었다. 위나라는 진나라 군사 수가 많은 것을 보고 감히 출전하려 하지 않았다. 그리고 사신 두 명을 각각 제나라와 초나라로 보내 구원을 요청했다. 제왕 전담(田儋)은 친히 군사를 거느리고 위나라를 구원하러 왔다. 초나라에서는 양양(襄陽, 후베이성 샹양시襄陽市)을 지키던 옛 장수 항명(項明)과 그의 군사 3만 명을 새로 얻었다. 그리고 바로 항명에게 먼저 군사를 이끌고 위나라 국경으로 다가가 멀리서 도와주는 형세를 보이게 했다. 장함은 사마흔

6_ 중원에서 관중으로 들어가는 관문이다. 지금의 허난성 링바오시(靈寶市) 한구관진(函谷關鎭)에 있다.

에게 제나라를 방어하게 했고, 동예에게는 초나라를 방어하게 하면서 자신은 대군을 이끌고 배후에서 호응하기로 했다. 사마흔은 제왕 전담과 대적했다. 사마흔은 군령을 내려 후군을 둘로 나누어 좌익과 우익으로 삼고 자신은 경기병 1000명을 이끌고 전담과 교전을 벌였다. 전담은 사마흔의 군사가 적은 것을 보고 온 병력을 기울여 살육에 나섰다. 사마흔이 거짓으로 패한 척하고 달아나자 전담은 군사를 휘몰아 추격해왔다. 그때 갑자기 징과 북을 한꺼번에 울리며 진나라 군사가 양쪽 길 배후에서 들이닥쳤다. 화살이 메뚜기떼처럼 쏟아지자 전담은 적의 계략에 빠진 것을 알고 황급히 군사를 되돌리다 화살을 맞고 말에서 떨어졌다. 그러자 사마흔은 기세를 틈타 말 아래서 전담을 베었다. 제나라 군사는 대패했다. 동예는 군사를 이끌고 위나라 남쪽으로 가서 항명의 군사와 맞닥뜨렸다. 동예의 군사는 멀리서 오느라 아직 쉴 틈이 없었던 탓에 병졸과 군마 모두 피로에 지쳐 있었다. 그때 항명의 군사가 출동하자 동예는 그들을 대적할 수 없었다. 30리를 후퇴하여 아직 진채도 세우지 못한 사이에 항명이 또 군사를 이끌고 추격해왔다. 동예는 대패하여 달아났다. 위기에 처하려는 순간 장함의 후군이 달려왔다. 장함은 이유를 시켜 황급히 구원에 나서게 했다. 항명은 동예의 군사를 하루 밤낮 동안 추격하여 대오를 아직 추스르지도 못하고 있는 상황에서 이유의 신예 부대와 맞닥뜨리자 3합도 겨루지 못하고 말 아래로 떨어져 이유의 칼에 부상을 입었다. 진나라 군사는 초나라 군사를 크게 살육했다. 진나라의 세 갈래 인마는 한 곳에 모여 위세를 떨쳤다. 위나라 군사는 구원병이 이미 패배했다는 소식을 듣고 외로운 성을 지키기 어렵다고 생각했다. 위왕 구(咎)는 결국 위표(魏豹)와 함께 성을 버리고 서문으로 탈출하여 초나라로 달아났다. 장함은 군사를 이끌고 성안으로 들어가 백성을 위무했다. 뒤이어 그곳을 떠나 동아(東阿, 산둥성 랴오청시聊城市 둥어현東阿縣)로 전진하여 주둔한 뒤 척후병을 보내 상황을 염탐했다.

항명은 패잔병을 이끌고 돌아와 초 회왕을 뵈었다.

"진나라 장수 장함의 군사가 세력이 막강하여 제나라와 위나라 군사는 모두 패배했고, 지금 동아에 주둔해 있습니다. 조만간 동쪽으로 쳐들어올 것이니 대왕마마께서는 일찌감치 사람을 보내 토벌하시옵소서."

초 회왕은 항량을 불러 대책을 논의했다. 항량이 말했다.

"신이 몸소 군사 한 부대를 이끌고 가서 먼저 장함을 베고 이어서 다시 군사를 일으켜 진나라를 정벌하겠습니다."

초 회왕이 윤허했다. 그리하여 항량은 항우와 범증, 그리고 주요 장령과 군사 20만을 이끌고 동아성으로 진격하여 성에서 30리 떨어진 곳에 진채를 세웠다. 항량은 항우에게 말을 타고 나가 적진을 탐색하게 했다. 항우는 적진 앞에 이르러 큰 소리로 장함을 부르며 출전하게 했다. 장함은 군사를 이끌고 출전하여 항우와 설전을 벌였다. 항우가 말했다.

"너희 진이세는 잔학무도하고, 조고는 마음대로 패악질을 일삼고, 네 놈들도 패거리를 지어 백성을 해치고 있다. 그러나 네놈들은 가마솥에서 헤엄치는 물고기일 뿐인데 아직도 죽는 줄 모르느냐? 어찌 감히 동쪽으로 달려와 도적질을 자행하느냐?"

장함이 말했다.

"아무개는 상국(上國)의 천병(天兵)을 거느리는 몸이라 가는 곳마다 적수가 없었다. 너희 호남 깡촌의 무지렁이 놈들이 망령되이 초나라 후예를 임금으로 세웠지만 어찌 하늘과 땅의 호응을 얻을 수 있겠느냐?"

항우는 대로하여 창을 들고 곧바로 장함을 찔렀다. 장함도 창을 들고 항우를 맞아 싸웠다. 30여 합을 겨루지 못하고 장함이 패하여 달아나자 항우는 군사를 휘몰아 그를 뒤쫓았다. 10리 못 미친 곳에 진나라 맹장 이유가 대기하고 있었다. 이유는 바로 이사의 아들이다. 그는 장함을 통과시키고 나서 길을 가로막았다. 항우가 고함을 지르며 사납게 이유를 꾸짖자 이유의 말이 20보 밖으로 물러났다. 항우가 창을 들고 이유의 등짝을 찌르러 가자 사마흔과 동예가 달려나와 각각 무기를 들고 응전했다. 항우는 이유를 버려두고 두 적장과 대적했다. 그러나 20여 합도 겨루지 못하고 두 장수는 항우를 대적할 수 없었다. 그들은 말을 박차 뒤쪽으로 달아났다. 항우가 막 진나라 군사를 추격하려 할 때 항량은 항우가 적진 속으로 깊이 빠져들까 걱정되어 다시 영포, 환초, 우영에게 군사 5000을 이끌고 항우에게 호응하며 한바탕 살육전을 벌이게 했다. 장함은 50리를 후퇴하여 진채를 세운 뒤 진나라 장수들과 대책을 상의하며 말했다.

"초나라 군사의 세력이 사나워 힘으로는 대적할 수 없소. 나는 지금 잠시 후퇴하여 저들의 공격을 늦추는 계책을 쓸까 하오. 적장을 교만하게 하고 적군을 태만하게 하면 방어를 제대로 하지 못할 것이오. 그런 뒤 전투를 벌이면 한 번에 적을 격파할 수 있소. 만약 힘으로만 전투를 하면 항우의 용력에 대적할 수 없고 스스로 패전만 초래할 뿐이오."

항우가 진나라 군사를 공격하다

여러 장수가 말했다.

"장군의 견해가 지당합니다."

그러고는 군사를 눌러 앉히고 출전하지 않았다.

한편, 항우는 군사를 이끌고 돌아와 항량을 뵙고 장함이 패배한 뒤 이미 50리를 물러나 진채를 세운 사실을 자세히 아뢰었다. 또 내일 비밀리에 삼로(三路) 인마(人馬)로 하여금 갈래를 나누어 적을 죽이게 하면 완전한 승리를 거둘 수 있다고 장담했다. 항량이 말했다.

"장함이 옛날에는 헛된 명성이라도 날리더니 지금은 연로하여 기력이 쇠해졌구나. 저들을 헤아려보건대 싸울 수 있는 능력이 없다."

항량은 마침내 장수들에게 연회를 베풀었고 장수들은 고성방가에 술을 마시며 한껏 즐긴 뒤에야 흩어졌다. 다음날 항우는 여전히 군사를 이끌고 세 갈래로 부대를 나누어 출전했다. 항우는 군사를 이끌고 중로(中路)에서, 영포는 서로(西路)에서, 유방은 동로(東路)에서 적을 공격했다. 이들은 북을 울리고 고함을 지르며 세차게 장함의 진영을 향해 쇄도하여 들어갔다. 장함의 각 부대 인마는 초나라 세 갈래 대군의 대단한 세력을 보고 안정을 찾지 못했고 결국 진채를 뽑아 군사를 움직이기 시작했다. 초나라 군사는 삼군을 휘몰아 갈래를 나누어 추격에 나섰고, 마침내 진나라 군사를 세 곳으로 단절시켰다. 그러자 장함은 정도(定陶, 산둥성 허쩌시)로 달아났고, 사마흔과 동예는 복양(濮陽, 허난성 푸양시)으로 달아났으며, 이유는 옹구(雍丘, 허난성 치현杞縣)로 달아났다.

항우의 군사는 옹구까지 쫓아가 이유를 추격했다. 이유는 항우와 교전을 벌였지만 3합도 겨루지 못하고 말 아래로 떨어져 항우에게 살해당했고 진나라 군사는 대패했다. 유방은 사마흔 등을 추격하여 복양까지 달려갔다. 밤낮으로 300리를 행군하자 소하가 급히 제지하며 말했다.

"궁지에 몰린 적을 추격해서는 안 됩니다. 또 복병을 방비해야 하고, 적은 편안하게 쉬며 지친 아군을 기다리고 있으므로 오히려 적의 계략에 빠져들게 됩니다. 차라리 복양에 잠시 주둔하여 정세의 변화를 살피는 것이 좋겠습니다."

유방은 마침내 소하의 말에 따라 복양에 군사를 주둔했다.

한편, 영포는 장함을 추격하여 정도까지 달려갔다. 장함은 정도로 들어가 군사를 주둔한 뒤 성을 굳게 지키며 영포와 싸우려 하지 않았다. 영포는 성 아래에 군영을 세우고 온종일 싸움을 걸었다. 그러나 장함의 군사가 나오지 않는 탓에 영포는 써볼 만한 대책이 없었다. 항량의 대군이 도착하고 있다는 보고를 받고 영포는 그들을 마중하러 나갔다. 항량은 대군의 주둔이 끝나자 물었다.

"장함의 군대는 기세가 다하고 힘이 고갈되어 외로운 성으로 도주하여 들어갔으니 힘을 다해 공격해야 할 좋은 기회인데, 어찌하여 앉아서 시간만 끌고 있소? 우리 군사가 지친 틈에 혹시라도 적의 구원병이 들이닥치면 장차 어떻게 할 작정이오?"

영포가 말했다.

"비록 장함의 군대가 패배했지만 아직도 군사와 군마가 많습니다. 사방의 성문을 단단히 닫아걸고 있으니 서둘러 함락시키기는 어려울 듯합니다. 저는 시기를 살펴 군사를 움직이는 것이 우리에게 유리하다고 생각합니다."

항량이 그를 꾸짖었다.

"장수가 되어 아무 계책도 없이 시일만 끌고 있단 말인가? 정벌 군사를 이끌고 달려왔으면 즉각 성을 깨부수어야지, 어찌하여 시기를 살핀 뒤에 움직인다는 것인가?"

항량은 마침내 영포에게 물러나라고 고함을 질렀다. 그는 즉시 사방의 모든 군사에게 분부하여 각각 구름사다리[雲梯]를 설치하고 성을 공격하게 했다. 함성이 진동하며 천지를 뒤흔들었다. 그러나 뜻밖에도 성위에서 화포와 불화살이 일제히 쏟아지며 구름사다리에 꽂혔다. 또 화살과 돌멩이도 비 오듯 쏟아져 서 있을 수 없었다. 항량의 군사는 성에서 물러날 수밖에 없었다. 항량은 충차(衝車) 수백 대를 동원하여 북을 울리고 고함을 지르며 진격했다. 장함은 서둘러 쇠사슬에 철퇴를 달아 성벽 사방 아래로 날렸다. 그러자 충차가 모두 부서졌다. 온갖 계책을 다 동원해도 성을 함락시킬 수 없자 항량은 매우 초조해졌다. 그때 지극낭관 한신이 비밀리에 대장의 장막으로 와서 아뢰었다.

"우리 대군의 병졸과 군마가 오래 성 아래에 머물고 있으므로 적군이 우리 군사의 해이함을 염탐하여 캄캄한 밤에 성문을 열고 우리 군영을 공격해올까 두렵습니다. 잠시 대비가 없는 틈에 도리어 적의 독수에 당할 수도 있습니다. 그러므로 성을 공격하는 계책은 작은 일이고, 적을 막는 대책은 큰 일입니다. 장군께서 깊이 생각해주십시오."

항량이 대로하여 말했다.

"나는 회계에서 군사를 일으킨 이래 가는 곳마다 적수가 없었다. 이까짓 외로운 성 하나를 쳐부수는 것이 무에 어려울 게 있겠느냐? 장함은 내 이름만 듣고도 간담이 서늘해졌을 것인데, 어찌 감히 성을 나와 우리 진채를 칠 수 있겠느냐? 너 따위가 대체 무엇이기에 감히 함부로 계책을 운운하며 우리 군사의 사기를 떨어뜨린단 말이냐?"

항량은 결국 한신을 문밖으로 끌어내게 했다. 송의가 한신의 계책을 듣고 황급히 말했다.

"전투에 승리한 뒤 장수가 교만해지고 병졸이 나태해지면 반드시 패배하게 됩니다. 지금 우리 병졸들은 나태해진 지 오래입니다. 진나라는 지금 성안에 포위되어 곤경에 처한 듯 보이지만 연일 정예군을 잘 먹이며 힘을 비축하고 있습니다. 또 장함은 진나라의 명장이라 갑사(甲士)를 부리는 능력이 뛰어납니다. 진실로 장함은 한신의 말처럼 이해관계를 잘 파악하는 자이니 한신의 말도 훌륭한 계책이라 할 수 있습니다."

그러나 항량은 더욱더 송의의 말을 듣지 않았다. 그날 밤 장함은 과연 장졸들을 배불리 먹이고 나무 막대를 입에 물린 채 성문을 열었다. 그는 삼군을 통솔하고 몰래 두 길로 나누어 초나라 진채로 쳐들어갔다. 초나라 군사들은 깊은 잠에 빠져 있었다. 장함은 몰래 명령을 내려 한줄기 포성(炮聲)[7]이 울리면 징과 북을 크게 치며 초나라 군영으로 쇄도하라고 했다. 한밤중에 적병이 몰려오자 하늘이 내려앉고 땅이 꺼지는 듯했으며 산이 무너지고 바다가 끓어오르는 듯했다. 이때 항량은 이미 술에 취해 일어날 수 없었다. 좌우 부관들이 그를 부축하여 군문으로 나섰지만 말에 오르기도 전에 적장 하나가 중군으로 쳐들어왔다. 그는 진나라 편장(偏將) 손승(孫勝)이었다. 항량은 미처 손쓸 틈도 없이

7_ 중국에서 화약이 정식으로 발명된 것은 수·당 시기로 알려져 있다. 연단술에서 화약과 비슷한 성분이 발견된 것은 한(漢)나라 초기이고 중국에서 폭죽이 사용된 것은 지금부터 2000년에서 2500년 전으로 추정되므로 이 대목의 포성은 무기로 쓰인 대포가 아니라 군대 신호용 화포 소리로 볼 수도 있다.

군문 깃발 아래에서 손승의 칼에 참수당했다. 후세에 사관이 이 일을
시로 읊었다.

서초의 봉기는 의군 깃발에 의지하여,　　　　　西楚興師仗義旃,
회왕을 옹립하자 뭇 민심이 귀의했네.　　　　懷王初立衆心歸.
교만한 전쟁 계획 마음에서 놓지 못해,　　　只因不解驕兵計,
저물도록 군문에서 흰 칼날이 날고 있네.　　日暮轅門白刃飛.

　항량이 죽자 각 부대 군사들은 깜짝 놀라 어지럽게 달아나느라 서로
가 서로를 짓밟을 정도로 정신이 없었다. 송의와 영포도 막을 수 없어
서 군영을 버리고 달아났다. 하늘이 밝아올 무렵까지 살육전을 벌이며
진나라 군사는 대승을 거두었다. 외황(外黃, 허난성 상추시商丘市 민취안현
民權縣 서북)까지 추격하다 진류(陳留, 허난성 카이펑시開封市 천류진陳留鎭)
로 들어가 주둔하자 진나라 군대의 사기는 다시 높아졌다.

　유방은 항량이 패배했음을 알고 군대를 거느리고 정도를 구원하러
갔으나 이미 미칠 수 없었다. 결국 유방은 송의 등과 패잔병을 수습하
여 황급히 옹구성으로 들어가 항량이 장함에게 살해되었음을 보고했
다. 항우는 소식을 듣고 크게 비명을 지르며 땅바닥에 쓰러졌다. 그의
목숨은 어떻게 될까?

제14회

솥을 깨고
배를 침몰시키다

항우가 송의를 죽이고
조나라를 구원하다
項羽殺宋義救趙

항우는 무신군 항량이 장함에게 살해되었다는 소식을 듣고 땅에 쓰러져 울었다. 장수들이 거듭 그의 마음을 풀어주려 했다. 항우가 말했다.

"나는 어려서 아버지를 여의고 숙부님의 보살핌을 받으며 성인이 되었소. 병법을 익힐 때 숙부님께선 나를 아들과 똑같이 대해주셨소. 그런데 오늘 공업을 이루지도 못하시고 중도에서 돌아가시니 내 마음이 찢어지는 것 같소. 어찌 이 슬픔을 억누를 수 있겠소?"

항우는 말을 마치고 또 울었다. 범증이 말했다.

"나라를 위해 몸을 바치셨으니 신하로서의 큰 절개를 다하셨습니다. 항 장군께선 운명이 여기에 그치셨지만 초나라의 대업은 이미 성취하셨습니다. 천하에서 항 장군의 풍모를 우러르며 귀의한 사람이 50만 명이나 됩니다. 이제 조카이신 장군께서 그분의 뜻을 잇고 강역을 넓혀 진나라를 멸하시고 초나라를 안정시키셔야 합니다. 그리고 항 장군을 왕으로 추봉하여 백대 동안 제사를 받들면 장군의 효성 또한 다 바치실 수 있을 것입니다. 어찌 구구하게 슬픔에 잠겨 계실 필요가 있으며 또 이렇게 하여 어찌 민심을 수습하실 수 있겠습니까?"

항우가 일어나 감사 인사를 하며 말했다.

"삼가 선생의 말씀과 같이 하겠소."

항우는 마침내 군사를 일으켜 급히 정도로 가서 송의, 유방과 회합한 뒤 군사를 한 곳으로 모으고 무신군의 장례식장을 설치했다. 이어서 장수들을 거느리고 관을 어루만지며 장례 절차를 밟아 마침내 항량의 시신을 수습하고 무신군의 복색으로 격식을 갖추어 정도에 따라 장사를 지냈다. 그리고 군사를 일으켜 진류로 달려갔다. 초나라 군사가 아직 당도하지 않았을 때 장함의 군사는 이미 황하를 건너 조나라를 공격하고 있었다. 조왕 흡(歇), 진여(陳餘), 장이(張耳) 등이 출전했다가 모두 장함에게 패배하여 마침내 한밤중에 거록(钜鹿, 허베이성 싱타이시 핑샹현平鄕(縣))으로 달아나 성문을 굳게 지키며 나오지 않았다. 조나라에서는 초나라로 사신을 보내 구원을 요청했다.

한편, 항우는 송의, 범증과 대책을 논의했다.

"지금 장함이 황하를 건너 다시 기세를 떨치고 있소. 이제 막 무신군의 장례를 치른 상황인데다 회왕께서 홀로 우태를 지키고 계시니 이는 장기 대책이 아닌 듯하오. 차라리 군사를 되돌려 팽성으로 천도한 뒤 다시 계획을 세우는 것이 좋겠소."

중론이 정해지자 삼군에 명령을 내려 우태로 회군하게 했다. 여러 장수가 회왕을 알현했다. 회왕은 항량이 죽었다는 소식을 듣고 매우 애통해했다. 항우가 다시 아뢰었다.

"지금 바야흐로 무신군의 장례를 치른 상황이라 아군의 예기가 꺾여 있습니다. 상황을 살펴보니 지금 장함은 거록에 주둔해 있습니다. 그는 조나라를 격파한 뒤 틀림없이 우리 서초로 쳐들어올 것입니다. 먼저 군사를 보내 정벌하시고 대왕마마께서는 팽성으로 천도하시어 서로 의지하는 형세[掎角之勢]를 이루는 것이 좋겠습니다. 늦출 수 없는 일입니다."

말을 아직 다 마치지도 않았는데 조나라에서 구원 요청 사신을 보내왔다는 보고가 올라왔다. 회왕이 그를 불러들여 장함의 허실에 대해 물었다. 사신이 대답했다.

"진나라 군사 30만이 거록을 포위한 지 한 달이 다 되어갑니다. 조나라 군사는 식량이 고갈되어 사람과 말이 과반수나 죽었습니다. 조만간 성이 함락되면 조나라 백성이 피해를 당하게 됩니다. 바라옵건대 대왕마마께서 조나라를 긍휼히 여기시고 구원해주시옵소서."

회왕은 그 말을 듣고 깜짝 놀라 송의를 대장군, 항우를 부장군, 범증을 군사로 삼아 20만 인마를 이끌고 거록으로 가서 조나라를 구원하게 했다.

부대가 안양(安陽, 허난성 안양시安陽市)에 이르자 송의는 병력을 주둔시키고 움직이지 않은 채 아들 송양(宋襄)을 제나라로 보내 벼슬하게 했다.[1] 그리고 이렇게 말했다.

1_ 당시에 제나라 재상 전영(田榮)은 초나라 항씨 집안과 갈등관계에 있었고, 송의는 항우를 견제하기 위해 전영의 도움을 받으려 했다. 이 때문에 송의는 아들 송양을 전영에게 보내 그를 돕게 했다.

"장함의 군사가 조나라를 곤경에 빠뜨린 지 오래되었다. 지금 저들은 마음이 해이해져서 싸울 뜻이 없을 것이다. 우리 군사의 출병을 여러 날 늦추면서 저들이 지치기를 기다리다 장함의 군사가 나태해졌을 때 군사를 일으켜 공격하면 장함까지도 반드시 사로잡을 수 있을 것이다."

송의는 마침내 46일을 지체하며 전진하지 않았다. 항우가 말했다.

"진나라 군대가 조나라를 포위하여 상황이 매우 위급해져서 성안에서 죽은 자가 열에 일고여덟은 되오. 만약 저들의 포위 공격이 오래된 틈에 성밖에서 북을 크게 울리며 공격해 들어가고, 성안에서 또 조나라 군사가 호응하여 쇄도해 나오면 안팎에서 협공하는 모양새가 될 터이니 진나라 군대는 패주할 것이고 장함도 사로잡을 수 있을 것이오."

송의가 말했다.

"그렇지 않소! 소를 공격하는 호랑이는 이나 벼룩을 잡지 않소. 호랑이의 마음은 큰 것에 있지, 작은 것에 있지 않기 때문이오. 장함이 승리하면 진나라 군사는 지칠 것이고, 저들의 피폐함을 틈타 공격하면 반드시 승리할 수 있을 것이오. 장함이 이기지 못한다 해도 내가 군사를 거느리고 북을 울리며 서쪽을 공격하면 반드시 저들을 격파할 수 있소. 이것이 바로 우리 군대를 힘들게 하지 않고도 승부를 내는 방법이오. 갑옷을 입고 무기를 든 채 적과 싸우는 일은 내가 공보다 못하지만 앉아서 계책을 운용하는 일은 공이 나보다 못하오."

그리고 마침내 군중에게 명령을 내렸다.

"설령 삼군이 범처럼 용맹하고, 양처럼 사납고,[2] 이리처럼 게걸스럽다 해도 명령을 어기며 순종하지 않는 자가 있으면 반드시 참수할 것이다."

또 송의는 자신의 아들 송양을 제나라로 보내 재상 벼슬을 하게 하려고 친히 무염(無鹽, 산둥성 둥핑현)까지 가서 배웅하고 돌아와 성대한 주연을 열었다. 당시 날씨가 추워지면서 많은 비가 내려 병졸들은 빗속에서 추위와 굶주림을 견디지 못했다. 항우가 몰래 군중을 순행할 때 각 군영에서 원망의 목소리가 터져나왔다. 항우는 사나운 표정으로 송의에게 바른말을 했다.

"여러 장수는 용기를 뽐내며 힘을 합쳐 시급히 진나라를 치고 싶어하오. 그런데도 지금까지 오랫동안 군사를 잡아두고 장하(漳河)를 건너려 하지 않는단 말이오? 하물며 올해는 흉년이 들어 백성이 빈궁해져 병졸들이 밥을 배불리 먹을 수도 없소. 또 쌓아둔 군량도 없는데 성대한 술잔치나 벌이며, 진나라 군사가 깨질 때까지 기다렸다 공격을 하려한단 말이오? 무릇 진나라 군대는 강하고 조나라 군대는 약한데, 약한 군대로 강한 군대를 대적하여 어찌 진나라를 물리칠 수 있겠소? 또 이제 막 무신군의 장례를 치른 상황이라 대왕마마께서도 좌불안석이시오. 지금 경내의 군사를 모두 장군의 휘하에 소속되게 한 것은 오로지 조나라를 구원하기 위한 것만이 아니라, 기실 이를 빌려 진나라를 격파하고 지난날의 원한을 갚기 위함이오. 국가의 안위가 이 한 번의 거병에 달려 있는데, 지금 병졸들을 긍휼히 여기지 않고 온종일 사사롭게 주연이나 즐기고 있으니 장군은 사직을 지키는 신하라 할 수 없소."

2_ 원문은 '狼如羊'이다. 본래 『사기』 「항우본기」에는 '狼'이 '很'으로 되어 있다. 두 글자는 사납다는 뜻으로 통용하여 쓸 수 있다. 이 구절의 문제는 보통 온순함의 대명사로 인식되는 양을 왜 사납다는 형용사와 연결시켰느냐는 점이다. 지금까지 다양한 학설이 제기되었으나 양이 초목을 먹는 습관과 연결시켜 이해하는 것이 합리적이다. 양은 다른 초식동물과는 달리 풀을 먹을 때 뿌리까지 깡그리 뽑아먹고 또 나무껍질까지 깨끗이 벗겨먹는 습관을 가지고 있다. 양을 방목한 곳은 거의 황무지처럼 변하여 다시 원상을 회복하기까지는 아주 오랜 시간이 걸린다.

그러나 송의는 끝내 항우의 말을 듣지 않았고, 이에 항우는 깊은 원한을 품었다. 다음날 송의는 아침 일찍 군영 막사 지휘소로 올라갔다. 항우는 칼을 들고 막사로 들어가 고함을 질렀다.

"송의 네놈은 제나라와 반역을 모의하고 아들 송양을 제나라로 보내 밖에서 호응하게 하려는구나! 지금 군대를 잡아두고 전진하지 못하게 하는 것은 우리 서초를 집어삼키려는 수작이다. 나는 오늘 대왕마마의 밀지를 받들고 송의를 참하여 삼군을 효유하려 한다."

송의는 항우의 말을 듣고 장막 뒤로 달아나려 했다. 항우는 큰 걸음으로 따라가 송의를 붙잡고 그의 몸을 한칼에 두 동강 냈다. 그러자 장수들이 장막 아래에 꿇어 엎드리며 말했다.

"초나라 왕실의 후예를 가장 먼저 보위에 올린 것은 바로 장군의 가문입니다. 지금 장군께서 저 역도를 주살한 것은 민심에 부합하는 일입니다."

장수들은 모두 항우를 임시 상장군[假上將軍]으로 옹립하고 그의 직권으로 정벌에 나서게 했고, 또 급히 사람을 보내 송양을 추격하게 하고 제나라 국경에서 마침내 그를 죽였다. 또 환초를 시켜 초왕에게 보고를 올리고 송의가 초나라에 반역한 죄를 일일이 아뢰게 했다. 회왕은 종리매에게 부절을 갖고 가서 항우를 상장군에 봉하게 했다. 이로부터 항우군의 위세가 천하에 진동하며 그의 명성이 제후에게 알려졌다.

이에 항우는 영포를 선봉장으로 삼고 군사 2만을 이끌고 장하를 건너려 했다. 장함은 영포가 온다는 소식을 듣고 급히 사마흔과 동예를 보내 장하 남안으로 건너가게 한 뒤 그곳에 군영을 세우고 항우군과 대치하게 했다. 그들이 군사를 거느리고 장하를 건너 군영을 세우자마자 영

항우가 송의를 죽이고 군권을 장악하다

포의 전군이 일찌감치 당도했다. 사마흔과 동예는 말을 타고 나가 영포와 교전을 벌였다. 영포는 아무 말도 없이 도끼를 쳐들고 두 장수를 향해 달려갔다. 두 장수도 그를 맞아 싸우러 나왔다. 서로 교전을 벌이고 있는데, 진나라 군영이 전투도 없이 저절로 어지러워지는 것이 보였다. 진나라 군영 후방에서 한 장수가 달려오고 있었다. 그는 바로 상장군 항우였다. 두 장수는 대경실색하여 영포를 버려두고 곧바로 장하 남안 군영으로 내달렸다. 그러나 군영은 이미 초나라 군사에게 점령당한 터라 그들은 군영을 버리고 장하 북쪽을 향해 도주했다. 항우는 대승을 거두었다. 노획한 무기와 수레가 얼마나 되는지 그 수를 헤아릴 수 없었다. 항우는 군사를 거두어 본영으로 들어갔다. 후군이 모두 당도하기를 기다려 마침내 군사를 거느리고 북쪽으로 장하를 건넜다. 항우는 칼을 짚고 높이 앉아 후군의 도하가 끝나기를 기다렸다. 그리고 모든 배를 장하 남쪽에 침몰시키고 취사용 솥을 깨뜨렸으며 막사까지 불태웠다.3

오직 사흘 치 식량만 지니게 하고 삼군에게 힘을 다해 결사전을 벌일지언정 다시 물러날 마음은 먹지 말라고 효유했다. 삼군이 발을 구르며 소리를 질렀다.

"장군을 따라 죽기를 각오하고 싸우겠습니다."

항우의 군사는 밤을 이어 북을 치며 장함을 공격했다. 승부가 어떻게 될까?

3_ 파부침주(破釜沈舟): 솥을 깨뜨리고 배를 침몰시키다. 스스로 돌아갈 길을 끊고 결사항전에 나섬을 비유한다.(『사기』「항우본기」)

제15회

장함을 뒤쫓다

초나라 항우가 장함을
아홉 번 격파하다
楚項羽九敗章邯

진이세 2년 11월 항우의 대군이 장함을 공격했다. 범증과 종리매가 서로 상의하며 말했다.

"항 장군께선 서둘러 진공하려고 솥을 깨고 배를 침몰시켰소. 식량은 모두 후방에 있는데 만약 사흘 동안 적을 무찌르지 못하면 먹을 식량이 없소. 장차 어떻게 하면 좋겠소? 지금 심복 아장을 파견하여 밤을 새워 식량을 싣고 장하 근처로 오도록 재촉해야겠소. 사흘 만에 장함에게 승리하면 장하를 건너 운반할 필요가 없고, 사흘 만에 이기지 못하면 장하를 건너 군수품을 조달할 준비를 해야 할 것이오. 시기를 놓쳐서는 안 되오."

종리매가 말했다.

"선생께서 생각하시는 바가 참으로 심원하십니다."

그리고 바로 사람을 보내 군수품을 싣고 오도록 재촉했다.

한편, 사마흔 등은 항우와 영포에게 한바탕 살육을 당한 뒤 돌아가 장함을 만나고는 영포의 무용에 대적할 수 없음을 자세히 보고했다. 또 항우의 인마가 이미 북쪽으로 장하를 건넜으므로 급히 대비해야 한다고 아뢰었다. 말을 아직 다 마치지도 않았는데 어떤 사람이 달려와 보고하기를 초나라 군대가 장하를 건너 솥을 깨고 배를 침몰시킨 다음 진나라 군대와 결사전을 벌이려 하고 있는데 그 기세가 매우 사납다고 했다. 장함은 그의 말을 듣고 급히 진나라 장수 왕리(王離), 섭간(涉間), 소각(蘇角), 맹방(孟防), 한장(韓章), 이우(李遇), 장평(章平), 주태(周態), 왕관(王官) 등을 지휘소 장막 아래로 불러 지시했다.

"항우의 무용은 삼군의 으뜸이니 가볍게 대적할 수 없소. 그대들은 각각 군사를 아홉 갈래로 나누어 진채를 잇고 군영을 엮어 아군과 적군이 대적하기를 기다리다 차례로 응전하기 바라오. 그러다 초나라 군대가 아군의 진지로 깊이 들어오면 아홉 갈래 인마가 모두 힘을 합쳐 적을 끊고 죽이시오. 그러면 틀림없이 승리할 수 있을 것이오."

장수들은 명령을 받고 각각 인마를 조율할 준비를 했다. 초나라 군대는 이미 당도했고 항우가 말을 타고 선봉에 서 있는 것을 보고 장함도 말을 타고 나가 대적했다. 항우는 장함이 나오는 것을 보고 이를 갈며 마구 욕을 했다.

"이 역적 놈아! 네놈이 우리 숙부님을 돌아가시게 했으니 불구대천의 원수다!"

그러고는 마침내 말을 도약시키고 창을 들어 장함을 곧추 찔렀다. 장함도 창을 들고 항우를 맞아 싸웠다. 두 장수가 교전을 벌이며 50합을 겨루자 장함이 패배하여 달아났다. 5리도 채 못 미친 지점에서 일찌감치 왕리의 인마가 기다리고 있었다. 장함은 뒤로 물러나고 왕리가 말을 타고 나와 항우와 교전을 벌였다. 20여 합도 채 겨루지 않았을 때 항우가 고의로 허술한 틈을 보이며 왕리로 하여금 창으로 찔러 오게 했다. 그러고 나서 항우는 몸을 비틀어 피하고는 그 기세로 왕리를 산 채로 휘어잡아 자신의 말 위로 끌어당겼다. 항우의 군사들이 달려와 왕리를 포박하고 진채로 돌아갔다. 장함은 왕리가 생포되는 모습을 보고 말 머리를 돌려 달아났다. 항우가 고함을 질렀다.

"이 역적 놈아! 어디로 달아나느냐?"

항우는 군사를 재촉하여 장함을 추격했다. 항우가 탄 말은 오추마로 하루에 1000리를 가는 명마였다.[1] 군사들은 그를 따라잡지 못하고 모두 뒤로 처졌다. 항우가 탄 오추마만 나는 듯이 장함을 뒤쫓았다. 장함은 항우 뒤에 군사가 없는 것을 보고 다시 말 머리를 돌려 싸움에 나섰다. 항우는 자신의 창으로 즉시 장함을 찔러 죽이지 못함을 한스러워했다. 장함은 오직 항우의 창을 가로막기에 급급했으니 어떻게 대적할 수 있겠는가? 바야흐로 장함이 위기에 처할 무렵 일찌감치 진나라 장수 섭간의 군사가 당도하여 장함의 뒤로 몰려왔다. 항우는 아무 대꾸도 하지 않고 곧장 섭간을 잡고 싸웠다. 싸움이 10합도 채 되지 않았을 때 항우는 화첨창(火尖槍)[2]을 멈추고 곧바로 채찍을 집어들었다. 그 순

---

1 일일천리(一日千里): 하루에 1000리를 가다. 발걸음이 빨라서 하루에 1000리를 갈 수 있는 말을 형용하는 성어다. 어떤 사람의 행동이 빠르거나 어떤 일의 진척이 신속함을 비유한다.(『장자(莊子)』「추수(秋水)」)

간 섭간은 항우가 채찍으로 공격해오는 것을 보고 급히 몸을 피했으나 벌써 왼쪽 어깨에 채찍을 맞고 말안장 위에서 굴러떨어졌다. 진나라 진 영에서 장함은 섭간이 말에서 떨어진 모습을 보고 즉시 아장 송문(宋文) 등을 시켜 죽음을 무릅쓰고 섭간을 구해오게 했다. 그러나 항우의 대군이 뒤이어 당도했고 영포, 환초 등 초나라 각 장수도 군사를 거느리고 달려오자 장함은 군사 태반을 잃고 대패하여 달아났다. 항우는 하늘빛이 어둑어둑해지는 것을 보고 복병이 있을까 염려하여 추격을 멈추고 징을 울려 군대를 수습한 뒤 진채를 튼튼히 구축하게 했다. 이때 군사 범증이 아뢰었다.

"장군께선 적진 깊숙이 들어오셨고 하늘빛이 어두워지니 적병의 급습에 대비하셔야 합니다."

항우가 말했다.

"군사의 말씀이 지당하오!"

범증은 즉시 산 입구로 전령을 보내 따로 군영을 세우고 대군을 주둔하라 하고 본영에는 땔나무를 쌓아 거짓으로 깃발을 세운 뒤 적병을 기다리라고 했다. 또 환초, 우영, 정공(丁公), 옹치(雍齒) 네 장수를 지휘소 막사로 오게 하여 명령했다.

"그대들 네 장수는 군사를 이끌고 매복해 있다가 본영에서 불길이 치솟는 것이 보이면 장함이 틀림없이 우리의 계략에 빠져든 것이니 군사를 거느리고 사방에서 적을 토벌하시오. 적의 갈 길을 막고 도망치게 해서는 안 되오."

2_ 긴 창날 아랫부분에 양쪽으로 작은 날이 솟아 있는 창.

네 장수는 명령을 받고 돌아갔다. 또 항우는 영포를 불러 지시했다.

"장군은 군사 3000을 이끌고 서쪽 대로〔正西大路〕에서 매복하여 진나라 군사의 구원을 막으시오. 틀림이 없어야 할 것이오."

각각의 임무 배정이 끝나자 항우는 작은 진채 내에서 적군을 기다렸다.

한편, 장함은 패잔병을 이끌고 소각의 진영으로 들어가 사마흔, 동예와 합진한 뒤 초나라 진영에서 30리 떨어진 곳에 군영을 세웠다. 소각이 말했다.

"지금 초나라 군대는 승리를 얻어 인마가 모두 지쳐 있을 때이므로 우리의 공격에 대비하고 있지 않을 것입니다. 이때 저는 경기병을 이끌고 동쪽 길로 초나라 진채 뒤를 급습하여 병영을 공격하고, 장군께선 서쪽 길로 쇄도해 나오면 양쪽에서 협공할 수 있습니다. 그럼 저들은 머리와 꼬리를 한꺼번에 구원할 수 없게 됩니다. 이것이 바로 병법에서 말하는 '적이 지키지 않는 곳을 공격한다'는 방법입니다. 대승을 거두지는 못하더라도 적의 예기는 꺾을 수 있을 것입니다."

장함이 말했다.

"그것이 바로 나의 뜻과 같소."

소각은 마침내 새로 보충된 본부의 인마 1만을 이끌고 몰래 초나라 진영을 향해 출발했다. 오래지 않아 초나라 진영에 도착하니 깃발이 마구 흐트러져 있었고 진영의 군문은 굳게 닫혀 있었다. 그는 자신의 계책이 맞아떨어진 것으로 생각하고 큰 칼과 넓적한 도끼를 휘두르며 초나라 진영으로 치달려갔다. 그러나 텅 빈 진영임을 알고 돌아서려 할 때 초나라 진채에서 한줄기 포성이 울리며 사방에서 불길이 치솟았고 함성이 크게 일었다. 소각은 황급히 초나라 진채에서 빠져나와 서쪽을 향해 달렸다. 그런데 저멀리서 왼쪽에는 환초와 우영이, 오른쪽에는 정공과 옹치가 일제히 길을 막고 있는 모습이 보였다. 소각은 탈출할 수가 없자 서쪽 산의 동편 작은 길로 달아났다. 그때 북과 나팔이 일제히 울리며 함성이 일어났다. 그중에서 한 장수가 고함을 질렀다.

"꾀도 없는 무지렁이야! 초나라 장수 항우를 알아보겠느냐?"

소각은 경황중에 어찌할 바를 모르다가 결국 말 아래로 떨어져 항우의 창에 찔렸다.

동쪽 길에서 북소리가 크게 울리며 함성이 하늘을 찔렀지만 장함은 소각의 승패를 몰라 군사를 거느리고 천천히 염탐하고 있었다. 아직 두 시진이 되지도 않았을 때 초나라 대군이 짓쳐 달려오는 것이 보였다. 하늘빛이 밝아올 무렵 진나라의 각 부대는 진채를 뽑아 앞으로 달려나갔고 장함이 적의 후방 공격을 끊었다. 그러나 영포의 인마가 먼저 당도하여 장함과 결전을 벌였다. 두 장수의 말이 서로 교차하자 모두 무기를 들고 공격했다. 50합을 겨루었지만 승부를 가를 수 없었다. 그때 항우의 군대가 당도하여 영포가 장함과 싸워 이기지 못하는 것을 보고 인마를 휘몰아 부딪쳐왔다. 장함의 군사는 패주했다. 추격을 시작하려는데 측면에서 어떤 부대가 쇄도해왔다. 그것은 바로 진나라 장수 맹방의 구원병이었고 그들은 초나라 군사와 교전을 벌였다. 환초가 창을 들어 맹방을 곧바로 찔러 가자 맹방도 그를 맞아 싸움에 나섰다. 그러나 환초는 단 1합 만에 말 아래로 떨어진 맹방을 찔렀다. 장함은 맹방이 꺾인 것을 보고 말을 박차고 서쪽으로 달아났다. 환초는 장함을 잡는 것이 다른 장수를 잡는 것보다 백배는 낫다고 생각하고 말에 박차를 가하며 추격에 나섰다. 장함의 말은 연일 피로에 지친데다 마초(馬草)도 먹지 못해 앞으로 급하게 치달려가기는 했지만 후방의 추격군에게 점차 따라잡히게 되었다. 장함의 말은 산등성이를 넘어가다 앞으로 고꾸라졌고 장함도 말 아래로 떨어졌다. 환초는 급하게 앞으로 치달려가 창으로 장함을 도륙하려 했다. 그때 산발치에서 한 무리의 군대가 방향을 돌려 구원에 나섰다. 그것은 진나라 장수 한장의 군대였다. 한장이 말을 몰아 환초를 막아서자 휘하 군사들은 장함을 구조하여 일으켜 세웠다. 환초가 바야흐로 한장과 교전을 벌이려 할 때 우영의 인마가 치달려와서 계속 한장과 싸움을 벌였다. 10합도 채 겨루지 못했을 때 항우의 대군이 당도했다. 한장은 더이상 대적할 수 없게 되자 말 머리를 돌려 달아났다. 항우는 후군을 지휘하며 함께 추격에 나섰다. 그러나 아직도 진나라 장수 이우가 진나라 본진의 정예병 1만을 이끌고 있었다. 그는 이곳에 주둔한 채 움직이지 않고 있었다. 장함과 여러 장수는 마침내 이우의 군영으로 들어가 잠시 휴식했다. 초나라 군대가 속속 도착했다. 그들은 진나라 군대가 정면에 세운 군영을 보고는 감히 전진하지 못하고 인마를 주둔시킨 채 밥을 하라고 명령을 전했다.

해가 이미 서쪽으로 기울었을 때 범증이 항우에게 말했다.

"오늘밤 진나라 군사는 우리 초나라가 진채를 급습할까 무서워서 고양(高陽, 허난성 치현 가오양진高陽鎭) 언덕 아래에 군사를 매복하고 텅 빈 군영을 만들어 우리를 기다릴 것입니다. 우리가 무심코 공격에 나섰을 때 복병이 들고 일어나면 저들의 계책에 말리게 됩니다."

항우가 말했다.

"무슨 좋은 계책이 있소?"

"장군께서는 군사 한 부대를 거느리시고 진나라 군영으로 곧바로 쳐들어가시면서 징과 북을 한꺼번에 울리며 멀리서 공격하는 자세만 취하십시오. 그리고 정예병 두 부대를 보내 복병의 진격로를 차단하십시오. 진나라 군대가 교전하러 나오면 아군 두 부대가 승리하길 기다리셨다가 아군의 세 갈래 군사를 합쳐 한 곳의 적을 추격하여 죽이십시오. 적의 계책을 이용하여 우리의 계책을 시행하면 적은 손발이 묶여 적장 장함도 사로잡을 수 있을 것입니다."

항우는 즉시 영포에게 군사 1만을 이끌고 몰래 남로로 나가게 했고, 환초에게도 군사 1만을 이끌고 몰래 북로로 나가게 했으며, 자신은 군사 3만을 이끌고 중로로 나갔다. 이렇게 각각 임무를 분담하고 전투에 대비했다.

한편, 장함은 이우와 상의하며 이렇게 말했다.

"초나라 군대는 연일 승리했으니 오늘밤에는 틀림없이 우리 진채를 습격하러 올 것이오. 장군은 군사 5000을 이끌고 남쪽 언덕 아래에 매복하고, 한장에게도 군사 5000을 이끌고 북쪽 언덕 아래에 매복하게 하오. 나와 사마흔 등 여러 장수는 본영 뒤편에 매복할 것이오. 초나라 군대가 당도하길 기다려 삼면에서 함께 공격하면 반드시 항우를 사로잡을 수 있을 것이오."

장수들은 장함의 명령에 따라 군사를 배치하러 갔다.

초경(저녁 7시)이 되자 항우는 남북 두 갈래 군사에게 입에 나무막대기를 물고 몰래 나가게 했고 항우 자신은 정예병 3만을 거느리고 비밀리에 중로로 출전했다. 행군이 5리에 이르도록 아무 움직임을 보이지 않다가 그후 바로 징과 북을 크게 울리고 불화살과 화포를 퍼부으며

항우가 장함을 크게 무찌르다

일제히 고함을 질렀다. 장함은 진채에서 달려나오다가 남북 두 갈래에서 진나라 군사가 패퇴하여 본채 주변으로 되돌아오는 것을 보았다. 초나라 군사들이 치달려오자 장함은 감히 출전하지도 못하고 급히 진채를 뽑아 달아났다. 항우는 초나라 두 갈래 군사가 승리한 것을 알고 급히 인마를 재촉하여 추격에 나섰다. 전투가 매우 혼란한 틈에 20리를 달려가자 그곳은 이미 조나라 성이었다. 성안에서는 성밖의 북소리가 하늘을 뒤흔드는 것을 듣고 초나라 군대가 이미 성 아래에까지 당도한 사실을 알았다. 진여와 장이는 서둘러 성 위로 올라가 상황을 살폈다. 하늘빛이 점점 밝아올 무렵 진나라 군대가 대패한 모습이 보였다. 그들은 마침내 성문을 열고 한줄기 인마를 휘몰아 초나라 군대에 호응했다. 장함은 자신의 중군도 돌보지 못하고 기병 몇 명만 대동한 채 황폐한 샛길로 달아났다. 영포가 멀리서 그 모습을 보고 본부 인마를 이끌고 추격에 나섰다. 영포는 동문까지 추격하다 황급히 구원에 나선 진나라 장수 장평을 만났다. 장평은 장함을 지나가게 한 뒤 영포와 교전을 벌였다. 30여 합을 겨루고 나서 장평은 싸움을 계속할 마음이 없어서 급히 회군하여 장함을 보호했다. 그들은 곡양(曲陽, 허베이성 취양현曲陽縣)의 좁은 길로 달아나다 마침 두 갈래 인마를 이끌고 구원에 나선 주태와 왕관을 만났다. 영포는 적의 구원병이 당도한 것을 보고 결국 환초와 함께 한 곳에서 병력을 합친 뒤 돌아가서 항우를 만났다.

조왕 조흡(趙歇)은 장이, 진여와 함께 성밖에 술을 마련하고 꿇어엎드려 초나라 군대를 영접하고 성안으로 들어갈 참이었다. 항우가 말했다.

"성안으로 들어갈 수 없습니다. 장함이 패퇴한 틈을 타서 곧바로 진나라 국경까지 짓쳐들어가 그 잔당을 쓸어 없애고 진나라 황족을 모두 죽여야 합니다. 이것이 바로 이번 거병의 목적입니다. 만약 인마를 이끌고 성안으로 들어가 시일을 지체하면서 적의 세력을 키워주면 결국 우리의 힘만 더 쓰게 될 것입니다.”

항우는 마침내 계포와 종리매를 조나라 성밖에 머물게 했으며 군사 30만을 그곳에 주둔시켰다. 그리고 왕리와 섭간을 참수하여 초나라 군대의 위엄을 보였다. 이어서 정예병 30만을 이끌고 장함을 추격했다. 다음 회에서 어떻게 될까?

조고의 올가미

진나라 조고가 조정 안팎에서
권세를 부리다
秦趙高權傾中外

항우는 군대를 거느리고 장함을 추격했다. 항우가 당도한 군현(郡縣)에
서는 모두 소쿠리밥과 미숫가루를 장만하여 초나라 군대를 영접했다.
각 지역 제후들도 무릎을 꿇고 항우를 알현했다. 항우의 세력은 더욱
더 천하를 뒤흔들었다. 파죽지세로 하루에 50리도 추격하고 30리도 추
격하자 장함의 군대는 먼 곳으로 도주하여 숨었다. 이때 범증이 간언을
올렸다.

 "장함은 먼 곳으로 달아나 숨었고, 제후들은 귀의해오고 있으니 이
는 하늘과 사람이 호응하는 시기입니다. 장군께선 이제 자신의 가문을
국가로 삼으셔야 할 날이 온 것입니다. 그런데 화살과 돌멩이를 참고 견
디시며 저 곤궁한 도적을 직접 추격하실 필요가 있겠습니까? 게다가

사흘 만에 이미 아홉 번 전투를 하시어 진나라 군사 30만을 격파하셨습니다. 고금에 군사를 부린 사람을 통틀어보더라도 장군께서 첫자리를 차지하실 것입니다. 제 어리석은 소견으로는 장하(漳河) 남쪽에 군대를 주둔하고 지금 이 정예군을 잘 양성하는 것이 더 좋을 듯합니다. 짐작건대 조고는 시기심이 강한 소인배이고 진이세는 어리석기 때문에 전쟁의 고통을 알지 못합니다. 지금 장함은 야외에서 군사를 부리는 일이 마음대로 되지 않으니 심지가 흐려져서 조정을 의심하며 마음이 불안할 것입니다. 이런 상황에 장군의 신령스러운 무용이 더해지면 장함을 격파하고 진나라를 멸망시키는 날도 조만간 올 것입니다."

항우가 말했다.

"삼가 선생의 가르침대로 하겠소."

그러고는 마침내 장하 남쪽에 군사를 주둔시켰다.

한편, 장함은 패잔병 10만을 수습하여 장하를 건너 함곡관에 주둔했다. 어떤 사람이 일찌감치 그 사실을 서쪽 진나라에 알리면서 장함의 30만 대군이 패배했고 천하의 제후들이 각각 한 나라씩 차지하고 있다고 말했다.

오래지 않아 항우가 진나라 땅을 침탈하자 진나라 관문 입구가 매우 위급해졌다. 황제 측근 환관과 비첩 들은 이 소식을 듣고 각각 두려움에 떨며 침식도 제대로 하지 못했다. 진나라 황실 공자와 친족 들은 모두 궁궐 문밖에 있었지만 안으로 들어가서 상황을 아뢸 수 없었다. 조고는 조정 문안을 지키며 조금이라도 자신의 뜻에 따르지 않는 사람이 있으면 곧바로 꼬투리를 잡아 죽였다. 이 때문에 신하들은 곁눈질조차 할 수 없었다. 어느 날 조고는 사슴 한 마리를 진이세에게 바치며 말이

라고 했다.[1]

진이세가 웃으며 말했다.

"승상께서 틀리셨소. 이것은 사슴이지 말이 아니오."

진이세는 좌우 근신들에게 물었다. 그러자 어떤 사람은 아무 말도 하지 않았고, 어떤 사람은 조고에게 아부하며 말이라 했으며, 어떤 사람은 사슴이라고 직언했다. 조고는 곧 그중에서 사슴이라고 말한 사람을 몰래 해쳤다. 신하들은 더욱더 두려움에 떨며 입을 닫고 국정을 말하지 않았다. 이로써 조고가 늘 대권을 잡고 흔들자 이사는 마음이 우울하고 불쾌했다. 조고는 이사가 불쾌하게 생각한다는 사실을 알고 마침내 틈을 보아 이사를 불렀다.

"관동에서 도적떼가 벌떼처럼 일어났고 장함이 패배하여 국가가 위급한 상황에 빠지게 되었소. 하물며 아방궁 대공사도 잠시 중단해야 할 지경이오. 나는 환관이라 진언을 올리기가 마땅치 않소. 이것은 군후께서 담당해야 할 일인데 어찌 간언을 올리지 않소?"

"폐하께서 깊은 궁궐에 계시는지라 만나 뵐 방법이 없소."

"군후께서 상주할 일이 있으면 내가 통로가 되어드리겠소."

그리하여 조고는 진이세가 궁궐에서 연회를 열어 비빈들을 가득 불러 모아놓은 틈에 사람을 시켜 이사에게 알렸다.

"지금이 국사를 아뢸 때입니다."

이사는 연거푸 세 번이나 알현을 요청했다. 진이세가 대로하여 소리쳤다.

1_ 지록위마(指鹿爲馬): 사슴을 가리켜 말이라고 하다. 거짓으로 윗사람을 속이고 권세를 부리는 일 또는 불의한 권력으로 진실을 가리는 일을 비유한다.(『사기』「진시황본기」)

조고가 사슴을 가리켜 말이라 하다

"나는 지금 연회를 즐기고 있거늘 이사란 놈이 어찌 감히 나를 이처럼 모욕한단 말이냐?"

조고가 말했다.

"사구에서 폐하를 보위에 올리자는 모의를 할 때 이사가 주도하여 일을 준비했습니다. 그런데 지금 폐하께서는 고귀한 천자가 되셨지만 이사는 제후왕으로 분봉되지 못했습니다. 이 때문에 항상 원망을 품고 있습니다. 전에 이사의 맏아들 이유가 삼천(三川)[2] 군수가 되어 초나라 도적과 내통한 일이 있는데, 아직도 내막이 밝혀지지 않았습니다. 지금 이사는 외지에 거주하고 있고 그 권력이 폐하보다 강합니다. 지금 초나라 사람들과 왕래하는 것도 실로 다른 마음이 있는 듯합니다. 폐하께서는 자세히 살피셔야 합니다."

이사는 조고가 음모를 꾸미고 있다는 소문을 듣고 상소문을 올려 조고의 죄를 비난했다. 그러자 진이세가 말했다.

"조 승상은 사람됨이 청렴하고 강직하여 사사로운 인정이 통하지 않소. 위로 짐의 뜻을 흡족하게 하니 짐은 조 승상이 현명하다고 생각하오. 그런데 경은 조 승상을 의심하니 어인 까닭이오? 또 짐에게 조 승상이 없으면 누구에게 조정의 큰일을 맡기겠소? 경의 말대로 짐이 아방궁 공사를 중지하란 말이오? 아방궁은 선제께서 시작하신 일이오. 경은 도적은 막지 못하고 짐에게 선제의 뜻을 어기라 하니 이는 불효자의 이름을 남기라는 말이오. 경은 위로 선제에게 보답하지 못했고, 이어서 짐에게도 충성을 바치지 않고 있소. 그러고도 어찌 재상의 자리에

---

2 지금의 허난성 뤄양시(洛陽市) 동북지방. 경내에 황허강, 뤄허강, 이허강이 흐르기 때문에 삼천으로 불린다.

앉아 있단 말이오?"

마침내 조정의 논의에 부쳐 국문한 결과 사사롭게 초나라 도적과 내통하여 사직을 위태롭게 했으므로 오형(五刑) 중에서 요참(腰斬)형에 처하고 삼족을 멸하라는 판결이 났다. 함양 저잣거리에서 이사를 포박하자 이사는 둘째 아들을 돌아보며 말했다.

"나는 너와 다시 황구(黃狗)를 끌고 상채(上蔡, 허난성 상차이현上蔡縣)의 동문 밖으로 나가 토끼몰이를 즐기려고 했는데, 이제 어떻게 그 일을 이룰 수 있겠느냐?"[3]

부자는 마침내 대성통곡했다. 이어서 이사의 허리를 잘라 죽이고 삼족을 멸했다. 후세에 호증이 이 일을 시로 읊었다.

상채 땅 동문 밖엔 교활한 토끼 살쪘을 텐데,　　　　上蔡東門狡兔肥,
이사는 무슨 일로 돌아가길 잊었는가?　　　　　　李斯何事忘南歸.
공적을 이루고도 물러날 줄 모르다가,　　　　　　功成不解謀身退,
운양에서 붉은 피로 의복을 물들였네.　　　　　　只待雲陽血染衣.[4]

조고는 이사를 죽이고 나서 권세가 더욱 등등했다.

장함은 함곡관에 군대를 주둔시켰지만 병졸에게 제공해야 할 식량과 군마를 먹일 양초(糧草)가 없었다. 각 지방 제후들은 모두 초나라와

3_ 동문황견(東門黃犬): 상채 동문에서 황견을 끌다. 관직생활을 하다 억울하게 참화를 당하고 나서 뒤늦게 후회함을 비유한다.(『사기』「이사열전(李斯列傳)」)

4_ 당나라 호증의 영사시 「상채(上蔡)」다. 통용본에는 넷째 구의 지(只)가 직(直)으로 되어 있다.

회합을 갖고 힘을 합쳐 진나라를 공격했다. 형세는 위급하고 힘은 고갈되어 병력을 지탱하기 매우 어려웠다. 장함은 사람을 보내 절차대로 보고했지만 조고는 모두 진이세에게 아뢰지 않았다. 궁녀들은 이 소문을 듣고 온종일 초조해했다. 진이세만 제 마음대로 쾌락을 즐기며 궁궐 바깥일에는 전혀 신경쓰지 않았다. 하루는 진이세가 사냥을 나갔다 궁궐로 돌아오자 궁녀들이 그를 맞아들여 침소에서 편안히 쉬게 했다. 아직 잠이 들지 않은 상태에서 진이세는 궁녀들이 낮은 목소리로 내시들과 수군대는 소리를 들었다.

"오늘 궁 밖 사람들의 이야기를 들으니 장함이 군사를 이끌고 싸우다 아홉 번이나 연패했고 군사 30만을 잃었다 합니다. 초나라 군사들이 조만간 함곡관을 통과할 텐데 우리는 이제 어쩌면 좋습니까?"

진이세는 그 말을 듣고 침상에서 일어나 방금 그 이야기를 한 궁녀와 내시 들을 급히 불렀다.

"어서 안으로 들게 하라! 그게 무슨 말인지 내가 직접 물어보겠다."

궁녀들이 모두 진이세 앞으로 다가와 울며 아뢰었다.

"지금 천하 제후들이 심한 변란을 일으켰고, 장함이 군사 30만을 잃었다 합니다. 우리 진나라 땅도 오래지 않아 초나라 군사들에게 약탈당하고 말 것입니다. 그럼 소인들은 죽어서 묻힐 땅도 없을 것입니다."

진이세는 대경실색하며 말했다.

"너희는 그걸 어찌 알았느냐?"

"궁궐 안팎에 모르는 사람이 없습니다. 오직 폐하께서만 조고에게 가로막혀 모르실 뿐입니다. 엎드려 바라옵건대 조속히 군사와 장수를 보내시어 적을 정벌하셔야 백성들이 도탄에 빠지지 않을 것입니다."

진이세는 바로 조고를 불러 크게 꾸짖었다.

"네놈은 승상이 되어 나라의 대소사를 모두 관장하고 있다. 그런데 지금 우리 군대가 초나라에 패배하여 천하가 변란에 휩싸였다. 국가가 위급한 상황에 처한 이때 네놈은 어찌하여 내게 아뢰지도 않았느냐? 그러고도 온종일 나를 기만했으니 그 죄 주살을 면치 못하리라!"

조고는 관을 벗고 머리를 조아리며 말했다.

"신은 명색이 승상의 몸이지만 궁궐 안 일만 관리하고 폐하를 시봉하며 태평성대를 누리고 있습니다. 도적을 토벌하는 일은 대장군 장함과 왕리가 관장하고 있습니다. 신이 어찌 한 몸으로 여러 가지 일을 겸할 수 있겠습니까? 지금 사람을 보내시어 장함 등이 군무를 등한히 한 죄를 추궁하시고 다시 대장을 파견하시어 정벌을 계속하시면 저절로 무사태평하게 될 것입니다. 궁궐 밖 형세는 사람들 소문에 불과합니다. 하물며 장함의 보고도 없는데 폐하께서는 어찌하여 궁녀와 환관 들의 말만 들으시고 미천한 신에게 화를 내십니까?"

진이세는 진상을 은폐하는 조고의 말만 믿고 방심하며 결국 옛날처럼 정사에는 신경쓰지 않았다.

조고는 귀가하여 진이세가 자신을 책망한 의도를 생각해보았다. 틀림없이 장함이 지난번에 와서 아뢴 일이 시행되지 않자 비밀리에 환관과 내통하여 현재 상황을 진이세에게 알려주었고, 이에 진이세가 그처럼 그를 꾸짖은 것 같았다. 조고는 연일 장함을 원망하며 화를 냈다. 그때 어떤 사람이 보고하기를 장함이 장사(長史)5 사마흔을 보내 상황

---

5 진나라 때 설치된 관직으로 승상이나 장군의 참모장을 말한다. 오늘날의 비서실장에 해당한다.

을 아뢰려 한다고 했다. 조고가 말했다.

"조정 밖에서 기다리도록 하라!"

그러나 사마흔은 사흘이 지나도 조고를 만날 수 없었다. 그는 조급한 마음에 황금과 비단으로 문지기를 매수하고 가동을 보내 소식을 탐문했다. 어느 날 가동이 와서 보고하기를 승상이 장함 장군에게 심하게 화가 나서 군무를 등한히 한 죄를 추궁한다고 했다. 그리고 지금 상황을 아뢰다가는 저들의 그물에 걸려들 것이므로 조고를 만나지 않는 편이 더 좋겠다고 했다. 사마흔은 그 말을 듣고 황급히 조정 문밖을 나섰다. 그리고 임시 숙소로 가서 수행원들과 식사를 마친 뒤 각각 행장을 꾸렸다. 이후 그는 한밤중에 함양을 떠나 함곡관을 향해 도주했다.

한편, 조고는 사마흔을 사흘 동안 머물게 하고 올가미를 씌워 그들의 삼족 남녀노소를 잡아놓고 중죄를 추궁하려 했다. 그런데 뜻밖에도 사마흔이 이미 눈치채고 곧바로 도망치고 말았다. 조고는 문지기에게 사마흔을 들여보내라고 했다. 문지기가 밖으로 나가 그의 종적을 찾았지만 간 곳을 알 수 없었다. 방향을 바꾸어 사마흔의 숙소로 가서 수소문해보니 며칠 전 수행원들과 그곳을 떠났는데, 벌써 이틀째라고 했다. 문지기는 서둘러 돌아와 조고에게 사마흔이 이틀 전에 떠났다고 보고했다. 조고는 대로하여 아장 넷으로 하여금 각각 빠른 말을 준비하여 사마흔을 잡아오게 했다. 아장들은 명령을 받아 이틀 동안 사마흔을 추격했지만 종적을 찾을 수 없었다. 앞서가는 사람들에게 물으니 이미 300리 밖에 있을 텐데 어떻게 추격할 수 있겠느냐고 대답했다. 아장은 그 말을 듣고 돌아와 조고에게 '사마흔이 이미 이틀 먼저 떠난 상황인데 어떻게 따라잡을 수 있겠습니까'라고 했다. 조고는 불같이 화를 내며 인정사정없이 아장들을 꾸짖었다. 그리고 바로 궁궐로 들어가 진이세에게 상황을 아뢰었다.

"장함 등은 궁궐 밖에서 오랫동안 마음대로 군사를 부리면서 티끌만한 공도 세우지 못한 채 오히려 군사를 잃고 변란의 빌미만 제공했습니다. 그리하여 외적을 끌어들여 관중을 흔들어놓았으니 이제 그 우환이 다른 곳까지 미칠까 두렵습니다. 사정에 따라 죄를 논하자면 마땅히 죽여야 할 것입니다. 지금 다시 대장을 선임하시고 그자 대신 정벌을 계속하게 하여 나라의 이익을 도모하시옵소서."

진이세는 그의 주청을 윤허했다. 조고는 자신의 조카 조상(趙常)을 사자로 삼아 장함 등을 소환하여 죄를 물으려 했다.

사마흔은 밤새도록 도주하여 장함을 만나 사실을 알렸다.

"조고가 권력을 오로지하며 궁궐 안팎을 가로막고 있습니다. 폐하께서 사실을 아시고 그자의 기만죄를 문책하셨습니다. 그러자 그자는 의심을 품고 장군을 모해하려고 저를 궁궐 밖에 머물게 하며 일의 꼬투리를 잡아 죄를 물으려 했습니다. 저는 그 소식을 알고 장군과 일을 상의하려고 바로 돌아왔습니다."

장함은 그 말을 듣고 대경실색했다.

"안에는 권력을 휘두르는 간신이 있고 밖에는 사나운 적병이 있소. 진퇴양난의 상황에 처했으니 어떻게 대처하면 좋겠소?"

그는 마침내 동예 등 장수들을 불러 장기 대책을 논의했다. 동예가 말했다.

"조고의 계략은 예측하기 어렵습니다. 말 한마디로 이사의 삼족을 멸했습니다. 지금 그자가 분노하고 있다면 우리도 틀림없이 독수에 당할 것입니다."

그 곁에 앉아 있던 함양에서 온 모사(謀士)가 말했다.

"조고가 계략을 꾸몄다면 이미 장군 집안의 남녀노소를 감옥에 가두고 지금 사람을 보내 장군을 잡아가서 이사 꼴을 낼 것입니다. 병력에 의지하여 명령에 항거해야 그래도 살아날 가망이 있습니다. 만약 저들을 따라 함곡관 안으로 들어섰다간 온몸이 찢어질 것입니다. 장군께선 깊이 생각하십시오."

말을 아직 다 마치지도 않았는데 벌써 사자 조상이 군영에 당도했다. 장수들은 그를 맞아들이고 조서를 받았다. 조서의 내용은 이러했다.

정벌 명령은 모두 천자에게서 나오지만 궁궐 밖 군사 일은 기실 대장이 주관한다. 공훈을 세우고 해내에 위력을 떨쳐 반드시 적을 이기고 위임받은 일에 부응해야 한다. 그런데 너 장함 등은 군대를 이끌고 정벌에 나서서 장졸을 잃고 어명을 욕되게 했다. 수하 관리가 와서 아뢴 일도 아직 지시를 내리지 않았다. 그런데 그자는 감히 돌아가 상하를 분열시키며 배반을 도모했다. 이제 기장(騎將) 조상을 보내 잡아들이려 하니 목에 오랏줄을 매고 와서 짐을 알현하라. 어명에 순종하여 어김이 없으면 정상을 참작하겠지만 만약 어명을 어기고 반항하면 주살을 면치 못하리라. 조서를 받들어 행하라!

장함 등은 조서를 다 읽고 나서 다른 장수들과 함께 벌떡 일어섰다. 그리고 바로 사자 조상을 포박하라고 고함을 질렀다.

"우리는 튼튼한 갑옷을 입고 날카로운 무기를 든 채 적의 화살과 돌멩이를 견디면서 온갖 죽을 고비를 넘기며 수많은 고통을 당했다. 전에 초나라와 아홉 번 싸울 때는 10여 일 동안 밤낮으로 한숨도 못 자고 매일 한 끼도 먹지 못했다. 여러 번 사람을 보내 일을 아뢰었으나 조고가 궁궐 안으로 들어가지도 못하게 했다. 그런데도 우리가 중죄를 범했다고 추궁한단 말이냐? 이제 사자를 따라가 죽기보다 저놈을 죽여서 원한을 갚는 편이 더 낫겠다."

장함이 마침내 칼을 뽑아 조상을 죽이려 했다. 그의 목숨이 어떻게 될지는 다음 회를 들으시라.

제17회

원수를
받아들이다

항우가 간언을 듣고
장함을 항복시키다
項羽獵諫伏章邯

장함이 사자를 죽이려 하자 장수들이 말렸다.

"안 됩니다. 사자를 죽이면 정말로 항명했단 빌미를 줄 수 있습니다. 잠시 조상을 여기에 구금해두고 일의 내막을 자세히 적어 아뢴 뒤 폐하의 기색이 어떤지 살펴보는 게 더 좋겠습니다."

장함은 칼을 누르며 조상을 베지 않고 군영에 가두었다. 상소문을 아직 다 쓰지도 않았는데 진희(陳豨) 등 여러 장수가 장함에게 권했다.

"조고는 이미 장군의 집안 남녀노소를 모두 가두었을 겁니다. 그자의 사탕발림이 폐하의 마음에 스며들었을 텐데, 설령 큰 공을 세운다 해도 누가 알아주겠습니까? 끝내 멸문의 참화를 면하기는 어려울 겁니다. 차라리 사자를 참하고 장군의 뜻을 결단함이 더 낫겠습니다."

장함은 그래도 뜻을 유예하며 결정을 내리지 못했다.

며칠 뒤 조나라 진여(陳餘)가 사람을 시켜 서찰을 보내왔다. 장함이 서찰을 뜯었다.

백기(白起)[1]는 진나라 대장이 되어 두 번이나 언영(鄢郢, 후베이성 이청시 宜城市)을 아우르고 북으로 마복군 조사(趙奢)[2]와 맞섰습니다. 그가 공격한 성과 빼앗은 땅은 이루 다 헤아릴 수 없지만 결국 사사(賜死)되었습니다. 몽염은 진나라 대장이 되어 북쪽으로 오랑캐를 쫓아내고 유중(楡中, 간쑤성 동부와 닝샤寧夏 일대) 땅 수천 리를 개척했지만 결국 양주(陽周, 산시성陝西省 징볜현靖邊縣 양저우성陽周城)에서 참형을 당했습니다. 무슨 까닭입니까? 공이 많아도 진나라에서는 봉토를 줄 수 없어서 법에 따라 주살했기 때문입니다. 지금 장군께서는 진나라 장수가 되어 3년 동안 이미 병졸 10만여 명을 잃었고, 제후들은 모두 떨쳐 일어났습니다. 조고는 평소에 아첨을 일삼으며 오래도록 자리를 보전하다 지금 일이 급해져서 진이세가 자신을 죽일까봐 겁이 나는지라 법으로 장군을 죽여 자신의 책임을 모면하려는 것입니다. 이는 자신의 죄를 장군이 대신 지게 하고 자신은 참화에서 벗어나려는 계책입니다. 장군께서는 외지에 거주하여 저들과 틈이 생긴 지 여러 해 되었습니다. 공을 세워도 주살될 것이고, 공이 없어도 주살될 것입니다. 이 천하에서 진

---

1 백기(白起, ? ~ 기원전 257). 진 소양왕의 장수로 수많은 전공을 세워 무안군(武安君)에 봉해졌다. 장평(長平) 대전에서 조나라 대군을 격파하고 조나라 군사 45만 명을 생매장하여 죽였다. 한단 공격을 두고 소양왕과 대립하다 자결했다.

2 조사(趙奢, ? ~ ?). 조 혜문왕(惠文王) 때의 명장이다. 어여(閼與) 전투에서 진나라 호상(胡傷)의 20만 대군을 격파하고 마복군(馬服君)에 봉해졌다.

나라가 망하리란 것은 어리석은 사람이나 지혜로운 사람이나 모두 알고 있습니다. 지금 장군께서는 안으로 간신배를 제거하여 임금의 곁을 깨끗이 할 수도 없고, 밖으로는 제후들을 억누르며 강한 이웃 나라를 제압할 수도 없습니다. 혼자서 고립된 채 오래 유지하려 하니 어찌 위태롭지 않겠습니까? 장군께서는 어찌하여 군대의 방향을 돌려 제후들과 합종하고 남쪽을 향해 앉아 제후왕을 칭하지 않습니까? 자신은 도끼 위에 엎어져 죽고 처자식은 인질이 되어 살육되는 일과 이 일을 비교해볼 때 어느 것이 더 좋은 일이겠습니까? 진여가 백배를 올리며 삼가 글을 씁니다.

장함은 서찰을 다 읽고 나서 장수들에게 말했다.

"진여의 말에도 일리가 있소. 하지만 어디로 투항해야 좋을지 모르겠소."

진희가 말했다.

"다른 곳은 새로 나라를 세운 상황이라 의심하는 의견이 많을 터이니 그런 곳으로 귀의해서는 안 됩니다. 그런데 초나라 장군은 공적이 지금 세상을 뒤흔들고 기세가 천하를 뒤덮고 있습니다. 또 군사는 강하고 장수는 용맹하여 위력이 크게 뻗어나가고 있습니다. 대국 제후라 해도 무릎걸음으로 초나라 장군을 뵙습니다. 저는 뒷날 진나라를 멸망시킬 나라는 틀림없이 초나라란 사실을 알고 있습니다. 장군께서는 초나라를 자세히 살펴 고귀한 제후왕에 분봉될 기회를 잃지 마십시오."

"나는 전에 항량을 죽여서 초나라와 대대로 원수가 되었소. 초나라 장군이 어찌 나를 받아들이겠소?"

"저와 장군이 초나라 장군을 만나 그 이익을 자세히 이야기하면 초나라에서 틀림없이 우리 의견을 따를 겁니다."

"그럼 장군이 먼저 가서 유세를 해보오. 나는 오로지 명령이 오기를 기다리겠소."

진희는 마침내 필마단기로 초나라 진영으로 들어가 진나라 사신이 초나라 대장을 뵈러 왔다고 전갈을 보냈다. 항우가 말했다.

"들여보내라!"

진희는 진채로 들어서서 항우와 인사를 나누었다. 항우가 말했다.

"오래 곤경에 처해 명령도 이행하지 못하자 이제 장함이 너를 보내 나를 설득하려는 것이냐?"

진희가 말했다.

"양군이 서로 대치하여 모두가 곤경에 빠져 있습니다. 군비를 댈 재물이 없어 백성의 삶은 피폐해지고 있습니다. 이는 진나라에도 불리하거니와 초나라에도 불리합니다."

"무얼 어떻게 하겠다는 것이냐?"

"장 장군은 3년 동안 고생하며 온갖 전투를 치렀습니다. 군사를 이끈 지 오래되었지만 그 전공을 진나라에 보고하기도 어렵습니다. 조고가 날마다 법도를 문란하게 하니 어찌할 수가 없습니다. 지금 우리는 조고의 명령에 항거하고 사자를 가두었습니다. 부디 장군께 귀부하여 함께 왕업을 성취했으면 합니다. 이제 우리 병졸은 어린아이가 부모를 찾듯 장군을 바라보고 있습니다. 장군의 높으신 뜻은 어떠하신지 모르겠습니다."

항우는 대로하여 탁자를 내리치며 소리를 질렀다.

"장함은 우리 숙부님을 죽인 원수이니 나와는 천년의 원한을 맺었고, 백대의 원수가 되었다. 머리를 베어 요강으로 만들어야 내 원한을 씻을 수 있을 것이다. 어찌 그런 자를 내 좌우에 붙어다니도록 허락할 수 있겠느냐?"

그러자 진희는 냉소를 그치지 않았다. 항우가 더욱더 화를 내며 말했다.

"네놈이 냉소를 그치지 않다니, 내 보검 맛을 보고 싶은 게냐?"

"저는 장군께서 하시는 일이 너무 작고 잃으시는 건 너무 커서 그것을 비웃었습니다. 대장부는 나라를 위해 집안을 잊고 현인을 등용하며 원수의 꾀도 씁니다. 장 장군이 군사를 부리는 일은 자신의 주인을 위한 것일 뿐입니다. 이것은 신하 된 자의 충성으로 지자(智者)는 반드시 그런 사람을 받아들입니다. 그런데 장군께선 어찌하여 마음의 거리낌으로 편협한 모습을 보이십니까?"

옆에 있던 범증이 말했다.

"진희를 잠깐 장막 밖에 대기하게 하십시오. 제가 장군께 드릴 말씀이 있습니다."

항우가 진희에게 호령했다.

"너는 잠시 장막 밖에서 식사를 하며 술을 마시고 있어라. 내가 좀 생각해봐야겠다."

진희가 장막 밖으로 나가자 항우는 사람을 시켜 그를 감시하게 했다. 범증이 간언을 올렸다.

"지금 장군의 위세는 참으로 대단하십니다. 그러나 군사를 거느리신 지 오래되었는데도 아직 함곡관으로 들어가지 못하시는 건 장함이 진나라의 울타리 노릇을 하고 있기 때문입니다. 지금 장함은 진이세와 조고에게 의심을 받고 있습니다. 저들이 사자를 보내 장함을 죽이려고 매우 급하게 압박해오자 장함은 앞으로 전진할 수도, 뒤로 물러날 수도 없게 되었습니다. 진퇴양난에 빠져 부득이하게 장군께 귀부하려 하는 것입니다. 진실로 장군께서 옛 원한을 생각지 않고 은혜로 저들을 어루만지고 대의로 우의를 맺어 그 마음을 귀속시키고 굽어 살피시면, 저들은 틀림없이 장군의 은혜에 감격하여 보답하려 할 것입니다. 장차 뜨거운 가마솥에 들어가거나 타오르는 불길 속으로 뛰어드는 일이라 해도 끝끝내 장군을 위해 헌신할 것입니다. 또 진나라가 믿는 장수는 장함뿐입니다. 장함을 제거하는 건 저들의 울타리를 없애는 것과 같습니다. 그럼 진나라는 의지할 중신이 없어집니다. 대체로 나라에 주장(主將)이 없으면 그 나라는 없는 것과 같습니다. 장군께서 그 빈틈에 군사를 휘몰아 진격하시면 폭포수가 아래로 쏟아지는 것처럼 진나라를 격파하시는 일도 쉬울 것입니다. 지금 장함을 버려두고 받아들이지 않으시면 장함은 군대를 거느리고 다른 나라에 투항한 뒤 그들과 연합하여 지원군을 편성하고 대사를 도모할 것입니다. 이는 진나라가 아직 망하지도 않은 터에 또다른 진나라를 보태는 일입니다. 옛사람이 말하기를 '삼군은 얻기 쉬우나 장수는 구하기 어렵다'[3]라고 했고, '하늘이 주는 걸 받지 않으면 도리어 허물을 짓게 된다'[4]라고 했습니다. 장군께서는 사사로운 원한을 버리시고 조속히 결단을 내리십시오. 작은 원한을 잊고 큰일을 도모해야 천하의 호걸이라 할 수 있습니다."

3_ 원나라 마치원(馬致遠)의 잡극 『한궁추(漢宮秋)』에 나온다. "三軍易得, 一將難求."
4_ 『사기』 「월왕구천세가(越王勾踐世家)」에 나온다. "天與不取, 反受其咎."

항우는 범증의 말을 듣고 마침내 상황을 깨달았다.

"군사의 말씀이 참으로 지당하오."

그리고 바로 진희를 장막 안으로 들어오게 했다.

"그대의 말을 깊이 생각해보았소. 처음에는 장함이 숙부님을 죽인 원수라 항복을 받아들일 생각이 없었소. 그러나 국가에서 사람을 등용할 때는 옛 원한을 생각하지 않는 법이오. 숙부님의 원수는 나 개인의 사사로움이지만 국가의 인재 등용은 천하의 공무요. 어찌 구구하게 복수심에 얽매여 인재 등용의 공무를 망각할 수 있겠소. 장함이 진실한 마음으로 나에게 온다면 잠시 옛 원한은 접어두고 투항을 허락하겠소. 내 말을 그렇게 전하시오. 그리고 조속히 진나라 사신을 참수한 뒤 본부 인마를 인솔하고 장하 남쪽으로 와서 나를 만나도록 하시오. 만약 공훈을 세운다면 뒷날 진나라를 멸하고 나서 부귀를 함께하겠소."

진희는 명령을 받아 하직 인사를 하고 진나라 군영으로 돌아가 장함에게 보고했다. 장함이 말했다.

"장군의 말대로 당장 사자를 참수하고 투항해야겠소. 허나 범증은 꾀가 많은 자이니 혹시 나를 초나라 진영으로 유인하여 해치려 할지도 모르오. 그럼 오히려 그자의 계략에 빠지게 되오. 장군은 다시 한번 저들의 진영으로 가서 허실을 탐색해주시오."

이에 진희는 다시 초나라 진영으로 가서 항우를 만났다.

"장 장군은 곧 투항하러 올 것입니다. 다만 장군께서 옛 원한을 잊지 않으시고 자신을 함정에 빠뜨릴까 걱정하고 있습니다."

"대장부의 말 한 마디는 무겁기가 태산과 같소. 장함을 죽이고 싶다면 어찌 다른 계책이 없겠소. 내가 그를 유인해서 죽인다면 내게 투항하려는 자들은 모두 장함을 핑계로 발걸음을 끊을 것이오. 이는 스스로 현인의 귀의를 가로막는 처사가 아니겠소?"

항우는 마침내 화살을 꺾어 맹세하고 그것을 진희에게 주었다. 진희는 그 화살을 갖고 돌아와 장함에게 주면서 항우가 이처럼 의기를 보였다고 자세히 말했다. 장함은 크게 기뻐하며 장막으로 올라가 조상을 끌어내 목을 베어 군사들에게 널리 보였다. 그리고 장수들을 불러모아 함께 10만 군사를 이끌고 포성을 울린 뒤 함성을 지르고 깃발을 흔들며 곧바로 장하 남쪽으로 달려갔다. 30리에 걸쳐 군영을 세우고 장함은 진나라 장수들을 이끌고 초나라 진채로 가서 군문 밖에 손을 모으고 선 채 항우를 기다렸다. 범증은 초나라 군사들에게 깃발을 늘여 세우고 대오를 엄정하게 유지하게 했다. 또 연도 양쪽에 수많은 장수를 도열시켰는데, 모두 번쩍이는 갑옷을 입고 있어서 그 위의(威儀)가 대단했다. 항우는 군막 중간에 좌정하고 먼저 북을 세 번 두드려 군문을 열게 하고 새로 항복한 장함 등 장수들을 들어오도록 했다.

장함은 군막 안으로 들어와 예를 마치고는 눈물을 흘리며 말했다.

"조고는 진이세에게 참소하여 구원병도 보내주지 않고 조칙을 내려 저를 죽이려 하고 있으며 저의 집안 남녀노소까지 모두 가두었습니다. 핍박이 지나쳐서 저는 몸을 의지할 데가 없는지라 이제 어린아이가 부모를 바라보는 것처럼 장군께 귀의하고자 합니다. 하지만 지난날 정도에서 군사를 부릴 때 사사로운 사정을 돌아볼 수 없어서 높으신 어르신〔尊公, 항량〕을 해쳤으니 그 죄는 만 번 죽어 마땅합니다. 그런데도 이제 관대한 처분을 받고 천지와 같은 큰 은혜를 입었습니다. 어찌 감히 힘을 다해 보답하지 않을 수 있겠습니까? 작은 공이라도 세워 위로는 저를 죽이지 않으신 장군의 은혜에 보답하고, 아래로는 간신배가 우리 가족을 죽인 원한을 갚고자 합니다. 다행히 받아주신다면 장군의 말을 모는 일이라도 맡겠습니다."

항우는 그를 위무하며 말했다.

"그대들이 내게 목숨을 맡겼으므로 이제 반드시 중용할 것이오. 충심으로 보국하며 다른 생각은 먹지 말기 바라오. 진나라를 멸한 뒤 그대들과 부귀를 함께하겠소."

장함과 장수들은 머리를 조아리며 항우의 은혜에 감사 인사를 올렸다. 그들은 자신들의 본래 인마를 그대로 거느리고 정벌에 나서길 기다리게 되었다.

함곡관을 지키는 진나라 장수는 장함이 초나라에 투항한 사실을 알고 나는 듯이 함양으로 달려갔다. 그는 장함이 사자를 죽인 뒤 10만 군사를 이끌고 초나라에 항복했으며, 또 지금 항우가 제후들과 연합하여 함곡관을 공격하고 있어 사태가 매우 급박하다고 보고했다. 조고는 자신의 조카가 살해되었음을 알고 진이세에게 그 사실을 알리며 장함이 평소에 역심을 품고 있더니 지금 과연 진나라를 배반하고 초나라에 항복했다고 비난했다. 진이세는 대로하여 항복한 장수 집안의 남녀노소를 모두 함양 저잣거리에서 깡그리 죽었다.

그 사실을 장함 등에게 알리자 장수들은 모두 대성통곡했다. 그들은 항우에게 달려가 보고를 올리고 함곡관을 지키는 장수가 없는 틈에 군대를 이끌고 황하5를 건너 신안(新安, 허난성 신안현新安縣), 민지(澠池, 허

5_ 원본에는 장하(漳河)로 되어 있으나 당시 항우의 진채가 이미 장하 남쪽에 있었으므로 황하가 되어야 옳다. 황하를 건너 신안, 민지, 함곡관을 거쳐 장안으로 들어가야 한다.

장함이 조상을 처형하다

난성 싼먼샤시三門峽市 소재)로 곧바로 쳐들어가면 진나라도 격파할 수 있다고 장담했다. 항우는 범증과 대책을 논의했다. 범증이 말했다.

"군사들이 오래 외지에서 머문지라 매우 피곤해하고 있습니다. 주상 전하께서도 팽성으로 도읍을 옮기시고 나서 아직 대업을 안정시키지 못하고 계십니다. 또 진나라는 군대도 강하고 백성도 부유하므로 가볍게 대적해서는 안 됩니다. 차라리 회군하여 주상 전하를 뵙고 먼저 근본을 안정시키면서 병마를 쉬게 하고 군량과 사료를 많이 비축하는 것이 더 좋을 듯합니다. 그런 뒤 장수들에게 두 갈래 길로 정벌에 나서게 하여 진나라가 머리와 꼬리를 모두 돌아볼 수 없게 만들어야 합니다. 이것이 상책입니다. 만약 지금 외부 공격에 나섰다가 팽성을 지키지 못하면 고생을 하면서도 아무 전공을 세우지 못하고 오히려 장군의 위명(威名)만 깎일 터이니 그것은 좋은 용병술이 아닙니다."

항우는 마침내 범증의 말에 따라 대군에 행군 명령을 내리고 바로 팽성으로 돌아갔다. 회왕이 어떻게 진나라를 정벌할지는 다음 회를 들으시라.

제18회

미치광이 선비

역생의 지혜를 받아들여
장량을 오게 하다
收酈生智借張良

항우는 군사를 거두어 팽성으로 돌아가 회왕을 뵈었다. 회왕이 말했다.

"장군께선 군사를 거느리고 원정에 나서서 여러 번 큰 공을 세웠소. 이제 진나라를 격파하고 나면 그 공훈은 쇠나 돌처럼 마멸되지 않을 것이오."

항우는 제후들과 항복한 장수 장함 등을 이끌고 들어와 회왕을 알현했다. 회왕은 매우 기뻐하며 크게 잔치를 열고 장졸들을 배불리 먹이며 상을 내렸다. 그 자리에서 회왕은 항우를 노공(魯公)에 봉하고 유방을 패공(沛公)에 봉했다. 또 병졸들을 편히 쉬게 하고 앞으로의 정벌을 기다리라 했다.

패공 유방은 장수를 뽑고 병사를 훈련시키며 사방의 영웅과 현인을 불러모았다. 몇 달도 되지 않아 소하, 번쾌, 조참, 하후영, 주발(周勃), 왕릉(王陵), 시무(柴武), 근흡(靳歙), 노관(盧綰), 정복(丁復), 주창(周昌), 부관(傅寬), 설구(薛歐), 진패(陳沛), 장창(張倉), 임부(任敷) 등 50여 명의 장수를 초빙했고 군사 10만을 거느리게 되었다. 노공 항우도 휘하에 범증, 영포, 계포, 종리매, 환초, 우영, 정공, 옹치, 장함, 사마흔, 동예, 위표, 장이, 진여, 공오(共敖), 장도(臧荼), 용저(龍且) 등 장수 100여 명을 거느리고 군사 50만을 통솔했다. 패공은 오로지 인의를 행하며 살상과 정벌을 숭상하지 않았다. 널리 영웅을 초청하고 백성을 위무했다. 회왕은 패공을 심히 아끼며 매번 신료들에게 말했다.

"패공 유방은 어질고 후덕한 장자〔仁厚長者〕요. 이 사람에게 정벌을 맡기면 지방을 안정시키고 백성을 위무할 수 있을 것이오. 진정 천하의 주인이 될 만한 사람이오."

노공은 권위가 나날이 높아져서 천하 제후들도 감히 올려다보지 못했다. 성격은 포악하고 기질은 강경하여 사람들이 함부로 접근조차 할 수 없었다. 회왕도 노공을 심하게 꺼리며 말 한 마디도 붙이지 못했다. 매번 노공이 국사를 아뢸 때도 회왕은 자리에서 일어나 그와 이야기를 나누었다.

어느 날 세작이 함양에서 돌아와 진이세가 폭정을 자행하여 백성이 발걸음을 떼지 못할 정도로 공포에 떨고 있으며, 조고도 권력을 전횡하며 사람을 해치는데 그 정도가 나날이 더 심해지고 있다고 전했다. 노공은 보고를 듣고 회왕에게 아뢰었다.

"신은 오늘까지 오랫동안 병마를 훈련해왔으므로 지금이 바로 정벌에 나서서 저 무도한 무리를 죽이기에 딱 좋은 시기입니다. 어찌 천하대란을 일으키는 자들을 용납하여 백성에게 해를 끼칠 수 있겠습니까?"

회왕이 말했다.

"나도 지금 두 분에게 길을 나누어 진나라 정벌에 나서달라고 요청하려던 참이었소. 공의 오늘 주청은 진정으로 나의 뜻에 부합하오."

그리고 바로 패공과 노공을 앞으로 불러서 유시를 내렸다.

"진이세는 무도함이 극에 달해 하늘과 인간이 모두 분노하고 있으므로 마땅히 정벌해야 하오. 그러나 군대를 두 길로 나누면 각각 어쩔 수 없이 이곳으로 갈지, 저곳으로 갈지 갈래를 정해야 하오. 신료들과 계책을 잘 의논하여 이후 분쟁이 없도록 하겠소. 두 분은 잠시 나가서 내가 심사숙고하여 타당하게 길을 정할 때까지 기다리시오. 그런 뒤에 두 분을 파견할 것이오."

회왕은 신료들을 불러 대책을 강구했다. 신료들이 말했다.

"진나라 정벌은 동서 두 갈래 길이 있는데, 멀고 가까움이나 쉽고 어려움의 구분은 없습니다. 다만 공평하게 두 가지 추첨 쪽지를 써서 두 사람에게 각각 하나씩 뽑게 하여 동을 뽑은 사람은 동쪽으로 보내고, 서를 뽑은 사람은 서쪽으로 보내면 원정길을 두고 다투는 일은 없을 것입니다."[1]

회왕이 말했다.

"좋소."

이에 추첨 쪽지 두 장을 써서 두 사람에게 각각 하나씩 뽑게 한 결과

---

1 당시 초나라 도성 팽성에서 함양으로 가기 위해서는 모두 서쪽으로 방향을 잡아야 한다. 당시 항우와 유방의 행군 경로를 보면, 항우는 먼저 동북으로 갔다가 서쪽으로 향했고, 유방은 먼저 남서로 길을 잡아 서쪽으로 향했다.

패공은 서쪽 길로, 노공은 동쪽 길로 가게 되었다. 명령을 받고 나서 두 사람은 각각 인마가 잘 준비되어 있는지 점검하고 회왕에게 작별 인사를 했다. 그리고 날짜를 잡아 정벌에 나설 때 회왕이 말했다.

"경들은 진나라가 무도하여 백성을 학대한다고 나를 왕으로 세워 사람들의 여망에 부응했소. 그러나 지금 나는 몸이 허약하고 재주가 열등하여 천하의 뜻에 부합하지 못하고 있소. 경들은 각각 본부의 병마를 거느리고 두 길로 정벌에 나서서 먼저 함양에 당도한 사람을 왕으로 받들고 뒤에 당도한 사람은 신하가 되시오. 내 약속을 어기지 마시오. 경들은 천하를 안정시킨 뒤 나를 한적한 땅으로 보내 그곳을 내 양로처로 삼게 하시오. 그것이 내 소원이오."

노공과 패공은 여러 장수와 땅에 엎드려 아뢰었다.

"신들이 왕업에 온 마음을 다 바쳐 이제 다시 제업(帝業)을 회복하도록 힘쓰겠습니다. 장안에 도읍을 정하고 주나라 옛 터전을 회복하는 것이 신들의 뜻입니다."

회왕이 말했다.

"오로지 장군들께서 승첩 소식을 보내 내 마음을 위로해주기 바라오."

노공과 패공은 회왕에게 배례하며 작별 인사를 하고 조정을 나와 각자 병마를 거느리고 정도까지 갔다. 그리고 그곳에서 회합을 갖고 결의형제를 맺었다. 이에 패공은 형이 되었고 노공은 아우가 되었다. 술을 마련하여 즐겁게 잔치를 열고 모두 취한 뒤에야 흩어졌다. 다음날 길을 나누어 정벌에 나섰다. 이때가 진이세 3년 봄 2월이었다.

패공 유방의 군대가 북창읍(北昌邑)에 다다랐을 때 그곳 네 성문은 군게 닫혀 있었고 성 위에는 깃발이 꽂혀 있어서 대군이 전진할 수 없었다. 번쾌가 말을 타고 나와 성을 공격하려 하자 패공이 타일렀다.

"외로운 성 작은 고을에는 백성이 고달프게 살 것이오. 그런데 대군이 한 번 움직이면 옥석이 모두 부서지게 되오. 내가 지금 군사를 부리는 건 백성을 편안하게 하기 위함이오. 그런데 지방에 도착하자마자 강포한 짓을 한다면 그건 왕자(王者)의 군대가 아니오."

삼군이 패공의 말을 듣고 성안으로 소식을 전하며 노인들을 고무하자 그들이 읍령(邑令)에게 가서 알렸다.

"진나라의 가혹한 법에 고통을 당하는 동안 우리는 마치 뜨거운 물과 불을 밟는 듯했습니다. 그런데 지금 패공의 대군이 당도하자 지방민들이 안도하며 마치 단비를 만난 것처럼 여깁니다. 만약 패공에게 항거하면 이는 하늘을 거스르는 일이 될 것입니다. 잠시 분노하여 싸우다가 성이 부서지는 날에는 우리 모두 가루가 될 것입니다. 공께서는 성을 열고 항복하여 천명에 순응하기 바랍니다."

읍령은 노인들의 말에 따라 성문을 크게 열고 향불과 꽃을 준비하여 대군의 입성을 환영했다. 패공은 장수들에게 명령을 내려 삼군을 잘 살피라 하고 만약 민간의 물건을 하나라도 함부로 탈취하는 자가 있으면 즉시 목을 베어 효수하라고 일렀다. 이로써 백성은 더욱 감격하며 패공을 받들었다. 이 소문은 원근 각지로 퍼져나갔고 패공의 군대는 군과 읍에 이르러서도 백성의 재산을 털끝만큼도 건드리지 않았다. 그러자 곳곳의 고을이 바람에 휩쓸리듯 패공에게 귀의했는데, 그 수를 이루 다 헤아릴 수 없을 정도였다.

어느 날 행군 대오가 고양읍에 이르렀을 때 읍령 왕덕(王德)이 성을 나서서 먼 곳까지 환영을 나왔다. 패공이 그 사람을 만나보니 언어가 정확하고 풍모가 출중했다. 패공은 성으로 들어가 그를 자리로 이끌며 물었다.

"어지신 원님께서 이처럼 겸손하고 관대한 마음을 보여주시는데, 어찌하여 이 유방과 함께 진나라를 정벌하고 조만간 국사를 논의하려 하지 않으십니까?"

왕덕은 공수(拱手)하며 말했다.

"저도 장군의 막하에서 일하고 싶습니다. 그러나 제가 떠나면 이 고양 땅은 관리할 사람이 없어서 백성이 귀의할 곳이 없게 됩니다. 저는 이런 상황을 참을 수 없습니다. 이곳에 어진 선비 한 분이 살고 있습니다. 성은 역(酈), 이름은 이기(食其)로 집안이 가난하고 뜻을 얻지 못해 음주를 좋아합니다. 술이 취한 뒤에는 고성방가를 하며 사소한 예절에 구애받지 않습니다. 사람들은 그를 미친 선비[狂士]라 부릅니다. 나이는 68세고, 외모는 보잘것없으나 가슴속에 만 곡(斛, 10두)의 구슬을 품고 있으며, 뱃속에 온 하늘의 별을 담고 있습니다. 흥망성쇠의 운수와 치세, 난세의 기미를 알고 있는 진정한 현인입니다. 진나라가 잔혹한 정책을 펴며 분서갱유를 저지르자 마침내 주광(酒狂)으로 방종하고 있습니다. 그는 늘 '온종일 멍청하게 취해 있지만 밝은 군주를 만나면 맑게 깨어날 것이다'라고 말을 합니다. 명공(明公)께서는 어찌 역생(酈生)[2]을 초청하여 별가(別駕)[3]로 삼지 않으십니까? 그렇게 하여 조만간 국가 대사를 자문하시면 진실로 많은 도움을 받으실 수 있을 것입니다."

2_ 사람의 성 뒤에 붙이는 생(生)은 서생, 선비 등의 의미를 지닌다.

패공은 그 말을 듣고 기뻐하며 마침내 왕덕을 보내 역생을 초청했다.

역생은 지난밤에 마신 술이 아직도 덜 깬 상태로 옷을 걸치고 나와 왕덕을 맞았다. 왕덕은 패공의 덕망을 칭송하며 말했다.

"제가 이미 선생을 별가로 추천했습니다. 선생께선 이처럼 큰 포부를 품으시고도 아직 진정한 주인을 만나지 못하셨습니다. 제가 패공을 만나보니 틀림없이 왕업을 이루실 분입니다. 어찌하여 그분을 따르지 않으십니까?"

역이기가 말했다.

"저도 패공의 흉금이 드넓다는 소문은 들었습니다. 그러나 현인을 만날 때 오만하게 대한다고 하니 예절에 맞게 대접을 받지 못할까 걱정이 됩니다. 저처럼 미친 짓으로 그 사람을 따르다가는 오히려 치욕을 당하기 십상일 것입니다."

"선생께선 평소에 임기응변으로 매사에 대처를 잘하셨으니, 가서 대등하게 예를 행하시면서 그분의 뜻을 살펴보시는 건 어떻겠습니까?"

"원님의 말씀이 옳습니다."

그리하여 역이기는 마침내 읍령과 함께 패공을 만나러 왔다.

패공은 바야흐로 침상에 다리를 쩍 벌리고 앉아 두 여자에게 발을 씻기고 있었다. 역이기는 안으로 들어가 길게 읍만 하고 절은 하지 않았다. 그러면서 비꼬듯이 말했다.

"족하께선 진나라를 도와 제후들을 공격할 심산입니까? 아니면 제

---

3 한나라 때 설치된 관직이다. 별가종사(別駕從事)라고도 한다. 지방 장관의 보좌관이다. 처음에는 지위가 높아서 순행을 나갈 때 자사(刺史)와 함께 수레를 타지 않고 따로 마련한 수레를 탔기에 별가(別駕)란 명칭이 붙었다.

후들을 이끌고 진나라를 격파할 생각입니까?"

패공은 역생이 늙은이 주제에 말만 준엄하게 하는 것이 아닌가 생각하고 그를 꾸짖었다.

"철모르는 샌님이로다! 천하가 진나라의 가혹한 법률에 고통받은 지 오래라, 나는 왕명을 받들고 서쪽 길로 진나라를 정벌하여 저 무도한 자들을 주살하려는 것이다. 어찌 진나라를 돕겠느냐?"

"족하께서 진나라를 정벌하고 무도한 자들을 주살하려면 의군을 일으켜 천하를 복종시켜야 합니다. 그런데 어찌하여 다리를 쩍 벌리고 앉아 어른을 맞으면서 이처럼 무례한 모습을 보입니까? 이런 행동을 하면 현인들이 모두 떠날 터이니 함께 대사를 도모할 사람이 없게 됩니다. 이러고서야 어찌 천하를 다툴 수 있겠습니까?"

그러자 패공은 발 씻기를 그치고 옷을 입었다. 그리고 역이기를 이끌어 상좌에 앉게 하고 사죄했다.

"선생께서 이렇게 갑자기 오실 줄 몰라서 영접에 실례가 많았소. 너무 탓하지는 마시오."

이에 역생은 먼저 전국시대 육국의 합종책과 연횡책을 설파하고, 이어서 진나라 황제의 무도함을 이야기했다. 언변이 폭포수처럼 도도하여 조금도 막힘이 없었다. 패공은 크게 기뻐하며 진나라 정벌 대책을 물었다. 역생이 말했다.

"지금 규합한 군사에다 각지에 흩어진 병졸을 모은다 해도 채 10만이 되지 않습니다. 이런 병력으로 곧바로 강대한 진나라로 들어가는 건 소위 양떼를 호랑이 아가리에 몰아넣는 격입니다. 그런데 진류 땅은 천하의 요충으로 사통팔달의 요지이기도 합니다. 또 성안에 쌓아놓은 식

유방이 역생의 의견을 듣다

량도 엄청나게 많습니다. 지금은 태수 진동(陳同)이 지키고 있는데, 제가 가서 유세를 해보겠습니다. 진류를 얻어 근거지로 삼고 군마를 모집할 수 있다면 그후 기회를 봐서 관중을 격파할 수 있을 것입니다. 이것이 상책입니다."

패공은 즉시 역생을 진류로 보냈다. 진류 수령은 평소에 역이기와 우정이 돈독했다. 그는 역이기가 왔다는 말을 듣자 그를 영접하여 후당으로 들어가서 주연을 베풀고 한담을 나누었다. 역생이 말했다.

"뛰어난 새는 나무를 가려서 둥지를 틀고, 현명한 신하는 임금을 가려서 보좌하는 법이오. 지금 진나라가 정치를 잘못하여 제후들이 모두 떨쳐 일어났소. 나는 술의 힘을 빌려 미치광이를 가장하고 진정한 주인을 찾았지만 그런 사람을 만날 수 없었소. 그런데 어제 패공을 만나보니 콧날이 우뚝한 용안에 흉금이 활달했소. 인의로 군대를 부리고, 관대함으로 정치를 펼치며, 서쪽으로 진나라 정벌에 나서자 모든 고을이 그 풍모를 우러르며 귀의하고 있는 실정이오. 현후께선 이 외로운 고을을 지키고 있는데, 이곳은 천하의 요충지요. 그런데 저들의 군사가 갑자기 들이닥쳐 강한 군사로 이 약한 성을 뭉개면 성은 함락되고 백성은 도망칠 것이오. 그때가 되면 목을 길게 빼고 참수를 기다릴 수밖에 없게 되오. 이 기회를 놓치는 건 참으로 애석한 일이오. 현후께선 거듭 잘 생각해보시오!"

진동은 고개를 숙이고 깊이 생각하다 말했다.

"선생의 말씀이 매우 일리가 있소. 그러나 진나라의 녹을 먹는 사람으로서 차마 진나라를 배반할 수 없소."

"진이세는 잔학하여 천하 모든 사람이 이를 갈고 있소. 주 무왕이

은 주왕을 정벌할 때 사해의 민심이 모두 귀의했소. 나는 혼자 폭행을 저지른 필부 주(紂)를 죽였다는 소문은 들었어도 임금을 시해했다는 소문은 못 들었소. 진이세는 지금 혼자 설치는 필부에 불과하오. 그런데 어찌 진나라를 배반한다고 여기시오?"

진동은 역생의 말을 듣고 즉시 일어나 감사 인사를 하고 옷을 갈아입었다. 그리고 함께 성을 나와 패공을 영접했다. 패공은 소하, 조참 등 100여 명과 함께 성으로 들어갔다. 진동은 그들에게 잔치를 베풀며 환대했다. 그곳에 한 달간 주둔하여 곳곳의 인마를 불러모으자 군사가 5만 여로 늘어났다.

패공은 크게 기뻐하며 이것은 역생의 도움이라 생각하고 그를 불러 감사 인사를 했다.

"선생을 만난 이래 진류를 얻었고 병졸을 모았으며 식량을 비축했소. 이것은 불후의 공적이오."

그리하여 역생을 마침내 광야군(廣野君)에 봉한 뒤 늘 자신의 곁에 두고 모자라는 점을 지적받았다. 역생이 말했다.

"아무개는 족하의 사랑을 받아 정이 나날이 친밀해지고 있지만 뛰어난 공적을 세워 진나라를 격파하는 일에는 밝은 도움을 드릴 능력이 없습니다. 마침 이곳에 뛰어난 사람이 있는데, 그는 세상을 경륜할 만한 재주를 지녔으며, 천하를 경영할 만한 선비라고 할 수 있습니다. 바로 은 탕왕(湯王)4의 재상 이윤(伊尹)5이나 주 무왕의 대장군 여망(呂望)과 같은 인물입니다. 이 사람을 얻어 족하를 보좌하게 한다면 진나라

4_ 탕왕(湯王, ? ~ ?). 은(殷, 商)나라를 세운 인물이다. 폭군인 하나라 마지막 임금 걸왕(桀王)을 정벌하고 천하의 패권을 잡았다.

를 무너뜨리는 일에 무슨 근심이 있겠습니까?"

패공이 벌떡 몸을 일으키며 물었다.

"그분이 뉘시오?"

"바로 한(韓)나라 사람으로 성은 장, 이름은 량, 자는 자방입니다. 5세 동안 한나라의 재상을 지냈습니다. 이인(異人)의 술법을 전수받아 늘 한나라의 원수를 갚으려 하고 있습니다. 지금 한나라가 새로 일어난 지 얼마 되지 않아 아직 외부로 활동을 크게 넓히지 못하고 있습니다. 이 사람이 족하에게 귀의한다면 비단에 수를 놓는 격이며 호랑이가 날개를 다는 격입니다."

"그분이 벌써 한나라에서 재상 노릇을 하고 있다면 이곳으로 오려 하겠소?"

"제게 장량을 유인할 한 가지 계책이 있습니다. 유인해오면 그때 좋은 말로 그의 마음을 고무하여 족하께 귀의하도록 힘써야 합니다."

"유인할 계책이 무엇이오?"

"족하께서 서찰 한 통을 닦아 사람을 보내 이렇게 말을 전하십시오. '지금 군사를 일으켜 진나라를 치고 제후들을 위해 원수를 갚아주겠습니다. 허나 군량이 부족하여 한왕(韓王) 전하에게 식량 5만 석을 빌리고자 합니다.' 한왕에게 식량이 없다면 틀림없이 장량을 보내 족하를 알현하게 할 것입니다. 그럼 저의 계책은 성공했다고 할 수 있습니다."

5_ 이윤(伊尹). 은나라 탕왕의 재상이다. 본래 공상(空桑)에서 태어나 요리사를 직업으로 삼았다는 전설이 있다. 탕왕을 도와 하 걸왕을 몰아내고 천하를 통일했으며 이후 외병(外丙), 중임(仲壬), 태갑(太甲), 옥정(沃丁)까지 5대의 임금을 섬기며 상나라를 반석 위에 올려놓았다.

패공은 역생을 사신으로 삼아 자신의 서찰을 가지고 며칠 내에 한나라로 가게 했다. 역이기는 한나라 도성으로 들어가 한왕을 뵙고 패공의 서찰을 바쳤다.

초나라 정서대장군(征西大將軍) 패공 유방은 한왕(韓王) 전하께 서찰을 올립니다. 엎드려 살펴보건대 진시황은 무도하게도 육국을 병합했습니다. 진이세는 포악한 정치를 하여 그 죄악이 차고도 넘칩니다. 백성은 고통에 울부짖고 있으며 그들의 원한은 골수에까지 사무쳐 있습니다. 지금 저는 대군을 이끌고 천하에 포고문을 띄워 대의에 의지하여 포악한 적을 제거하고 세상의 원한을 갚고자 합니다. 그러나 행군 100리에 날마다 1만 금이 소비되는데, 가장 급한 것은 군수품입니다. 이곳 인근 고을 중 열에 아홉은 텅 비어 있어서 군수품을 빌릴 곳이 없습니다. 이제 삼가 역생을 보내 군량 5만 석만 빌리고자 합니다. 진나라를 격파한 뒤 배로 갚아드리겠습니다. 적을 토벌하는 군사를 생각하시고 조속히 식량을 보내 급한 일을 구해주시면 그보다 큰 다행은 없겠습니다. 서찰을 마주하고 간절히 바라오니 부디 보살펴주십시오.

한왕은 서찰을 다 읽고 나서 신료들과 대책을 논의했다.

"우리 한나라는 시황제에게 멸망당했다가 이제 바야흐로 다시 나라를 세웠소. 우리가 쓸 비용도 모자라는데 어찌 남까지 구해줄 수 있겠소?"

신료들이 말했다.

"패공은 회왕의 명령을 받들고 진나라 정벌에 나섰으므로 이는 천하의 공의(公議)입니다. 식량 5만 석을 빌려주는 일은 모든 수량을 채울 수 없고 그 절반 정도는 줄 수 있을 듯합니다. 전부 주지 않았다간 대의를 해칠까 두렵습니다. 대왕마마께서 깊이 생각해주십시오."

한왕이 근심하고 있을 때 장량이 앞으로 나서며 말했다.

"사신을 잘 접대하고 신에게 패공을 만날 수 있게 허락해주십시오. 방략이 있습니다."

신료들이 매우 기뻐했다. 뒷일이 어떻게 될까?

제19회

간신배의 최후

망이궁에서
진이세가 살해당하다
望夷宮二世被害

장량은 한(韓)나라에 식량이 없기 때문에 패공을 만나러 가기로 했다.
한왕이 말했다.

"경은 패공에게 가서 잘 해명하고 두 나라의 우호가 깨지는 일이 없
도록 하시오."

역생은 마음속으로 생각했다.

'이 사람은 이제 나의 계책에 걸려들었다!'

역생은 곧 한왕에게 작별 인사를 하고 장량과 함께 돌아와 패공을
만났다. 장량은 아직 군문으로 들어서기 전에 깊이 생각했다. 그는 역
생이 군량을 빌리러 온 것은 속임수에 불과하고 기실 자신을 패공에게
복종시켜 진나라를 정벌하려는 의도라고 짐작했다. 그러나 장량은 이

렇게 온 김에 패공이 어떤 사람인지 알아보기로 했다.

역이기와 패공은 계략을 잘 짜두고 군문 밖에서 장량을 기다리며 먼저 번쾌를 보내 맞이했다. 장량은 번쾌를 보고 한 나라의 개국공신이 될 만한 인물이라고 생각했다. 군영 입구에 다다르자 패공이 소하, 조참, 근흡, 노관, 왕릉, 하후영 등을 이끌고 군문 옆에 서서 기다리고 있었다. 패공의 우뚝한 콧날과 용안을 보니 정말 나라를 안정시킬 만한 진정한 군주였다. 또 소하 등 신하들은 강토를 개척할 만한 뛰어난 인물들이었다. 장량은 자기도 모르게 이런 생각이 들었다.

'일대의 군주가 있으니 일대의 신하가 있구나. 내가 지금 해명하러 와서 뜻밖에도 이런 인물들을 만난 건 우연이 아니다. 나의 스승 황석공께서 내게 진명(眞命) 천자를 보좌하여 이름을 만대에까지 떨친다고 말씀하셨다. 지금 패공을 만나고 보니 떠날 수가 없겠구나.'

장량은 군막 안으로 들어가 패공을 뵙고 머리를 조아리며 예를 올렸다.

"명공께서 군사를 일으켜 진나라 정벌에 나서자 여러 고을이 그 풍모를 우러르며 모두 항복했다고 들었습니다. 그럼 거두어들인 군량도 아주 많을 터인데, 어찌하여 미친 선비의 말만 듣고 거짓으로 식량을 핑계삼아 이 장량을 오게 했습니까?"

패공은 그의 말을 듣고 깜짝 놀라 답변을 할 수 없었다. 그러자 소하가 곁에서 장량에게 응대했다.

"우리 주군께서 식량을 빌리려〔借糧〕 함은 기실 장량을 빌리려〔借良〕 함입니다. 선생께서 여기 오신 건 기실 유세하러 오신 것이지요? 유세하러 오셔서 유세를 하지 않으시는 건 우리 주군을 뵙고 충분히 함께

하실 일이 있다고 생각하시기 때문일 겁니다. 지난날 역사를 시켜 진시황의 수레를 공격한 일과 비교해보면 백배는 더 나은 일이겠지요. 한나라의 원수도 갚을 수 있고, 뛰어난 공훈도 세울 수 있습니다. 우리 주군의 힘을 빌려 선생의 뜻을 이루고 주군을 따라 진나라를 정벌할 수 있게 되었으니, 이제 유세를 하기 위해 애쓸 필요도 없게 되셨습니다."

장량은 소하의 말을 듣고 곧바로 장막 아래로 내려가 엎드려 절하며 말했다.

"제 마음을 패공께서 다 알고 계십니다. 원컨대 패공을 따르며 감히 떠나지 않겠습니다. 이 모든 사실을 한왕 전하께 알리고 패공을 수행하도록 하겠습니다."

패공은 뛸 듯이 기뻤다.

다음날 대군에 명령을 내려 행군을 시작했다. 균주(均州, 허난성 위저우禹州 인근)를 거쳐 한나라에 도착했다. 한왕과 신료들은 성을 나와 영접했다. 패공은 삼군에 분부하여 성으로 들어갈 필요가 없다고 일렀다. 다만 역이기, 장량, 소하, 번쾌 등과 100여 명의 기마병을 거느리고 한왕을 만났다. 그리고 바로 식량 빌릴 일을 말했다. 한왕이 말했다.

"이 작은 나라는 다시 세워진 초기라 비축한 식량이 없어 패공의 요청에 응할 수 없소. 어제 장량을 보내 사죄하라 했는데, 패공께서 어떻게 생각하는지 모르겠소."

패공이 말했다.

"전하께서 식량이 없으시다니 억지로 빌릴 수는 없습니다. 지금 보니 장량의 지모가 뛰어나고 큰 뜻을 품고 있습니다. 장량을 빌려 이번에 함께 진나라를 정벌하고 아침저녁으로 가르침을 받고자 합니다. 진나라 정벌이 끝난 뒤 바로 전하께 보내드리겠습니다. 결코 오래 잡아두지는 않겠습니다."

"사실 장량은 잠시라도 떠나보낼 수 없지만 장군께서 천하를 위해 저 무도한 자를 주살하겠다니 장군을 돕도록 장량을 빌려드리겠소. 진나라를 격파하고 대사를 이룬 뒤 조속히 돌아오도록 분부해주시오. 약속을 어기지 말아주시오."

패공은 즉시 감사의 배례를 올렸다. 장량도 한왕에게 하직 인사를 하고 패공을 수행하여 진나라 정벌에 일로매진하면서 함께 밥을 먹고 함께 잠을 잤다. 장량은 『육도삼략(六韜三略)』[1]을 강론하며 뜻을 자세히 풀이해주었다. 수시로 질문하고, 수시로 대답하는 과정에서 패공은 뜻이 통하지 않는 글자가 한 글자도 없이 분명하게 이해했다. 마치 이전에 연구해본 적이 있는 사람 같았다. 장량은 속으로 감탄했다.

'나는 황석공에게서 가르침을 받은 이래 강론해주는 사람이 없어서 막연하고 무지한 상태로 지냈다. 그런데 오늘 패공에게 알려주니 한 글자도 막힘이 없다. 나는 수년 간 숙독하고서야 분명히 알게 되었다. 진실로 패공의 총명함은 하늘이 내려준 것이지, 인간의 힘으로 얻을 수 있는 것이 아니다. 참으로 영명하고 어질고 지혜로운 군주로다!'

장량은 남몰래 기쁨을 금치 못했다.

1_ 『사기』 「유후세가」에 의하면 장량이 황석공에게서 받은 책은 '태공병법(太公兵法)'이라고 기록되어 있다. 그러나 이 '태공병법'이 구체적인 책 이름이라는 학설도 있고, 책 이름이 아니라 강태공의 병법서라는 학설도 있다. 따라서 장량이 받은 책이 현재 강태공의 저작으로 알려져 있는 『소서』나 『육도삼략』이라고 주장하기도 한다. 근래의 연구에 따르면 강태공이 저술한 병법서로 알려져 있는 『육도삼략』은 대체로 후세의 위작인 것으로 밝혀지고 있다.

한편, 어떤 사람이 항우가 동쪽 길로 진나라를 정벌하는 상황을 알려왔다. 항우가 지나는 곳에는 100리에 걸쳐 불꽃이 휩쓸고 온 강마다 붉은 피가 흘렀다. 마치 사람을 모두 죽이지 못할까 걱정하듯 살인을 했기에 그 잔인함이 진나라와 다름없었다. 항우는 사람들의 여망을 크게 잃었고 백성들은 뿔뿔이 도망쳐 숨기에 바빴다. 병졸과 군마가 매우 많았으나 식량을 제대로 제공하지 못해 하루에 10리에서 20리 정도 행군하는 데 그쳤다. 범증이 누차 간언을 올렸으나 항우는 듣지 않았다. 마음대로 전횡하며 살육만 일삼을 뿐, 거의 인정과 애정을 베풀지 않았다. 범증도 그를 어떻게 할 수 없었다. 이 때문에 패공의 관대하고 어질고 후덕한 마음이 더욱 두드러져 보였고 민심도 패공에게 기울었다. 행군이 무관(武關)2에 이르렀을 때 한 부대가 길을 막았다. 우두머리 장수 하나가 말을 타고 나와 고함을 질렀다.

"조속히 패공을 만나뵙길 청한다."

그러나 패공의 진영에는 일찍부터 부관(傅寬)과 부필(傅弼)의 모습만 보였다. 두 사람은 진영 앞으로 온 그 장수와 대적했다. 20합을 겨루고 나서 부관이 사로잡혔고 부필도 전투에 패하고 말았다. 그 장수가 또 소리를 질렀다.

"나는 패공을 뵙고 싶다. 다른 뜻은 없다. 지금 내가 모아온 군사 3000명으로 관중을 공격할 때 패공과 연합하여 함께 진격하고 싶다."

장량이 그 말을 듣고 말을 타고 진영 앞으로 나가 그 장수의 이름을

2_ 진나라에서 초나라로 통하던 관문이다. 지금의 산시성(陝西省) 상뤄시(商洛市) 단펑현(丹鳳縣) 우관허(武關河) 연안에 있다. 함곡관, 소관(蕭關), 대산관(大散關)과 함께 진나라의 네 요새로 불렸다.

물었다. 그는 대답하지 않고 패공만 뵙겠다고 했다. 그러자 번쾌가 불같이 화를 내며 창을 들고 말에 올라 그 장수를 불렀다.

"네놈은 이름 없는 졸개인데, 우리 주군께서 어찌 네놈 따위를 만나시겠느냐? 네놈이 나를 이긴다면 우리 주군을 만나뵐 수도 있을 것이다."

그 장수는 더욱더 대답하지 않고 번쾌와 10여 합을 겨루었지만 승부가 나지 않았다. 패공은 군문 깃발 안쪽에 있다가 자신을 간절하게 찾는 소리를 들었다. 또 그 장수의 무예가 출중한 것을 보고 마침내 필마단기로 뛰쳐나가 진영 앞에 서서 물었다.

"장수께서는 이 유방을 찾아서 무슨 가르침을 내리려 하시오?"

그 사람은 패공의 의젓한 용모와 태도를 보고 바로 안장 위에서 구르듯이 뛰어내려 땅바닥에 엎드렸다.

"아무개는 이곳에서 오랫동안 기다리며 진정한 주군을 앙모하다 오늘에야 존안을 뵙습니다. 이곳에 와서 여러 장수와 대적한 건 제 무용을 시험하여 주군께 등용되려 함이지, 감히 대군에 대항하려는 것이 아닙니다."

패공이 물었다.

"장사의 존성대명(尊姓大名)은 무엇이오?"

"아무개는 성이 관(灌)이고, 이름은 영(嬰)으로 낙천(洛川, 산시성陝西省 뤄촨현洛川縣) 사람입니다. 어렸을 때 서천(西川, 쓰촨성)에서 장사를 하다 동료 대여섯 명과 자관(紫關, 허난성 시촨현淅川縣 징쯔관진荊紫關鎭)을 지나게 되었습니다. 그곳에서 갑자기 도적떼 100여 명을 만났는데, 저 혼자 칼을 잡고 놈들을 죽이자 잔당이 모두 달아났고, 이에 그 길은 안정을 찾았습니다. 이 이야기는 지금까지도 그곳 백성 사이에 전해지고 있습니다. 그후 저는 진이세가 무도하여 대의를 높이 들고 정예병 3000을 모았습니다. 또 주군께서 인의의 군사를 부리시자 지나는 곳마다 주군의 풍모를 우러르고 귀의한다는 사실을 알고 주군께 투항하여 선봉에 서려고 이렇게 왔습니다."

패공은 크게 기뻐하며 마침내 그를 막하에 머물게 하고 여러 장수와 인사를 나누게 했다. 그리고 본대의 군사를 이끌고 무관을 공격하기 시작했다.

무관을 지키는 장수 주괴(朱剷)는 패공의 군대가 당도한 사실을 알고 감히 나와서 싸우지도 못하고 성을 굳게 지키며 깃발을 많이 꽂아놓으라고 지시했다. 그리고 상소문을 갖추어 밤새도록 함양으로 달려가 조고에게 초나라 두 갈래 군대가 진나라를 공격하고 있으며 그 형세가 매우 위급하다고 알렸다. 조고는 깜짝 놀라 진이세에게 아뢰지도 못한 채 장수를 파견하고 군대를 이동시켜 대항하려 했지만 보낼 장수가 없었다. 하루에도 십여 차례씩 보고가 올라오자 조고는 견딜 수 없었고, 또 진이세에게 주살당할까 두려워 병을 핑계로 조회에 나가지도 않았다. 여러 공자와 대신들도 모두 대책을 건의하지 않아 진이세는 아무것도 모른 채 궁궐 안에서 쾌락을 즐기기에 바빴다. 어느 날 진이세는 밤에 꿈을 꾸었다. 꿈에 교외로 나갔는데, 갑자기 넓은 숲속에서 백호 한 마리가 뛰어나와 그의 왼쪽 참마(驂馬)[3]를 물어 죽였다. 진이세는 꿈에서 깨어나 황급히 해몽하는 사람을 불렀다. 그가 점을 치며 말했다.

3_ 고대의 수레에 매는 네 마리 말 중에서 안쪽 두 마리는 복마(服馬), 바깥 쪽 두 마리는 참마라고 한다.

"경수(涇水, 산시성陝西省 징허涇河강)에 탈이 났으니 먼 곳으로 피하셔 야 합니다."

진이세는 망이궁(望夷宮)에서 목욕재계하고 경수에 제사를 올리며 백마 400마리를 수장시켰다. 이 때문에 온종일 우울해하다 좌우 시종 들에게 물었다.

"근래 각처 도적떼의 병마는 어떠하냐?"

좌우 시종들은 눈물을 흘리며 감히 말을 하지 못했다. 진이세는 더 욱 의심하며 물었다.

"무슨 일이냐? 말을 해보아라."

"근래 초나라 군대가 벌써 무관을 노략질하고 있습니다. 각 지역 제 후들도 군사를 나누어 우리 진나라를 공격하고 있습니다. 조만간 무관 이 함락되면 폐하께서 발 디디실 땅도 없어질 것입니다."

진이세는 깜짝 놀라 사람을 보내 조고를 불렀으나 조고는 병을 핑계 로 나오지 않았다. 진이세가 사람을 보내 그를 심하게 꾸짖었다.

"너는 승상의 몸으로 적병이 성 밑까지 당도한 상황인데 아직도 병석 에 누워 일어나지 않는단 말이냐? 지난번에는 내 이목을 가리고 망령 된 말을 아뢰어 이사를 억울하게 죽였다. 그런데도 오늘 이처럼 위급한 상황을 만났다. 무슨 할말이 있느냐?"

조고는 할말이 없었다. 그는 자택에 누워 온갖 생각을 하며 아무런 조치도 취하지 못하다가 드디어 마음속으로 한 가지 계략을 생각해냈 다. 그는 함양령(咸陽令)으로 있는 사위 염락(閻樂)과 아우 조성(趙成)을 비밀리에 황급히 불러 후원으로 오게 했다. 또 집안을 지키는 심복 장 수 10여 명과 공모하며 말했다.

"폐하가 내 간언을 듣지 않아 국사가 무너졌다. 적병이 무관에 도착하여 상황이 매우 위급한데도 그 책임을 나 혼자 몸에 돌리려 한다. 화가 친족에게 미치면 너희는 모두 죽은목숨이 될 것이다. 남에게 잔인하게 살해당하기보다 우리가 먼저 나서는 편이 좋겠다. 너희는 거짓으로 도적이 궁궐에서 반란을 일으켰다 말하고 병졸을 이동시켜 궁궐을 포위해라. 그 와중에 진이세를 죽이고 공자 자영(子嬰)을 옹립하면 된다. 자영은 사람됨이 어질고 후덕하고 공손하고 검소한지라 백성이 모두 기쁘게 복종할 것이다. 우리 집안이 참화에서 벗어나는 길은 이 계책뿐이다."

염락과 조성 등이 맞장구를 쳤다.

"참으로 훌륭한 계책입니다."

당일 바로 내부 호응자를 만들어 큰 도적이 궁궐 안에 있다고 거짓말을 한 뒤 염락에게 병졸을 이끌고 추격하여 잡으라고 했다. 궁궐 안팎이 시끄러운 중에 염락은 군사 1000여 명을 이끌고 망이궁 입구에 이르러 문지기 병졸들을 포박하고 꾸짖었다.

"큰 도적이 궁궐 안에 있다는데, 네놈들은 어찌하여 도적을 막지 못했느냐?"

"이 주위는 모두 군사들이 지키고 있습니다. 도적들이 어떻게 궁궐로 들어올 수 있겠습니까?"

염락은 문지기 병졸들을 모두 참수하고 군사를 지휘하여 궁궐 안으로 달려들어갔다. 황제 측근 환관들은 군사들이 쳐들어오는 것을 보고 깜짝 놀라 더러는 도망치기도 하고, 더러는 군사를 만나 격살당하기도 했다. 죽은 자가 100명이 넘었다. 조성과 염락은 곧바로 진이세의 휘장

앞까지 쳐들어갔다. 진이세는 다급하여 좌우 측근을 불렀다. 측근들은 모두 두려움에 떨며 대항하지 못했다. 그중 어떤 환관 한 사람만 진이세를 부축하여 뒤쪽으로 도망치려 했다. 진이세가 말했다.

"너는 어찌하여 내게 일찍 알려주지 않았느냐? 어찌하여 저놈들이 여기까지 오게 했느냐?"

환관이 말했다.

"신은 황급히 도망치느라 감히 아뢰지 못했습니다. 이 때문에 신의 목숨을 보전할 수 있었습니다. 만약 한마디 말이라도 했다면 죽임을 당했을 터인데, 어찌 지금 이곳에 와서 폐하를 부축할 수 있겠습니까?"

말을 다 마치지도 않았는데 조성과 염락이 각각 무기를 들고 이미 진이세 앞에 당도하여 꼼짝하지 못하도록 핍박했다. 그리고 바로 진이세의 죄목을 낱낱이 꼽으며 말했다.

"족하는 교만하고 포악한 언행으로 태자를 죽였소. 이에 신과 사람이 모두 분노했고, 제후들도 모두 반란을 일으켰소. 이는 스스로 악행을 일삼다가 오늘날의 사태를 일으킨 것이지, 아무개 등이 족하를 침범한 것이 아니오."

진이세가 말했다.

"승상은 지금 어디 있느냐? 만날 수 있겠느냐?"

염락이 말했다.

"만날 수 없소."

"부디 내 말을 승상께 전해다오. 혹시 내가 군(郡) 하나라도 얻어 왕노릇을 하겠다면 허락하겠느냐?"

"허락할 수 없소."

"그럼 만호(萬戶)를 다스리는 제후가 되고 싶다. 가능하겠느냐?"

"안 되오."

"처자식과 일반 백성이 되어 여러 공자의 대열에 서겠다. 허락하겠느냐?"

"안 되오."

진이세가 애원을 그치지 않자 염락이 말했다.

"나는 승상의 명령을 받아 천하를 위해 족하를 죽여야 하오. 족하가 여러 말 하더라도 승상께 전해줄 수 없소."

그는 마침내 병졸을 지휘하여 더욱 바짝 추격하며 도망치지 못하게 했다. 그러자 진이세는 스스로 목숨을 끊었다.

조성과 염락은 돌아가서 조고에게 보고했다.

"이세는 이미 자결했습니다. 승상께서는 누구를 보위에 세우시렵니까?"

조고는 여러 대신과 공자들을 모두 불러서 알렸다.

"이세는 내 간언을 따르지 않고 방자하고 포악하게 굴다 제후들의 반역을 불렀소. 이는 그 스스로 초래한 일이라 내가 이미 그를 죽였소. 게다가 진나라는 본래 왕을 칭한 나라였는데 시황제께서 처음 황제를 칭하셨소. 그런데 지금 육국이 모두 다시 자립하여 진나라 땅이 매우 협소하게 되었으므로 황제란 호칭은 한낱 허울에 불과하오. 이에 황제가 아니라 왕을 세워 육국과 지위를 나란히 하면서 제후들의 침탈에서 벗어나고자 하오. 지금 이세의 조카 자영 공을 왕으로 세울 만하오. 여러분은 어떻게 생각하오?"

여러 대신과 공자들이 함께 말했다.

조고의 부하들이 진이세를 공격하다

"승상의 의견이 참으로 타당합니다."

조고는 마침내 진이세의 시신을 의춘원(宜春苑, 산시성陝西省 시안시 취장曲江 일대)에 장사 지내고 여러 대신, 공자들과 함께 자영에게 가서 닷새 동안 목욕재계하고 옥새를 받으라고 청했다. 이때 조고 등이 친히 말을 전하며 요청했다. 자영이 말했다.

"그렇게 하겠소."

여러 대신과 공자들은 자영이 목욕재계하는 장소로 가서 옷을 갈아 입고 모두 각자의 침소에 들었다. 조고는 일을 타당하게 처리하고 나서 자신의 사저로 돌아갔다. 그러자 자영이 두 아들을 불러 몰래 일렀다.

"지금 조고 승상은 황제 폐하를 시해한 자다. 신료들이 자신을 죽일까 봐 두려워하며 거짓으로 대의를 내세워 나를 보위에 올리려고 내게 목욕재계를 시켜 종묘에 고한 뒤 옥새를 받으라고 한다. 너희는 한담(韓覃), 이필(李畢)과 군사를 이끌고 재궁(齋宮) 밖에 매복하여라. 내가 병을 핑계로 가지 않으면 조고가 틀림없이 직접 올 것이다. 그자가 오면 복병을 이끌고 와서 그자를 죽여라. 그럼 너희 숙부의 원수를 갚을 수 있을 것이다."

두 공자와 한담 등이 말했다.

"참으로 훌륭한 계책입니다."

그리하여 두 공자는 군사를 이끌고 매복했으며 자영은 병을 핑계로 나가지 않았다.

한편, 조고는 자영이 병을 핑계로 오지 않자 자신이 직접 재궁으로 가서 병을 살펴볼 수밖에 없었다. 그러나 자영은 보이지 않고 한담 등이 군사를 이끌고 밖에서 쳐들어오는 것이 보였다. 조고가 다급하게 외쳤다.

"염락 등은 어디 있느냐? 저자들을 막아라."

그러나 자영의 두 아들이 갑사들과 함께 몰려나오는 것이 보였다. 이필은 손에 창을 들고 조고를 찔러 쓰러뜨렸다. 그때 자영이 나와서 조고를 참수하라고 호령했다. 군사들은 조고를 갈기갈기 찢어 죽이고 그의 삼족을 멸하여 저잣거리에 효수했다. 호증이 이 일을 시로 읊었다.

한 고조가 서쪽으로 와 정벌을 행하자,　　　　漢祖西來秉白旄.
자영의 종묘사직 파도에 휩쓸렸네.　　　　　子嬰宗廟委波濤.
그 누가 변신술 있어 가련한 저 임금을,　　　誰憐君有翻身術.
진나라 궁에서 풀어내고 조고를 죽이랴?　　解向秦宮殺趙高.[4]

자영은 조고의 삼족을 죽이고 나서 스스로 삼세(三世) 황제가 되어 보위에 올랐다. 만조백관의 인사와 축하 악무가 끝나자 삼세가 말했다.

"짐이 오늘 보위에 올랐지만 초나라 군사가 국경을 침범했소. 경들은 무슨 대책을 갖고 있소? 어떻게 하면 초나라 군사를 물리칠 수 있겠소?"

신료들이 아뢰었다.

"조속히 장수를 임명하시어 요관(嶢關)[5]을 막은 연후에 군사를 일으키셔야 합니다. 그렇지 않으면 함양을 보전하기 어려우실 것입니다."

이에 진삼세는 한영(韓榮)과 경패(耿沛)에게 군사 5만을 이끌고 가서 관문을 지키는 주괴를 돕게 했다. 다음 회에서 어떻게 될까?

4_ 당나라 호증의 영사시 「지도(軹道)」다.
5_ 관중에서 남양으로 통하던 관문이다. 지금의 시안시 란톈현(藍田縣) 남쪽에 있다.

부자 늙은이나
되고 싶소?

패공이 패상으로
군대를 돌리다
劉沛公還軍覇上

이때 패공 유방은 군사를 이끌고 요관 아래에 도착하여 한영 등이 요새를 단단히 지키고 있는 것을 보았다. 패공은 전진할 수가 없어서 군사를 동원하여 공격하려 했다. 그러자 장량이 말했다.

"진나라 군대는 아직 강해서 가볍게 칠 수 없습니다. 신이 소문을 들으니 진나라 장수 중에는 백정과 장사치의 자식이 많아서 이익에 쉽게 움직인다고 합니다. 바라옵건대 먼저 사람을 시켜 백벽(白璧)으로 뇌물을 주고 관문 아래 산 위에 깃발을 크게 꽂아 군사가 많은 것처럼 속인 뒤 육가(陸賈)와 역이기를 사신으로 보내 진나라 장수에게 유세하십시오. 저들이 막중한 이익에 빠져들어 준비하지 않은 틈에 기습하면 틀림없이 큰 승리를 거둘 수 있을 것입니다."

패공은 장량의 말에 따라 날마다 온 산에 깃발을 꽂아 가짜 군사로 위장했다. 그리고 역이기와 육가를 보내 관문을 지키는 진나라 장수들에게 유세했다. 역이기 등은 진나라 관문으로 올라가 한영과 주괴 등을 만나 인사를 나눈 뒤 이렇게 말했다.

　"지금 진나라 임금은 무도하여 백성을 학대하고 있소. 이에 천하 사람들이 군사를 합하여 함께 정벌에 나섰소. 이는 패공 한 사람만의 행동이 아니오. 만약 장군께서 천하 백성의 고통을 안타까워한다면 관문을 열고 패공께 투항하시오. 그럼 패공이 초 회왕에게 아뢰고 반드시 천금의 상과 만호의 봉작을 내려 장군의 공로에 보답할 것이오."

　한영이 말했다.

　"나는 진나라의 녹봉을 먹은 지 오래라 이 나라를 배반하는 건 불의한 짓이오. 선생께선 잠시 관문 아래로 내려가 있으시오. 잘 생각해본 뒤 결정하겠소."

　역이기가 떠나자 진나라 장수들은 서로 논의를 거듭했다. 어떤 사람은 투항해야 한다고 했고, 또 어떤 사람은 투항해서는 안 된다고 했다. 한영은 두 가지 모두를 유예하고 아무런 준비도 하지 못했다. 다음날 역이기 등이 또 관문으로 올라와 한영에게 말했다.

　"장군! 잘 생각해보셨소? 어떻게 하기로 하셨소?"

　한영이 대답했다.

　"다른 사람들이 내 생각을 따르지 않으니 어떻게 하면 좋겠소?"

　"장군께서 투항하지 않더라도 패공께서는 장군의 두터운 덕망에 깊이 감사하며 천금으로 장군의 덕에 보답하려 하시오. 패공께서 잠시 군사를 물렸다가 제후들이 도착한 뒤 다시 계획을 세울 것이오."

"나와 패공은 서로 전투중에 있는 적이오. 그런데 어찌 금전을 받을 수 있겠소?"

"공이 지금 이 선물을 받지 않으면 패공과 교분을 완전히 끊게 되오. 뒷날 천하의 제후가 이 관문에 도착한 뒤 힘을 합쳐 공격에 나서면 이 관문은 지키기가 어려울 것이오. 그때 공은 패공을 어떻게 뵐 생각이오? 오늘 이 선물을 받아두었다가 뒷날 정표로 삼는 것이 더 좋지 않겠소? 공은 잘 생각해보시오."

"그럼 잠시 이 선물을 받아두겠소. 부디 패공과 제후들께서 우리와 강화하고 군대를 해산하여 백성을 도탄에서 구해주기 바라오. 그렇게 되면 이 모두를 선생의 성덕으로 인정하겠소."

"아무개는 즉시 제후들에게 공의 뜻을 전하겠소. 짐작건대 패공께선 관대한 장자시라 틀림없이 공의 뜻을 따를 것이오."

역생은 한영과 작별하고 돌아와 패공을 만나 그간의 사정을 자세히 아뢰었다. 장량이 말했다.

"이 기회를 틈타 한 가지 계책을 써야겠습니다. 계속해서 설구와 진패에게 군사 10여 명을 대동하고 산 뒤쪽 오솔길로 몰래 관문을 통과하여 온 산에 불을 놓으라고 하십시오. 저는 번쾌와 함께 군사를 이끌고 관문 앞으로 가서 공격을 퍼붓도록 하겠습니다. 그럼 적장은 두 곳을 모두 구원할 수 없을 테니 관문을 버리고 도주할 것입니다. 그때 우리 군대가 관문을 통과하면 됩니다."

패공이 말했다.

"아주 좋은 계책이오."

그리하여 패공은 설구와 진패에게 군사 10여 명을 대동하고 각각 땔

나무 짐을 지게 했다. 그리고 그 중간에 불씨를 몰래 감추고 오솔길로 관문을 통과하게 했다. 사흘이 지난 뒤 번쾌 등에게 깃발을 크게 펼치고 북을 시끄럽게 울리며 전진하여 관문 공격에 진력하도록 했다. 뜻밖에도 한영은 패공에게 금을 받고 나서 온종일 술을 마시며 아무런 방비도 하지 않았다. 그러다가 적병이 들이닥치자 황급히 말을 타고 출전하려 했다. 그때 관문 뒤에 불이 났고 이미 어떤 자들이 관문으로 들어온 것 같다는 보고가 올라왔다. 또 끊임없이 포성이 들리자 한영은 두려움에 떨며 적과 맞서 싸우지도 못했다. 이를 틈타 번쾌 등이 관문으로 치고 올라가 진나라 군사를 크게 살육했다. 한영 등은 한밤중에 관문을 버리고 달아났다. 번쾌를 비롯한 한나라 장수들은 남전(藍田, 산시성陝西省 란톈현)까지 추격하여 마침내 그곳에 주둔했다.

한영은 패잔병을 수습하여 대오를 정비하고 다시 패공과 결전을 벌였다. 패공은 하후영을 시켜 그와 싸우게 하고, 또 대군을 휘몰아 살육전을 감행했다. 한영은 대패하여 함양으로 도주했다. 이때가 을미년(乙未年) 겨울 10월이었는데, 오성(五星)이 동정(東井)에 모였다.[1] 패공은 군사를 이끌고 패상(霸上)[2]까지 추격했다. 진삼세 자영이 옥좌에 앉아 있

---

1 오성은 금성(金星), 목성(木星), 수성(水星), 화성(火星), 토성(土星)이다. 동정은 별자리 이름이다. 28수의 하나인 정수(井宿)를 가리킨다. 동정에 상응하는 땅은 옹주지역인데, 그곳이 바로 진(秦)나라다. 따라서 오성이 모두 동정에 모였다 함은 오성이 나란히 동정을 비춘 것을 말한다. 이때 유방이 패상에 당도했고, 점술가들은 그것을 유방이 천자에 오를 징조라고 여겼다. 『한서』 「고제기(高帝記)」에 "원년 겨울 10월에 오성이 나란히 모두 동정에 모였고, 패공이 패상에 이르렀다(元年冬十月, 五星聚于東井, 沛公至霸上)"라는 기록이 있다.

2 산시성(陝西省) 시안시 동쪽 바이루위안(白鹿原)이다. 남전 근처에서 발원한 패수 가에 있기에 이런 이름이 붙었다.

는데 한영이 패주하여 돌아와 지금까지의 일을 아뢰었다. 자영은 그의 보고를 듣고 대경실색하며 신료들에게 말했다.

"이 일을 어찌하면 좋소?"

상대부 필혁(畢革)이 앞으로 나서서 아뢰었다.

"사태가 너무나 위급합니다. 폐하께서만 이 성의 백성을 구하실 수 있습니다. 잠시 몸을 굽혀 지도(軹道)3 가에서 저들을 영접하시면 스스로 멸족의 참화는 면하실 수 있을 것입니다."

이에 진삼세 자영은 대성통곡하며 그의 말에 따라 백마가 끄는 흰 수레4를 타고 목에 밧줄을 맨 채 거기에 황제의 옥새를 매달고 궁궐을 나와 지도 가로 가서 패공을 맞이했다. 패공은 매우 기뻐하며 진삼세와 인사를 나누었다. 진삼세가 말했다.

"자영은 보위에 올라서도 덕을 베풀지 못했습니다. 이제 장군께서 서쪽으로 정벌을 나섰다는 소문을 듣고 항복하여 만민을 편안하게 하고자 합니다."

진삼세는 말을 마치고 옥새와 그 인끈을 패공에게 주었다. 패공은 그것을 받으며 말했다.

"여러분은 이미 투항했으므로 내가 회왕 전하께 아뢰어 여러분의 목숨을 해치지 못하게 하겠소."

그리고 수하 관리를 보내 회왕의 조칙을 받아 자영 등을 어디로 옮

3_ 중국 산시성(陝西省) 시안시 동북쪽에 있던 정자 이름. 진삼세 자영이 이곳에서 항복했기 때문에 후세에는 흔히 나라가 망하고 투항하는 것을 지도라고 한다.
4_ 백마소거(白馬素車): 백마가 끄는 하얀 수레. 나라의 멸망이나 사람의 장례를 비유한다.(『사기』「진시황본기」)

진삼세 자영이 유방에게 항복하다

길 것인지 회답을 받을 때까지 대기시켰다. 자영은 패공의 말을 모두 듣고 거처로 돌아갔다. 장수들이 말했다.

"진왕은 만백성을 괴롭히고 학대했으니 그 죄는 죽어 마땅한데 무슨 까닭으로 그냥 방면했습니까?"

패공이 말했다.

"애초에 회왕 전하께서는 내게 서쪽 길을 통해 이곳으로 오게 하셨소. 그건 본래 나더러 이곳 사람들에게 관용을 베풀도록 의도하신 일이오. 그리고 이미 항복한 사람을 죽이는 건 불길하오."

그리하여 패공은 장수들의 말을 듣지 않고 성안으로 들어가 백성을 안무하며 삼군을 배불리 먹였다. 서쪽 진나라의 역사는 장양왕(莊襄王)에서 자영까지 43년이었고, 자영의 재위 기간은 43일이었다. 그러다가 결국 패공에게 항복했다.5

---

5 원본에는 이 구절 뒤에 다음과 같은 '역사 논평'이 달려 있다. "가의(賈誼)는 논한다. '진 효공(孝公)은 효산(崤山)과 함곡관의 견고함에 근거하고, 옹주의 요새를 점유한 후, 군신이 굳게 지키며 천하를 석권하고, 온 우주를 점거하여 사해를 통괄하려는 의지와 팔방을 병탄하려는 마음을 품었다. 진시황에 이르러 6세(世) 동안 남겨놓은 유업(遺業)을 떨치며, 긴 채찍을 휘둘러 천하를 제어하여 동주(東周)와 서주(西周)를 병탄하고 제후국을 멸망시켰다. 지존의 자리에 올라 천지 사방을 제압하고 채찍을 잡고 천하를 매질하자 그 위세가 사해를 뒤흔들었다. 남으로 백월(百越)의 땅을 취해 계림군(桂林郡)과 상군(象郡)으로 삼으니 백월의 임금이 고개를 숙이고 스스로 목에 밧줄을 맨 채 하급 옥리에게 목숨을 맡겼다. 북쪽에 장성을 쌓아 나라의 울타리를 지키게 하고 흉노를 700리나 물리치니 오랑캐들이 감히 남하하여 방목하지 못했고 그 병사들도 감히 활을 당기며 원한 갚을 생각을 하지 못했다. 이에 선왕의 올바른 법도를 폐지하고 제자백가의 서적을 불태워 백성들을 어리석게 만들었다. 또 유명한 성곽을 허물고 호걸들을 살해했으며, 천하의 무기를 거두어 함양에 모아놓고 그것을 녹여 동인(銅人) 12개를 만들었다. 그런 후 화산(華山)에 올라 성을 쌓고 황하 물길로 해자를 삼아 억장(億丈)이나 되는 높은 성곽에 의지하고 깊이를 알 수 없는 강물에 임하여 견고하게 방어했다. 훌륭한 장수가 강한 쇠뇌를 들고 요새를 지켰으며, 믿을 만한 신하와 정예 병졸들이 날카로운 무기를 벌여놓고 출입자

요관을 격파하고 자영의 항복을 받은 뒤 패공은 군사를 거느리고 서쪽 함양으로 들어갔다. 패공이 그곳 백성을 털끝만큼도 해치지 않자[6] 그들은 상가도 철시하지 않았다. 그러나 일부 장수들은 황금, 비단 등 그들의 재물을 앞다퉈 빼앗았고, 아울러 창고에 쌓아둔 보물도 각자 취하여 나누어 썼다. 그러나 소하는 함양으로 들어가 한 가지 물건도 탈취하지 않고 오직 진나라 승상부에 보관해놓은 각 지역 지도와 호적만을 수습했다. 그는 한가할 때 패공과 그것을 점검했다. 이 때문에 패공은 천하의 요새, 호구의 다소, 지역의 강약을 알게 되었다.

이때 패공은 장수들과 궁궐로 들어가 전각의 웅장함, 규모의 방대함을 돌아보았다. 거기에는 36궁[7]과 24원(院),[8] 난대(蘭臺)[9]와 초방(椒房),[10] 층층누각과 옥 장식 건물 등이 즐비했다. 패공은 기뻐서 어쩔 줄 몰랐

들이 누구인지 검문했다. 천하가 이미 안정되자 시황제는 마음속으로 관중의 견고함이 금성천리(金城千里)이니 그 자자손손의 제왕들이 만세의 대업을 이어가리라 생각했다. 시황제가 죽고 나서도 남은 위풍은 풍속이 다른 지역에까지 진동했다. 그러나 진섭은 가난한 집안의 자식으로 비천한 사람이었으며, 또한 망국의 이주민이었다. 군대의 대오 사이에서 뛰어다니고 밭두둑 사이에서 떨쳐 일어나 피로하여 흩어진 병졸을 인솔하여 수백 명의 무리를 거느리고 방향을 바꾸어 진나라를 공격했다. 나무를 베어 무기로 삼고 장대를 세워 깃발로 삼아도 천하 사람들이 운집하여 호응하면서 식량을 짊어지고 그림자처럼 따랐다. 산동의 호걸들이 마침내 함께 일어나 진나라 일족을 멸망시켰다. 그러나 진나라는 작은 땅으로도 천자의 권력을 잡아 팔주(八州)의 제후를 불러들이고 같은 서열의 나라에게 조공을 받은 지 100여 년이 되었다. 그런 후 천지 사방을 한 집안으로 삼고 효산과 함곡관을 궁궐로 삼았다. 그러나 한 사람의 필부가 난을 일으키자 칠대(七代)의 사당이 허물어지고 황제 자신은 다른 사람의 손에 죽어 천하의 웃음거리가 된 것은 무엇 때문인가? 인의의 정책을 베풀지 않아 공수의 형세가 달라졌기 때문이다. 만약 은 탕왕과 주 무왕을 본받아 반역으로 나라를 빼앗고, 그것을 순리로 지킬 수 있는 사람이라면 틀림없이 패상의 유방에게 수레를 뺏기는 지경에 이르지는 않았을 것이다. 애석하고도 애석하다!"(김영문 등 옮김, 『문선역주』8 「과진론(過秦論)」, 소명출판, 2010, 참조)

6_ 추호무범(秋毫無犯): 털끝만큼도 침범하지 않다. 백성이나 상대의 이익에 조금도 손해를 끼치지 않거나, 또는 그들의 기분을 전혀 상하게 하지 않음을 비유한다.(『사기』 「항우본기」)

다. 마침내 후궁의 정침 전각으로 천천히 걸어들어가 그곳에 자리를 마련하고 장수들에게 위계를 나누어 도열시켰다. 패공은 진나라 궁궐의 화려한 휘장, 명마, 명견, 보옥, 비빈과 미희(美姬) 1000여 명을 보고 그곳에 거주하고 싶어하며 휘하 장수들에게 말했다.

"진나라의 부귀가 이런 경지에까지 이르렀구려! 내가 이제 이곳에 거주하며 민심을 편안하게 하면서 제후들이 서로 쟁탈하지 못하게 하고 싶소."

번쾌가 간언을 올렸다.

"패공께서는 천하를 소유하고 싶으십니까, 아니면 그냥 부자 늙은이가 되고 싶으십니까? 이 사치스럽고 화려한 물건은 모두 진나라를 멸망시킨 원인입니다. 패공께서는 어찌하여 이런 물건을 사용하려 하십니까? 조속히 패상으로 회군하시길 바랍니다. 궁궐에 머무르셔서는 안 됩니다."

패공이 듣지 않자 장량이 다시 직간했다.

"대저 안으로 미색에 탐닉하거나, 밖으로 사냥에 빠져들거나, 맛있는 술과 아름다운 음악을 즐기거나, 높은 건물과 조각한 담장에 미치는 등 이중에서 한 가지만 저지르고도 멸망하지 않은 나라가 없었습니다. 진나라가 무도했기 때문에 주군께서 이곳으로 오실 수 있었습니다. 천

7_ 궁궐이 많음을 비유하는 말이다. 후한(後漢) 반고(班固)는 「서도부(西都賦)」에서 장안(長安)을 묘사하며 "이궁과 별관이 36곳이다(離宮別館, 三十六所)"라고 했다.

8_ 원(院)은 담장으로 둘러싸인 하나의 궁궐 공간이다. 24원은 진나라 궁궐이 다양한 공간으로 나뉘어 있음을 말한다.

9_ 공문서와 서적을 보관하는 궁전이다.

10_ 황후와 후궁들이 거주하는 궁전이다.

하를 위해 잔인하고 포악한 자를 제거하시려면 절제되고 검소한 행동을 자산으로 삼으셔야 합니다. 지금 처음으로 진나라로 들어와 아직 천하가 안정되지도 못한 상황에서 이곳에 거주하며 희희낙락하신다면 제후들이 함양에 들어온 뒤 절대로 이런 행동을 용납하지 않고 다시 다툼을 벌일 겁니다. '충성스런 말은 귀에 거슬리지만 행동에는 이롭고, 좋은 약은 입에 쓰나 병 고침에는 이롭다'라고 했습니다.[11] 부디 패공께서는 번쾌의 말을 들으시고, 이런 것에 연연하지 마십시오."

이에 패공은 궁궐 창고를 봉쇄하고 대궐 문을 잠근 뒤 군사들에게 패상으로 돌아가서 제후들을 기다리라고 명령을 내렸다.

또 소하가 패공 곁에서 말했다.

"지금 백성들은 진나라의 가혹한 법률에 고통받은 지 오래되었습니다. 주군께서 그것을 간략하게 고쳐서 백성을 관대하게 위로하시면 진나라 백성 모두가 주군의 은덕에 감복할 것입니다. 그럼 이제 천하까지 얻어서 편안하게 다스리실 수 있을 겁니다."

패공이 말했다.

"좋소."

다음날 패공은 여러 현의 노인과 호걸을 패상으로 불러 효유했다.

"지금 여러 어르신께서 진나라의 가혹한 법률에 고통을 받은 지 오래되었습니다. 그것을 비방한 자는 친족까지 모두 주살되었고 사사로운 말도 들키면 목이 잘려 저잣거리에 효수되었습니다. 이처럼 여러분을 오랫동안 불안하게 했으니 이는 백성의 부모 된 자가 할 짓이 아닙

11_「공자세가(孔子世家)」「육본(六本)」에 나온다. "忠言逆耳利於行, 良藥苦口利於病."

니다. 저는 '먼저 관중에 들어간 사람이 왕이 된다'는 회왕 전하의 약속을 받들고 왔습니다. 이제 제가 먼저 관중으로 들어왔으니 관중왕의 자격으로 여러 어르신과 '약법삼장(約法三章)'[12]을 제정하고자 합니다. 첫째, 살인한 자는 죽인다. 둘째, 사람을 해치거나 도적질한 자에게는 죄를 내린다. 셋째, 나머지 죄는 사안의 경중에 따라 처벌한다. 이 세 가지로 진나라의 가혹한 법률을 없애겠습니다. 모든 관리와 백성들은 옛날처럼 편안히 살면 됩니다. 무릇 제가 이곳에 온 까닭은 여러 어르신을 위해 해악을 제거하려 함이니 여러분을 침탈하는 일은 없을 것입니다. 여러분! 두려워하지 마십시오. 또 제가 패상으로 회군한 까닭은 제후들이 오기를 기다려 약속을 정하기 위함입니다."

패공은 말을 마치고 각각 자신의 현으로 돌아가라고 명령했다. 또 대소 삼군에 명령하여 주민들 사이에서 분란을 일으키지 말라 했고, 명령을 어기는 자가 있으면 바로 참수하여 조리돌림하겠다고 강조했다. 노인들은 이마에 손을 얹고 말했다.

"뜻밖에도 오늘 다시 하늘의 태양을 보게 되었구나!"

모두 환호성을 지르며 거리를 가득 메웠다. 패공은 이 '약법삼장'을 진나라 관리들에게 주어 각 고을에 모두 알리게 했다. 진나라 백성들은 기뻐 날뛰며 양고기와 술, 음식을 갖고 와서 패공에게 바치며 삼군을 위로해달라고 했다. 패공은 사양하며 받지 않았다. 패공이 사람들에게 말했다.

"창고에 곡식이 많아서 아직 부족하지 않으니 백성의 재산을 낭비하

12_ 나라의 번거로운 법률을 3장으로 줄였다는 뜻이다. 가혹한 법률을 가볍고 단순하게 줄여 백성을 너그럽게 대하는 것을 비유한다.(『사기』 「고조본기」)

고 싶지 않습니다."

사람들은 더욱 기뻐하며 패공이 진왕이 되지 못할까봐 걱정했다.

한편, 항우는 하북을 평정한 뒤 제후들의 군사를 거느리고 서쪽 함곡관으로 들어가면서 말했다.

"이제 하북은 크게 안정되었으니 함양으로 들어가 일찌감치 관중을 평정하는 것이 좋겠소."

제후들이 말했다.

"좋습니다."

항우는 마침내 함양을 얻기 위해 진채를 철거하고 행군을 시작했다. 뒷일이 어떻게 될지는 다음 회를 들으시라.

제21회

천명을 거스르려는
범증

범증이 천문을 보고
흥망성쇠를 알다
范增觀象識興衰

그날 밤 항우의 대군은 신성(新城, 허난성 상추시 남서)에 당도하여 주둔
했다. 항우는 몰래 군중에서 나와 다른 진채를 순행하며 병사들의 이
야기를 엿들었다. 진나라에서 항복한 병졸들의 진채를 지날 때 그들이
하는 말을 들었다.

"우리는 장함 역적에게 속아서 항우에게 항복한 거야. 이자(항우)는
포악한 짓만 저지르고 상벌도 엉망진창이잖아! 지금 소문을 들으니 패
공은 마음씨 좋고 통도 크대. 살인도 싫어하고 말이야. 먼저 관중으로
들어갔으니 틀림없이 천하의 주인이 될 거야. 안타까운 건 우리가 그분
을 뵐 수 없다는 거지!"

병졸들은 말을 마친 뒤 자리를 깔고 휴식했다. 노공 항우는 그들의

말을 듣고 중군으로 돌아와 영포 등을 불렀다.

"지금 진나라에서 항복한 20만 병졸이 모두 반역을 모의하고 있소. 내가 군중에서 나와 다른 진채를 순행하다 그곳에서 몰래 모의하는 소리를 들었소. 먼저 제거하여 후환을 없애는 것이 좋겠소. 공은 초나라 군사 30만을 이끌고 진나라 병졸들을 모두 죽이시오. 장함, 사마흔, 동예만 남겨두시오."

범증이 간언을 올렸으나 항우는 듣지 않았다. 영포는 군사 30만을 이끌고 밤중에 성 남쪽 진나라 병졸 진채로 가서 한 사람도 남김없이 모두 죽였다. 20만 병졸이 깡그리 살해되었다. 살아남은 자는 장함, 사마흔, 동예 세 장수뿐이었다. 가련하게도 20만 생명이 모두 항우에 의해 생매장되었다. 이때 장함 등 세 사람은 대경실색하여 항우를 찾아와 살려달라고 했다. 항우가 말했다.

"장군들 탓이 아니오. 어제 내가 몰래 나갔다가 장막 안 군졸들이 반란을 모의하는 소리를 우연히 들었소. 그래서 내가 그들을 생매장하여 후환을 없앤 것이오."

그제야 세 장수는 안도했다. 다음날 항우는 군사를 이끌고 다시 행군에 나섰다.

한편, 번쾌는 항우의 군대가 다가온다는 소식을 듣고 바로 군막 안으로 들어가 패공을 만났다.

"진나라의 부유함은 천하의 열 배이고 지형도 뛰어납니다. 지금 소문을 들으니 항우는 진나라에서 항복한 장수 장함을 옹왕(雍王)으로 부른다 합니다. 지금은 함곡관 밖에 있지만 그 저의는 틀림없이 약속을 어기고 관중을 도모하려는 수작입니다. 일찌감치 계책을 마련해두지 않으면 조만간에 항우의 군대가 들이닥칠 겁니다."

패공이 말했다.

"저들의 군대가 몰려오면 나는 이 땅을 얻지 못할 것이오. 어찌하면
좋소?"

번쾌가 말했다.

"서둘러 군사를 보내 함곡관을 지키면서 제후들의 군대가 들어오지
못하게 하고, 다시 관중의 병졸을 징집하여 스스로 힘을 키워 항우를
막아야 합니다."

"좋소!"

그리하여 설구와 진패에게 군사를 이끌고 함곡관을 지키며 항우를
막게 했다.

이때 항우의 군대는 함곡관 아래에 당도하여 사람을 시켜 상황을 탐
지하게 했다. 그러자 패공이 장수에게 관문을 지키게 하여 전초병이 들
어갈 수 없다는 보고가 올라왔다. 범증이 말했다.

"유방이 먼저 함곡관을 막은 건 틀림없이 관중의 왕이 되려는 것인
데, 이는 회왕이 정한 약속입니다. 공께서도 3년 동안 고전하며 백방으
로 노심초사하셨는데, 어느 날 다른 사람이 빼앗아간다면 어찌 마음이
흔들리지 않으시겠습니까?"

항우가 말했다.

"짐작건대 유방의 군대는 10만이 안 되니 장함보다도 강하지 않을
것이오. 그런데 어찌 감히 함곡관에 의지하여 나와 대적할 수 있겠소?"

"서둘러 공격하셔야 합니다. 그리고 사람을 시켜 서찰을 보내 상황을
알리십시오. 회왕과의 약속을 지키면서 전날 의형제를 맺은 우의를 저

버리지 말아야 제후들의 설왕설래를 피하실 수 있을 겁니다."

항우는 즉시 영포에게 10만 인마를 주어 북을 울리며 관문을 공격
하게 했다. 설구와 진패는 단단히 지킬 뿐 감히 나와 싸우려 하지 않았
다. 항우는 사람을 시켜 패공에게 서찰을 쓰게 하고 화살에 매달아 관
문 위로 쏘아 보냈다. 설구 등은 서찰을 받아보고 사람을 보내 패공에
게 항우의 공격이 매우 사납다고 알렸다. 패공은 장량, 소하 등 장수들
을 불러 서찰을 개봉했다.

노공 항적은 패공의 장막하에 글을 올립니다. 전날 공과 함께 회왕의
약속을 받고 결의형제가 되었습니다. 그리고 군사를 일으켜 진나라를
격파하고 저 무도한 자들을 주살하자고 했습니다. 지금 공은 먼저 함
곡관으로 들어가 계책과 방략의 신속함을 보였지만, 그것은 내가 회왕
을 옹립하여 천하를 복종시키고 장함을 항복시켜 제후들을 제압한 일
과는 다릅니다. 공이 어찌 이와 같은 경지에 이를 수 있겠습니까? 다
른 사람의 공로에 편승하여 그것을 빼앗아 자기 소유로 삼는 것은 대
장부가 해서는 안 될 일입니다. 지금 관문을 막고 나를 들여보내지 않
으려 하지만 이 관문으로 어찌 오래 버티며 함락당하지 않을 수 있겠
습니까? 지금 이곳의 씩씩하고 용맹한 장졸들을 바라보건대 이제 관
문을 함락하는 일은 썩은 나무를 뽑는 것과 같을 것입니다. 관문이
함락된 뒤 공은 무슨 낯으로 나를 만날 수 있겠습니까? 다행히 일찍
관문을 열어 대의를 보존하면 의형제의 정을 잃지 않을 것입니다. 그
리고 진나라를 격파한 공로와 함곡관으로 먼저 들어가자는 약속은
공이 스스로 잘 처리해야 할 것입니다. 의혹이 없기를 바랍니다. 항적

이 재배하며 올립니다.

패공은 서찰을 다 읽고 나서 물었다.

"이 일을 어찌하면 좋소?"

장량이 대답했다.

"항우는 병력이 강력한데 이 관문으로 어찌 오래 버틸 수 있겠습니까? 관문이 함락되고 나면 저들은 많고 우리는 적으며, 저들은 강하고 우리는 약하므로 결국 포로가 될 것입니다. 인정을 앞세워 관문을 열고 항우를 들어오게 하는 편이 낫습니다. 신 등에게 화해를 주선할 계책이 있습니다."

패공은 바로 사자에게 부절을 갖고 가서 설구와 진패 두 장수에게 관문을 열고 초나라 군사를 맞아들이라고 분부했다. 두 장수가 성곽 위로 올라가 고함을 질렀다.

"초나라 군사들께 답변을 드립니다."

저 앞에서 말을 탄 장수 하나가 관문 아래로 다가왔다. 두 장수가 소리쳤다.

"패공께서 아무개에게 관문을 지키게 한 건 초나라 군사를 막기 위한 조치가 아니라 다른 도적을 막기 위한 조치였소. 이제 마침 노공의 서찰을 보시고 바로 아무개 등에게 명령을 내려 노공의 군사를 관문으로 들여보내라고 하셨소."

영포가 그 말을 듣고 중군에 보고한 뒤 전후 대열의 인마를 재촉하여 계속해서 관문으로 들어가게 했다. 그들은 홍안천(鴻雁川)에 이르러 진채를 세웠다.

노공은 군영을 세운 뒤 먼저 세작 10여 명을 보내 곳곳을 염탐하고, 패공이 관중에 도착하여 무슨 일을 하고 어떤 준비를 했는지 알아보게 했다. 세작들은 한나절 염탐을 하고 저녁 무렵 진채로 돌아와 패공이 한 일을 처음부터 끝까지 자세히 보고했다. 노공은 생각에 잠겼다.

'유방이 관중에 와서 한 일을 살펴보니 회왕과의 약속을 결연히 지키려 했다. 나는 공연히 그를 의심했구나. 관중 땅은 여전히 내가 차지할 수 있겠구나.'

노공은 몰래 이렇게 추측했다. 범증도 사람을 풀어 패공이 한 일을 수소문하고 마음이 즐겁지 않았다. 범증은 밤이 되어 인적이 뜸하자 항백을 불러 천천히 걸으며 홍안천 서쪽 높은 언덕으로 이끌었다. 삼라만상이 정적에 싸인 가운데 하늘에는 별무리만 가득 빛나고 있었다. 범증은 목소리를 낮추어 항백에게 물었다.

"현공께서도 천문을 볼 줄 아시오?"

항백이 대답했다.

"내가 어릴 때 어떤 친구가 있었는데 한(韓)나라 사람이었소. 그는 늘 장수의 도리를 이야기하며 천문을 보고, 지리를 살피고, 바람과 구름을 판별하고, 천기를 관찰할 수 있어야 군사를 부릴 수 있다고 했소. 그런 까닭에 나는 늘 이와 관련된 책을 읽어 천문을 대략이나마 알게 되었소. 이제 선생께서 잘 가르쳐주기 바라오."

범증은 마침내 항백과 함께 시선을 집중하고 천문을 살폈다. 먼저 선기(璿璣)[1]를 고정하고, 다음으로 하늘의 경도와 위도를 맞추었다. 그

1_ 동양 고대 천체 관측 도구.

범증과 항백이 천문을 보다

러자 오성의 운행 궤도가 드러났고 온 하늘의 모습이 명확히 보였다. 또 28수의 방향과 구주(九州)의 분야,[2] 드넓은 천구(天球)의 365도 도수가 모두 펼쳐졌다. 춘분과 추분, 하지와 동지가 순서대로 전개되는 형상과 그믐과 초하루가 서로 마주 바라보는 모습도 잘 드러났다. 어디가 북극성이고, 어디가 남극성이며, 어디가 좌보성(左輔星)이고, 어디가 우필성(右弼星)인지,[3] 그리고 어디가 노공 항우의 좋은 운수를 나타내는 대목인지, 어디가 패공 유방의 상서로운 조짐을 보여주는 곳인지 두루 한 바퀴 둘러보았다. 항우의 홍안천 군영에서 살기가 뻗어 나와 하늘을 가득 덮고 있었으며 그 위에서 대장성이 매우 뚜렷하게 비치고 있었다. 그러나 희미한 음기가 낮게 깔린 가운데 어두운 구름이 멀지 않은 곳에서 일어나고 있었다. 눈을 들어 패상을 살펴보니 황제의 별이 밝게 빛나고 오색구름이 용처럼 펼쳐져 있었다. 샘물이 처음 솟아오르는 듯 생기발랄했고 태양이 처음 떠오르는 듯 기운이 세찼다. 생기가 끊임없이 드러나 보였고 밝은 빛이 길게 이어졌다. 동정에 황금과 벽옥 같은 별빛이 모이고 패릉(覇陵, 산시성陝西省 시안시 동쪽)[4]에 진정으로 천명을 받은 제왕의 형상이 드러나고 있었다. 구름이 왕성한 기운을 둘러싸고 있었고 별빛이 패공의 본진을 비추고 있었다. 범증은 천문을 다 보고 나서 항백에게 말했다.

"공은 유씨와 항씨의 운명을 어떻게 생각하시오?"

2_ 구주는 우임금이 치수에 성공한 뒤 나눈 중국의 아홉 지방이다. 중국 고대 천문학에서는 중국 전역을 하늘의 28수에 배당했다. 이것을 분야(分野)라 한다.

3_ 중국의 점성술 자미두수(紫微斗數)에서 하늘의 중심인 자미성(紫微星)을 왼쪽에서 보좌하는 길성(吉星)이 좌보성이고, 오른쪽에서 보좌하는 길성이 우필성이다.

4_ 파릉(灞陵)으로도 쓴다.

항백이 대답했다.

"황제의 별이 찬란한 빛을 모아 패릉에 호응하고, 왕성한 기운이 그곳에 가득 덮였으니 내 생각에는 유씨에게 천명이 있는 듯하오. 우리 초나라 군영은 씩씩한 무용을 뽐내는 데 불과하고 살기와 강풍이 뒤덮여 있어 주군께서 군웅들을 제압할 수 있을 뿐이오."

범증이 탄식했다.

"지난날 팽성에 천자의 기운이 완연하더니 지금은 패상에 황제의 별이 밝게 빛나고 있소. 공께서 본 바가 거의 맞다고 할 수 있소."

항백이 물었다.

"공은 어떻게 할 작정이오?"

"상서로운 징조는 천문에 모여 있지만 흥망성쇠는 사실 인사(人事)에 따라 결정되오. 신포서(申包胥)5는 이렇게 말했소. '하늘이 정한 일은 본래 인간을 뛰어넘을 수 있지만, 인간이 정한 일도 하늘을 뛰어넘을 수 있다.'6 나는 지금 초나라를 섬기는 일에 온몸을 맡기고 성실한 계책을 다 짜내려고 하오. 죽은 이후에나 그만둘 것이니 어찌 두 마음을 먹을 수 있겠소? 하늘의 기틀이 저쪽에 있다 해서 어찌 조금이라도 마음을 바꿀 수 있겠소?"

"선생은 진정 충신이라 할 만하오."

"오늘 일은 공과 나만 아는 일이오. 밖으로 퍼져나가게 해서는 절대

5_ 춘추시대 초 소왕(昭王)의 대부. 초나라가 오나라의 공격을 받고 망국의 위기에 처하자 진나라로 가서 피눈물을 흘리며 구원병을 얻어냈다. 소왕이 우윤(右尹) 벼슬을 내렸으나 사양하고 은거했다.

6_ 『동주열국지』 제2회에 나온다. "天定固能勝人, 人定亦能勝天."

안 되오."

후세에 사관이 범증의 충성을 시로 읊었다.

천시가 벌써 한나라로 귀착될 줄 알면서도,　　　　　既識天時歸漢業,

어찌하여 계책을 써서 유씨를 죽이려 했나?　　　　　如何籌策更誅劉.

오로지 두 마음 없이 임금을 섬기려고,　　　　　　　只緣事主心無貳,

오색구름 물드는 가을을 망각하고 있었다네.　　　　忘却雲成五色秋.

다음날 노공 항우는 군막으로 올라가 대소 장수를 불러모아 앞으로의 일을 의논했다. 그때 군문 밖에서 하급 장수가 보고를 올렸다.

"패공의 좌사마(左司馬) 조무상(曹無傷)이 서찰을 지닌 사자를 보내와서 기밀을 아뢰겠다고 합니다."

항우가 말했다.

"불러들여라!"

그 사람이 서찰을 올리자 항우가 개봉하여 읽었다.

신 좌사마 조무상은 머리를 백번 조아리며 노공 전하께 아룁니다. 몰래 생각하건대 천하가 진나라의 포악함에 고통을 당하여 백성은 하루도 편한 날이 없었습니다. 다행히 명공의 신무(神武)함에 의지하여 무기를 서쪽으로 겨누자 영씨(嬴氏)는 속수무책이었고, 제후들은 모두 복종했으며, 온 세상이 모두 명공의 덕을 우러러보게 되었습니다. 명공의 공로는 금석처럼 마멸되지 않을 것입니다. 패공은 평범한 재주로 남의 힘에 기대 일을 성취했을 뿐입니다. 명공의 위력을 빌려 요행히 함곡관으로 들어갔으면 바야흐로 거처를 쓸고 명령을 기다리다 명공의 지휘를 우러러 받들어야 했습니다. 그렇게 해야 남의 공로를 말살하지 않고 왕업을 보좌할 가망이 있을 것입니다. 그런데 지금은 군사를 시켜 관문을 지키다가 지탱하기 어렵게 되자 잠시 명령을 따르는 체하고 있습니다. 꾀를 내어 속임수를 써서 함곡관으로 들어간 것은 갑주를 정비하고 무기를 휘두르며 명공과 대적하려는 의도입니다. 또 이 사실을 중외에 공포하고 반드시 이전의 약속대로 관중 땅의 왕이 되려 할 것입니다. 신은 패공의 부하이지만 기실 초나라의 신하입니다. 그래서 마음에 기껍지 않아 특별히 이 서찰을 써서 사실을 아룁니다. 제 의견은 평소의 원한이 아니라 사실 천하의 공론입니다. 우러러 바라건대 명공께서는 자세히 살펴주십시오!

노공은 서찰을 다 읽고 나서 대로하여 범증 등을 불러 대책을 논의했다. 범증이 말했다.

"패공이 산동(山東)에 거주할 때는 재물을 탐하고 여색을 밝혀서 시골 사람들이 매우 비천하게 여기며 증오했습니다. 그런데 지금 관중으로 들어와서는 재물도 탈취하지 않고 여자도 가까이하지 않았다 합니다. 오히려 백성들에게 '약법삼장'을 실시하여 그들을 위무하면서 민심을 얻으려 하고 있으니 이는 이자가 마음을 작은 일에 두고 있지 않음을 뜻합니다. 제가 밤에 천문을 보았더니 구름이 오색을 이루며 천자의 기운을 드러내고 있었습니다. 명공께서는 시급히 군사를 보내 공격하셔야지, 저들의 뿌리가 튼튼해지도록 기다리셔서는 안 됩니다. 그러다 저들을 흔들지 못할까 두렵습니다."

노공 항우는 즉시 군대를 점호하여 공격에 나서려 했다. 뒷일이 어떻게 될지는 다음 회를 들으시라.

항백의
비밀 누설

항백이 밤에 장량을
구출하러 가다
項伯夜走救張良

노공이 바야흐로 군대를 점호하려 하자 범증이 제지하며 말했다.

"지금은 아직 행동하실 때가 아닙니다. 병법에 이르기를 우리 군사가 적보다 열 배 많으면 포위하고, 다섯 배 많으면 공격하라 했습니다. 지금 패공은 병력이 10여 만이고, 장수도 번쾌 등 50여 명이나 있습니다. 게다가 관중에 먼저 도착하여 깊이 민심을 얻었으며, 그 수하에 모사도 매우 많아 모든 것에 잘 대비하고 있습니다. 우리 군대는 이제 막 도착했기 때문에 갑자기 움직여서는 안 됩니다. 아무개에게 한 가지 계책이 있습니다. 오늘밤 삼경에 인마를 정돈하고 병력을 두 갈래로 나누어 패상으로 달려가 유방을 사로잡아 죽이고 후환을 없애십시오."

항우가 말했다.

"좋소!"

그리고 즉시 장수들에게 지시하여 각 군영마다 군사를 점호하고 명령을 기다리라 했다.

한편, 항백은 이 소식을 듣고 생각했다.

'친구 장량이 지금 패상에 있다. 오늘밤 저들의 진영을 치면 옥과 돌멩이가 함께 불탈 것이니 장량은 목숨을 부지하기 어렵게 된다. 사람을 보내 비밀리에 알려주자니 우리 두 진영 사이에 몸을 숨긴 군사가 있을까 두렵다. 또 사람을 보냈다가 결과를 얻지 못하면 귀찮은 일이 생길지도 모른다. 저녁까지 기다렸다 내가 직접 가서 일을 제대로 처리해야겠다.'

항백이 이곳에서 이런 생각을 하고 있을 때 장량은 패공과 대책 회의를 마치고 자신의 장막으로 돌아온 뒤 우연히 하늘의 기색을 살피게 되었다. 아직 저녁 무렵이었지만 갑자기 동남쪽 모퉁이에서 한줄기 살기가 피어오르는 것이 매우 사나운 기세였다. 다행히 그 중간에 한 조각 상서로운 구름이 숨어 있었다. 다시 중군으로 돌아오자 패공이 말했다.

"선생께선 어찌하여 아직도 쉬지 않으시오?"

장량이 말했다.

"방금 천기를 보았더니 매우 좋지 못합니다. 오늘밤 틀림없이 초나라 군사가 진채를 공격할 것입니다. 그 기세가 만만치 않으니 서둘러 대비하셔야 합니다."

패공이 말했다.

"이 유방은 병력도 약하고 장수도 부족한 판국인데, 초나라 군사가 강력한 기세로 쳐들어오면 어떻게 대적해야 하오? 부디 선생께서 묘책을 마련하여 우리를 구해주시오."

장량이 말했다.

"비록 살기가 매우 사납지만 그중 상서로운 구름이 본진을 보호하고 있으므로 아마 벗어날 곳이 있을 듯합니다. 명공께서는 마음을 놓으십시오. 저절로 대책이 마련될 것입니다."

후세에 사관이 장량의 정묘한 천문 비법을 시로 찬양했다.

아직 초경 되지 않아 별빛은 드문데,	未及初更星尚稀,
동남쪽 살기는 하늘을 꿰뚫었네.	東南殺氣透天機.
자방 먼저 신통하게 간파하지 않았다면,	子房若不神先見,
용맹한 십만 군사 포위망에 갇혔으리.	十萬貔貅已被圍.

한편, 항백은 황혼이 되기를 기다려 발 빠른 말 한 필을 끌고 나와 군문 밖으로 가서 출발하려 했다. 그러자 정공이 길을 막으며 물었다.

"노대왕께서는 어디로 가십니까?"

항백이 대답했다.

"급히 군사 상황을 알아보러 간다."

정공은 항백이 자기편이고 또 노공의 가까운 혈친이므로 더이상 자세히 캐묻지 않았다. 항백은 자기 진영을 떠나 양손에 든 채찍으로 말을 후려치며 나는 듯이 치달렸다. 20리를 가자 곧바로 패공 유방의 부장 하후영이 전초병을 거느린 채 앞길을 가로막고 물었다.

"당신은 필마단기로 한밤중에 수행원도 없이 이렇듯 황급히 패상으로 와서 무엇을 하려는 것이오?"

항백이 대답했다.

"나는 장자방을 만나야 하오. 서둘러 알려주어야 할 일이 있소."

하후영은 바로 항백과 함께 장량의 진채로 갔다. 먼저 깃발 든 문지기를 그 상관인 수문관(守門官)에게 보내 보고했고, 수문관은 중군 좌초(左哨)에게 보고했으며, 그후 야순관(夜巡官)이 야경 딱따기를 세 번 치자 중군 좌초가 작은 구석 문을 반쯤 열었다. 그러자 건장한 장수 하나가 나와서 목소리를 높여 물었다.

"부대에 무슨 상황이라도 있느냐?"

주위에는 깃발이 늘어서 있었고, 각 군영의 모습은 엄정했으며, 군사 대오도 질서를 유지하고 있었다. 항백은 이런 모습을 보고 생각했다.

'패공이 보통 사람과는 다르구나. 앞서 범증은 그가 뒷날 틀림없이 고귀하게 될 거라 했다. 오늘 진채를 살펴보니 그 허실을 알 만하다.'

그때 하후영이 앞으로 다가가 보고했다.

"아무개가 왼쪽 초소 20리 근처를 순시하다 이름을 알 수 없는 한 남자를 만났습니다. 스스로 자방의 친구라 하고, 필마단기에 아무 무기도 지니지 않았습니다. 감히 마음대로 들여보낼 수가 없어서 오로지 명령만 기다리고 있습니다."

그 건장한 장수도 다시 안으로 들어가 소식을 전했다.

장량은 패공과 대책을 논의하던 중이었다. 그때 어떤 사람이 문득 보고하기를 장량의 친구가 밖에서 급히 만나기를 청한다고 했다. 장량은 크게 기뻐하며 말했다.

"이건 틀림없이 상서로운 구름이 보여준 조짐입니다!"

장량은 서둘러 밖으로 나와서 그 사람을 보았다. 그는 바로 항백이었다. 장량은 마침내 그를 장막 뒤로 맞아들였다. 항백은 노공 항우가 이곳 진채를 공격할 것이라고 장량에게 알리고 바로 몸을 일으키려 했다. 장량이 말했다.

"패공께서 내게 군대를 수행하라 하셨는데, 지금 급한 일을 듣고도 뵙지 않는다면 이는 불의한 일이오. 알리지 않을 수 없소. 형님께서는 여기 잠시만 앉아 계시오."

장량은 중군으로 들어가 패공을 뵙고 앞서 일을 알렸다. 패공이 말했다.

"이 일을 어찌하면 좋소?"

장량은 패공의 귓가에 대고 낮은 목소리로 여차여차하게 행동하라고 대책을 알려주었다. 장량은 다시 나와 항백을 보고 말했다.

"형님께서도 패공을 한번 만나 뵙고 속마음을 털어놓으시지요."

항백이 말했다.

"내가 여기 온 건 오로지 자방을 만나기 위함인데, 꼭 패공을 만날 필요까지 있겠소?"

"패공은 훌륭하신 분이오. 언젠가는 한 번 뵙지 않을 수 없을 것이오."

여러 번 거듭 청하자 항백은 마침내 장량과 함께 안으로 들어가 패공을 만났다. 패공은 의관을 정제하고 나와서 그를 맞아 상좌로 이끌었다. 항백은 노공 항우가 패공을 나무라는 뜻을 자세히 이야기했다. 패공은 술을 마련하여 그를 접대하며 속마음을 털어놓고 서로 간에 의심을 풀었다. 패공이 말했다.

"소문을 들으니 공에게 아직 배필을 정하지 않은 어진 아드님이 있다는데, 만약 버리지 않으신다면 제 딸과 공자를 혼인시켜 오늘의 은덕에 보답하고 싶소. 바라건대 군영으로 돌아가셔서 이 유방이 말씀드린 진실한 마음을 전달해주시오. 저는 절대 노공에게 항거할 마음이 없소. 노공께서 마음을 돌리신다면 저는 다시 살아나는 은혜〔再造之恩〕를 입게 되는데, 이는 모두 공이 베푸신 아량 덕분입니다."

항백이 사양하며 말했다.

"우리 두 가문은 적으로 대치하여 지혜와 용력을 서로 다투고 있습니다. 그런데 공과 혼인을 맺으면 사람들이 의심할까 두렵습니다. 아무개는 공의 명령을 받들지 못하겠습니다."

장량이 말했다.

"그렇지 않소. 유씨와 항씨는 일찍이 결의형제를 맺고 함께 진나라를 정벌하자고 약속했소. 이제 함양으로 들어왔으니 대사는 이미 정해졌소. 그러니 혼인을 맺어도 두 집안이 진정으로 서로 잘 어울립니다. 그런데 어째서 사양하시오?"

장량은 마침내 항백의 옷깃과 패공의 옷깃을 하나로 묶고 칼로 반을 잘라 두 가문에서 하나씩 보관하게 했다. 항백은 분부에 따르며 패공과 예를 행할 수밖에 없었다. 술이 몇 순배 돌자 항백이 하직 인사를 했다.

"내일 아침 일찍 홍문(鴻門)[1]으로 와서 노공을 뵙고 화를 풀어드리십시오. 말씀해주신 일은 제가 노공에게 전달하겠습니다. 아마 노공께선

1_ 산시성(陝西省) 린퉁구(臨潼區) 신펑진(新豊鎭) 훙먼바오촌(鴻門堡村)이다.

항백이 패상에서 장량과 유방을 만나다

패공에게 죄가 있다고 보진 않으실 겁니다."

장량은 하후영에게 기마병 20명을 이끌고 항백이 돌아가는 길을 배웅하게 했다.

한편, 그날 이경이 되자 범증이 노공에게 청했다.

"이제 군사를 움직일 시간입니다."

노공은 곧 장막으로 올라가 여러 장수를 점검했다. 군영 안에 항백이 보이지 않았다. 범증이 말했다.

"항 장군이 어째서 보이지 않습니까?"

정공이 말했다.

"항 노대왕께선 황혼 무렵 필마단기로 동쪽으로 가셨습니다. 제가 가로막으며 어디로 가시는지 물었지만 노대왕께선 군사 상황을 탐문하러 간다고 하시며 급히 서둘러 떠나셨습니다."

범증이 항우에게 말했다.

"명공께선 군사를 일으키실 필요가 없겠습니다. 항 장군이 틀림없이 정보를 흘렸고, 저들은 단단히 준비를 하고 있을 겁니다. 공격하러 갔다간 도리어 저들의 계책에 걸리게 됩니다."

항우가 말했다.

"우리 숙부님께선 사람이 충직하시고 또 나의 지친이시오. 어찌 밖으로 정보를 흘리시겠소? 선생께선 너무 의심하지 마시오."

"항 노장군이 정보를 밖으로 흘리지 않았다 해도 중요한 일은 엄격히 비밀을 유지해야 합니다. 만약 조금이라도 누설의 기미가 있으면 군사를 움직이기 어렵습니다. 옛사람의 말에도 '기밀을 유지하지 못하면 해악이 생긴다'라고 했습니다."

말을 아직 다 마치지도 않았는데 항백이 돌아왔다는 보고가 올라왔다. 항백이 군영으로 들어왔다. 항우가 물었다.

"숙부님께선 어디 다녀오십니까?"

항백이 말했다.

"내게 친구가 하나 있는데 한나라 사람이오. 성은 장이고, 이름은 량으로 나와 아주 친분이 두텁소. 아마 오늘밤 군사를 움직이면 그 사람을 보호하기 어려울 것 같아서 내가 비밀리에 그에게 다른 곳으로 피하라고 한마디 귀띔을 해주었소. 내친김에 유방이 함곡관으로 먼저 들어온 일을 따져 물었소. 장량이 말하기를 유방은 절대 다른 마음을 먹지 않았고, 장수를 보내 함곡관을 막은 것도 진나라 도적을 방비하려는 의도였을 뿐 감히 초나라에 항거하려던 건 아니라고 했소. 진나라 황실의 보물과 자녀 들도 모두 봉쇄하여 움직이지 못하게 해놓아서 자영도 함부로 행동하지 못하고, 오로지 노공이 오기만 기다리고 있다 하오. 내가 생각해보니 유방이 먼저 입관하지 않았다면 우리가 어떻게 칼날에 피를 묻히지 않고 쉽게 들어올 수 있었겠소? 이 점도 유방의 공로인 셈이오. 그 사람에게 이처럼 큰 공로가 있는데도 소인배의 말만 듣고 되레 그를 해치려 한단 말이오? 오늘 군사를 동원하는 일은 이치에 맞지 않는 듯하오. 유방이 내일 사죄하러 온다고 했으니 공은 대의를 잃지 말고 조용히 기다리는 것이 좋겠소."

항우가 말했다.

"숙부님의 말씀을 듣고 보니 유방은 죄가 없는 듯합니다. 그런데도 지금 군사를 움직이면 제후들의 웃음거리가 되겠습니다."

범증이 말했다.

"제가 공에게 유방을 죽이라 하는 것은 유방이 관중으로 들어선 이래 '약법삼장'을 실시하며 민심을 얻으려 했기 때문입니다. 그의 뜻은 기실 천하를 쟁취하려는 데 있습니다. 지금 일찌감치 제거하지 않으면 후환을 남길까 두렵습니다. 노장군께선 장량의 말에 속았으니 믿고 따르셔서는 안 됩니다. 명공! 깊이 생각해주십시오!"

항백이 말했다.

"범 선생에게 유방을 죽일 묘책이 있다면 어찌 한밤중에 적의 진채를 급습하는 방법까지 쓸 필요가 있겠소?"

항우가 말했다.

"숙부님의 말씀이 옳습니다. 선생께선 다시 계책을 마련해주시오."

범증이 말했다.

"제게 패공을 죽일 세 가지 계책이 있으니 명공께서 결정해주십시오."

그 계책이 무엇인지는 다음 회를 보시라.

제23회

홍문의 칼춤

진나라 멸망을 축하하기 위해
홍문에서 연회를 열다
賀亡秦鴻門設宴

범증은 노공 항우에게 아뢰었다.

"유방은 심장과 뱃속에 똬리를 튼 고질병 같습니다. 오늘 이 기회를 틈타 죽이지 않으면 뒷날 우환의 싹이 될 터이니 명공께선 그때 가서 후회하셔도 늦을 것입니다. 제게 세 가지 계책이 있습니다. 첫째, 홍문 연에 유방을 초청하시어 아직 자리를 잡기 전에 먼저 함곡관으로 들어 온 세 가지 죄를 문책하시고, 그자가 대답하지 못하면 바로 칼을 뽑아 참하십시오. 이것이 상책입니다. 만약 명공께서 직접 실행하고 싶지 않 으시면 장막 아래에 100여 명의 장졸을 매복하고 패공이 자리에 앉은 뒤 제가 패옥을 드는 것을 신호로 복병을 일으켜 그를 죽이십시오. 이 것이 중책입니다. 이 두 계책이 성공하지 못하면 어떤 사람을 시켜 패공에게 술을 권해 만취하게 하십시오. 음주 후에는 반드시 예절을 지키지 못할 터이니 그것을 빌미로 그를 죽이십시오. 이것이 하책입니다. 이 세 가지 계책에 따르시면 틀림없이 패공을 죽이실 수 있습니다."

항우가 말했다.

"세 가지 모두 시행 가능한 일이오."

이에 항우는 각 대소 장령들에게 명령을 내려 모두 준비를 잘하게 했다. 또 언행이 영리한 하급 장수 한 사람에게 서찰을 휴대하고 가서 패공을 연회에 초청했다.

하급 장수는 서찰을 가지고 패상으로 가서 패공을 만났다. 서찰의 내용은 이러했다.

노공 항우는 패공에게 글을 올립니다. 애초에 나는 공과 함께 회왕의 약속을 받들고 포악한 진나라를 정벌하여 백성을 편안하게 하려 했습니다. 다행히 지금 천병이 서쪽으로 진격하자 진왕 자영은 목을 내놓았고, 관중 땅은 수복되었으며, 영씨는 멸족되었습니다. 신령과 사람이 모두 기뻐하는 가운데 개선가를 부르고 있습니다. 이는 백관의 공적이며 삼군의 노고이므로 의당 연회를 베풀고 진나라 멸망을 경축해야 합니다. 공께서 가장 큰 공훈을 세웠으니 이제 예로써 연회 자리에 초청하고자 합니다. 일찌감치 왕림하시어 관료와 장수 들을 격려해주십시오. 이만 줄이겠습니다.

패공은 서찰을 다 읽고 나서 장량, 역생, 소하 등과 계책을 세웠다.

"이 연회는 좋은 모임이 아니라 범증이 획책한 속임수요. 생사가 달려 있으니 경솔하게 움직일 수 없소. 함정에 빠지면 목숨을 보전하기 어려울 것이오. 여러분은 어떻게 생각하시오?"

소하가 말했다.

"노공은 병마의 기세가 막강하므로 맞서 싸우기 어렵습니다. 차라리 답장 한 통을 써서 언변에 능한 사람을 보내 관중 땅 모든 것을 항씨에게 귀속시키고, 따로 군(郡) 하나를 달라고 하여 군사를 정비한 뒤 다시 대책을 마련하는 것이 좋겠습니다."

역생이 말했다.

"제게 서찰을 내려주시면 가서 유세해보겠습니다."

장량이 말했다.

"두 분의 말씀은 좋은 대책이 아닙니다. 옛날에 오자서(伍子胥)[1]가 초 평왕(平王)[2]을 보위하고 임동(臨潼, 시안시 린퉁구)으로 가서 18국 제후와 만나자[3] 그를 우러러보지 않는 사람이 없었습니다. 또 조(趙)나라 인상

1_ 오자서(伍子胥, 기원전 559 ~ 기원전 484). 본명은 오운(伍員). 부친 오사(伍奢)와 형 오상 (伍尙)이 초 평왕에게 피살당한 뒤 오나라로 망명하여 복수의 칼날을 갈았다. 그는 마침 내 오왕 합려를 패자(霸者)로 만들고 초나라를 공격하여 거의 망국의 지경으로 몰아넣었 다. 오왕 부차(夫差)의 실정을 직간하다 미움을 받아 부차가 내린 칼로 자결했다.

2_ 춘추시대 초나라 군주. 비무극의 말을 듣고 자신의 세자 건(建)의 아내로 맞은 진녀(秦女) 를 자신이 취했다. 비무극의 참소를 믿고 오사와 오상 부자를 죽여 오자서의 원한을 샀 다. 사후 초나라 도성을 점령한 오자서에 의해 무덤이 파헤쳐지고 시신이 매질을 당했다.

3_ 원(元)나라 잡극 『임동투회(臨潼鬪會)』에 나오는 야사다. 이 야사에 따르면 중국 춘추시대 진(秦) 목공(穆公)은 국력을 과시하고 패권을 장악하기 위해 임동에 진나라를 포함한 18국 제후를 모아 국보(國寶) 전람회를 개최했는데, 오자서가 이 회합에 초 평왕을 호위 하고 가서 엄청난 무게의 솥[鼎]을 들어올려 진 목공의 위세를 꺾었다 한다. 그러나 이 이야기는 정사에는 나오지 않는다. 또 진 목공은 기원전 682년에서 기원전 621년까지 생존한 사람이고, 오자서는 기원전 559년에서 기원전 484년까지 생존한 사람이므로 활 동 연도가 들어맞지 않는다. 흥미 위주의 야사에 불과하다.

여가 진(秦)나라에 사신으로 가서 화씨벽을 완전하게 보호하여 돌아오자 천하 사람들이 그를 현인으로 존경했습니다. 저 장량은 비록 재주는 없으나 명공을 보위하고 연회로 가서 범증이 꾀를 쓰지 못하게 하고 노공이 용력을 발휘하지 못하게 하겠습니다. 그리하여 무사히 돌아와 뒷날 명공께서 천하의 주인이 되게 하겠습니다. 짐작건대 노공은 감히 해코지를 하지 못할 것입니다."

패공이 말했다.

"이번 일은 전부 선생의 묘책에 따르겠소."

그리고 바로 하급 장수를 노공에게 보내 내일 아침 연회에 참석하겠다고 전했다.

한편, 범증은 노공에게 이렇게 말했다.

"유방이 내일 연회에 오면 명공께선 제가 말씀드린 세 가지 계책을 기억하셔야 합니다. 이번 기회를 놓쳐서는 안 됩니다."

노공은 장수들에게 명령하여 대열을 갖추고 완벽하게 준비하게 했고 정공과 옹치에게는 진채의 문을 지키며 함부로 사람을 들여보내지 말라고 했다. 다음날 패공은 경기병 100명과 심복 장수, 모사 다섯 명, 즉 장량, 번쾌, 근흡, 기신, 하후영만 데리고 곧바로 홍문으로 왔다. 연도 내내 두려움이 가시지 않자 패공은 자주 장량을 앞으로 불러서 물었다.

"이 유방은 이번 행차를 매우 우려하고 있소. 아마도 예기치 못한 일이 생길 듯한데, 선생께선 어떻게 대처하려 하시오?"

장량이 대답했다.

"명공! 안심하십시오. 제게 방법이 있습니다. 다만 제가 어제 말씀드린 응답법을 잊지 마십시오. 그것에 따라 답변하시면 저절로 무사하게 될 것입니다."

그때 마침 후방에서 갑자기 한줄기 군마가 달려왔다. 방패와 창이 번쩍번쩍 빛났고 갑사들도 씩씩하고 장대했다. 선두에 선 장수는 영포였다. 그가 고함을 질렀다.

"노공의 명령을 받들고 패공을 영접하러 왔습니다."

그는 말 위에서 뛰어내려 군례를 행했다. 그가 앞장서고 패공이 뒤를 따랐다. 군문에 도착하자 진평이 마중나와서 길가에 비켜서 있었다. 패공이 들어가려 하자 군영의 위세가 삼엄한 가운데 징소리와 북소리가 크게 울렸다. 패공은 그곳에 멈추어 서서 감히 발걸음을 떼지 못하고 장량을 불렀다.

"노공의 군영은 흡사 전쟁터와 같아서 연회를 열고 풍악을 울리려는 기미는 전혀 없소. 들어가서는 안 될 듯하오."

장량이 말했다.

"명공께서 여기까지 오셨으니 들어가시는 게 이치에 맞고 물러나시면 심한 굴욕을 당하시게 될 것입니다. 만약 한 걸음만 후퇴하셔도 틀림없이 저들의 계략에 걸려드실 겁니다. 명공! 여기서 잠깐만 기다리십시오. 제가 노공을 뵙고 난 뒤에 들어가셔도 늦지 않으실 겁니다."

장량은 천천히 느린 걸음으로 군영 안으로 들어갔다. 정공 등이 군문을 단단히 지키고 있었다. 장량이 말했다.

"노공께 아뢰어주시오. 패공의 차사(借士) 장량이 뵙기를 청한다고 말이오."

정공이 군영으로 들어가 노공을 뵙고 말했다.

"군문 밖에서 패공의 차사 장량이 뵙기를 청합니다."

노공이 말했다.

"어째서 차사라 하오?"

범증이 말했다.

"이 사람은 한(韓)나라 사람으로 5세 동안 한나라에서 재상을 지냈습니다. 패공이 한나라에서 그를 빌려왔기에 차사라고 합니다. 매우 견식이 뛰어난 사람입니다. 지금 패공을 수행하며 모사 임무를 맡고 있습니다. 이번에 온 것은 유세를 하기 위해서입니다. 명공! 먼저 이자를 죽여서 패공의 한 팔을 자르십시오."

항백이 그 말을 듣고 황급히 제지했다.

"안 되오! 노공은 이제 막 함곡관으로 들어온 처지라 천하의 민심을 모아야 하오. 그래야 인재들이 구름처럼 모여들어 왕업을 성취할 수 있소. 그런데 어찌 아무 까닭도 없이 이런 현명한 선비를 죽인단 말이오? 게다가 장량은 나와 친분이 매우 두텁소. 만약 공께서 좋아한다면 내가 공의 휘하에 추천하겠소. 우리에게 도움을 줄 만한 인재요."

노공은 정공에게 분부하여 장량을 들여보내라고 했다. 장량이 군영 안으로 들어가니 노공 항우는 갑옷과 투구로 완전 무장을 한 채 칼을 짚고 앉아 있었다. 장량이 말했다.

"저는 일찍이 듣건대 현명한 임금이 천하를 다스릴 때는 덕을 밝게 드러냈지, 군사를 뽐내지 않았고, 또 세상을 잘 거느릴 때는 덕망에 바탕을 두었지, 험악함에 의지하지 않았다고 합니다. 이 때문에 큰 장사꾼은 재화를 숨겨놓고 드러내지 않으며, 거부는 재산을 축적하면서도 사치하지 않습니다. 강한 권력을 가진 사람은 허약하게 보이면서 포악하게 처신하지 않고, 군사가 많으면 멀찌감치 주둔해놓고 그 세력을 보여주지 않습니다. 이것이 노련하고 사려 깊으며 식견이 탁월한 사람이 하는 일입니다. 마침 명공께서 홍문에서 연회를 열고 제후들과 회합하기로 약속한 것은 한때의 아름다운 거사입니다. 저는 이곳에 오면 틀림없이 음악 연주와 노랫소리가 흐드러지고 빈객과 주인이 환담을 나누는 가운데 천하 백성의 안정을 기뻐하고 포악한 진나라의 멸망을 경축하면서 온종일 잔치를 즐기고 모두 만취한 뒤에야 헤어질 줄 알았습니다. 그런데 뜻밖에도 갑옷 입은 군사가 둘러서 있고, 창칼이 삼엄하게 들어차 있으며, 징소리와 북소리가 크게 울리고 있습니다. 한 덩어리 살기가 사람의 마음을 불안하게 만드니 각자 몸을 피할 생각만 하고 있습니다. 게다가 명공께서는 장함과 아홉 번 싸워 천하를 제압하셨습니다. 그 누가 이 사실을 모르겠으며, 어떤 이가 명공을 두려워하지 않겠습니까? 강한 힘에 의지하지 않아도 저절로 강하게 보이고, 용력을 말하지 않아도 저절로 용력이 드러납니다. 그런데 하필 이처럼 위세를 부린 뒤에야 위엄을 보이려 하십니까? 지금 제후들은 밖에서 명공께서 주객 간에 갖춰야 할 예법도 베풀지 않으시는 것을 보고 두려움에 젖어 감히 들어오려 하지 않습니다. 아무개는 부월을 피하지 않고 군영으로 들어와 알현을 요청드렸으니 부디 명공께서는 밝게 살펴주십시오.”

노공은 장량의 말에 일리가 있음을 알고 마침내 군사를 뒤로 물려 군영 1리 밖에 머물게 하고 징과 북도 잠시 멈추게 했다. 또 노공은 갑옷과 투구를 벗고 보검을 풀고서 관복으로 갈아입은 뒤 제후들을 군영 안으로 들어오게 했다. 정공 등은 각 하급 장수에게 분부하여 제후들은 시종을 여럿 데려오지 말고 문신이나 무장 한 명만 대동하게 했다.

패공에게는 장량만 데리고 들어가게 했다.

패공은 이전처럼 감히 형제의 예를 행하지 못하고 계단 아래에 서서 허리를 굽히고 재배하며 자신의 이름을 대고 인사를 했다.

"유방이 삼가 명공께 문후드립니다."

노공이 정색을 하고 말했다.

"족하는 세 가지 죄를 지었다. 알고 있는가?"

패공이 말했다.

"유방은 패현의 정장(亭長)으로 우연히 사람들의 말에 미혹되어 진나라 정벌에 나섰다가 명공의 휘하에 투신했습니다. 무릇 저는 나아가고 멈출 때 오직 명공의 지휘만 받았는데, 어찌 감히 거리낌없이 행동하며 명공의 위엄을 범할 수 있겠습니까?"

"족하는 항복한 진왕 자영을 받아들이고도 마음대로 석방했으니 이는 독단으로 일을 처리할 줄만 알고 군왕의 명령에 따를 줄은 모르는 일이다. 이것이 첫번째 죄다. 또 민심을 얻으려고 진나라 법률을 바꾸었으니 이것이 두번째 죄다. 장수를 보내 함곡관에서 항거하면서 제후들의 군사를 막았으니 이것이 세번째 죄다. 이 세 가지 죄는 모두가 알고 있다!"

"이 유방이 한마디 할 수 있게 용납해주시면 제 마음을 말씀드리겠습니다. 항복한 진왕 자영은 온 마음을 기울여 투항해왔습니다. 그런데도 갑자기 그를 죽인다면 그것이 오히려 독단일 것입니다. 잠시 담당 관리를 시켜 명공의 처리를 기다리게 한 것이지, 감히 석방하지 않았습니다. 진나라 법률은 포악하고 가혹하여 백성은 마치 가마솥 속에 있는 것처럼 자신들을 구해주기를 간절히 바라고 있었습니다. 이 때문에 조속히 바꾸지 않으면 그 가혹한 법률이 하루 더 존속될 때마다 백성은 하루 더 고통을 받을 수밖에 없었습니다. 이 유방이 서둘러 그 법률을 바꾼 것은 바로 명공의 덕을 선양하기 위함이었습니다. 그래서 백성들은 모두 '앞서 달려온 사람도 백성을 어루만져주는데, 이제 왕의 군대를 거느리고 오실 분이 어찌 백성을 어루만져주실 줄 모르겠는가?'라고 말합니다. 또 군대를 보내 함곡관을 막은 것은 장군을 막기 위한 일이 아닙니다. 진나라 잔당이 다시 일어날까 두려워 방어하지 않을 수 없었습니다. 오늘 뜻밖에도 이곳에서 다시 명공을 뵙는 건 이 유방의 행운입니다. 명공께서 우리의 평소 우정을 생각하시고 연민의 정을 베풀어주시면 이는 정말 군왕의 도량이라 할 수 있습니다. 제가 어찌 감히 명공과 짐짓 모르는 사이처럼 가장할 수 있겠습니까?"

노공은 성격이 강한 사람이라 유방이 떠받들어주자 기분이 좋아졌다. 그는 유방의 말을 듣고 그를 죽이려던 마음이 전부 사라져서 마침내 손을 잡고 부축해 일으키며 말했다.

"나 항적은 족하를 질책하려 하지 않았지만 족하의 좌사마 조무상의 말 때문에 족하에게 세 가지 죄를 씌우게 되었소. 그렇지 않았다면 내가 어찌 이렇게까지 하겠소?"

패공은 다시 재배하며 감사 인사를 하고 서로 양보하며 자리에 앉았다. 노공이 주인의 자리에 앉자 제후들도 차례에 따라 모두 자리에 앉았고 범증, 장량, 항백도 함께 앉았다. 풍악을 크게 울려 군중 음악을 연주하면서 서로 술을 권했다.

범증은 첫번째 계획이 실패로 돌아간 뒤 노공에게 패공을 죽일 마음이 없어진 것을 알았다. 매복한 군사들도 감히 움직일 수 없다. 범증은 마침내 자신이 차고 있는 옥결을 연거푸 세 번 들어올렸다. 노공은 패공의 겸손하고 온화한 모습을 보고 이렇게 생각했다.

'유방 같은 위인이 어떻게 대사를 이룰 수 있겠는가? 범증은 내게 그를 죽이라고 하지만 오늘 연회에 초청해놓고 아무 까닭 없이 죽이면 오히려 제후들이 나를 무능하다고 비웃을 것이다. 범증의 계책을 따르지 않는 것이 좋겠다.'

범증은 노공이 자신이 들어올린 옥결을 보지 않자 마음이 조급해져서 바로 진평에게 술을 권하라고 눈짓을 했다. 진평은 술잔을 들고 패공 앞으로 가서 술을 권했다. 그때 진평은 패공을 자세히 살펴보았다. 우뚝한 콧날에 용의 얼굴을 하고 있었으며 하늘의 태양 같은 징표가 드러나 있었다. 그리하여 진평은 이렇게 생각했다.

'패공은 보통 사람이 아니다. 뒷날 틀림없이 아주 귀하게 될 사람이다. 범증의 뜻에 따르다가는 하늘의 뜻에 역행하게 된다.'

이에 진평은 노공에게는 술을 많이 따르고 패공에게는 적게 따랐다. 패공도 그의 뜻을 짐작하고 끝까지 예절을 잃지 않았다. 이것은 진평이 패공을 진명 천자로 알아보고 그를 구원하려는 의도였다. 후세에 사관이 이 일을 시로 읊었다.

한나라 대업 길고 길며 복록도 깊은데,	漢業悠悠福祿深,
범증은 하릴없이 흉심만 허비하네.	范增徒費虎狼心.
진평은 진명 천자를 남몰래 알아보고,	陳平識得眞天子,
연회 자리 앞에서 술잔을 주고받았네.	故向筵前酒左斟.

범증은 자신의 세 가지 계책이 모두 실패하자 스스로 탄식했다.

'오늘 패공을 죽이지 못하면 뒷날 틀림없이 큰 우환이 생길 것이다!'

그리고 자리를 피해 급히 밖으로 나와서 패공을 죽일 사람을 찾았다. 어쩔 줄 몰라 하고 있는데, 그때 어떤 장사가 장막 뒤에서 칼을 두드리며 노래를 부르고 있었다.

나에게 보검이 한 자루 있네,	我有一寶劍,
곤륜산 서쪽에서 만든 것.	出自崑崙西.
사람을 비추면 거울과 같고,	照人如照面,
무쇠를 자르면 흙 썰듯하네.	切鐵如切泥.
양쪽 칼날 서리처럼 날카로워서,	兩邊霜凜凜,
칼집에서 바람 소리 차갑게 나네.	匣內風淒淒.
공자들께 보검을 맡겨두었나니,	寄與諸公子,
어느 날 그 칼날 드러내리오?	何日得見兮?

범증은 노래를 다 듣고 나서 몹시 기뻤다. 이 사람이야말로 유방을 죽일 수 있는 장사라고 생각했다. 이 사람은 성이 항(項), 이름은 장(莊)으로 노공 항우의 친척이었다. 범증은 귓속말로 항장에게 말했다.

"주군은 사람됨이 성격은 강하지만 결단력이 없다. 오늘 홍문연은 오로지 유방을 죽이기 위해 마련한 자리다. 내가 거듭 옥결을 들었지만 주군은 전혀 상관하지 않았다. 오늘 유방을 놓아주면 뒷날 다시는 이런 기회가 없을 것이다. 너는 연회 앞자리로 가서 칼춤을 추며 즐기는 척하다가 유방을 죽여라. 그럼 너는 큰 공을 세우게 된다."

항장은 마침내 옷자락을 잡고 큰 걸음으로 연회 앞자리로 가서 말했다.

"군중의 음악은 볼만한 게 없습니다. 아무개가 칼춤을 추며 공들에게 술을 권하겠습니다."

그러고는 마침내 칼을 뽑아들고 춤을 추며 패공을 노리기 시작했다. 장량은 항장의 칼춤을 보고 패공을 죽일 의도가 있음을 알아챘다.[4] 그는 황급히 눈을 들어 항백을 쳐다보았다. 항백도 장량의 뜻을 알아채고 역시 자리에서 일어나 칼을 뽑아들고 말했다.

"칼춤은 상대가 있어야 하는 법, 칼날이 부딪혀 번갯불이 일어야 사람의 눈길을 빼앗아 공들을 즐겁게 할 수 있소."

항우가 말했다.

"좋습니다."

항백은 칼을 들고 항장에 맞서 칼춤을 추며 줄곧 자신의 몸으로 패공을 보호하려 했다. 범증은 항백을 깊이 원망했고 장량은 사태가 위급하다고 보았다. 또 항백이 몸으로 패공을 보호하고 있지만 힘이 미치지 못하고 있었다. 장량은 마침내 자리에서 일어나 군문으로 갔다. 정공과 옹치가 막아서며 물었다.

"자방 선생! 어디 가시오?"

장량이 말했다.

"옥새를 가지러 가오."

진평은 뒤에서 장량의 뜻을 알아채고 고함을 질렀다.

4_ 항장무검, 의재패공(項莊舞劍, 意在沛公): 항장이 칼춤을 추는 의도는 패공을 해치려는 데 있다. 겉으로 드러난 모습과 달리 속으로 악랄한 흉계를 감추고 있음을 비유한다.(『사기』「항우본기」)

항장의 칼춤을 항백이 막아서다

"노공께서 성격이 급하셔서 자방을 어서 내보내라 하신다!"

정공 등은 장량을 내보낼 수밖에 없었다. 장량은 밖으로 나와 번쾌에게 말했다.

"지금 항장이 칼춤을 추며 패공을 노리고 있소. 사태가 매우 위급하오! 장군은 옛날 신쾌(申鱠)가 장공(莊公)5을 구해낸 것처럼 자신의 몸과 목숨을 돌보지 않고 용력을 발휘해야 할 것이오. 오늘 홍문연에서 주군께서 곤경에 빠지셨는데도 목숨을 던져 구하지 않았다가 주군께서 해를 당하시면 천년 뒤 지하에서 신쾌에게 부끄러울 것이오."

번쾌가 말했다.

"선생께선 안심하십시오. 원컨대 신쾌가 자신의 주군을 구한 일을 배우고자 합니다. 만약 피한다면 장부가 아닙니다."

번쾌는 성큼성큼 걸어갔다. 장량이 말했다.

"잠깐! 내 뒤를 따라오시오. 내가 먼저 저들 군영으로 들어가겠소."

정공 등은 또 장량을 가로막고 물었다.

"가져온 옥새는 어디 있소?"

장량은 손가락으로 옷소매를 가리키며 두 사람을 속이고 연회석상으로 돌아왔다. 항장과 항백은 여전히 칼춤을 추고 있었다.

번쾌가 군문에 당도하여 고함을 질렀다.

"홍문에서 잔치를 벌이고 있지만 수행 장졸들은 모두 술과 밥을 눈곱만큼도 얻어먹지 못했다. 나는 노공을 뵙고 술과 밥을 좀 얻어먹어야

---

5 신쾌와 장공의 이야기는 구체적으로 어떤 역사 고사를 가리키는지 불분명하다. 『수호전(水滸傳)』 제67회 첫머리에 삽입된 시에도 "申鱠莊公臂斷截, 靈輒車輪亦能折"이라는 구절이 있다.

겠다."

그는 마침내 칼과 방패를 든 채 바로 치고 들어갔다. 정공 등이 그를 가로막으려 했지만 어떻게 번쾌의 힘을 당해낼 수 있겠는가. 문지기 군사들은 모두 그를 막아섰다가 고꾸라졌다. 그는 중군으로 직진하여 휘장을 걷고 들어갔다. 칼로 장막을 걷어올리고 노공 항우의 면전까지 성큼성큼 걸어가 칼을 잡고 우뚝 섰다. 머리카락은 하늘로 곧추섰고 눈꼬리는 위로 치솟아 있었다. 노공이 물었다.

"장사는 누구신가?"

장량이 몸을 일으키며 말했다.

"이 사람은 패공의 참승[6] 번쾌입니다."

노공이 또 물었다.

"여긴 뭐하러 왔는가?"

번쾌가 대답했다.

"소문을 들으니 대왕께서 진나라 멸망 축하 잔치를 여시고 대소 구분 없이 모두 술과 음식을 하사하셨다는데, 이 번쾌는 아침부터 정오까지 아직 음식 한 점 얻어먹지 못했습니다. 배가 고프고 목이 말라 참으로 참기 어려우니 대왕께서 밥 한 그릇 내려주십시오."

항우는 좌우 시종에게 명하여 술 한 잔을 내려주었다. 번쾌는 단숨에 잔을 비웠다. 또 생돼지고기 다리 하나를 하사하자 번쾌는 칼로 고기를 잘라먹었다. 항우가 말했다.

"장사로다! 더 마실 수 있겠는가?"

6_ 고대에 수레를 탈 때 존귀한 사람은 왼쪽에, 수레를 모는 사람〔御者〕은 중간에, 호위하는 사람은 오른쪽에 탄다. 오른쪽에 타는 사람을 참승(驂乘) 또는 거우(車右)라고 부른다.

"신은 죽는다 해도 피하지 않겠습니다. 술을 어찌 사양하겠습니까?"

"그대는 누구를 위해 죽으려 하는가?"

"진나라는 범과 늑대의 마음을 가지고 이루 다 헤아릴 수 없을 만큼 사람을 죽였고, 모두 다 셀 수 없을 정도로 형벌을 가하여 천하 사람들이 모두 반역을 일으켰습니다. 이제 회왕께서 제후들과 약속하기를 '먼저 진나라를 격파하고 함양으로 들어간 사람을 왕으로 삼겠다'라고 하셨습니다. 지금 패공께서 먼저 진나라를 격파하고 함양으로 들어갔지만 재물을 추호도 취하지 않았고 여자를 한 사람도 가까이하지 않았습니다. 그리고 패상으로 물러나 장군을 기다렸습니다. 이처럼 심한 고생을 하면서 높은 공을 세웠지만 아직 상으로 봉작도 받지 못했습니다. 그런데도 소인배들의 말을 듣고 공로를 세운 분을 죽이려 하시니 이는 멸망한 진나라의 폭행을 계속 잇는 것과 같습니다. 이는 장군께서 취하실 행동이 아닙니다. 지금 상황을 보건대 두 장사가 칼춤을 추며 패공을 노리고 있습니다. 신이 죽음을 무릅쓰고 성대한 연회에 끼어든 것은 첫째 목이 말라서이고, 둘째 패공의 억울함을 풀어주려는 것입니다. 이런 까닭에 신은 죽음도 피하지 않을 것입니다."

항우는 노여움을 누그러뜨리고 기쁜 표정을 지으며 말했다.

"패공에게 이런 참승이 있다니. 참으로 장사로다!"

항우는 마침내 항장에게 칼춤을 추지 말라고 명령을 내렸다. 잠시 뒤 패공은 항우가 만취한 것을 보고 측간에 간다고 말하고 바로 군문으로 나왔다. 정공과 옹치가 막아섰다. 장량이 서둘러 나와서 말했다.

"노공의 명령을 전합니다. 제후들 중 술을 이기지 못하는 분은 밖으로 내보내시오."

뒤이어 진평도 나와서 급히 고함을 질렀다.

"패공을 내보내시오."

정공은 내보낼 수밖에 없었다. 번쾌는 패공을 보호하며 군영을 나섰다. 근흡, 기신, 하후영과 시종들도 패공을 맞이하여 황급히 패상으로 치달렸다. 범증은 자신의 모든 계책이 실패하고 노공까지 만취한 상황을 보자 화도 나고 원망스러웠다. 그는 장막 뒤로 물러가서 답답한 마음에 가슴을 쳤다. 이로써 패공은 곤경에서 벗어났다. 후세에 호증이 이 일을 시로 읊었다.

항우가 위력 떨치며 천지를 횡행할 때,	項羽鷹揚六合晨,
홍문에서 잔치 열어 진나라 망국 축하했네.	鴻門開宴賀亡秦.
그날 술자리에서 모신의 계책을 썼다면,	樽前若用謀臣計,
어떻게 음릉7에서 길 잃은 사람 되었으랴?	豈作陰陵失路人.[8]

또 이 일을 읊은 시가 있다.

홍문에서 항우는 창과 방패 벌여놓고,	鴻門項羽列干戈,
진나라 망국 축하하며 포위망을 펼쳤다네.	宴賞亡秦布網羅.
오늘 만약 번쾌가 힘을 쓰지 않았다면,	今日若非樊噲力,

7_ 해하(垓下)의 포위망을 탈출한 항우가 음릉에서 어떤 농부에게 길을 묻자 그 농부가 고의로 길을 잘못 가르쳐주어서 항우가 길을 잃게 만들었다. 『원본 초한지』 3 제83회 참조.

8_ 당나라 호증의 영사시 「홍문(鴻門)」이다. 현재 통용본에는 셋째 구 준(樽)이 준(樽)으로, 용(用)이 취(取)로 되어 있다.

패공이 어떻게 한나라 산하 얻었으랴?　　　　　　　沛公焉得漢山河.

패공이 곤경에서 벗어나 돌아간 뒤 어떤 사람이 장막 뒤에서 북을 치며 노래를 부르고 있었다.

굶주린 곰이 산에서 내려와,　　　　　　　　饑熊下山.
돌멩이를 들추고 개미를 찾았네.　　　　　　　揭石見蟻.
개미를 삼켜 목구멍으로 넘기다가,　　　　　　吞之入喉,
사레가 들려 튀어나와도 무방하네.　　　　　不妨咳嗽而出.
위태롭도다! 위태롭도다!　　　　　　　　危乎哉! 危乎哉!

장량은 노래를 듣고 그 사람을 보았다. 황백색 얼굴에 정신은 맑고 기상은 상쾌해 보였다. 창을 잡고 우뚝 서서 얼굴에 냉소를 머금고 있었다. 장량이 물었다.

"장사는 무엇 때문에 비웃고 있는가?"

그 사람이 시로 대답했다.

범증 노인은 헛되이 애만 썼고,　　　　　　范老枉費心.
장량은 주인을 알아보았네.　　　　　　　　張良能識主.
오늘 홍문에서 탈출했으니,　　　　　　　　今日脫鴻門,
뒷날 온 천지를 진압하겠네.　　　　　　　他年鎭寰宇.

그러고는 더 이상 아무 말도 하지 않고 그곳을 떠났다. 장량이 말했다.

"진실로 현사(賢士)로다."

이 사람은 누구일까?

옥두를
산산이 부수다

항우가 자영을 죽이고
함양을 도륙하다
項羽殺嬰屠咸陽

장량은 노래를 부르는 사람의 언변이 출중한 것을 보고 패공에게 천거하여 귀의하게 하려고 이름을 물어보려던 참이었다. 그때 어떤 사람이 달려와서 노공이 술에서 깨어나 패공을 찾는다고 보고했다. 장량은 황급히 장막 앞으로 다가가서 말했다.

"패공은 술을 이기지 못해 이미 대왕께 말씀드린 뒤 분부를 받잡고 패상으로 돌아갔습니다. 그리고 저 장량을 여기에 남겨두고 주연에 감사 인사를 올리게 했습니다."

항우가 크게 화를 내며 말했다.

"유방이 인사도 하지 않고 도망쳤는데 네놈이 아직도 혓바닥을 교묘히 놀리고 있구나!"

범증은 항우가 화내는 소리를 듣고 황급히 달려와 말했다.

"유방은 비록 말은 부드럽게 하나 기실 간사한 속임수를 품고 있습니다. 앞서 올린 세 가지 계책을 명공께서는 모두 믿지 않으셨습니다. 이제 유방이 인사도 하지 않고 도망친 걸 보니 틀림없이 속임수를 쓴 것입니다. 유방을 패상으로 돌려보낸 것은 모두 장량의 계책입니다. 명공께서는 그의 속임수 언변을 들으셔서는 안 됩니다."

항우는 범증의 말을 듣고 더욱 화가 폭발하여 좌우 무사에게 장량을 참수한 뒤 보고를 올리라고 명령했다. 그러자 장량이 큰 소리로 부르짖었다.

"원통하고 원통합니다! 대왕께서는 노기를 거두어주십시오. 신은 패공의 장막 아래에서 일하는 일개 차사입니다. 신은 본래 한(韓)나라 사람이므로 패공은 본래 제 주인이 아닙니다. 그런데 신이 무슨 까닭으로 그를 위해 속임수를 쓰겠습니까? 대왕의 위엄이 바야흐로 천하를 진압하고 있는 이때 어느 누가 두려워 떨지 않겠습니까? 패공을 죽이는 건 손바닥을 뒤집듯 쉬운 일인데 어찌 연회를 빌미로 삼을 필요가 있겠습니까? 연회석 앞에서 살인을 하는 건 좋은 대책이 아닙니다. 천하 제후들이 이 소식을 들으면 모두 대왕께서 패공과 감히 대적하지 못하고 속임수를 써서 홍문으로 유인하여 죽였다고 여길 것입니다. 그럼 설령 천하를 얻게 되시더라도 명분이 바르지 못하고 말에 조리가 없어 백대 동안 비웃음거리가 될 것입니다. 원컨대 대왕께서 신을 용서하여 패상으로 돌아가게 해주십시오. 그럼 대대로 전해 내려온 나라의 옥새와 갖가지 진기한 보배를 가져와 대왕께 바치겠습니다. 그때 대왕께서 천하의 주인으로 즉위하시면 명분이 저절로 바로잡힐 것이니 천하 제후가 모두 귀의하게 될 것입니다. 만약 오늘 신을 죽이시면 패공은 소문을 듣고 반드시 다른 나라로 도주하여 옥새를 다른 사람에게 바치거나 훼손하여 없앨 것입니다. 대왕께서 이 귀중한 보배를 잃으신다면 어찌 잘못된 소견이라 하지 않을 수 있겠습니까?"

노공 항우는 장량의 말을 듣고 조급한 마음을 누그러뜨리며 말했다.

"자방의 말이 옳다! 그의 말을 따르지 않으면 천하 사람들이 나를 비겁하다고 비웃을 것이다. 게다가 내가 난리를 평정하자 사해의 민심이 귀의하고 있다. 생각해보면 유방은 지푸라기 같은 자일 뿐인데 어찌 나와 대적할 수 있겠는가? 범 선생의 말을 들었다가 거의 내 일을 망칠 뻔했다!"

그러고는 마침내 장량을 패상으로 돌려보내며 말했다.

"속히 옥새와 보배를 바쳐라. 다시 약속을 어겼다간 반드시 100만 강병을 이끌고 가서 패상을 짓밟아 산산조각 낼 것이다. 그럼 네 목숨도 보전하기 어려우리라!"

장량이 말했다.

"삼가 대왕의 명령에 따르겠습니다."

장량은 하직 인사를 하고 패상으로 돌아와 패공을 만났다. 패공은 거듭 감사의 말을 했다.

"선생이 아니었다면 유방의 목숨은 사라졌을 것이오!"

그리고 곧바로 조무상을 잡아와 목을 자르고 효수했다.

패공이 장량에게 물었다.

"노공이 무슨 말을 했소?"

"그자는 명공께서 패상으로 돌아가시자 마침내 저를 죽이려 했습니다. 그래서 저는 한바탕 유세하여 내일 옥새와 보배를 바치기로 했습니다. 신용을 잃어서는 안 되니 반드시 그자에게 주셔야 합니다."

"옥새는 대대로 전해 내려온 보배로 나라의 주인과 같소. 다른 사람에게 주어서는 안 될 듯하오만."

"그렇지 않습니다. 천하를 얻는 일은 덕에 달려 있지 보배에 달려 있지 않습니다. 명공께서 보배를 아끼느라 그자에게 주지 않으시면 틀림없이 병화가 일어나고 결국은 그자에게 뺏기게 되실 것입니다. 인정을 베푸시는 것이 더 낫습니다. 내일 아침 제가 가지고 가서 그자에게 바치겠습니다. 그자는 옥새를 보고 틀림없이 기뻐하며 모든 일을 따지지 않을 것입니다. 저는 이를 틈타 조용히 대사를 도모할 생각입니다. 이것이 이른바 작은 것을 버리고 큰 것을 취한다는 계책입니다."

"좋소!"

다음날 장량은 옥새와 보배를 가지고 홍문으로 가서 노공 항우를 알현했다. 노공은 사람을 보내 그를 맞아들였다. 장량은 노공에게 절을 하고 옥새와 보배를 바치며 말했다.

"패공은 어제 하사하신 술을 마시고 오늘 술병이 나서 아직 일어나지도 못하고 있습니다. 그러나 신용을 잃을까 염려하여 소신을 시켜 옥새와 보배를 바치게 했으니 받아주시기를 간청합니다."

노공은 옥새와 각종 진기한 보배를 보았다. 그것을 탁자 위에 늘어놓자 광채가 한 점 티끌도 없이 찬란하게 빛났다. 정말 천하의 진기한 보배였다. 항우의 마음은 기쁨으로 가득찼다. 그중 조성옥두[1]라는 보배

---

1 옥두는 옥으로 만든 주기(酒器)다. 별처럼 반짝이므로 '조성옥두(照星玉斗)'라 했다.

가 있었다. 마침내 항우가 범증에게 명령했다.

"이 보배는 참으로 아름답소. 선생께서 먼저 감상해보시오."

범증은 옥두를 받아들고 땅바닥에 던지고는 칼로 산산이 부수며 말했다.

"천하 대사가 우리에게서 떠나가면 우리 모두는 패공의 포로가 될 것인데, 이따위 물건을 어떻게 쓸 수 있겠습니까?"

노공 항우가 화를 내며 말했다.

"신하의 도리는 군주의 앞길을 막지 않는 것이오. 옛사람이 말하기를 '군주가 음식을 하사하면 반드시 먼저 맛보고, 군주가 산짐승을 하사하면 반드시 기른다'고 했소. 하물며 보배야 말해 무엇 하겠소? 내가 방금 선생에게 보배를 하사하니 선생은 그것을 산산이 부수었소. 이게 대체 무슨 도리요?"

범증이 말했다.

"제 위왕(威王)은 위 혜왕(惠王)이 조승주2를 보배로 자랑하자 그것을 부끄럽게 여기며 '불과 백승(百乘)을 비출 수 있을 뿐이다. 내게는 현신 네 분이 있어서 1000리를 비출 수 있다'라고 말했습니다. 이를 보더라도 옛사람은 현인을 중시했지, 보배를 중시하지 않았습니다. 신이 지금 중시하는 것은 패공의 머리인데, 신은 그것을 천하의 보배로 여깁니다. 그런데 명공께서는 어찌하여 노신의 말을 듣지 않으시고 이 쓸모없는 물건을 받은 뒤 결국 이 기회를 놓치려 하십니까? 이 때문에 신은

2_ 『사기』 「전경중완세가(田敬仲完世家)」에 의하면 제 위왕과 위 혜왕이 교(郊)에서 회합할 때 혜왕이 앞뒤 수레 각각 20대를 비출 수 있는 보배를 갖고 있다고 자랑했다. 그것을 조승주(照乘珠) 또는 조거지주(照車之珠)라고도 한다.

마음에 북받친 바가 있어 보배를 부수었지, 군주의 하사품을 헛되이 여긴 것이 아닙니다."

"패공은 비겁하고 허약하여 끝내 큰일을 이룰 수 없을 것이오."

"옛날에 등후(鄧侯)는 초 문왕(文王)을 죽이지 않았고, 이후 초나라는 마침내 등나라를 멸망시켰습니다.3 초 성왕(成王)은 진(晉) 문공(文公)을 죽이지 않았고, 이후 진나라는 성복(城濮) 전투에서 초 성왕을 패배시켰습니다.4 지금 명공께서 유방을 죽이지 않으시면 이자는 공과 천하를 다툴 것입니다. 이제 이자를 살려주면 용이 바다로 돌아가고 범이 산으로 돌아간 것과 같이 될 것입니다.5 다시 구금하려 해도 어렵지 않겠습니까?"

장량이 말했다.

"그렇지 않습니다! 대왕의 위세에는 천하에 대적할 자가 없습니다. 힘은 솥을 들어올릴 수 있고, 기세는 산을 뽑을 수 있습니다. 장함과 아홉 번 싸워 힘으로 그 자제들까지 항복시키셨습니다. 각국 제후들도 무릎걸음으로 다가와 대왕을 알현합니다. 등나라 제후나 초나라 군주

3_ 『좌전(左傳)』 「장공(莊公)」 6년에 의하면 춘추시대 초 문왕이 남신국(南申國)을 정벌하기 위해 등나라에 들르자 등나라 대신들이 이 기회에 초 문왕을 죽여야 한다고 등나라 기후(祁侯)에게 간언했다. 그러나 기후는 듣지 않았다. 이후 문왕은 남신국을 멸망시키고 돌아와 등나라를 멸망시켰다.

4_ 『좌전』 「희공(僖公)」 23년에 의하면 진(晉)나라 공자 중이(重耳, 문공)가 초나라로 망명하자 초나라 영윤(令尹) 자옥(子玉, 성득신)은 초 성왕에게 중이를 죽이라고 했다. 그러나 성왕은 천명을 들어 자옥의 의견에 따르지 않았다. 이후 중이는 귀국하여 진나라 보위에 올랐고, 성복 전투에서 성득신이 이끄는 초나라 군사를 대파했다.

5_ 방호귀산(放虎歸山): 호랑이를 풀어 산으로 돌려보내다. 쓸데없는 인정을 베풀어 화근을 남기는 일을 비유한다. 방룡입해(放龍入海), 종호귀산(縱虎歸山)도 같은 말이다.(『동주열국지』 제45회)

와 비교해보면 하늘과 땅만큼 현격한 차이가 납니다. 게다가 패공은 함곡관 안으로 들어와서도 모든 일을 감히 마음대로 처리할 수 없어서 대왕의 지시를 기다렸습니다. 이를 보더라도 원대한 뜻이 없음을 알 수 있습니다. 이제 대왕은 진 문공에 비견할 수 있거나, 아니면 그보다 더 뛰어나다고 할 수 있습니다."

노공 항우가 말했다.

"짐작건대 패공은 아무것도 할 수 없는 자요. 장량 그대도 나를 따르며 대사를 논의하도록 하시오. 패공은 그대를 등용할 수 없을 것이오."

범증이 말했다.

"대왕께선 전날 장량을 죽이려 하시다가 그의 거짓말에 속으셨습니다. 그런데 지금 또 그를 좌우에 두려 하시는데, 그는 심복 노릇을 하지 않을 겁니다. 자세히 살피십시오."

항우가 웃으면서 말했다.

"선생께선 걱정이 지나치시오! 장량은 일개 유생에 불과한데, 내 곁에서 어떻게 속임수를 쓸 수 있겠소?"

"밝은 데서 해를 끼치는 자는 방비할 수 있지만, 어두운 데서 손실을 조장하는 자는 예측하기 어렵습니다. 명공께선 더 깊이 생각해주십시오."

"내 칼집 속에 보검이 있는데 누가 나를 당해낼 수 있겠소?"

그러고는 끝내 범증의 간언을 듣지 않았다. 장량은 몰래 냉소를 흘렸다. 후세 사람이 범증이 옥두를 깬 일에 대해 시를 지어 조문했다.

무덤 앞에서 말을 내려 술잔을 올리나니,　　　　　　下馬墳前奠酒漿,

그대(범증)의 오랜 회한이 하늘만큼 큰 줄 알겠네.　　　知君懷恨與天長.

해골 되어 귀향하니 어쩌 그리 늦었는가?　　　　　乞骸歸故言何晚,

옥두를 던져 깰 때 초나라는 벌써 망했네.　　　　玉斗揮時楚已亡.

노공 항우는 장수들을 불러모아 대책을 논의했다.

"관내를 이미 평정했고 옥새도 이미 손에 넣었지만 항복한 진나라 임금 자영은 아직도 나를 보러 오지 않고 있소. 그러니 제후들이 어떻게 복종하려 하겠소. 사자에게 서찰을 주어 유방에게 보낸 뒤 자영을 데려오게 하여 주살해야 대사가 정해질 것이오."

항우는 마침내 서찰 한 통을 닦아 사자를 패상으로 보내 자영을 데려오라고 했다. 패공이 서찰을 개봉했다.

나와 그대는 함께 포악한 진나라를 정벌하여 백성을 도탄에서 구해냈소. 내 이제 함곡관으로 들어온 지도 벌써 10여 일이 지났는데 진삼세 자영은 이토록 오래 나를 보러 오지 않고 있소. 이는 필시 그대가 자영을 잡고 풀어주지 않는 것이니, 혹시 다른 생각이 있는지 의심스럽소. 내가 대군을 이끌고 그대와 무력을 겨룬다면 과연 어떻게 되겠소?

패공은 서찰을 다 읽고 나서 장수들을 불러 대책을 논의했다.

"항우는 지금 약속을 위반하고 결국 관중의 왕이 되려 하오. 자영을 잡아들이란 서찰을 보냈는데, 이는 자영이 초나라에 항복했다고 속임수를 써서 제후들의 입을 막고 회왕의 명령을 다시 살려내려는 짓이오. 자영을 내주지 않으려 해도 저들이 군사를 움직일까 두렵고, 내주려 해도 처음 약속과는 매우 어긋나게 되오."

장수들이 말했다.

"항우의 위세에 대적할 수 없으니 자영을 내줘야 합니다. 만약 항우가 자영을 죽이면 명공의 관대한 덕망이 더욱 돋보일 것이니 천하에 저절로 공론이 정해질 것입니다."

패공은 자영을 불러 유시(諭示)를 내렸다.

"그대가 전날 항복했을 때 한 나라의 군왕 신분인데도 천명에 따라 투항했음을 고려하여 차마 죽이지 못하고 즉시 석방했소. 그런데 뜻밖에도 노공 항우가 약속을 어기고 관중의 왕이 되려 하면서 오늘 서찰을 보내 그대를 잡아들이라 했소. 그대는 보화와 미녀를 바치기 바라오. 저 항우는 탐욕스럽고 살인을 좋아하나 금은보화를 얻으면 틀림없이 기뻐하며 그대의 목숨을 보전해줄 것이오. 스스로 잘못을 저지르지 말고 한 번 가보기 바라오."

자영은 대성통곡하며 말했다.

"이미 패공께 항복하여 생명을 얻었는데, 이제 또 노공에게 투항하라 하니 제 목숨을 보전하기 어렵겠습니다."

노인들과 여러 공자가 말했다.

"패공께선 장자시라 관후하시고 어진 마음으로 사람들을 포용하십니다. 절대 이곳을 떠날 수 없습니다."

그러면서 모두 땅에 엎드렸다. 패공이 말했다.

"노공의 위력은 천하의 으뜸이오. 항거할 수 없소. 만약 시간을 지체했다간 틀림없이 독수에 당할 것이오."

여러 공자와 노인들이 말했다.

"항복해서는 안 됩니다. 안 됩니다! 차라리 함양을 버리고 먼 곳으로 떠나 남은 목숨을 보전하는 것이 더 낫겠습니다."

자영이 말했다.

"내가 도망가면 백성들이 틀림없이 잔혹한 일을 당하게 되오. 나는 임금이 된 지 며칠밖에 되지 않았소. 그런데 백성에게 은택을 베풀지도 못하고 해만 끼치는 일은 차마 할 수 없소!"

자영의 말을 듣고 눈물을 흘리지 않는 사람이 없었다.

자영은 여전히 지도 가에서 노공 항우를 뵙기를 청했다. 앞쪽에는 겹겹이 갑사가 늘어서 있었고 창과 방패가 찬란했다. 자욱이 피어오르는 먼지 속에는 하늘 가득 살기가 충만했다. 노공 항우는 말을 타고 맨 앞에 서서 자영을 보았다. 흰 명주 밧줄을 목에 매고 흰 명주 치마를 몸에 걸친 채 두 갈래 밧줄을 등에 매고 있었으며 입에는 항복문서를 물고 있었다. 노공은 항복문서를 받아 읽었다.

진시황의 손자이며 부소의 아들 진삼세 자영은 말씀을 올립니다. 엎드려 생각하건대 진나라의 천명은 중도에 끊어져 영씨의 판도는 모두 사라졌습니다. 칠묘(七廟)[6]에는 종묘 제향의 의례가 사라졌고 사해 만민은 도탄에 빠져 있습니다. 민심을 크게 해쳐 결국 나라가 와해되는 지경에 이르렀습니다. 회왕의 옥 부절이 서쪽을 가리키자 육국이 그 위풍을 따랐고 황금 부월이 아래로 임하자 간흉들은 속수무책이었습니다. 위엄 있는 지시는 예기치 않은 명령까지 행하게 했고 신령한 무용

6_ 천자의 종묘에 모셔진 일곱 분의 위패. 임금의 부친, 조부, 증조부, 고조부, 5대조, 6대조와 시조 일곱 분의 위패를 가리킨다.

은 죽이지 않는 은혜를 빛나게 했습니다. 신 자영 등은 감히 종묘에서 종통 계승을 바라지 못하고 오직 조상의 분묘나 지키며 연명하고자 합니다. 수많은 식구가 새로 살려주신 은혜를 입었고, 이에 저의 가문은 햇빛을 다시 보게 되었습니다. 일찌감치 온전한 생명을 하사하셨으니 이제 저희의 간담을 다 바치고 싶습니다. 주나라는 제후 책봉을 끊임없이 했고 희씨(姬氏, 주나라 성씨)는 근거 있게 은혜를 베풀었습니다. 은(殷) 탕왕(湯王)은 하나라 종통을 남겨주어 마침내 600년 역사를 이루었고, 주 무왕은 은나라 후예를 세워주어 800년 기틀을 열었습니다. 대왕께서도 은나라와 주나라를 계승하여 관중에서 왕이 되신 뒤 영씨를 살려주어 초나라의 자손들을 널리 퍼져나가게 하십시오. 신 자영 등은 보잘것없는 생각을 올리며 떨리고 두려운 마음 이길 수 없습니다.

노공 항우는 항복문서를 다 읽고 나서 말했다.

"네 할아비는 육국의 자손을 포로로 잡았고 천하의 백성을 해쳤다. 그 우환을 네게 남겼으니 너는 무슨 말을 할 수 있겠느냐?"

자영이 말했다.

"관동의 육국을 폐지한 건 제 선조 시황제의 행위이지, 신의 죄가 아닙니다. 다만 대왕께서 신을 반드시 죽이려 하시면 신 또한 감히 원망하지 않겠습니다. 그러나 함양은 진이세의 포악함을 만나서 백성이 하루도 편안히 살 수 없었습니다. 오늘 대왕께서 관중으로 들어오시니 백성은 다시 하늘의 태양을 볼 수 있게 되었습니다. 바라옵건대 신을 죽이시어 천하의 원한을 갚으시고 백성을 살리시어 천하의 민심을 복종하게 하십시오. 그럼 신은 죽어도 산 것과 같으며 대왕께서는 덕망과

진삼세 자영이 항우에게 항복하다

위엄을 함께 갖추시게 될 것입니다."

자영이 말을 다 마치지도 않았는데 노공 항우는 급히 영포에게 고함을 질러 손을 쓰게 했다. 영포는 칼을 한 번 휘둘러 자영을 죽였다. 그러자 삽시간에 어두운 구름이 크게 솟아오르고 캄캄한 안개가 가득 덮이면서 사방에 비애로운 기운이 끊이지 않았다. 후세에 사관이 이 일을 시로 읊었다.

진시황 죽은 뒤에 누가 그를 생각할까?	始皇死後誰人念,
호해가 죽은 뒤에도 슬픈 생각 나지 않네.	胡亥身亡竟不哀.
오로지 자영이 지도에서 주살되었을 때,	惟有子嬰誅軹道,
원통한 구름 근심의 비가 누대를 에워쌌네.	怨雲愁雨鎖樓臺.

진나라 백성은 자영이 살해되자 태양이 어두워지는 것을 보고 일제히 고함을 질렀다. 천지가 진동했다. 그들은 모두 패공이 덕망을 갖추었으므로 만대까지 임금이 될 것이나 노공은 어질지 못하여 멸문지화를 당할 것이라고 말했다. 노공 항우는 이 말을 듣고 대로했다. 그는 대소 장수들에게 명령을 내려 함양의 백성을 모두 죽이라고 했다. 그러자 범증이 급히 말에서 내려 간언했다. 뒷일이 어떻게 될지는 다음 회를 들으시라.

항우,
서초 패왕에 등극하다

항우가 약속을 어기고
왕호를 참칭하다
項羽違約僭王號

노공 항우는 진나라 부로(父老)와 종친 들이 일제히 원망을 쏟아내자 그들을 모두 죽이려 했다. 그러자 범증이 황급히 말에서 뛰어내려 노공 앞으로 달려가 큰 소리로 부르짖었다.

"불가하고 불가합니다! 지난번 유방은 관중으로 들어와서 백성을 털끝 하나 건드리지 않고 '약법삼장'만 시행하여 백성의 마음을 깊이 얻었습니다. 그런데 지금 대왕께선 백성에게 은혜와 믿음을 주지도 않으시고 먼저 자영을 죽였고, 또다시 함양 백성을 죽이려 하십니다. 이러다가 민심을 잃어 천하를 도모하지 못하실까 두렵습니다."

노공이 말했다.

"나는 지금 천하 제후를 이끌고 포악한 진나라를 정벌하고 있소. 자영은 진나라 임금인데 어찌 죽이지 않을 수 있겠소? 또 백성이 일제히 나를 헐뜯고 욕하는 건 반역 행위요. 그런 자들을 몇이라도 살려두었다간 틀림없이 후환이 생길 것이오."

범증이 말했다.

"옛날 노공(魯公)이 죄 없는 궁녀 한 명을 죽이자 9년 동안 가뭄이 들었습니다. 경공(景公)이 분노 끝에 비빈을 죽이자 궁궐 누대가 3리나 기울었습니다.[1] 죄 없는 사람을 죽이면 그 원통함이 메뚜기떼로 변하여 오곡을 마구 먹어 치웁니다. 이 때문에 옛사람이 이르기를 '한 사내가 울분을 품으면 6월에도 서리가 날린다' 했고, 한 아낙이 원한을 품으면 3년 동안 비가 내리지 않는다'[2]고 했습니다. 지금 어두운 구름과 캄캄한 안개가 이는 것은 죄도 없이 자영을 죽였기 때문에 하늘이 그 억울한 형상을 드러낸 것입니다. 가련하게도 무고한 백성을 도륙한다면 천하의 온화한 기운을 해칠 것입니다."

범증이 간절하게 간언을 하는 사이에도 함양 백성들의 고함소리가 끊이지 않았다. 노공 항우는 더욱 분노가 치밀어 범증의 간언을 듣지 않고 바로 영포에게 인마를 재촉하여 대학살을 자행하게 했다. 일시에 진나라 공자(公子)의 종족 800여 명과 문무백관 4600여 명도 살해되었다. 저잣거리에 시체가 가득 쌓였고, 거기에서 흘러내린 피가 도랑을 가득 채웠다. 함양의 백성이 대문을 닫아걸자 길 위에는 지나다니는 행인조차 사라졌다. 그래도 노공은 분이 삭지 않는지 다시 함양성 모든

1_ 이 두 가지 일 모두 정사에는 나오지 않는다.
2_ 당나라 장열(張說)의 「옥잠(獄箴)」에 "匹夫結憤, 六月飛霜"이란 구절이 있다. "一夫銜慨, 六月飛霜, 匹婦含冤, 三年不雨."

백성을 깡그리 죽이려 했다. 범증은 그 모습을 보고 대성통곡하며 다시 앞으로 나가 길을 가로막으며 자신의 머리를 말 머리에 대고 간언을 올렸다.

"옛날 은 탕왕 때 천하에 큰 가뭄이 들자 탕왕은 자신을 제물로 바치고 상림(桑林)의 들판에서 기도를 올리며 여섯 가지 일로 자신을 질책했습니다.[3] 그러자 사흘 만에 마침내 큰비가 내렸습니다. 탕왕이 자신의 몸을 바친 것은 백성을 위한 일이었습니다. 하물며 진나라 백성은 아무 죄가 없는데도 오늘 그들을 살육하여 위로 하늘의 화합을 범했습니다. 대왕께선 하늘이 두렵지 않으십니까?"

노공은 범증이 간절하게 간언 올리는 것을 본 이후에야 장수들에게 명령을 내려 삼군을 거두어들였다. 그리고 마침내 진나라 궁궐로 직행하여 두루 한 바퀴 둘러보았다. 누대가 서로 어울려 반짝이고 전각이 높이 치솟아 있는 모습을 보고 탄식했다.

"진나라가 이렇게 부귀했으면서도 그것을 지킬 수 없었다니 애석하고 애석하도다!"

범증이 말했다.

"백성을 잔학하게 대하고 간절한 간언을 듣지 않았기 때문에 이런 지경에 이른 것입니다."

3_ 『순자(荀子)』 「대략(大略)」에 나온다. "탕왕은 가뭄이 들자 기도를 올렸다. '제가 정사를 잘 조절하지 못했습니까? 백성을 고통스럽게 했습니까? 어찌하여 이처럼 심하게 비를 내려주지 않으십니까? 궁궐이 너무 화려합니까? 비빈의 청탁이 심합니까? 어찌하여 이처럼 심하게 비를 내려주지 않으십니까? 뇌물이 횡행합니까? 참소하는 자가 행세합니까? 어찌하여 이처럼 심하게 비를 내려주지 않으십니까?'(湯旱而禱日, '政不節與? 使民疾與? 何以不雨至斯極也? 宮室榮與? 婦謁盛與? 何以不雨至斯極也? 苞苴行與? 讒夫興與? 何以不雨至斯極也?')"

항우는 묵묵부답으로 일관하며 마침내 궁궐을 나서 본영으로 돌아왔다.

하늘이 어둑어둑해지자 항우는 등불을 밝히라고 한 뒤 범증을 청해 앞으로의 일을 논의했다. 범증이 장막 아래에 이르자 항우가 말했다.

"이제 관중으로 들어와서 이미 옥새도 얻었고 자영도 죽였으며 진나라도 멸망시켰소. 천하에는 하루라도 주인이 없어서는 안 되오. 나는 이번 일을 이어서 관중에서 왕 노릇을 하고 싶소. 선생의 뜻은 어떠하시오?"

범증이 대답했다.

"장수들이 명공을 보좌하며 따르는 것은 자신이 제후에 봉해져 그 음덕을 자손에게 물려주려는 것에 불과합니다. 소위 용의 등에 타고 봉황의 날개에 붙어서 부귀를 누리려는 것입니다. 지금 명공의 말씀을 들으니 장수들의 뜻에 딱 들어맞습니다. 그러나 회왕에게 명령을 청하시어 조칙을 받으신 연후에 왕위에 오르셔야 명분도 바르고 논리도 순조로워 천하의 비난을 면하실 수 있을 것입니다."

항우가 말했다.

"좋소!"

그리하여 마침내 항백을 회왕의 거처로 보내 명령을 청하게 했다.

어느 날 항백은 팽성으로 가서 회왕에게 명령을 청했다. 회왕이 말했다.

"나는 전에 이미 명령을 내렸소. 먼저 함양에 들어가는 사람을 왕으로 삼는다고 말이오. 그런데 또 무슨 명령이 필요하겠소?"

항백은 다시 명령을 청하며 아뢰었다.

"노공 항우는 공적이 높고 명망이 막중한데, 패공 유방은 힘이 약하고 기세가 외롭습니다. 대왕께서는 노공을 왕으로 삼으시어 백성을 진무하시는 것이 더 나을 것입니다."

회왕이 말했다.

"그렇지 않소. 신용이란 임금의 큰 보배요. 전에 약속을 이미 정하고도 다시 그것을 바꾼다면 천하에 신용을 잃게 되오. 공은 속히 돌아가서 약속대로 거행하시오!"

항백은 회왕을 하직하고 돌아와 항우를 만났다. 항우가 말했다.

"회왕께서 어떤 조칙을 내리셨습니까?"

항백이 말했다.

"회왕은 선약에 따라 왕으로 삼는다 하고 조칙을 내리려 하지 않았소. 내가 거듭 간청했지만 약속대로 하라고만 했소."

항우가 크게 화를 내며 말했다.

"회왕은 우리 집안에서 옹립한 임금이고, 또 아무런 정벌의 공도 세우지 않았습니다. 그런데 어떻게 마음대로 약속을 주관할 수 있단 말입니까? 게다가 천하를 평정한 공적은 모두 장수들이 나를 위해 힘을 써서 세운 것입니다. 이제 남에게 명령을 구하는 건 대장부가 할 일이 아닙니다."

항우는 마침내 즉위 날짜와 임금 호칭을 정해 올리라고 명령을 내렸다. 범증이 말했다.

"존귀한 호칭은 고대의 사례에 부합해야 하고 명공의 뜻에도 맞아야 합니다. 이 일을 타당하게 처리하시려면 장량에게 물어보셔야 합니다. 그는 책을 많이 읽어서 역대의 존호(尊號)를 가장 많이 알고 있습니다.

대왕의 뜻에 맞게 존호를 정한다면 대왕께 충성을 바치는 것이고, 타당하지 못한 호칭을 정한다면 사실을 말하지 않고 속임수를 쓰는 것이니 그자를 죽여 국법을 바로잡으셔야 합니다."

노공은 즉시 장량을 불러오게 했다.

장량은 패상에서 돌아와 바야흐로 노공을 만나려던 차에 자신을 부르는 명령을 받고 즉시 달려갔다. 노공 항우가 말했다.

"내가 관중의 왕 노릇을 하려는데 아직 존호가 없소. 소문에 그대는 책을 많이 읽었고 5세 동안 한나라 재상직에 있었다 하니 틀림없이 역대 제호(帝號)에 대해서도 잘 알고 있을 것이오. 부디 타당한 호칭을 정해서 천하의 제후들을 복종시키는 데 힘써주시오."

장량은 잠시 생각에 잠겼다.

'이는 필시 범증의 견해에 따라 그 부담을 내게 지운 것이다. 만약 내가 명분에 맞게 존호를 올리면 틀림없이 노공의 의심을 살 터이니, 그때 참소하여 나를 해치려는 것이다. 그러니 처음부터 하나하나 소개하여 그 스스로 선택하도록 해야겠다.'

곧 장량이 말했다.

"존호는 각기 상이합니다. 신이 자세히 말씀을 올릴 테니 대왕께서 스스로 선택하십시오. 자고로 성스러운 제왕과 현명한 임금〔聖帝明王〕이 천하를 얻으면 반드시 국호를 정했습니다. 예컨대 삼황 이후에는 오제가 있었습니다. 오제는 어떤 분입니까? 소호(少昊),[4] 전욱(顓頊), 제곡(帝嚳), 제요(帝堯), 제순(帝舜)이 그들입니다. 소호는 이름이 지(摯), 자가

4_『사기』「오제본기」에서는 소호 대신 황제를 오제의 첫머리에 놓았다. 소호를 오제에 넣는 학설은 『상서(尙書)』「서(序)」와 『제왕세기(帝王世紀)』에 보인다.

청양(靑陽)이며 성씨는 희입니다. 금덕(金德)으로 천하에 왕 노릇을 하며 곡부(曲阜)에 도읍을 정했습니다. 봉황이 날아와 의례를 행했으므로 새 이름으로 관직명을 삼았고 재위 100년 뒤에 세상을 떠났습니다. 전욱은 황제(黃帝)의 손자이며 창혜(昌意)의 아들로 역시 희성(姬姓)입니다. 수덕(水德)으로 금덕(金德)을 계승하여 북방에서 겨울을 주관했습니다. 전욱은 천하를 다스릴 때 12세에 관례(冠禮)를 올렸고 20세에 제위에 올랐습니다. 물 이름으로 관직의 차례를 정했으며, 재위 78년이었고 98세에 세상을 떠났습니다. 제곡도 희성입니다. 그의 모친은 아무 감각도 없이 그를 낳았는데, 아주 신령하고 기이한 모습이었습니다. 목덕(木德)으로 수덕을 계승하여 박주(亳州)에 도읍을 세웠습니다. 재위 78년이었고 105세에 세상을 떠났습니다. 제요는 성이 이기씨(伊祁氏)입니다. 그의 모친 경도(慶都)가 회임한 지 14개월 만에 단릉(丹陵)에서 제요를 낳아 이름을 방훈(放勳)이라 지었습니다. 눈썹이 여덟 색깔이었고 아래는 두툼하고 위는 뾰족했습니다. 15세에 제지(帝摯)를 보좌하고 당(唐) 땅에 봉해졌으며, 20세에 제위에 올랐습니다. 화덕(火德)으로 목덕을 계승하여 평양(平陽)에 도읍을 세웠습니다. 상서로운 별〔景星〕이 하늘을 비추고 달콤한 이슬〔甘露〕이 땅 위에 내렸습니다. 봉황이 왕궁 뜰에 머물고 지초(芝草)가 교외에서 자랐습니다. 주방에서 육포가 저절로 생겼는데, 얇기가 부채와 같았고 그것을 두드리면 바람이 생기는지라 음식이 차가워져 부패하지 않게 되었습니다. 재위 50년에 순에게 섭정을 맡겼고 다시 28년이 흐른 뒤 118세에 세상을 떠났습니다. 제순은 성이 요씨(姚氏)로 그 선조는 전욱에게서 나왔습니다. 그의 어머니가 커다란 무지개를 보고 마음에 감응이 있어서 요허(姚墟)에서 순을 낳았고, 이 때문에 요씨 성을 썼습니다. 자는 도군(都君)이고 집은 익주(冀州)에 있었습니다. 토덕(土德)으로 화덕을 계승하고 61세에 제위에 올랐으며, 95세에 대우(大禹)에게 섭정을 맡겼고, 100세에 세상을 떠났습니다. 이분들이 오제입니다. 대체로 제(帝)란 하늘의 호칭으로 덕이 천지와 짝하고, 전쟁을 일삼지 않고, 살상과 정벌을 행하지 않고, 양보와 겸손으로 천하를 얻게 되는데 대왕께서는 제를 일컬으실 수 있겠습니까?"

항우는 생각을 더듬다가 이렇게 말했다.

"나는 자영을 죽였고 천하를 정벌하며 사람을 주살했으므로 오제에 부끄럽소. 그러니 아마도 이 칭호는 사용할 수 없을 듯하오."

그러면서 이내 이렇게 말했다.

"제호(帝號)는 내게 타당하지 않은 듯하니 왕호(王號)는 어떤지 말해 줄 수 있겠소?"

장량이 말했다.

"오제 이후에 삼왕이 있었는데 하(夏), 상(商), 주(周)가 그것입니다. 하 우왕(禹王)은 성이 사씨(姒氏)이며, 이름은 문명(文命), 자는 고밀(高密)로 서강(西羌) 땅에서 자랐습니다. 요임금이 사공(司空)직에 임명하자 그는 부친 곤(鯀)의 치수 사업을 이어받았습니다. 금덕(金德)으로 토덕을 계승하여 안읍(安邑)에 도읍을 정했으며, 100세까지 살았습니다. 이후 19왕이 계승하여 모두 432년 동안 나라가 존재했습니다. 상나라의 시조는 제곡의 후예로 성은 자(子), 이름은 이(履), 자는 천을(天乙)인데, 흔히 성탕(成湯)이라 합니다. 신장은 구 척이었고, 팔에는 팔꿈치가 네 개였으며, 성스러운 덕이 있었습니다. 하 걸왕(桀王)을 남소(南巢)로 추방하고 천자의 자리에 올랐습니다. 수덕(水德)으로 금덕을 계승하고

100세가 되어 세상을 떠났습니다. 이후 31왕이 계승하여 629년의 역사를 누렸습니다. 문왕은 상 주왕이 무도하자 덕정을 펼쳐 천하를 셋으로 나누었을 때 둘을 점유했습니다. 무왕이 보위를 이어 맹진(孟津)에서 군사를 사열한 뒤 4년 만에 비로소 주왕을 정벌하고 천자가 되었습니다. 목덕(木德)으로 수덕을 계승하여 나이 92세에 세상을 떠났습니다. 이후 36왕이 계승하여 866년의 역사를 누렸습니다. 이분들이 삼왕입니다. 부지런하고 검소한 생활을 실천하면서 인에 힘쓰고 의를 숭상했고, 덕을 두텁게 쌓으며 백성 살리기를 좋아했습니다. 사사롭게 자기 한 몸만 돌보지 않고 오로지 백성만 위했습니다. 예를 들면 우왕이 세운 치수의 공로, 탕왕이 자기 몸을 바쳐 기우제를 올린 일, 문왕이 주왕에게 간언을 올리다 옥에 갇힌 일 등은 모두 삼왕의 성덕입니다. 대왕께서는 왕을 일컬으실 수 있겠습니까?"

항우가 말했다.

"왕호는 칭할 수 있겠지만 왕 아래에 또 무슨 호칭이 있는지 모르겠소. 내게 말씀 좀 해주시오."

장량이 말했다.

"왕 아래에는 오패(五覇)가 있습니다. 제(齊) 환공(桓公), 송(宋) 양공(襄公), 진(秦) 목공(穆公), 진(晉) 문공(文公), 초(楚) 장왕(莊王)[5]이 그들입니다. 이 오패는 천하를 위해 잔학하고 포악한 자들을 제거하고 각각

5_ 춘추오패(春秋五覇)에 관한 학설에는 여러 가지가 있다. 여기에서 거론된 오패는 후한(後漢) 응소(應劭)의 『풍속통의(風俗通義)』「오패(五覇)」에 나오는 학설이다. 그러나 전국시대 저작인 『순자』「왕패(王覇)」에서는 제 환공, 진 문공, 초 장왕, 오 합려, 월 구천을 오패로 꼽고 있으며, 『한서』 안사고(顔師古) 주(注)에서는 제 환공, 송 양공, 진(晉) 문공, 진(秦) 목공, 오 부차를 오패로 꼽고 있다.

일국의 패자 노릇을 했습니다. 또 짐짓 인을 가장하고 의를 숭상하면서 강대한 무위(武威)를 과시하여 사람들이 모두 두려워했습니다. 대왕께서는 패를 일컬으실 수 있겠습니까?"

항우가 말했다.

"왕호는 비록 옛날 사적에는 합치되나 지금에는 맞지 않소. 패업은 비록 지금에는 합치되나 옛날 사적과 다 맞지는 않소. 만약 고금에 맞는 것을 겸유하게 한다면 초 패왕(覇王)이라고 일컫는 것이 좋을 듯하오. 나는 초 땅에서 태어났고, 회수(淮水) 이북은 서초(西楚)가 되므로 여러 신료께서 조서를 초하여 나를 서초 패왕으로 삼아 천하에 반포하도록 하시오."

그러자 범증이 황급히 나서서 제지하며 말했다.

"왕호는 칭할 수 있지만 패호는 칭할 수 없습니다. 옛사람이 이르기를 '큰 패업은 불과 5년이요, 작은 패업은 불과 3년이다'라고 했습니다. 대왕께서는 장량의 말만 들으시고 패왕이라 잘못 칭하셔서는 안 됩니다."

항우가 말했다.

"오패는 천하를 향유한 햇수가 가장 길었고 내가 지금 행하는 일도 바로 오패와 부합하오. 지금 패왕을 칭한 것은 내가 자립하려는 것이오. 장량은 옛 사례를 세 등급으로 나누어 나열했을 뿐인데, 어찌 나를 잘못되게 하려는 의도겠소? 선생께선 잘못 보지 말기 바라오."

범증은 머리를 숙이고 아무 말도 하지 않다가 결국 장막 뒤로 물러났다. 항우는 장량에게 큰 상을 내리고 길일을 선택하여 교외에서 하늘에 제사를 올린 뒤 내외에 포고를 내려 마침내 서초 패왕이라 칭했다. 초나라 아홉 군(郡)의 왕이 되어 팽성을 도읍으로 삼고 거짓으로 회왕을 높여 의제(義帝)로 칭하고 강남 침주(郴州)[6]로 옮기게 했다. 이는 기실 회왕의 명령에 따르지 않으려는 조치였다.

한편, 진나라 황실 창고는 패공의 군대가 처음 진입했을 때 각 군사들이 재물을 탈취하여 이미 텅 비어 있었다. 이때에 이르러 패왕은 비용이 부족하여 공신과 장사 들에게 상을 내리려 해도 지급할 돈이 없었다. 이 때문에 범증에게 물었다.

"장사들이 나를 따라 정벌에 나서 줄곧 수고를 아끼지 않았소. 그런데 지금 창고를 열고 돈과 식량을 풀어 그들의 공로에 보답하려 해도 창고가 텅 비어 있으니 어떻게 지급할 수 있겠소?"

범증이 말했다.

"그건 가장 쉬운 일입니다. 패공 유방이 먼저 함양으로 들어왔으니 재물의 소재를 자세히 알고 있을 겁니다. 패공과 장량을 불러 물으시면 틀림없이 행방을 알 것입니다."

패왕은 사람을 패상으로 보내 패공을 불렀다. 장량이 그 소식을 듣고 급히 사람을 시켜 패공에게 일찍 가보라 알렸다. 만약 패왕이 금전과 식량에 관한 일을 물으면 장량이 모든 사실을 안다고만 말하라고 일렀다. 패공은 그의 말대로 마침내 패왕 항우를 찾아가 알현했다. 패왕이 말했다.

"공이 먼저 함양에 도착했는데, 진나라 황실 창고의 금전과 식량이 어째서 보이지 않는 것이오?"

6_ 지금의 후난성 남쪽에 있는 천저우시(郴州市)다.

항우가 서초 패왕을 칭하다

패공이 말했다.

"진나라 황실 창고의 식량은 신이 처음 도착했을 때 자세히 조사하지 않았습니다. 소문을 들으니 장량이 그 행방을 안다고 합니다."

패왕은 곧 장량을 불러 물었다.

"그대는 자세한 내막을 안다면서 어찌하여 말하지 않았소?"

장량이 말했다.

"대왕께서 묻지 않으시기에 신이 감히 말씀을 드리지 못했습니다. 진나라의 보배, 금전, 식량은 효공(孝公)과 소양왕 때부터 축적되어 진시황에까지 이르렀습니다. 진시황의 재물은 천하에 짝할 만한 사람이 없었는데, 오늘날 어찌하여 텅 비었느냐 하면 여산궁(驪山宮)을 수리할 때 보화와 재물을 절반이나 낭비했고, 그 나머지는 대체로 그의 무덤에 집어넣었기 때문입니다. 나중에 호해도 황실 창고의 금전과 식량을 낭비하여 이렇게 텅 비게 되었습니다."

패왕은 잠시 깊이 생각하다 바로 범증에게 물었다.

"보화가 진시황의 무덤에 있다는데, 어찌하여 인부를 보내 발굴하여 군사들을 위로하지 않으시오?"

범증이 말했다.

"진시황 무덤에는 평소에 그가 좋아한 물건을 진설해놓았을 뿐인데 어찌 재물이 있겠습니까?"

장량이 웃으면서 말했다.

"군사께서는 모르시는군요! 소문을 들으니 진시황의 무덤은 사방 둘레가 8리에서 9리에 이르고 높이는 50척에 달한다고 합니다. 또 구슬과 옥으로 별자리를 만들었고, 수은으로 강을 만들었고, 금과 은으로 관곽을 둘렀고, 온갖 보배를 관 앞에 진설하여 노리개로 삼았고, 궁녀 수백 명을 순장했다고 합니다. 여섯 나라의 기이한 보물, 예를 들면 산호, 마뇌, 비취, 유리가 모두 진시황의 무덤에 있어서 매일 한밤중에 항상 광채가 새어나온다 합니다. 그런데 어찌 재물이 없다 하십니까?"

패왕은 그 말을 듣고 마음이 동하여 바로 사람을 보내 무덤을 파게 했다.

범증이 말했다.

"진시황은 비록 무도했지만 그곳은 그래도 제왕의 무덤입니다. 아무 까닭 없이 경솔하게 건드려서는 안 됩니다. 만약 무덤을 파고 재물을 탈취한다면 그 행적은 도굴과 흡사합니다! 대왕께서는 이제 막 즉위하셨기에 절대 하셔서는 안 될 일입니다."

패왕이 말했다.

"진시황은 무도하게도 육국을 병탄하여 천하의 재물을 허비하고 천하의 힘을 고갈시켰는데, 백성을 잔인하게 학대한 만행이 걸왕이나 주왕보다 심했소. 마침내 분서갱유를 자행하여 그 악행이 하늘과 땅을 꿰뚫었소. 나는 이제 자영을 죽이고 그의 일족을 주살했는데도 원한이 아직 다 풀리지 않았소. 이제 무덤을 파내어 시신에 채찍질을 해야 마음이 상쾌할 듯하오. 그런데 어찌 내가 유독 진나라의 보화만 좋아한다고 여기시오?"

다음날 패왕은 마침내 군사 10만을 거느리고 진시황의 무덤을 파헤치게 했다. 뒷일이 어떻게 될지는 다음 회를 들으시라.

진시황릉을
도굴하다

패왕이 천하의 제후를 봉하다
霸王封天下諸侯

패왕이 군사를 거느리고 여산에 이르자 광경은 이러했다.

푸른 소나무가 전각을 덮었고 오래된 잣나무가 누대를 비추고 있었다. 전각과 누대 앞 명당은 군마 1만 필이 들어설 정도로 넓었고, 주변 산세는 교룡 1000마리가 휘감아 도는 듯했으며, 돌난간은 백옥으로 둘러져 있었고, 신도(神道)는 하늘에까지 닿은 듯했다. 좌우에는 사자, 낙타, 범, 표범 형상이 늘어서 있었고, 동서에는 쇠로 만든 문관, 무관 상이 도열해 있었다. 무덤 앞 석문은 장엄하고 화려하여 백년 천년의 규모를 드러냈고, 능침은 높이 치솟아 억만년의 형세를 보여주고 있었다.

패왕은 말에서 내려 무덤 앞으로 가서 친히 군졸을 감독하며 무덤을 파게 했다. 삼군이 한목소리로 함성을 지르는 가운데 사람마다 힘을 다하여 앞다퉈 일을 했다. 도끼 소리가 땅을 뒤흔들고 피어오르는 먼지가 하늘을 뒤덮었다. 새와 짐승도 자취를 감추었고 여우와 삵도 간담이 떨어졌다. 이렇게 사흘을 계속하자 큰 무덤은 이미 다 파헤쳐졌지만 시신을 묻은 정혈(正穴)은 보이지 않았다. 백방으로 찾아보아도 진짜 묘혈은 알 수 없었다. 패왕은 초조해하며 급히 명령을 내려 정혈을 아는 자에게 많은 상을 내리겠다고 했다. 그러자 한 사람이 큰 소리로 부르짖었다.

"대왕께서는 정혈을 알고 싶으십니까? 오직 소신만이 그것을 열 수 있습니다."

패왕이 그 사람을 바라보니 바로 영포였다. 패왕이 바로 물었다.

"그대가 어떻게 진시황 능침의 혈도를 알고 있소?"

"신은 지난날 여산의 큰 공사에 참여하여 인부를 감독하며 묘혈을 건설했습니다. 그래서 혈도를 알고 있습니다."

패왕은 매우 기뻐하며 영포에게 군졸을 이끌고 일을 하게 했다. 정북에서 정남으로 평평하게 10장을 파자 땅 아래 5장 깊이에 마침내 빈틈이 있었다. 거기에서 다시 5, 6장 깊이로 파고 들어가자 석비가 서 있는 것이 보였다. 그 안쪽은 모두 석성과 석문이었고, 더이상 흙은 없었으며, 부채모양 석문 두 개가 굳게 닫혀 있었다. 영포는 군사를 시켜 성머리로 올라가게 했다. 거기에는 석룡(石龍) 두 마리가 있었는데 한 마리는 위로 향하고, 한 마리는 아래로 향해 있었다. 그 가운데에 돌로 만든 관(管)이 있었고, 그것을 쇠망치로 부수자 안쪽에서 큰 소리가 울리며 관이 땅으로 떨어지면서 마침내 석문이 열렸다. 석성으로 들어가자 중간에 큰길이 있었으며, 길에는 모두 흰 돌을 깔았고, 길 양쪽에는 난간이 설치되어 있었다. 2리를 들어가자 무덤의 문이 있었다. 문을 열고 들어선 안쪽에는 대전(大殿), 향전(享殿), 침전(寢殿)¹이 있었고, 삼궁육원(三宮六院)²도 매우 가지런하게 건축되어 있었다. 침전 가운데가 바로 진시황의 영구(靈柩)였다. 그 앞에는 보화가 진설되어 있었고, 주위에 금과 은 60만 량과 각종 보물 120가지가 쌓여 있어서 그것들을 모두 하나하나 세어서 들어냈다. 진시황의 석관을 부수려 하자 영포가 간언을 올렸다.

"안 됩니다. 이것은 석곽(石槨)입니다. 이 안에 또 석관이 들어 있고 그 가운데에 철화살, 철포, 돌멩이가 장전되어 있습니다. 만약 조금이라도 움직이면 안에서 화살과 돌멩이가 발사되어 군사들을 사상케 합니다. 차라리 아무 일도 없게 흙으로 묻어버리는 게 더 낫습니다."

패왕은 그의 말에 따랐고, 바로 금은보화를 싣고 돌아와 군대에 상을 내렸다. 또 아방궁의 누각이 화려하고, 거기에서 뿜어져 나오는 광채가 하늘에까지 닿고, 궁전 건물이 끊임없이 이어진 광경을 보며 패왕이 탄식했다.

"이것이 진나라가 멸망한 까닭이다. 천하의 재물과 힘을 모두 소비하여 여산궁과 아방궁을 건설했다. 내가 왕이 되어 이런 옛날 흔적을 남겨두는 것은 아무 쓸모 없는 일이다."

---

1 대전은 임금이 정사를 보는 곳, 향전은 제사를 지내는 곳, 침전은 잠을 자는 곳이다.
2 궁궐 안에서 후비들이 거처하는 장소를 말한다. 각 시대마다 제도와 궁전 명칭이 달랐다. 진시황 무덤 속에도 후비들의 거처를 흉내낸 장소가 있었음을 말한다.

마침내 군사들에게 명령을 내려 아방궁을 불태우게 했다. 이어진 궁전이 모두 불탔고 3개월 동안 연기와 화염이 끊이지 않았다. 후세에 사관이 이 일을 시로 읊었다.

홍문에서 옥두는 눈가루처럼 부서졌고,　　　　　鴻門玉斗碎如雪,

항복한 군사 십만 명은 모두 피를 흘렸다네.　　十萬降兵盡流血.

함양의 아방궁이 석 달 동안 붉게 탈 때,　　　咸陽宮殿三月紅,

항우의 패업도 연기 따라 사라졌네.　　　　　覇業已隨烟燼滅.**3**

패왕이 아방궁을 모두 불태우자 온 함양성 안에는 경악하지 않는 집이 하나도 없었으며 원한을 품지 않는 사람이 하나도 없었다.

제후들은 군사 주둔이 오래 이어지자 모두 고향으로 돌아갈 마음을 품게 되었다. 이 때문에 제후들은 범증과 대책을 논의했다.

"제가 이곳에 오래 주둔하며 기다리고 있는데도 패왕께서는 봉작을 내려주지 않고 있습니다. 이러다가 각 지방에서 변란이라도 일어나면 어떻게 대처할 수 있겠습니까?"

범증이 말했다.

"내가 패왕께 아뢰려던 참인데 뜻밖에 공들께서도 이런 의견을 갖고 계시는구려."

범증은 제후들과 패왕을 뵙고 아뢰었다.

"천하의 제후와 각 장수들은 폐하를 따라 진나라를 정벌하는 일에

3　송나라 허언국(許彦國)의 「우미인초행(虞美人草行)」 시 앞부분이다. 통용본에는 첫째 구 쇄(碎)가 분(紛)으로, 둘째 구 진(盡)이 야(夜)로 되어 있다.

모두 많은 노력을 기울였고, 지금 이곳에 주둔한 지도 오래되었습니다. 비용도 매우 많이 드는지라 이제 폐하께 바라옵건대 공로에 따라 봉작을 상으로 내려주시어 각각 고향으로 돌아가게 하면 심히 유익할 것입니다.”

패왕이 말했다.

“제후들이 이곳에 오래 머물고 있어서 이제 바야흐로 분봉할 참이었소. 경들의 말씀이 진실로 짐의 뜻과 일치하오.”

그리하여 패왕은 범증과 비밀리에 의견을 나누었다.

“지난날 회왕께서는 먼저 관중으로 들어가는 사람을 왕으로 삼겠다고 약속했소. 이제 패공이 먼저 관중으로 들어왔으므로 마땅히 그를 관중의 왕으로 삼아야 하오. 만약 공로대로 봉작을 내린다면 패공을 가장 먼저 왕으로 봉해야 하고, 그럼 그는 반드시 함양에 도읍할 것이오. 그러나 함곡관에 웅거하여 험한 땅을 방패 삼으면 후환이 깊어질 것이오. 이 때문에 의심을 풀 수 없으니 선생께서 고견이 있으면 일찍 구획을 마련해주시오. 그런 연후에야 다른 제후들을 차례로 봉할 수 있을 것이오.”

범증이 말했다.

“파촉(巴蜀)은 진나라의 유배지로 산천은 험하고 지방은 궁벽합니다. 패공을 한왕(漢王)으로 봉하시면 관중 땅에서 벗어나지 않는 것이 됩니다. 그리고 나서 장함, 사마흔, 동예를 삼진(三秦)[4]의 왕으로 삼아 한중

4_ 옛 진(秦)나라 땅을 삼분하여 삼진이라고 했다. 항우에 의해 분봉된 옹(雍), 새(塞), 적(翟)을 말한다. 항우는 장함을 옹왕(雍王), 사마흔을 새왕(塞王), 동예를 적왕(翟王)에 봉했다.

(漢中, 산시성陝西省 한중시漢中市)으로 통하는 길을 끊고 패공으로 하여금 남쪽으로 나아갈 수 없게 하고, 동쪽으로 돌아갈 곳도 없게 하여 한중에서 늙어 죽게 하십시오. 그럼 봉작을 더해주더라도 기실 좌천시키는 것이 됩니다."

항우가 말했다.

"그 계책이 참으로 기묘하오."

이에 군정사(軍政司)5에게 명령을 내려 제후와 각 장수들의 공적을 조사하게 하고 차례로 봉작을 내렸다.

패공을 한왕에 봉하여 남정(南鄭, 산시성 한중시 난정현)에 도읍을 정하고 41현을 관할하게 한다.

나머지 각 제후와 장사 들에게도 봉작을 내렸다.

장함 – 옹왕(雍王).

　　도읍: 폐구(廢丘, 산시성陝西省 싱핑시興平市 동남).

　　관할: 상진(上秦) 38현.

사마흔 – 새왕(塞王).

　　도읍: 역양(櫟陽, 산시성陝西省 시안시 옌량구閻良區).

　　관할: 하진(下秦) 18현.

동예 – 적왕(翟王).

5_ 군대 내에서 군사 업무에 관한 모든 행정을 담당하는 관리다.

도읍: 고노(高奴, 산시성陝西省 옌안시延安市 인근).

관할: 중진(中秦) 30현.

신양(申陽) - 하남왕(河南王).

도읍: 낙양.

관할: 하남 20현.

사마앙(司馬卬) - 은왕(殷王).

도읍: 조가(朝歌, 허난성 허비시鶴壁市 남쪽).

관할: 하남 32현.

영포 - 구강왕(九江王).

도읍: 육합(六合, 장쑤성 난징시 류허구六合區).

관할: 45현.

공오 - 임강왕(臨江王).

오예(吳芮) - 형산왕(衡山王).

전안(田安) - 제북왕(濟北王).

위표 - 서위왕(西魏王).

장이 - 상산왕(常山王).

장도 - 연왕(燕王).

조헐(趙歇) - 대왕(代王).

전횡(田橫) - 상제왕(上齊王).

전욱(田郁) - 중제왕(中齊王).

정창(鄭昌) - 한왕(韓王).

진승(陳勝) - 양왕(梁王).

전영(田榮) - 전제왕(前齊王).

전경(田慶) – 전조왕(前趙王).

진여(陳餘) – 북조왕(北趙王).

전불(田市) – 교동왕(膠東王).**6**

항정(項正) – 춘승군(春勝君).

항원(項元) – 안승군(安勝君).

범증 – 승상, 아보(亞父)로 칭함.

항백 – 상서령.

종리매 – 우사마.

정공 – 우장군.

용저 – 대사마.

계포 – 좌사마.

옹치 – 좌장군.

유존(劉存) – 후장군.

진평 – 도위(都尉).

한생(韓生) – 좌간의(左諫議).

무섭(武涉) – 우간의.

환초 – 대장군.

자영 – 인전대장군(引戰大將軍).

자기(子琪) – 대장군.

6_ 이상의 제후왕을 모두 합하면 패왕 항우까지 23왕이 된다. 그러나 『사기』 「항우본기」에 기록된 제후왕은 항우까지 포함하여 모두 19왕이다. 여기에 나오는 전횡, 전욱, 진승, 전영, 전경이 없고 대신 제왕(齊王) 전도(田都), 요동왕(遼東王) 한광(韓廣)이 들어 있다. 또 한왕(韓王)에는 한성(韓成)이 봉해진 것으로 되어 있으며, 진여는 3개 현을 봉토로 받았으나 제후왕 봉작은 받지 못한 듯하다.

항우가 전국에 제후를 봉하다

한신 - 지극낭관.

패왕은 봉작 수여를 마치고 잔치를 열어 장수들을 후하게 대접했다. 그리고 마침내 국내외로 널리 조서를 반포했다.

한편, 패공의 여러 장수는 패공이 한왕에 봉해진 것을 보고 대경실색하며 모두 한목소리로 말했다.

"파촉은 진나라의 유배지다. 우리 주군께서 먼저 함양으로 들어가셨는데도 오히려 한중으로 좌천되셨다. 이는 틀림없이 범증의 계략이다. 차라리 장수들을 모으고 인마를 규합하여 패왕과 대적하면서 회왕과의 약속을 지키도록 힘쓰게 하는 것이 더 나을 것이다. 그럼 포중(褒中)[7]에서 늙어 죽는 일은 면할 수 있을 것이다. 그렇지 않으면 절대 살아서 고향으로 돌아갈 수 없으리라."

번쾌도 고함을 질렀다.

"장수들의 말이 옳다. 내가 선봉에 설 테니 나와 함께 패왕을 죽이러 가자!"

한왕도 대로했다.

"나를 관중의 왕으로 봉하고 함양에 도읍을 정하겠다는 것은 회왕의 약속이다! 그런데도 지금 나를 유배지로 좌천시켰으니, 저 첩첩산중 험한 준령에서 어찌 하루아침이라도 거처할 수 있겠는가?"

승상 소하 등이 간언을 올렸다.

"한중에서 왕 노릇하는 것이 나쁘다 해도 죽는 것보다야 낫지 않겠

7_ 한중의 다른 이름이다. 주나라 제후국 포국(褒國)이 있던 곳이어서 흔히 포중이라고 부른다.

습니까? 능히 한 사람 아래에 몸을 굽혀서 만 사람 위로 오른 사람이 바로 은 탕왕과 주 무왕입니다. 폐하께 바라옵건대 한중의 왕이 되어 그곳 백성을 잘 부양하고 현인을 초빙하십시오. 파촉을 수용하고 다시 돌아가 삼진을 평정하면 천하도 도모할 수 있을 것입니다."

장량도 간언을 올렸다.

"촉은 진나라의 유배지이지만 안으로는 첩첩산중의 견고함이 있고 밖으로는 높은 바위산의 험준함이 있습니다. 앞으로 나아가면 천하를 병합할 수 있고, 뒤로 물러나면 험한 땅에 기대 나라를 지킬 수 있습니다. 초나라에 100만 군사가 있다 해도 어찌 우리를 대적할 수 있겠습니까? 그곳은 바로 한(漢)나라가 흥성할 땅이고 군사를 기를 수 있는 곳입니다. 대왕께서는 기쁘게 명령을 받으시고 조만간 바로 출발하셔야 합니다. 만약 조금이라도 불만을 드러내면 저들은 틀림없이 꼬투리를 잡아 우리를 해칠 것입니다. 그러면 오히려 저들의 계책에 말려들게 됩니다. 범증은 온종일 대왕을 해칠 생각만 하는데, 대왕께서는 아직도 기미를 모르시고 초나라와 대적하려 하십니까? 게다가 초나라는 지금 강력한 군사에 세력도 막강합니다. 어떻게 대항할 수 있겠습니까?"

한왕은 일어나 감사의 말을 했다.

"선생의 말씀이 아니었으면 내가 거의 일을 그르칠 뻔했소."

역이기가 말했다.

"한중에 거주하면 세 가지 이익이 있고, 관중에 거주하면 세 가지 손해가 있습니다. 세 가지 이익이 무엇이겠습니까? 대체로 촉 땅은 길이 험해 사람들이 그곳의 허실을 모릅니다. 이것이 첫째 이익입니다. 군졸을 훈련하여 높은 산을 오르는 데 익숙하게 할 수 있습니다. 이것이 둘째 이익입니다. 사람들은 고향으로 돌아가고 싶은 마음에 각자가 노력할 것입니다. 이것이 셋째 이익입니다. 그럼 세 가지 손해는 무엇이겠습니까? 풍패(豊沛)는 고향이지만 한(韓)나라, 위(魏)나라와 국경을 맞대고 있어서 국내의 일이 쉽게 알려집니다. 이것이 첫째 손해입니다. 만약 병졸을 일으켜 초나라를 공격하려 해도 범증이 틀림없이 그 내막을 알고 쉽게 우리의 공격을 방비할 수 있을 것이니 오히려 예측할 수 없는 우환이 생길 수 있습니다. 이것이 둘째 손해입니다. 민심이 혹시라도 흔들리면 사람들은 모두 큰 나라를 좋아하면서 작은 나라를 업신여기고, 강한 나라를 좋아하면서 약한 나라를 겁박합니다. 사람들이 초나라의 강성함을 보면 그곳으로 달려갈 것인데, 대왕께서는 누구와 함께 나라를 지킬 수 있겠습니까? 이것이 셋째 손해입니다. 대왕께서는 참고 힘써서 와신상담하시면 왕업도 도모할 수 있고 천하도 얻을 수 있을 것입니다."

한왕은 매우 기뻐하며 마침내 한중으로 떠날 일을 논의했다.

범증은 문득 유방이 화덕(火德)을 타고난 사람이라 모든 깃발에 적색을 쓴다는 사실을 떠올렸다. 그런데 지금 한중에 거처하게 되면 그곳이 서쪽이어서 금(金)이 화(火)를 얻는 격이므로 틀림없이 큰 그릇이 될 가능성이 있었다.[8] 이에 황급히 패왕에게 달려가 아뢰었다.

"유방은 자신이 한왕으로 봉해진 것에 큰 불만을 품고 있고, 주위의 장수들도 모두 산동에서 온 사람들이라 각각 불평을 쏟아내며 폐하께서 약속을 어기신 것으로 여기고 있습니다. 만약 이번 기회에 저들을

8_ 음양오행설에서는 화극금(火克金)이므로 불이 쇠를 이긴다. 불이 쇠를 이기면 쇠를 녹여 무기나 기물을 만들 수 있다. 따라서 적색을 숭상하는 유방에게 유리한 방향이 된다.

제거하지 않으시면 반드시 후환이 있을 것입니다.”

패왕이 말했다.

“책봉 조서가 이미 나갔고 업무도 이미 확정되었는데 어찌 다시 바꿀 수 있겠소?”

범증이 말했다.

“내일 장수들이 폐하를 뵈러 오면 이렇게 물으십시오. ‘내가 너를 한왕으로 봉했으므로 너는 포중으로 가야 한다. 가겠느냐? 가지 않겠느냐?’ 그가 간다면 그곳에서 제 마음대로 하면 되고, 가지 않는다면 관중의 왕이 되려는 의도이니 폐하께서 바로 영을 내려 참하십시오. 우환을 없애야 합니다.”

패왕이 말했다.

“좋소.”

다음날 한왕이 패왕을 뵈러 와서 인사가 끝나자 패왕이 물었다.

“한왕! 내가 그대를 포중에 봉했는데, 가시겠소? 안 가시겠소? 말씀해보시오!”

한왕이 말했다.

“군주의 봉록을 먹는 사람은 목숨이 군주의 손에 달려 있습니다. 어찌 감히 가지 않겠다고 말씀드릴 수 있겠습니까? 비유하면 신은 폐하의 말입니다. 채찍질을 하면 가고, 고삐를 당기면 멈출 뿐입니다!”

패왕이 웃으며 말했다.

“경은 참으로 비유도 잘하는구려!”

패왕은 마침내 한왕을 죽일 마음을 버렸다. 한왕이 자신의 군영으로 돌아오자 장량이 급히 뵙기를 청하고는 이렇게 말했다.

"대왕마마께서는 오늘의 위기를 아셨습니까?"

한왕이 말했다.

"몰랐소!"

"대왕마마의 홍복이 매우 크십니다! 바야흐로 패왕이 마마께 한중으로 갈 것이냐, 말 것이냐 물었을 때 만약 마마께서 잘 응답하지 못하셨다면 틀림없이 목숨을 잃었을 것입니다."

한왕이 그의 말을 듣고 경악하며 물었다.

"아마도 이곳에 오래 머물다간 예측할 수 없는 일이 벌어질 듯하오. 어찌하면 좋소?"

"신이 항백과 진평을 만난 뒤 다시 상의 드리겠습니다. 대왕께서는 행장을 꾸리라고 분부하시고 패왕의 명령이 내리면 바로 몸을 일으켜야 상해를 면하실 수 있을 겁니다."

이에 장량은 항백과 진평을 만나 범증이 한왕을 음해할 뜻이 있음을 상세히 말하면서 한왕이 지금 급히 출발하려고 해도 몸을 빼낼 계책이 없으므로 두 분께서 묘책을 내어 한왕을 구해주면 후일 한왕이 영토를 얻었을 때 절대 오늘을 잊지 않을 것이라고 했다. 진평은 한동안 깊은 생각에 잠겼다가 장량에게 귓속말로 여차여차하게 행동하라고 알려주었다. 장량이 말했다.

"그 계책이 참으로 기묘하오."

진평이 무슨 계책을 낼지는 다음 회를 들으시라.

제27회

한왕이 된
유방

진평이 계책을 마련하여
한왕을 구하다
陳平定計救漢王

패왕은 제후를 분봉한 지 오랜 시간이 지나고도 의제에게 사람을 보내 자신의 명령을 보고하지 않았다. 또 의제가 아직 침주로 가서 도읍을 건설하지 않고 팽성에 머물고 있다는 소식을 들었다. 이 때문에 패왕은 신료들을 불러 이 일을 어떻게 처리할지 상의했다. 진평이 대열 앞으로 나서며 아뢰었다.

"하늘에는 두 개의 태양이 없고, 백성에게는 두 분의 임금이 없습니다. 지금 폐하께선 조서를 내려 천자가 되셨고, 호칭을 바꾸어 천하 제후를 봉하셨습니다. 그런데도 회왕에게 명령을 보고한다는 것은 두 분의 천자가 있는 것과 같습니다. 바깥 백성은 모두 '신하가 신하를 봉하는 건 고금에 드문 일이다'라고 합니다. 이런 말이 떠돈다면 천하를 복종시키실 수 없습니다. 신에게 어리석은 계책이 있습니다. 지금 급히 아보에게 두 맹장을 거느리고 가서 즉시 의제를 출발시켜 멀리 벽지에 가서 살게 하십시오. 그럼 의제를 폐위한 것과 같으므로 꼭 명령을 보고 하실 필요가 없습니다. 백성의 말을 막을 수도 있고 천하의 논란을 피할 수도 있을 겁니다."

항우가 말했다.

"그 말씀이 바로 내 뜻과 부합하오."

그리고 바로 범증에게 명령을 내렸다.

"환초와 우영을 데리고 팽성으로 가서 의제를 침주로 보내 도읍을 건설하도록 재촉해주시오. 그리고 바로 팽성을 수리하고 정비하도록 하시오. 짐이 한 번 가볼 생각이오. 이는 옛 땅을 잊지 않으려는 뜻이오."

범증은 감히 명령을 어길 수 없는지라 바로 길을 떠나야 했다. 이에 출발 인사를 하러 와서 말했다.

"신은 명령을 받들고 팽성으로 가지만 좌우에서 성총(聖聰)을 가릴까 두렵습니다. 지금 신에게 간언드릴 세 가지 일이 있습니다. 폐하께서는 유심히 들어주십시오. 첫째, 함양을 떠나서는 안 됩니다. 함양은 옛날부터 나라의 도읍을 설치한 곳입니다. 비옥한 들판이 1000리라 하늘의 곳간이라 불립니다. 둘째, 한신을 중용해야 합니다. 대체로 한신은 군대의 원수(元首)가 될 만한 재주를 지녔으나 아직 때를 만나지 못했습니다. 폐하께서 그를 등용하시면 병졸은 장수를 따르고 장수는 병졸을 잘 부릴 수 있습니다. 그렇게 천하를 종횡하면 가는 곳마다 천하무적이 될 것입니다. 만약 등용하고 싶지 않으시면 바로 죽여서 그가 다른 사람에게 귀의하지 못하게 하십시오. 그렇지 않으면 후환이 될 것입니다. 셋째, 한왕을 한중으로 들어가게 해서는 안 되니 잠시 함양에 머물게 하다가 신이 돌아오기를 기다려서 다시 처리하십시오. 이 세 가지는 매우 긴요한 일이므로 소홀히 취급해서는 안 됩니다."

패왕이 말했다.

"경은 갔다가 빨리 돌아오기나 하시오. 말씀하신 세 가지 일은 짐이 마음에 새겨두도록 하겠소."

범증은 마침내 환초, 우영과 함께 팽성으로 떠났다.

다음날 진평이 상소문을 올렸다.

국가는 재물 관리를 우선으로 삼고, 성인은 씀씀이 절약을 근본으로 삼습니다. 재물을 관리하지 못하면 출납에 절도가 없고, 비용에 규칙이 없게 되며, 재력이 다하면 반드시 죽음이 뒤따릅니다. 절약하지 않으면 사치가 나날이 심해지고 창고가 나날이 비게 되어 백성이 삶을 도모할 수 없게 되니 나라도 반드시 망하게 됩니다. 폐하께선 보위에 오르신 초기이니 백성을 하늘로 삼아야 합니다. 그런데 만약 씀씀이를 절약하지 않으면 어떻게 치세를 이룰 수 있겠습니까? 지금 제후들은 모두 함양에 모여 있습니다. 각 제후들이 거느린 본부 병마는 3만에서 4만 이하로 내려가지 않습니다. 모든 군사 수를 대략 합해보면 어찌 100만에 그치겠습니까? 그 비용을 이루 다 헤아릴 수 없는지라 창고는 텅텅 비고 돈과 식량도 다 떨어져갑니다. 예를 들어 일로(一路) 제후의 비용은 이렇습니다. 술과 밥 25짐(擔), 양 15마리, 돼지 20마리, 큰 소 5마리, 보리 200근, 땔감 40짐. 군대 관리 인원 등은 10만을 한 부대로 거느리는데 한 명당 매일 쌀 두 되, 섞은 콩 한 되, 볶은 콩 두 되, 풀 두 묶음이 지출됩니다. 매일 총지출량을 계산해보면 다음과 같습니다. 술 300짐, 양 200마리, 돼지 400마리, 큰 소 100마리, 국수 4000근, 땔감 800짐, 쌀 2만 석, 볶은 콩 2만 석, 섞은 콩 1만 석, 풀 2만 묶음. 군사를 100만으로 계산해봐도 비용이 부족하니 신은 진실로 걱정이 됩니다. 시급히 명령을 내려 제후들을 자신의 나라로 돌려보내지 않으면 백성들이 지탱하기 어려울까 두렵습니다. 엎드려 바라옵건대 폐하께서는 신 등의 어리석은 마음을 헤아려주십시오. 간절한 마음 이길 수 없습니다.

패왕은 상소문을 다 읽고 즉시 명령을 전하여 새로 봉토를 받은 제후왕은 닷새 내에 모두 자기 나라로 돌아가게 했다. 다만 한왕만은 잠시 함양에 머물게 하고 별도의 논의를 하겠다고 했다. 장량은 그 소식을 듣고 깜짝 놀라며 말했다.

"한왕께선 이제 끝이로구나! 범증이 관중으로 돌아오면 틀림없이 한왕을 모살할 마음을 먹을 것인데 어떻게 한중으로 갈 수 있겠나?"

그는 다급하게 한왕을 만나러 갔다. 한왕이 말했다.

"오늘 패왕이 제후들에게는 귀국하라고 분부를 내렸는데, 이 유방에게만은 별도의 논의를 하겠다 했소. 이는 틀림없이 나를 해칠 마음이 있는 것이오. 어찌하면 좋소?"

장량이 말했다.

"대왕마마의 부모와 식구들은 모두 풍패에 있습니다. 내일 상소문을 올려 집안 식구를 데려오겠다고 여가를 달라고만 하십시오. 신에게 대왕마마를 구할 계책이 있습니다."

한왕은 즉시 역생에게 상소문을 지으라고 명령을 내렸다. 다음날 상소문을 올렸다.

성군이 효도로써 천하를 다스리면 천하 사람들 중 효도로 귀의하지 않는 사람이 아무도 없을 것입니다. 부자간을 화목하게 하여 어짊과 사랑이 널리 퍼지게 하고 시대의 화평함을 바뀌지 않게 하면 마침내 지극한 치세를 이룰 수 있습니다. 신 유방은 풍패의 보잘것없는 백성인데, 바람을 따라 서쪽으로 와서 크나큰 가르침에 몸을 맡겼습니다. 이제 왕공의 봉작까지 받았으니 천하의 지극한 영광을 얻었고 천년의 지우(知遇)를 입은 셈입니다. 그런데 신은 비록 영광을 누리고 있지만 부모와 처자식은 멀리 고향에 있는지라 아직 같은 집에서 함께 살며 천륜의 즐거움을 누리지 못하고 있습니다. 이제 사람을 보내 옮겨오려 해도 신이 직접 성모를 할 수 없습니다. 영광스럽게 향리로 돌아가 죽은 사람과 산 사람에게 모두 미치고 있는 폐하의 은혜를 밝게 드러내고 싶습니다. 엎드려 바라옵건대 병마는 함양에 주둔해둔 채 단신으로 기병 몇 명만 데리고 풍패로 돌아가게 해주십시오. 휴가 기간은 3개월로 제한하겠습니다. 가솔을 데려와서 모두 폐하의 교화에 젖어들게 하겠습니다. 아랫사람의 입장으로 감히 마음대로 할 수 없으니 성군께서 결재해주시기를 엎드려 바라옵니다. 황공한 마음 이길 수 없습니다.

패왕은 상소문을 다 읽고 나서 말했다.

"경이 풍패로 돌아가 부모님을 모셔오려는 건 자식이 효도하려는 마음이오. 그러나 그것이 본심이 아닐까 걱정이 되오. 혹시 어제 경을 잠시 함양에 머물게 한 일 때문에 이런 상소문을 올린 것이오?"

한왕이 말했다.

"지금 연로한 신의 아비를 시봉할 사람이 없습니다. 신이 아비를 생각한 지 오래되었지만 폐하께서 갓 즉위하신 터라 감히 간청을 드리지 못했습니다. 지금 제후들이 귀국하여 모두 부모님을 찾아뵙는 걸 신만 홀로 여기 남아 보고 있으려니 어느 날 아비를 만날 수 있을지 모르겠습니다."

한왕은 이렇게 말을 하다가 통절한 곳에 이르러서는 울음을 그치지 않았다. 그러자 장량이 대열 앞으로 나서서 아뢰었다.

"한왕이 집안 식솔을 데려오도록 놓아주어서는 안 되지만, 봉토로 보낼 수는 있을 듯합니다. 폐하께서 사람을 보내 한왕의 부친과 식솔을 인질로 잡으시고 한왕이 다른 마음을 먹지 못하게 하십시오."

패왕이 말했다.

"나는 한왕을 함양에 잡아두고 놓아줄 마음이 없소. 그가 다른 마음을 먹을까 걱정이 되기 때문이오."

진평이 앞으로 나서며 말했다.

"폐하께서는 유방을 이미 왕으로 봉하셨고, 또 그 사실을 천하에 포고하셨습니다. 그런데도 지금 다시 이곳에 붙잡아두시면 아마도 국내외에서 신용을 얻으실 수 없을 것입니다. 차라리 장량의 간언대로 유방의 부친인 태공을 인질로 잡아두시는 것이 더 나을 듯싶습니다. 이제 한왕을 포중으로 보내면 큰 신용을 얻으실 수 있고, 또 한왕의 마음도 단속하실 수 있습니다."

항우가 유방을 한중으로 보내다

패왕이 말했다.

"그럼 논의가 타당하게 정해졌으므로 한왕을 봉토로 보내고, 풍패로 귀향하는 일은 불허하겠소."

한왕은 땅에 엎드려 일어나지 못했다. 패왕이 말했다.

"경은 잠시 한중으로 가서 짐이 팽성에 도읍을 건설하여 경의 남녀노소 가족을 넉넉하게 부양할 때까지 기다리시오. 그때 조용히 사람을 보내 데려가도 봉양의 뜻을 잃지 않을 것이오."

한왕은 바로 배례를 올리며 감사 인사를 했다.

"폐하의 크신 은혜에 감격하오며 죽어도 잊지 않겠습니다. 지금 바로 폐하께 하직 인사를 드리고 한중으로 떠나겠습니다."

이때 종리매만 간언을 올렸다.

"일전에 범 아보가 떠날 때 한왕을 풀어 한중으로 들어가게 해서는 안 된다고 말했습니다. 지금 폐하께서는 어찌하여 그 말씀을 잊으셨습니까?"

패왕이 말했다.

"한왕의 남녀노소 가족이 팽성에 머물고 있으므로 이미 그를 묶어둔 거나 마찬가지요. 그런데 어찌 또 한왕까지 잡아둔단 말이오. 하물며 제후를 분봉한단 조서가 이미 안팎으로 두루 전해졌는데, 어찌하여 짐에게 아보의 말만 따르라 하며 천하의 신의를 잃게 만드는 것이오?"

패왕은 끝내 종리매의 간언을 듣지 않았다. 한신이 탄식하며 중얼거렸다.

"한왕을 포중으로 보내며 가족을 동반하게 하지 않은 것은 바로 그의 계책에 빠져든 것이다. 뒷날 다시 돌아올 마음을 먹고 새매 같은 용맹을 떨치면 우리는 모두 그의 포로가 될 것이다! 안타깝게도 아보의 말씀이 그림의 떡이 되었구나!"

한왕은 군영으로 돌아와서 즉시 대소 장수들에게 서둘러 길을 떠나라고 명령했다. 그리하여 장수들은 인마를 모두 정비하여 인솔하고 한왕을 촘촘히 에워싼 채 함양을 떠났다. 관중의 백성들만 한왕이 떠난다는 소식을 듣고 노인을 부축하고 아이까지 동반하고 나와 길을 가득 메웠다. 땅에 엎드려 슬피 우는 백성이 어찌 수만에 그치랴? 그 우두머리 중 수십 명의 노인이 말했다.

"우리는 대왕마마께서 관중의 주인이 되실 날을 손꼽아 기다려왔습니다. 지금 대왕마마께서 한중으로 가시리라 생각지도 못했습니다. 또 언제 동쪽으로 돌아오실지 모르겠습니다. 그때 다시 천안을 뵐 수 있을는지요?"

그들은 수레 끌채와 수레바퀴를 부여잡고 차마 한왕을 보내려 하지 않았다. 한왕은 그들을 어루만지며 말했다.

"여러분! 각자가 편안히 생업에 힘쓰며 다른 마음을 먹지 마시오. 뒷날 관중으로 들어와서 다시 뵙겠습니다."

관중 백성들이 멀리까지 배웅하려 하자 소하가 황급히 제지했다.

"패왕의 법도가 심히 엄격하니 멀리까지 전송해서는 안 됩니다. 혹시 발각되었다간 여러분께서 피해를 당하게 됩니다!"

백성들은 울음을 그치지 않았다. 장량은 번쾌에게 신속하게 인마를 지휘하게 하여 협곡으로 향하는 역로(驛路)로 치달려가게 했다. 90리를 내달려 안평현(安平縣)에 도착했다. 다시 45리를 가서 부풍현(扶風縣, 산시성陝西省 바오지시寶鷄市 푸펑현扶風縣), 45리를 가서 봉상군(鳳翔郡, 산시성 바오지시 펑샹현鳳翔縣), 30리를 가서 미혼채(迷魂寨), 30리를 가서 보계현(寶鷄縣, 산시성 바오지시), 50리를 가서 대산관(大散關, 산시성 바오지시 서남), 60리를 가서 청풍각(淸風閣), 60리를 가서 봉주(鳳州, 산시성陝西省 펑현鳳縣 펑저우진鳳州鎭)에 이르러 잔도(棧道)로 들어섰다. 한왕의 인마는 모두 산동 출신이어서 험로를 알지 못했다. 그들은 구름처럼 이어진 잔도가 이처럼 험준한 것을 보고 모두 소리를 질렀다.

"우리가 이 험로를 지날 때 누군가 이곳을 지키고 있다가 우리를 해치려 하면 더이상 생환할 생각은 말아야 한다! 속수무책으로 죽기보다 다시 돌아가 초나라와 결사전을 벌이는 것이 더 낫겠다. 그것이 대장부가 할 일이다!"

그러자 번쾌도 말했다.

"그 말이 맞다!"

그는 고함을 지르고는 장수들을 이끌고 함양으로 쇄도해가려 했다. 일이 어떻게 전개될까?

불타는 잔도

장자방이 잔도를 불태워 끊다
張子房燒絶棧道

번쾌 등은 잔도가 매우 험한 것을 보고 모두 돌아갈 마음을 먹고 각각 고함을 지르며 관중으로 쳐들어가자고 소란을 피웠다. 한왕도 분노하여 소리쳤다.

"나는 관중에 먼저 들어간 사람을 왕으로 삼겠다는 회왕의 약속을 받들었다. 그런데 선약을 위반하고 범증의 계책에 따라 나를 이 험준한 곳으로 좌천시킬 줄 누가 생각이나 했겠느냐? 또 장함 등 세 사람을 시켜 우리가 동쪽으로 돌아갈 길을 막고 있으니, 설령 구름을 타고 올라간다 해도 이곳을 빠져나갈 수 없게 되었다. 차라리 여러 사람의 뜻에 따르는 것이 좋을 듯하다. 지금 삼진 땅은 아직 방비가 튼튼하지 못하니 함양으로 치고 올라갈 좋은 기회다. 그자와 사생결단을 내는 것이 좋은 방책일 것이다."

그러자 소하, 장량, 역생이 말에서 내려 땅바닥에 무릎을 꿇고 아뢰었다.

"한때 들끓어오르는 대중의 사나운 기세를 믿어서는 안 됩니다. 틀림없이 큰일을 그르칠 것입니다. 한중은 비록 험하지만 대왕마마께서 왕업을 일으킬 땅입니다. 게다가 서남쪽은 조용하고 궁벽하여 대왕마마께서 군사를 모아 기르시면 패왕은 절대로 알 수 없습니다. 인마가 강해지고 군세가 엄정해지기를 기다려 삼진으로 돌아가 그곳을 평정하시면 천하도 도모하기 어렵지 않습니다. 그러나 지금 대중의 말만 듣고 동쪽으로 돌아가시면 패왕이 삼진의 군사를 거느리고 서쪽으로 달려올 것입니다. 그럼 계란을 쌓은 것과 같은 위기에 봉착하게 될 터이고, 그때 다시 한중의 왕이 되려 하시면 그것조차 어렵지 않겠습니까?"

한왕은 그 말에 즉시 번쾌에게 인마를 재촉하여 한중으로 가라고 명령을 내렸다. 금우령(金牛嶺)에 당도했을 때 한왕이 말했다.

"왜 이곳 지명이 금우령이오?"

역생이 말했다.

"옛날에는 촉 땅으로 왕래하는 길이 없었습니다. 진(秦) 혜왕(惠王)이 육국을 병탄하려 할 때 촉 땅에 역사 다섯 명이 신령한 힘을 갖고 있다는 소문을 들었습니다. 이에 진나라에서 무쇠로 소 다섯 마리를 만들어 진나라 땅에 비치한 뒤 거짓말로 이 무쇠소가 매일 황금 똥 다섯 말을 누는데, 진나라가 이 때문에 부강하게 되었다고 소문을 냈습니다. 촉나라 군주는 그 소문을 듣고 마침내 진짜라고 생각했습니다. 그리하여 역사 다섯 명에게 산을 뚫고 길을 내서 진나라로 통하게 한 뒤 무쇠소를 훔쳐오라고 명령했습니다. 다섯 역사가 산길을 뚫고 진나라 땅에 이르렀지만 뜻밖에도 무쇠소가 황금 똥을 눈다는 것은 모두 거짓이었습니다. 이후 진나라는 이 길을 통해 촉나라를 정벌했습니다."

후세에 호증이 이 일을 시로 읊었다.

산 고개 천 겹으로 촉문을 에워싸니,	山嶺千重擁蜀門,
진나라 도성과는 또다른 천지일세.	秦都別是一乾坤.
다섯 장정 금우 따라 길을 닦지 않았다면,	五丁不鑿金牛嶺,
진 혜공이 어느 길로 병탄할 수 있었으랴?	秦惠何由得倂呑.[1]

한왕이 막 출발하려 할 때 장량이 말에서 내려 앞으로 나와 아뢰었다.

"신 장량은 대왕마마를 여기까지 전송하고 이제 한(韓)나라로 돌아가야겠습니다."

한왕은 깜짝 놀라며 말했다.

"선생께서 지금까지 나와 함께 행동해주어서 나는 깊은 가르침을 받았소. 이제 한시도 떨어질 수 없는데, 지금 돌아가면 이 유방은 누구에게 의지해야 하오?"

장량이 말했다.

"신이 대왕마마를 떠나 동쪽으로 가는 것은 비록 신의 옛 주인을 돌아보기 위함이지만 기실 대왕마마와 세 가지 큰일을 하려는 것입니다."

"그 세 가지 일이 무엇이오?"

1_ 당나라 호증의 영사시 「금우역(金牛驛)」이다. 통용본에는 둘째 구 진(秦)이 성(成)으로, 셋째 구 령(嶺)이 로(路)로 되어 있다.

"첫째, 패왕에게 팽성으로 천도하도록 유세하여 관중 땅을 대왕마마의 도읍지로 남겨두게 하는 일입니다. 둘째, 제후들에게 초나라에 반기를 들고 한나라에 귀의하도록 유세하여 패왕이 서쪽 정벌에 나설 마음을 먹지 못하게 하는 일입니다. 셋째, 유씨(劉氏)를 흥성하게 하고 초나라를 멸망시키고 천하를 평정할 대원수를 찾아드리는 일입니다. 이 세 가지 일을 완수하고 신은 함양에서 대왕마마와 상면하겠습니다. 바라옵건대 대왕마마께서는 모든 일에 은인자중하시며 조급해하지 마시옵소서. 한중은 잠시 거주하시는 곳에 불과합니다. 길어야 3년이고 짧으면 1, 2년만 기다리시면 대왕마마를 동쪽으로 돌아갈 수 있게 하겠습니다."

"과연 선생의 말씀같이 된다면 이 유방은 온갖 고초를 다 겪더라도 감히 원망하지 않겠소. 다만 선생께서 거론하는 대원수는 무슨 믿을 만한 근거가 있소?"

"신에게 밀봉한 서신이 한 통 있습니다. 이 속에 신이 친필로 평소 대왕마마와 나눈 비밀 이야기를 적어두었습니다. 대왕마마께서는 절대 잃어버리지 말고 잘 간직하십시오."

한왕은 장량의 손을 잡고 눈물을 흘리며 말했다.

"선생께선 약속을 어기지 마시오! 만약 태공을 만나면 나 대신 정성을 다해 절을 올리고, 태공에게 조섭을 잘하시면서 남녀노소 식구들을 잘 부양해달라고 전해주시오. 어느 날 동쪽으로 돌아가면 태공을 맞아 봉양할 날이 있을 것이오. 지금은 부모님을 감히 버리는 것이 아니라 패왕이 약속을 어기고 강포한 짓을 일삼기에 부득이하게 한중으로 가서 잠시 어려움에서 벗어나려는 것이오."

"삼가 어명에 따르겠습니다."

또 장량은 소하와 작별하며 그를 사람이 없는 곳으로 데려가 몰래 계책을 말했다.

"여차여차하게 초나라를 격파할 원수를 찾으면 승상께선 마음을 다해 추천해주시오."

"선생께선 마음 놓으시오. 선생의 서찰을 보고 이미 그가 대장이 될 사람이란 걸 알았소. 어찌 감히 현인을 가로막아 나라를 그르칠 수 있겠소?"

후세에 사관이 이 일을 시로 읊었다.

한 고조의 서행 길은 촉도가 험난한데,	高帝西行蜀道難,
높은 산 겹친 고개 나그네 마음 쓸쓸하네.	峻山重嶺客心寒.
소하 홀로 현인을 받아들일 계책 있어,	蕭何獨有收賢策,
400년간 한나라가 안정을 이루었네.	四百年來漢業安.

장량은 한왕 및 여러 장수에게 작별을 고하고 시종 다섯 명만 대동한 채 옛길을 따라 다시 관중으로 돌아갔다.

한왕의 대군이 행진하는 사이에 후군에서 일제히 내지르는 비명소리가 들려왔다. 한왕이 고개를 돌려 바라보니 이글거리는 화염이 하늘을 뒤덮고 짙은 연기가 온 들판에 가득했다. 곳곳으로 불길이 번져 300리를 사정없이 불태우며 연도의 수많은 가옥까지 잿더미로 만들고 있었다. 한왕도 비명을 내질렀다.

"이것은 틀림없이 장량이란 자가 잔도를 불태워 내가 동쪽으로 돌아가지 못하게 막은 것이다. 무슨 꿍꿍이속인지 모르겠다."

장수들은 일제히 장량을 원망하며 각각 큰 소리로 울부짖었다.

"우리는 살아서 관내 사람이었는데, 죽어서는 한중 귀신이 되게 생겼다. 언제 잔도를 다시 수리할 수 있겠나?"

사람들이 시끌벅적하게 울부짖는 사이에 오직 소하만 앞으로 나와 한왕에게 귓속말로 속삭였다.

"대왕마마! 장량을 원망해서는 안 됩니다. 신이 어제 장량과 작별할 때 그가 잔도를 불태우면 네 가지 이익이 있다고 말했습니다. 첫째, 패왕이 우리가 잔도를 불태웠단 소문을 듣고 우리 주군께서 다시 동쪽으로 돌아갈 생각이 없다고 짐작할 것입니다. 따라서 패왕 또한 서쪽을 신경쓸 마음이 없어질 것입니다. 둘째, 삼진 사람들이 높이 베개를 벤 채 삼엄하게 방비하지 않을 것입니다. 셋째, 이곳으로 따라온 사람들이 안심하고 한중에서 대왕마마를 받들며 다시 돌아갈 마음을 먹지 않을 것입니다. 넷째, 제후들이 서로 공격하며 우리 군사를 적으로 삼지 않을 것입니다. 이런 네 가지 이익이 있는데 대왕마마께서는 무슨 까닭에 장량을 원망하십니까?"

한왕이 그의 말을 듣고 크게 기뻐하며 말했다.

"승상의 말씀이 아니었다면 자방을 오해할 뻔했소!"

그리고 마침내 삼군을 계속 전진하게 했다.[2]

그리하여 어느 날 한왕은 한중에 도착했다. 그는 좋은 날을 받아 왕위에 올랐다. 이후 백성을 위무하고 어진 덕을 베풀며 관대하게 백성을 다스리자 한중 백성은 기쁘게 따르지 않는 사람이 없었다. 그해에는 오곡이 풍성했고 가가호호 기쁨이 넘쳤으며 곳곳에 노랫소리가 가득했

장량이 잔도를 불태우다

다. 한왕은 몹시 기뻤다. 이에 소하를 상국에 봉했고 조참, 번쾌, 주발, 관영 등과 그 이하 사람들에게도 각각 상을 내렸다. 어진 선비를 맞아들이고 군량을 모았다. 한중은 몇 달도 안 되어 길에 물건이 떨어져도 줍는 사람이 없었고, 밤중에도 대문 빗장을 걸지 않았으며, 길 가는 사람도 서로 양보했다. 집집마다 살림살이가 넉넉해져서 나라가 크게 다스려졌다.

한편, 장량은 잔도를 불태우고 봉령(鳳嶺)에 당도하여 잠시 한나절을 쉬었다. 그리고 봉주를 지나 익문(益門)으로 나와 보계에 도착했다. 한 무리의 인마가 그의 앞길을 가로막으며 고함을 질렀다.

"자방 공은 걸음을 멈추십시오. 항 노장군께서 저를 시켜 이곳에서 기다리게 했습니다. 그런데 정말 이곳으로 오실지 누가 생각이나 했겠습니까?"

장량은 깜짝 놀라 말에서 내려 내력을 물으려 했다. 그때 말을 탄 장군이 말했다.

2_ 원본에는 이 대목 뒤에 다음과 같은 '역사 논평'이 달려 있다. "후세의 사관은 다음과 같이 논단했다. '진나라가 무도하여 천하를 잃자 한 고조는 항우와 경쟁했지만 그 세력과 재기(才氣)에서 차이가 매우 컸다. 그러나 항우는 결국 천하를 잃고 고조에게 패배했다. 무슨 까닭인가? 대체로 항우는 용기만 낼 줄 알고 겁은 낼 줄 몰랐기 때문이다. 고조를 한중에 봉했을 때 주발 등 장수들은 모두 고조에게 항우가 천하의 형세를 알지 못하므로 자신들의 상대가 되지 않으며 결국 패망할 수밖에 없다고 부추겼다. 그러나 고조는 마침내 소하의 말에 따라 은인자중하며 포중으로 들어갔다. 그리고 파촉(巴蜀) 민중의 힘으로 삼진을 탈환하여 한나라 400년 대업을 완성했다. 이는 용기를 낼 줄도 알고, 겁도낼 줄 안 효과다. 비록 그렇지만 만약 소하가 당시 상황을 정확하게 꿰뚫어보지 못했다 해도 고조는 주발 등에 의해 잘못된 상황으로 빠지지는 않았을 것이다. 나는 이 대목에서 간언을 잘할 줄 아는 소하의 능력을 칭송하고, 간언을 잘 받아들일 줄 아는 고조의 능력을 칭송한다. 이는 용기를 낼 줄도 알고, 겁도 낼 줄 아는 능력에 그치지 않는다.'"

"자방 공! 서두르지 마십시오. 제가 할말이 있습니다."

무슨 말을 할지는 다음 회를 들으시라.

제29회

항백의
만권서루

장량이 한(韓)나라를 위해
복수를 도모하다
張良復爲韓報讐

장량을 막아선 사람은 항백이 보낸 사자였다. 항백은 잔도로 가기 어려울까 걱정되어 미리 심복을 시켜 남몰래 관문 입구에서 장량을 영접하게 했는데, 뜻밖에도 과연 이곳에서 그를 맞이하게 된 것이었다. 그 사람은 항백이 장량을 영접하려는 뜻을 자세히 말했다. 장량이 말했다.

"항 공께서 이처럼 심모원려를 베풀어주시니 참으로 두터운 우정에 감사드립니다."

그리고 그를 따라 성으로 들어가 항백을 만나서 사람을 멀리까지 보내 마중해준 일에 깊이 감사 인사를 올렸다. 장량은 마침내 의복을 갈아입고 저녁 무렵 성을 나와 패왕의 소식을 알아보았다. 또 내친김에 각지 제후들의 귀국 상황이 어찌되었는지 수소문하면서 한왕(韓王)이 패왕을 만나러 왔는지도 물었다. 어떤 사람이 말하기를 한왕(韓王) 희성(姬成)이 패왕을 만나러 왔지만 너무 늦게 왔고, 또 장량이 한왕(漢王)을 따라 한중으로 갔기 때문에 패왕이 참소를 듣고 한왕을 죽였으며, 어제 영구가 본국으로 돌아갔다고 했다. 장량은 그 말을 듣고 남몰래 비명을 지르며 황급히 항백의 집으로 돌아와 밤새도록 잠을 이루지 못하고 비 오듯 눈물을 흘렸다. 날이 밝기를 기다렸다 항백에게 작별 인사를 하고 본국으로 돌아가려 했다. 항백이 말했다.

"나는 지금까지 국사에 한가한 틈이 없어서 가르침을 받지 못했소. 이제야 특별히 사람을 보내 선생을 집까지 모셔와서 아침저녁으로 문후를 여쭐 참이었소. 그런데 어찌하여 도착하자마자 바로 떠나려 하시오?"

"어제 옷을 갈아입고 외출하여 우리 한(韓)나라 대왕마마 소식을 수소문했소. 그런데 뜻밖에도 제가 한왕을 따라 포중으로 들어가는 바람에 우리 대왕마마께서 패왕에게 피살되었소. 저 장량은 이 소식을 듣고 함께 죽지 못한 것이 한스럽소. 이제 서둘러 귀국하여 우리 대왕마마의 장례를 치르고 제 처자식을 안전하게 수습한 뒤 한 달 내로 다시 와서 뵙겠소."

"사정이 그렇다고는 하나 내가 어떻게 갑작스런 이별을 감당할 수 있겠소?"

"명공께서 이 장량을 하루 더 잡아두면 이 장량의 죄가 하루 더 늘어나오."

항백은 떠나려는 장량의 마음이 매우 급한 것을 알고 감히 억지로 만류할 수 없었다. 그는 여비를 마련하여 장량에게 주고 당일에 떠나도록 했다. 항백이 말했다.

"제가 한 달 내로 멀리까지 사람을 보내 선생을 맞을 터이니 약속을
어기지 마시오!"

"심복 몇 사람만 보내 저를 맞으시고 다른 사람은 알지 못하게 해주
면 명공의 한결같은 우정에 더욱 감사하겠소."

"삼가 명령을 받들겠소이다."

장량은 원래 대동한 몇 명과 함께 한밤중에 말을 치달려 한(韓)나라
로 돌아갔다. 그는 한나라 공자들을 만난 뒤 마침내 한왕에게 제사를
올렸다. 그는 큰 소리로 울부짖으며 땅에 머리를 찧었다.

"저 장량이 진실로 불충하여 항우가 우리 주군을 해치게 했습니다.
그자는 세상을 함께 살 수 없는 원수이니 제가 주군을 위해 복수하겠
습니다. 비록 간뇌도지(肝腦塗地)하는 참화를 당하더라도 제 목숨을 아
끼지 않겠습니다."

장량은 말을 마치고는 또 울었다. 공자들이 만류하자 드디어 본가
로 돌아가서 처자식을 돌아보고 며칠간 집안일을 잘 수습한 뒤 다시 떠
났다.

중도에 이르자 과연 항백이 보낸 사람들이 멀리까지 그를 맞으러 나
왔다. 저녁 무렵 성으로 들어가 바로 항백의 집에 묵었다. 인사를 마치
고 마침내 서재로 들어가 휴식했다. 항백은 장량이 다시 온 것을 보고
매우 기뻐하며 물었다.

"선생께서는 이제 어디로 가려 하오?"

"옛 주군은 이미 돌아가셨고, 쇠약한 이 몸은 질병이 많아 노자(老
子)의 오묘한 학술을 본받고, 장자(莊子)의 거리낌없는 소요유를 배우고

장량이 항백과 헤어져 한(韓)나라로 가다

싫소. 또 기산(箕山)에 은거한 소보(巢父)와 허유(許由)를 흠모하고,[1] 수양산(首陽山)에 숨은 백이(伯夷)와 숙제(叔弟)[2]를 사랑하면서 명예와 이익을 내버리고 구름과 물을 즐겨 구경하고, 옳고 그름을 피하여 산림에 기쁘게 거처하려 하오. 만약 고상한 은자를 만나면 오묘한 말을 듣고 제 본성을 다시 밝혀 몸과 마음의 병을 없애는 것이 저의 진실한 바람이고 지극한 소원이오. 옥을 차고 방울을 울리며, 수레를 타고 면복(冕服)을 입는 지위에 올라 백관을 주재하고 사해에 법도를 시행하는 일, 연회 자리에서 상대를 제압하고 담소를 나누며 적을 물리치는 일, 오늘은 고위 관직을 맡다가 뒷날에는 기린각에 영정이 걸리는 일에는 저 장량의 마음이 동하지 않소."

항백은 장량의 말을 듣고 그가 벼슬살이에 마음이 없음을 알고 마침내 몇 달을 한가하게 머물게 하며 친구로서의 마음을 다하려 했다.

장량이 그곳에 머문 지 10여 일이 지난 어느 날이었다. 항백은 조정으로 들어갔다가 아직 나오지 않았고 장량만 발길 닿는 대로 한가로이 걷고 있었다. 그러다 후원 꽃밭 안으로 들어갔는데, 그곳은 담장의 높이가 여러 길이 되었고 출입문의 넓이도 스무 자가 넘었다. 연못가에는

1_ 진(晉)나라 황보밀(皇甫謐)의 『고사전(高士傳)』에 의하면 요임금이 허유에게 천하를 양보하자 허유는 기산 아래로 도망가서 숨었다. 또 요임금이 그를 불러 구주(九州)의 장(長)을 시키려 하자 더러운 말을 들었다며 영수(潁水) 가로 가서 귀를 씻었다. 그때 소보가 그 아래에서 송아지에게 물을 먹이다가 허유의 말을 듣고는 내 송아지의 입을 더럽히게 되었다며 송아지를 상류로 끌고 가서 물을 먹였다.

2_ 『사기』「백이숙제열전(伯夷叔弟列傳)」에 의하면 백이와 숙제는 은나라 제후국 고죽국(孤竹國)의 왕자다. 주 무왕이 폭군인 은 주왕을 정벌하러 나서자 백이와 숙제는 그 앞을 가로막고 신하가 자신의 임금을 정벌하는 것은 불의한 일이라고 비판했다. 무왕이 두 사람의 말을 듣지 않고 주왕을 정벌하여 은나라를 멸망시키자 백이와 숙제는 수양산으로 들어가 주나라 곡식을 먹지 않고 고사리를 캐먹다가 굶어죽었다.

꽃이 가득 피어 있었으며 장미 숲 한가운데에는 작은 누각이 자리잡고 있었다. 홰나무 그림자가 침석(枕席)을 가렸고 소나무 그림자가 계단을 덮었다. 장량이 누각의 편액을 바라보니 '만권서루(萬卷書樓)'라는 현판이 걸려 있었다. 옛말에 이르기를 "천고의 일을 끝까지 탐구하려고 아침저녁으로 서루를 벗한다(欲窮千古事, 朝暮伴書樓)"라고 했다. 장량은 누각으로 올라가 한가롭게 거닐다 왼쪽 벽 서가에 석각과 죽간이 가득 놓여 있는 것을 보았다. 또 오른쪽 벽 서가에는 각처의 공문서와 책문(策文)이 빼곡히 들어차 있었다. 펼쳐서 살펴보니 육국 제후에게 올린 간쟁 문장과 상소문 들이었다. 항백이 상서령(尙書令)이기에 각처에서 공문서와 책문을 진상하여 항백에게 먼저 살펴보게 하고 그것을 봉함하여 군왕에게 올리는 듯했다. 따라서 정본은 모두 궁궐 내에 보관하고 부본은 항백으로 하여금 그곳에 남겨두고 살펴보며 참고하게 하는 것 같았다. 장량은 그 문서들을 처음부터 뒤적이며 열람했다. 그중에는 한쪽으로 편향된 견해도 있었고, 서로 통하지 않는 학설도 있었고, 사사롭게 서로의 입장을 내세우는 글도 있었고, 질투하고 헐뜯는 의견도 있었고, 군왕의 뜻에 영합하는 주장도 있었다. 장량은 이런 글을 읽으며 마음에 기껍지 않았다. 뒤쪽에 이르러 책문 하나를 펼쳐보니 언어가 출중하고 뜻이 심원했다. 장량은 한차례 읽고 나서 감탄을 금치 못했다. 놀랍고도 기뻤다. 그가 놀란 것은 패왕이 이 사람을 임용할까 두려웠기 때문이고 기뻐한 것은 자신이 이런 뛰어난 선비를 만날 수 있게 되었기 때문이다. 만약 그를 한왕 유방에게 귀의하게 하여 초나라를 격파하는 대원수로 삼는다면 한(韓)나라의 원수도 갚을 수 있고, 한(漢)나라의 대업도 일으킬 수 있을 것이기에 항우는 이로부터 세력을 잃게 될 것이었다. 그 책문의 내용은 이러했다.

신이 듣건대 천하를 잘 다스리는 이치는 천하의 형세 판단을 귀하게 여기고, 천하의 기미 인식을 귀하게 여긴다고 합니다. 형세라는 것은 강약을 명확히 판단하고, 허실을 잘 살피고, 이로움과 해로움을 잘 알고, 득실을 상세히 따져보는 것입니다. 그런 뒤에야 천하를 얻어서 다스릴 수 있을 것입니다. 그렇지 않으면 강한 힘으로 한때 승리하더라도 그것은 용기와 힘만 믿는 것에 불과하여 결국은 패배할 것이므로 아직 천하의 형세와 함께했다고 할 수 없습니다. 기미라는 것은 흥망을 판별하고, 치란을 정하고, 낌새를 탐구하고, 숨은 이치를 밝혀내는 것입니다. 그런 뒤에야 천하를 얻어서 치세를 도모할 수 있을 것입니다. 그렇지 않으면 초야에서 황급하게 나라를 얻었다 해도 결국은 오래 안정을 유지하기 어려워 천하를 얻을 기회를 만나지 못할 것입니다. 지금 폐하께서는 관중에서 패권을 장악하고 계시지만 민심이 아직 복종하지 않고 있고, 나라의 근본도 세우지 못하고 계십니다. 백성이 폐하의 강한 힘만 두려워하고, 그 위세만 겁내고 있고, 얼굴로만 복종하고 있을 뿐입니다. 그러나 강한 힘은 약해질 수 있고, 위세도 꺾일 수 있고, 얼굴도 돌릴 수 있습니다. 이 세 가지는 폐하께서 의지하시는 바이지만 어느 날 허약해져서 힘을 떨칠 수 없게 되면 천하에 하루아침도 기거할 수 없게 됩니다. 오랜 치세를 바라신다면 어찌 이렇게 해서야 되겠습니까? 이것이 바로 신이 한심하게 여기며 폐하를 위해 근심에 젖는 까닭입니다. 또 유방은 지난날 산동에 거주할 때 재물을 탐하고 여색을 좋아했지만 지금 관중으로 들어와서는 옳은 정치와 어진 정책을 펼치고 있습니다. 재물도 함부로 취하지 않고 여색도 가까이하지 않으면서 '약법삼장'으로 민심을 수습했습니다. 진나라 백성들은 기쁘게 복종하며 그가 관중의 임금이 되지 못한 것을 한스럽게 생각합니다. 그런데 폐하께서 관중으로 들어오신 이후로는 선정을 펼쳤다는 소문은 들을 수 없고 살육을 자행하는 모습만 볼 수 있을 뿐입니다. 사악한 말을 들으시고 멸망한 진나라의 폐단을 답습하면서 자영을 죽이고, 여산의 진시황 무덤을 도굴하고, 아방궁을 불태워 백성의 여망을 크게 잃었습니다. 이는 대체로 형세를 바로 세우고 기미를 꼼꼼히 살펴야 함을 모르시기 때문인 듯합니다. 적폐의 단서와 악의 씨앗은 천하에 잠복하여 움직이지 않고 있을 뿐입니다. 유방이 한 번 부르짖자 제후들이 바람처럼 그 뒤를 따랐습니다. 이에 강함을 도모하지 않아도 저절로 강해졌고, 승리를 기약하지 않아도 저절로 승리했습니다. 폐하께서 믿고 추진하신 일은 모두 유방에게 이득을 안겨주었습니다. 예컨대 근래에 저들이 잔도를 불태워 끊고 폐하로 하여금 유방이 다시 동쪽으로 돌아오는 일과 관련하여 의심을 품지 않게 하고, 이로써 삼진 땅을 지키는 일에 방비를 엄밀하게 하지 못하게 하여, 그런 뒤에 파촉의 백성을 규합하고 다시 관중 땅을 빼앗으려 하는 일이 그러합니다. 이것이 바로 천하의 형세를 자세히 살피는 일이고, 천하의 기미를 잘 알아채는 일입니다. 유방은 먼저 우리가 짐작하는 대로 행동하고 있으나 폐하께서는 막연하게 그것을 모르고 계십니다. 좌우의 장사들도 오직 무력만 쓰면서 폐하의 뜻에 순종할 줄만 압니다. 폐하께서도 혼자 승리만 도모하시며 천하에 적이 없다고 여기실 뿐 패망의 기미가 이미 예측할 수 없는 상황 가운데서 싹 트고 있음을 모르십니다. 이 때문에 신은 사람들의 책망도 돌아보지 않고 감히 폐하께 말씀을 올리는 바입니다. 지금의 계책은 군사를 늘려 방비를 엄격히 하고 변방 관문에 순라군과 초병을 세우는 것이 가장 좋습니다. 그리고 장함 등 세 사람을 소환하여 쓰지 말고 별도로 지혜로우면서도 용감한 인사를 선발하여 변방 요새를 튼튼히 지키십시오. 또 유방의 가족을 잡아들여 도성 아래에 구금해두십시오. 인의를 밝게 베풀고, 병마를 엄히 정비하고, 군사 대오를 잘 훈련시키고, 안으로 현명한 재상을 구하고, 밖으로 뛰어난 장수를 초빙하여 제후를 제압하고 주도면밀한 정치를 두루 펼치십시오. 이와 같이 하면 유방이 감히 동쪽으로 향하지 못할 것이고 사직도 반석처럼 튼튼해질 것입니다. 신은 진실로 황공하게 머리를 조아리며 삼가 말씀을 올립니다.

장량은 다시 한번 처음부터 끝까지 읽고 나서 크게 경탄하며 말했다.

"이 사람은 반계(磻溪)[3]의 강태공이나 신야(莘野)[4]의 이윤처럼 대장의 재목이며 천하의 기재다! 내가 이 사람을 만날 수 있다면 몇 마디 말로 설득하여 초나라를 버리고 한나라에 귀의하게 할 것이나 이 사람이 지금 살아 있는지도 알 수 없다."

그는 문서를 본래 있던 곳에 놓아두고 발길을 돌려 누각을 내려왔

3_ 중국 산시성(陝西省) 웨이허 강 지류다. 주 문왕이 반계에서 낚시하던 강태공을 만나 태사로 삼았다. 강태공은 이후 문왕의 아들 무왕을 도와 은 주왕을 정벌하고 천하를 평정했다.(『사기』「제태공세가(齊太公世家)」)

4_ 유신씨(有莘氏)가 다스리는 나라의 들판이라는 뜻이다. 은 탕왕(湯王)의 재상 이윤(伊尹)은 유신씨의 들판에서 농사를 짓다 탕왕에게 등용되었다. 이윤은 탕왕을 도와 하 걸왕(桀王)을 정벌하고 천하를 평정했다.(『맹자(孟子)』「만장(萬章)」상, 조기趙岐 주注)

다. 그리고 다시 서재로 돌아와 조용히 앉아 있었다.

항백이 조정 일을 마치고 돌아와 말했다.

"아우님께선 객정(客情)에 익숙하지 않으시오?"

장량이 말했다.

"저는 자유로운 사람이라 세상일을 잊고 사는데, 어찌 객정에 익숙하지 않겠습니까?"

항백은 마침내 술을 가져오게 하여 그를 환대했다. 취기가 반쯤 돌 무렵 장량이 물었다.

"형님 댁에 꽃밭이 있다고 들었는데, 한 번 구경할 수 있겠소?"

항백이 말했다.

"오늘 마침 아우님과 그곳에서 놀 생각이었소."

그러고는 심부름하는 아이에게 길을 안내하게 하고 꽃밭 안으로 들어갔다. 장량이 말했다.

"이 꽃밭의 경치가 참으로 아름다워 마음과 눈이 즐겁습니다."

작은 누각 근처에 이르자 항백이 위로 오르라고 청했다. 장량은 누각 위로 올라가 짐짓 문서를 살펴보며 아무것도 모르는 체하고 물었다.

"이 많은 책문을 누가 썼소?"

항백이 말했다.

"육국의 책문 중에서 시행하지 못한 것을 여기에 두었소."

장량은 다시 책문 하나를 들추어보며 물었다.

"이것은 누가 쓴 것이오?"

항백이 말했다.

"노나라의 기린과 주나라의 봉황 같은 사람인데, 아직 때를 만나지 못했소! 그는 회음 사람으로 집안이 가난하여 걸식을 했기에 사람들이 대부분 그를 천시했소. 범증이 여러 번 천거했지만 패왕이 등용하지 않고, 겨우 지극낭관 직책만 맡겼을 뿐이오. 일전에 이 책문을 올렸지만 패왕은 문서를 찢어버리고 그 사람을 문책하려 했는데, 내가 말려서 풀려났소."

장량은 더이상 문서를 뒤적거리지 않고 그가 바로 홍문연에서 만난 사람이라 짐작하고 마음속으로 몰래 기뻐하며 누각을 내려왔다. 장량은 감탄하며 중얼거렸다.

"나라를 보좌한 재상으로는 정말 강태공과 비견할 만하고 군사를 부리는 일은 손무도 이 사람보다 낫지 않다. 항우가 이 사람을 잡지 않으면 사직을 망치겠고 한왕이 이 사람을 등용하면 산하를 얻겠구나."

장량은 항백의 집에서 다시 며칠 묵다가 생각에 잠겼다.

'한(韓)나라의 원수는 언제 갚을 것인가? 한왕은 언제 동쪽으로 돌아올 수 있을까? 패왕이 강포하여 백성이 피해를 당하고 있는데, 나는 이곳에서 온종일 배나 채우고 있으니 이 무슨 도리인가?'

그러다가 문득 한 가지 계책이 생각나서 다음날 조용한 곳을 찾아 참된 심성을 닦겠다는 핑계를 대고 항백에게 작별 인사를 했다. 항백은 한사코 만류하며 말했다.

"아우님께서 이곳에 온 지 아직 한 달도 되지 않았는데, 어찌하여 떠나려 하시오?"

장량이 말했다.

"이곳은 번화한 곳이라 제가 본성을 닦을 장소가 아니오. 형님께서 이처럼 저를 아낀다면 저를 한나라 땅으로 돌아가게 해주시오. 저는 그곳에서 심산유곡을 찾아 이름을 숨기고 스승과 벗을 구하여 참된 본성을 수련하며 올바른 이치를 깨달으려 하오. 그리하여 장생술을 터득한 객(客)이 된다면 저 스스로 만족할 것이오. 일찍이 운림부인(雲林夫人)[5]의 말씀을 들은 적이 있소. '옥례와 금장,[6] 교리(交梨)와 화조(火棗)[7]는 산속에 사는 허도사(許道士)와 함께해야지, 인간 세상에 사는 허장사(許長史)[8]와 함께할 수 없다.' 이런 말을 듣고도 속세의 영화를 버리지 않는다면 어찌 세상 밖의 신선술을 터득할 수 있겠소?"

항백은 부귀영화로 장량의 마음을 움직일 수 없음을 알고 그와 작별했다. 장량은 바로 항백과 헤어져서 함양을 떠났다. 그가 어디로 가는지는 다음 회를 들으시라.

5_ 중국 전설에 나오는 신선이다.

6_ 『원본 초한지』 1 제1회 각주 7 참조.

7_ 중국 도교에서 신선이 먹는 과일로 알려져 있다. 교리는 배와 비슷하고, 화조는 대추와 비슷하다 한다.(『진고(眞誥)』 「운상(雲像)」)

8_ 『동서한연의(東西漢演義)』(王錦民 校注, 華夏出版社, 1995)에서는 이 대목에 다음과 같은 각주를 달았다. "허도사는 진(晉)나라 허손(許遜, 239~374)이다. 먼저 관직생활을 하다 나중에 관직을 버리고 도를 닦아 마침내 하늘로 날아올라 신선이 되었다. 뒷부분의 허장사는 관직생활할 때의 허손을 가리킨다. 이 대목에서 장량이 후대의 진(晉)나라 이야기를 하는 것은 소설가에 의해 덧붙여진 말이다." 허손은 육조시대 동진(東晉)의 도사인데, 자는 경지(敬之)다. 도교 정명파(淨明派)의 조사로 흔히 허천사(許天師) 또는 허진군(許眞君)으로 높여 부른다.

제30회

관을 쓴 원숭이

패왕이 간언을 거부하고
한생을 삶아 죽이다
霸王拒諫烹韓生

장량은 항백과 헤어져 함양성을 나섰다. 성에서 멀지 않은 곳으로 나와 옷을 갈아입고 방사(方士)[1]처럼 분장한 뒤 다시 성안으로 들어갔다. 그는 좁고 후미진 골목을 향해가며 미치광이 짓을 했다. 이치에 닿지 않는 말을 떠벌리면서 허리춤에는 동전을 차고 소매에는 과일을 숨겼다. 또 대나무 딱따기를 두드리며 도가(道家)풍으로 창을 했다. 낡은 사당이나 신당(神堂)[2]에 들르기도 하고, 상점이나 점포를 기웃거리기도 했다. 또한 동전과 과일을 던져주며 저잣거리의 아이들을 끌어모으자 아

1_ 원문은 도사(道士)다. 그러나 도사는 도교 성립 이후에나 있을 수 있으므로 여기에서는 방사로 번역한다. 장자(莊子)처럼 무위자연을 추구하며 구속 없이 살아가는 방외지사(方外之士)들이다. 『논어(論語)』 「미자(微子)」에 나오는 장저(長沮)와 걸닉(桀溺)과 같은 은자도 이에 속한다고 볼 수 있다.

이들은 삼삼오오 무리를 지어 몰려와서 미친 방사의 창을 구경했다. 처음에는 아이들이 아직 낯설어했으나 하루 이틀 따라다니다보니 서로 나이나 체면을 따지지 않을 정도로 친해졌다. 장량은 그중에서 총명하게 생긴 한 아이를 아무도 보는 사람이 없는 낡은 사당으로 데리고 갔다. 그곳에서 동전과 과일, 떡을 나누어주며 다음과 같은 동요를 가르쳐 외우게 했다.

지금 어떤 사람이,	今有一人,
벽 너머에서 방울을 흔드네.	隔壁搖鈴.
소리만 들리고,	只聞其聲,
모습은 보이지 않네.	不見其形.
부귀를 얻고도 고향에 안 가면,	富貴不還鄉,
비단옷 입고 밤길 가는 거라네.	如錦衣夜行.[3]

몇 번 가르치자 그 아이는 단단히 기억했다. 장량이 다시 분부했다.

"어떤 사람이 묻거든 꿈속에서 배운 거라고만 말해야 한다. 네가 가는 곳마다 아이들에게 이 동요를 가르치면 나중에 병에 걸리지 않고 오래오래 살게 되지만 누가 네게 가르쳤다고 말하면 큰 참화를 당하게 된

---

2 원문은 사관(寺觀)이다. 불교의 절이나 도교의 도관(道觀)을 가리킨다. 그러나 초·한 쟁패 시기에는 불교가 전래되지 않았고 도교도 성립되지 않았으므로 신당으로 번역하고자 한다. 이 소설이 완성된 명나라 때의 용어가 삽입된 것이다.

3 금의야행(錦衣夜行): 화려한 비단옷을 입고 밤길을 가다. 출세한 뒤 고향에 돌아가지 않음을 비유한다. 또는 자랑할 만한 일을 하고도 생색을 내지 않아서 아무 보람이 없는 것처럼 보이는 것을 비유한다.(『사기』「항우본기」)

단다."

그 아이가 바로 대답했다.

"사부님께서 가르쳐주셨으니 사부님 말씀대로 할게요."

장량은 매우 기뻐하며 동전 수십 문(文)을 주었다. 그러고 나서 다시 함양성밖으로 나와 방사 복장을 벗어버리고 나그네처럼 분장했다. 그는 구석진 여관을 찾아 편안히 쉬면서 성안의 소식을 수소문했다.

점차 들리는 소문에 의하면 패왕이 제후들을 좌천시킨 일 때문에 밖에서 사람들이 비난할까 두려워 늘 시종들을 나그네로 꾸며 상황을 탐문한다고 했다. 그들은 거리에서 아이들의 동요를 듣고 곧바로 궁궐로 들어가서 패왕에게 아뢰었다. 패왕은 소식을 듣고 저녁 무렵 옷을 바꾸어 입은 뒤 몰래 저잣거리로 나갔다. 과연 동요 소리가 들려왔다. 내친김에 아이들에게 물었다.

"누가 이런 노래를 가르쳐주더냐?"

한 아이가 말했다.

"하늘이 가르쳐줬어요."

패왕은 깜짝 놀라며 속으로 생각했다.

'이건 틀림없이 하늘이 내게 도읍을 옮기라고 하는 말이다. 게다가 함양이 불타 황폐해져서 나도 동쪽으로 천도할 마음을 먹고 있었다. 뜻밖에도 하늘의 뜻도 이와 같으니 이는 우연이 아니다!'4

패왕은 동요를 듣고 나서 다음날 일찍 조회를 열고 신료들에게 말했다.

"하늘에서 내린 동요가 퍼져 있는데, 경들은 아직 보고를 하지 않았소. 어찌된 일이오? 또 그 동요 속에서 말하는 '지금 어떤 사람'은 짐을 가리키고 '벽 너머에서 방울을 흔드는데, 소리만 들리고 모습은 보이지 않는다'는 말은 짐이 명성을 얻었지만 아직 사람들에게 명성이 알려지지 않고 있음을 가리키오. 그리고 '부귀를 얻고도 고향에 안 가면, 비단옷을 입고 밤길 가는 것과 같다'는 말은 짐이 비록 천하를 얻었다 해도 고향으로 돌아가지 않으면 비단옷을 입고 캄캄한 밤에 길을 가는 것과 같다는 뜻이오. 이 동요는 짐의 뜻에 딱 들어맞소. 게다가 진나라 궁전은 불에 타서 훼손되었으니 일시에 온전히 수리하기가 진실로 어렵소. 차라리 팽성으로 가는 편이 더 낫소. 그곳은 위(魏)나라와 초나라 땅으로 회수 이북 아홉 군(郡)이 소속되어 있으며 관할 영역이 1000리에 이르오. 옛 땅을 잃지 않고 도읍을 건설하기에 딱 좋은 장소요. 즉시 사람을 보내 공사를 시작하시오. 길일을 받아 천도하도록 하겠소."

그러자 간의대부(諫議大夫) 한생(韓生)5이 간언을 올렸다.

"이런 유언비어는 모두 사람들이 꾸며낸 말이지, 하늘의 뜻이 아닙니다. 절대 믿어서는 안 됩니다! 또 관중은 옛날부터 도성을 세워왔던 곳

4_ 원본에는 이 대목 뒤에 다음과 같은 '역사 논평'이 달려 있다. "이 일을 토론하여 말한다. 동요라는 말은 옛날부터 있었다. 곡조가 있는 것은 가(歌)라 했고, 곡조가 없는 것은 요(謠)라 했다. 요임금이 강구(康衢)로 놀러 갔을 때 그곳 백성이 민요를 지어 읊었다. '우리 백성을 잘살게 해준 것은 당신의 지극한 보살핌 덕분이오. 깨닫지도, 알지도 못하는 사이에 임금님의 법도를 따른다오.' 이것이 동요의 시작이다. 『한서』 「오행지(五行志)」에서는 이렇게 말했다. '백성의 말이 순조롭지 않으면 이것을 일러 잘 다스려지지 않는다고 한다. 그런 시절에는 요사스러운 동요가 생겨난다.' 경시제(更始帝) 때 남양(南陽) 땅에 다음과 같은 동요가 유행했다. '편안할지 불안할지는 적미당에게 달려 있고, 천하를 얻을지 못얻을지는 하북에 달려 있다(謠不謠, 在赤眉, 得不得, 在河北).' 뒤에 경시제는 적미당에게 피살되었다. 이것이 '편안할지 불안할지가 적미당에 달려 있다'는 의미다. 광무제(光武帝)는 한나라를 중흥할 때 하북에서 봉기하여 마침내 천하를 평정했다. 이것이 '천하를 얻을지 못 얻을지가 하북에 달려 있다'는 의미다. 비록 그렇지만 징험이 있는 일들은 기실 모두 사람 하기에 달려 있다. 그러므로 지혜를 갖춘 군자들은 자세히 살피지 않을 수 없다."

입니다. 험준한 산과 강을 끼고 있으며 사방이 막혀 있고 한 면으로만 통합니다. 동쪽으로는 황하, 함곡관, 포진(蒲津)6이 있고, 서쪽으로는 농관(隴關)7과 산란현(山蘭縣)8 등이 있고, 남쪽으로는 종남산(終南山),9 무관, 요관이 있고, 북쪽으로는 섬하(陜河),10 위수(渭水),11 경수(涇水), 동관(潼關)12이 있습니다. 험준한 산하에 온갖 산과 물이 펼쳐져 옥토가 1000리에 달하니 하늘의 곳간[天府]이라 할 수 있습니다. 옛날 주나라가 이곳에서 천하의 패권을 장악했고, 진나라도 이곳에서 패업을 이루었습니다. 그런데 폐하께선 어찌하여 동요의 가사만 믿고 이 왕업을 흥성하게 하는 땅을 버리려 하십니까?"

패왕이 말했다.

"그대는 관중을 도읍으로 삼을 만하다고 말하지만 짐의 마음은 기껍

5_ 『사기』「항우본기」에는 "항왕에게 유세한 자"라고만 되어 있다. 배인(裵駰)의 『사기집해(史記集解)』에 따르면 육가(陸賈)의 『초한춘추(楚漢春秋)』와 양웅(揚雄)의 『법언(法言)』에는 채생(蔡生)으로, 반고(班固)의 『한서』에는 한생으로 되어 있다 한다. 지금 전하는 『한서』「진승항적전(陳勝項籍傳)』에는 한생이 항우에게 유세하는 것으로 나와 있다.

6_ 황하가 북에서 남으로 흐르다가 거의 90도 동쪽으로 방향을 바꾸는 곳에 있는 나루다. 춘추전국시대 진(秦)나라와 진(晉)나라를 이어주는 길목이었다. 지금의 산시성(陝西省) 융지시(永濟市) 서쪽 푸저우(蒲州) 인근이다.

7_ 대진관(大震關)이라고도 한다. 지금의 간쑤성 칭수이현(清水縣) 동쪽 룽산(隴山)산 기슭에 있다. 관중에서 룽시(隴西)로 통하는 관문이다.

8_ 간쑤성 장예시(張掖市) 산단현(山丹縣)으로 추정된다.

9_ 산시성(陝西省) 시안시 남쪽 친링(秦嶺) 산맥 중부지역이다.

10_ 당시 함양 북쪽에 있던 섬하가 어떤 강인지 분명하지 않다.

11_ 지금의 웨이허(渭河) 강이다. 진나라 도성 함양은 위수 북쪽에 있었다. 따라서 함양 북쪽에 위수가 있다는 원문의 진술은 오류다. 한나라 도성 장안성(長安城)이 위수 남쪽에 있었다.

12_ 관중에서 동쪽으로 나가는 관문이다. 따라서 동관이 관중 북쪽에 있다는 원문의 서술은 정확하지 못하다. 지금의 산시성(陝西省) 웨이난시(渭南市) 퉁관(潼關)이다.

지 않으니 여기에 바로 하늘의 뜻이 있는 것이다. 짐이 지금 천도하려는 데는 세 가지 이유가 있다. 첫째, 3년 동안 정벌을 다니느라 아직도 귀향하지 못했다. 둘째, 관중은 산이 많고 땅이 좁아 시야가 넓지 못하다. 셋째, 하늘이 동요를 내린 것 역시 우연이 아니다. 하늘의 뜻이 여기에 있으므로 짐은 이미 마음속으로 결정을 내렸다. 경들은 여러 말할 필요가 없다. 설령 내가 뜻을 굽혀 여기에 도읍한다 해도 끝내 이익을 얻지 못할 것이다."

한생이 말했다.

"폐하께서는 사해의 주인이 되셔서 하늘에 뜬 태양과 같으십니다. 누가 우러러보지 않을 수 있겠습니까? 그런데 하필 구구하게 고향으로 돌아가는 걸 영광으로 생각하십니까? 맹자가 말하기를 '한 자의 땅이라도 임금의 소유가 아닌 것이 없고, 백성 한 사람이라도 임금의 신민이 아닌 사람이 없다'[13]라고 했습니다. 그런데 어찌하여 팽성 땅에만 머물려 하십니까?"

패왕이 말했다.

"온 하늘 아래 삼라만상은 모두 짐의 소유다. 살고 싶은 땅은 짐이 편한 곳을 따를 것이다. 어찌 이리 말이 많으냐?"

한생이 말했다.

"전에 범 아보도 폐하에게 함양을 떠나서는 안 된다고 말했습니다. 이 또한 틀림없이 식견이 있는 말인데 폐하께서만 유독 그것을 잊으셨습니까?"

13_『맹자』 「공손추(公孫丑)」 상(上)에 나온다. "尺地莫非其有, 一民莫非其臣."

패왕이 말했다.

"나는 천하를 종횡하며 어디를 가든 적수를 만나지 못했다. 그런 나의 식견을 어찌 범증이 알 수 있겠느냐? 나의 뜻은 이미 굳어졌으니 더이상 번거롭게 여러 말 할 필요 없다!"

한생은 계단 아래로 내려가서 하늘을 우러러 길게 탄식했다.

"원숭이의 머리를 감기고 관(冠)을 씌워놓은 것이[14] 초나라 사람이라더니 지금 보니 과연 그렇구나!"

패왕은 보좌에 앉아서 문득 이 말을 듣고 진평에게 물었다.

"저게 무슨 말이오?"

진평이 감히 숨기지 못하고 앞으로 나와 아뢰었다.

"저것은 폐하를 헐뜯는 말입니다. 원숭이로 폐하를 비유하고 있습니다. 원숭이가 비록 관모를 쓰고 있지만 그 마음은 사람이 아니며, 또 원숭이는 오래 참는 마음이 없어서 사람의 의관을 하고 있더라도 마음이 조급하다는 뜻입니다. 그리고 원숭이는 사람의 의관을 하고 있더라도 끝내 사람의 본성을 갖지 못하므로 쓰고 있는 관모를 찢어버리지 않아도 반드시 저절로 패망한다는 뜻입니다."

패왕은 그 말을 듣고 고성으로 욕설을 퍼부었다.

"늙다리 짐승 같은 놈! 저 영감탱이가 감히 짐을 모욕하다니!"

그리고 좌우 지극낭관에게 불호령을 내렸다.

"저 늙은 역적 놈을 함양 저잣거리로 끌고 가서 기름솥에 삶아 죽여라!"

14_ 목후이관(沐猴而冠): 원숭이에게 머리를 감기고 관을 씌우다. 겉으로 드러난 의관은 화려하지만 언행이 사람답지 못함을 비유한다.(『사기』「항우본기」)

형벌 감시관은 바로 회음 출신 한신이었다.

한신은 한생을 저잣거리로 압송했다. 장량은 수소문을 하다 그 사실을 알고 구경꾼 뒤를 따라가서 구경했다. 한생이 기름솥 앞에서 고함을 지르는 모습이 보였다.

"함양 백성 여러분! 내가 오늘 죄를 범한 것은 간신으로 나라를 망치고 법도를 어긴 것이 아니오. 패왕이 간신이 날조한 유언비어를 듣고 팽성으로 천도하려 하기 때문이오. 패왕은 내가 거듭 간언을 올리자 나를 나무라며 지금 저잣거리로 압송하여 삶아 죽이려 하오. 내 생각으로는 앞으로 100일도 되지 않아 유방이 틀림없이 다시 삼진을 취할 것이오. 진실로 패왕은 원숭이가 관모를 쓰고 있는 꼴이오!"

한신은 그 말을 듣고 한생에게 말했다.

"간의대부께선 말씀을 줄이시오. 아마 패왕께서 이 사실을 알면 나까지 연루시킬 것이오."

한생이 말했다.

"저 하늘과 이 대지가 머지않아 밝게 살피리라. 내가 나라에 의해 삶겨 죽임을 당하는 건 진실로 원통한 죽음이다."

한신이 말했다.

"공은 패왕의 천도에 대해 간언을 올렸으므로 백성은 모두 공이 원통하게 죽었다고 여기겠지만, 나 자신은 공이 응당 죽어야 한다고 생각하오."

"내가 무슨 죄를 지었다고 죽어야 한단 말인가?"

"공이 간의대부 직책을 맡고 있을 때 경자관군 송의가 살해되었소. 당시에 부장이 대장을 죽였는데, 왜 간언을 올리지 않았소? 또 신안에서 항복한 진나라 병졸 20만을 생매장해서 죽이자 진나라 부형들이 골수에 사무치는 원한을 품었는데, 그때 공은 왜 간언을 올리지 않았소? 자영을 죽이고, 진시황의 무덤을 파헤치고, 아방궁을 불태우고, 제후들을 좌천시킬 때 공은 왜 간언을 올리지 않았소? 이제 폐단이 나날이 깊어져서 결국 아무도 해결할 수 없는 지경에 이르렀소. 공은 이렇게 된 연후에야 간언을 올리니 너무 늦은 게 아니오? 이것이 공이 죽게 된 까닭이오. 범 아보는 공에 비해 어떤 처지에 있소? 그런데도 간언을 올릴 수 없소. 게다가 우리 같은 사람은 범 아보의 지위에 훨씬 미치지 못하는데, 어찌 간언을 올릴 수 있겠소? 공은 오늘 죽더라도 패왕은 원망하지 말고 유언비어를 날조한 사람이나 원망하시오. 내가 알려주겠소. 잔도를 불태워 돌아갈 길을 끊고 유언비어를 날조한 자는 지금 사람들 속에 서 있을 것이오. 틀림없이 여기에 있을 것이오. 만약 잡아들일 수 있으면 이번 사태의 발단을 바로 알 수 있을 것이오."

사람들 뒤에 숨어 있던 장량은 깜짝 놀라 감히 입도 뻥긋할 수 없었다. 물론 장량이 이곳에 있다는 것을 한신은 몰랐겠지만 그의 말은 장량을 놀라게 하기에 충분했다. 마침내 한생을 삶아 죽이자 함양 저잣거리를 가득 메운 사람들 중 탄식하지 않는 사람이 없었다. 이윽고 날이 어두워져 한신은 집으로 돌아갔다. 장량은 뒤를 밟아 그의 거처를 확인해두고 여관으로 돌아왔다.

다음날 한신은 이른 아침에 패왕을 뵙고 명령에 따라 한생을 삶아 죽였음을 보고했다. 패왕은 계포를 팽성으로 보내 궁궐 건설을 재촉했다. 백관들은 한생이 팽형(烹刑)을 당하는 것을 보고도 감히 간언을 올리는 사람이 아무도 없었다.

항우가 한생을 삶아 죽이다

앞서 장량은 이미 한신의 거처를 알아두고 여관으로 돌아갔다. 다음 날 장량은 이전에 진나라 궁궐에서 얻은 보검 한 자루를 등에 메고 여관을 나서 성안으로 들어가 한신의 거처 대문 앞에 당도했다. 바야흐로 달빛이 처음 비치는 황혼 무렵이었는데, 한신의 거처 대문은 열려 있지 않았다. 장량은 허리를 굽히고 예를 표하며 문지기를 불러 한신을 만나고 싶다 했다. 무슨 말을 하는지는 다음 회를 들으시라.

제31회

장량이 한신을 만나다

한신에게 유세하여
장량이 검을 팔다
說韓信張良賣劍

장량은 회음 사람으로 분장하고 한신의 거처 대문으로 갔다. 그는 늙은 문지기에게 허리를 굽혀 인사한 뒤 한 장군 뵙기를 청했다. 늙은 문지기가 물었다.

"선생께선 어디서 오셨습니까?"

장량이 말했다.

"아무개는 회음 사람으로 한 장군과 동향이라 특별히 만나 뵈러 왔소."

늙은 문지기는 그 사실을 한신에게 보고했다. 한신은 생각했다.

'나는 회음에서 빈천하게 살 때 친구가 하나도 없었다. 이곳에 온 지 오래되었지만 아직 친구가 찾아온 적이 없다. 그런데 오늘 어찌 고향 친

구가 찾아올 수 있단 말인가?'

생각에 잠겨 중얼거리는 사이에 장량은 벌써 계단 아래 서 있었다. 한신은 밝은 달빛 아래에서 그 사람의 맑고 준수한 모습을 보았다. 조금 낯이 익었지만 갑자기 질문을 던지는 대신 그를 맞아 대청으로 오르게 했다. 각자 예를 마치고 주객의 자리에 나누어 앉았다. 그리고 바로 물었다.

"현공께선 어디서 오셨습니까? 하시는 일은 무엇입니까? 또 존성대명(尊姓大名)은 어떻게 되십니까?"

장량이 대답했다.

"아무개는 장군과 동향이지만 오랫동안 외지에서 살았습니다. 제게는 선대로부터 물려받은 보검 세 자루가 있는데, 참으로 세상에서 보기 드문 진귀한 보물입니다. 감히 가격은 따지지 않지만 천하의 영웅호걸을 두루 찾아다니고 있습니다. 먼저 그 사람됨을 보고 나서 이 검을 팔려고 합니다. 이미 두 자루는 팔았고 오직 이 검만 아직 주인을 만나지 못했습니다. 장군께서는 저와 동향인데다 천하의 영걸이란 소문을 듣고 특별히 이 보검을 팔러 왔습니다. 저는 허황된 자랑을 하는 것이 아니라 진심으로 말씀을 드립니다. 아침에 오랫동안 기다렸지만 장군께서 출타했다가 돌아오시지 않은 걸 알고 지금 저녁 무렵에 일부러 다시 찾아왔습니다. 이 보검으로 말하면 몰래 흑수(黑水)로 가져가면 교룡(蛟龍)이 흐느끼고, 몰래 공산(空山)에 가까이 가면 귀신이 깜짝 놀랍니다. 천년, 만년을 숨어 있었으니 그 가치가 천금에 해당합니다. 그러나 만약 뛰어난 장부를 만나면 챙그랑하고 저절로 소리내어 웁니다. 그러니 어찌 주머니에서 돈을 꺼낼 필요가 있겠습니까? 물건은 본래 각각 주인이 있는 법입니다. 장군께서 이 보검을 얻으시면 위엄이 천지간에 가득찰 것입니다!"

한신은 장량이 보검을 자랑하며 자신을 호걸로 알아주자 매우 기뻤다. 그는 몸을 일으켜 앞으로 다가가 말했다.

"저 한신은 초나라에 귀의한 이래 제가 어떤 사람인지 알아주는 사람이 아무도 없었습니다. 그런데 이제 선생께서 보검을 갖고 오셔서 깨우침을 주시며 과분하게 칭찬하시니 어찌 감당할 수 있겠습니까? 보검을 한번 구경하고 싶습니다."

장량은 마침내 보검을 한신에게 건네주었다. 한신은 보검을 받아 칼집에서 빼서 자세히 살펴보았다. 등불 아래에서 보검의 기운이 하늘까지 뻗쳤고 서릿발 같은 칼날 빛이 북두칠성을 쏘았다. 칼집 위에는 작은 글씨로 이 보검을 찬양하는 노래가 쓰여 있었다.

그대는 못 봤는가? 곤오국[1] 쇠 달굴 때 날리는 불꽃을,	君不見昆吾鐵冶飛炎烟,
붉은빛과 자줏빛 기운 정말로 찬란했지.	紅光紫氣眞赫然.
훌륭한 대장장이가 몇 년 간 담금질하여,	良工煅鍊經幾年,
보검을 주조하고 용천 샘물 뿜어주었네.	鑄成寶劍噴龍泉.
용천검의 빛깔은 눈서리처럼 깨끗해서,	龍泉顏色如霜雪,
대장장이도 절묘하다 탄성을 연발하네.	良工咨嗟歎奇絶.
유리로 만든 칼집에는 얼음꽃이 피어나고,	琉璃寶匣吐氷花,

---

1 동방삭(東方朔)의 『해내십주기(海內十洲記)』에 의하면 곤오국에서 옥과 쇠로 명검을 만든다고 한다. 흔히 곤오검(昆吾劍)이라 부른다.

칼집에 새긴 옥고리는 명월처럼 빛을 내네.	錯鏤金環生明月.
바야흐로 천하에 풍진이 일어날 때,	正逢天下起風塵,
기꺼이 군자를 빈틈없이 보호하리.	喜得周防君子臣.
정묘한 빛은 점점이 푸른 뱀의 빛깔 같고,	精光點點靑蛇色,
고운 무늬는 조각조각 용 비늘처럼 어른거리네.	文章片片飄龍鱗.
할 일 없이 건달들과 사귀는 일 싫어하고,	惡與交結遊俠子,
지금까지 영웅들을 가까이 했네.	從來親近英雄人.
어느 해인지 중도에 내 몸이 버려져서,	何年中道遭捐棄,
쓸쓸하게 옛 산기슭에 내팽개쳐 있었다네.	淪落飄零古岳邊.
칼집 속에 숨어 있다고 쓸모없다 말을 말라,	莫道匣藏無所用,
밤마다 하늘까지 검기를 쏘아올리네.	猶能夜夜氣衝天.[2]

한신은 평소에도 보검을 지극히 아꼈는데, 오늘 이 보검을 보자 간절히 흠모하는 마음이 일었다. 한스럽게도 주머니가 텅텅 비어 감히 가격을 물어볼 수 없었다. 다만 이렇게 말했다.

"공에게 보검 세 자루가 있었다는데, 다른 두 자루는 값이 얼마였습니까?"

"앞서 말씀드린 것처럼 먼저 사람됨을 보고 나서 보검을 팔지 결정합니다. 값의 고하는 따지지 않습니다. 보검의 주인을 만나면 바로 증정할 것인데, 어찌 값을 부를 필요가 있겠습니까? 저는 오랫동안 장군이 천하의 호걸이란 소문을 듣고 이번에 특별히 만나 뵈러 왔습니다. 이

2_ 이 시는 칠언 가행체(歌行體) 형식이다. 당나라 때 유행한 시 형식의 하나다. 이 소설 원본의 작가 견위가 명나라 사람이기 때문에 이런 시 형식을 삽입한 것으로 보인다.

보검이 주인을 찾은 것입니다!"

한신은 일어나 감사 인사를 했다.

"외람되게도 보검을 받게 되었지만, 저 한신은 이 보검에 어울리지 않을까 두렵습니다."

"만약 장군께서 이 보검에 어울리지 않는다면 만금을 준다 해도 가볍게 보검을 팔지 않을 것입니다."

한신은 매우 기뻐하며 심부름하는 아이에게 술을 가져오라고 분부했다. 그리고 또 물었다.

"이 보검에 이름이 있습니까?"

"세 자루 모두 이름이 있습니다. 한 자루는 천자의 검이고, 또 한 자루는 재상의 검이며, 나머지 한 자루는 원수(元首)의 검입니다. 천자의 검은 이름이 '백홍자전(白虹紫電)', 재상의 검은 '용천태아(龍泉太阿)', 원수의 검은 '간장막야(干將莫邪)'라 합니다. '백홍자전'은 오왕(吳王)의 보검 이름인데, 벽에 걸어놓으면 사악한 귀신이 모습을 숨기고 기괴한 요물도 자취를 감춥니다! 진정한 보검이라 할 만합니다! '용천태아'는 숙환(宿煥)이란 사람이 견우성과 북두칠성 사이에 늘 기이한 구름 빛이 서려 있고, 땅에서 하늘 위로 빛발이 뻗쳐 그것을 가리는 것을 보고 빛이 뻗쳐오르는 곳을 파서 돌 상자 두 개를 얻었습니다. 그 속에 보검이 들어 있었는데, 그 한 자루가 '용천'이었고, 다른 한 자루가 '태아'였습니다. 그러자 견우성과 북두칠성 사이에서 빛이 사라졌습니다. '간장막야'는 오왕 합려(闔閭)[3]가 만든 것으로 자웅 두 자루입니다. 비록 인력으로 만들었으나 기실 천시를 따지고, 별자리에 응하고, 음양을 맞추고, 용광로의 불꽃을 살피고, 10여 년 동안 공을 들여 이 보검을 만들었습니다. 검을 갈 때도 법도를 따르고, 수선할 때도 법도를 따른 것이 하루 이틀이 아닙니다. 그래서 마침내 '간장막야'라는 이름을 붙였습니다. 그러나 제 보검은 여기에 그치지 않고 사람의 덕이 보검에 부합하는지를 살펴 각각 마땅한 바를 갖추기를 요구합니다. 예를 들면 천자는 여덟 가지 덕[八德]을 갖추어야 이 보검을 차고 성스러운 교화에 도움을 받을 수 있습니다."

"천자의 여덟 가지 덕은 무엇입니까?"

"그것은 인(仁), 효(孝), 총(聰), 명(明), 경(敬), 강(剛), 검(儉), 학(學)입니다."[4]

"재상의 검에도 이런 덕이 있습니까?"

"재상도 여덟 가지 덕을 갖추지 못하면 이 보검을 차기 어렵습니다."

"재상의 여덟 가지 덕은 무엇입니까?"

"충(忠), 정(正), 명(明), 변(辨), 서(恕), 용(容), 관(寬), 후(厚)입니다."[5]

"천자와 재상이 차는 두 보검에 대해서는 가르침을 들었습니다. 그런데 이 원수의 검에도 덕이 있습니까?"

"원수의 검만 어찌 덕이 없겠습니까?"

"말씀을 듣고 싶습니다."

3_ 합려(闔閭, ? ~ 기원전 496). 춘추시대 오왕으로 이름은 광(光)이다. 오왕 요(僚)를 시해하고 보위에 오른 뒤 이름을 합려로 고쳤다. 오자서를 등용하여 부국강병을 이루었다. 월왕 구천(勾踐)과의 싸움에서 부상을 입고 진중에서 죽었다.

4_ 인은 인의, 효는 효도, 총은 신하들의 간언을 허심탄회하게 듣는 것, 명은 백성의 삶을 밝게 살피는 것, 경은 경건한 자세, 강은 강건한 결단력, 검은 검소, 학은 늘 배우는 자세다.

5_ 충은 충성심, 정은 정직함, 명은 현명함, 변은 분별력, 서는 용서, 용은 포용력, 관은 관대함, 후는 후덕함이다.

"염(廉), 과(果), 지(智), 신(信), 인(仁), 용(勇), 엄(嚴), 명(明)이 그것입니다."[6]

옛사람이 천자의 검을 찬양하는 시를 지었다.

황제 자리 곤오검에 달려 있으니,　　　　帝座懸昆吾,

위엄과 덕망으로 탐욕 부수네.　　　　　威德破貪汚.

만 리 땅에 바람과 안개 걷히고,　　　　萬里風烟息,

오랑캐도 대부분 귀의한다네.　　　　　蠻夷附大都.

재상의 검을 위해서도 시를 지었다.

재상의 검은 천하를 고루 다스려,　　　　宰相均寰宇,

그 빛발 태허에 부응한다네.　　　　　　光芒應太虛.

이 검 차고 조정에 자리잡으면,　　　　佩此當朝宁,

간사한 아첨꾼들 사라진다네.　　　　　奸諛已盡除.

원수의 검을 위해서도 시를 지었다.

성곽 맡아 나라 명령 수행하면서,　　　　專城司國命,

묘책으로 제후왕에 봉해진다네.　　　　妙算定于封.

가는 곳마다 대적할 상대가 없고,　　　　所向不可敵,

6　염은 염치, 과는 과단성, 지는 지혜, 신은 신의, 인은 부하를 어질게 보살피는 마음, 용은 용기, 엄은 엄정함, 명은 현명함이다.

백만 대군이 가슴속에서 움직인다네.　　　　　百萬在胸中.

"선생의 보검은 정말 천하에 기이한 보배입니다. 그런데 보검 두 자루는 누구에게 파셨습니까? 알려주실 수 있습니까?"

"천자의 검은 앞서 풍택(豐澤)의 유패공(劉沛公)에게 팔았습니다."

"선생께선 패공에게 어떤 징험이 있다고 보십니까?"

"큰 덕은 태양과 맞먹고 용안은 특이합니다. 신모(神母)가 밤에 울부짖고7 망탕산에 상서로운 구름이 드리웠습니다.8 이에 붉은 깃발을 세우자 오성이 모두 그곳을 비추었습니다.9 큰 도량과 관대하고 어진 품성이 사람들 가운데서 우뚝한 분입니다. 그분에게 천자의 복과 덕이 있고 앞서 망탕산에서 흰 뱀을 베었기에 그 보검을 그분에게 팔았습니다."

일찍이 이를 읊은 시가 있다.

천자검 갈아내니 백설과 서리 같아,　　　君劍磨來雪練霜,

흰 뱀이 일찍이 이 칼 맞고 죽었다네.　　　白蛇曾在此中亡.

강진을 격파하고도 서촉 땅에 봉해져서,　　强秦已破封西蜀,

칼날을 감추려 자루 속에 넣었다네.　　　劍刀藏鋒且入囊.

7_ 한 고조가 밤에 술에 취해 흰 뱀을 베자 신모가 울부짖은 일을 말한다. 『원본 초한지』 1 제10회 참조. 한 고조는 오행(五行) 중에서 화기(火氣)에 의해 나라를 세웠다 하여 흔히 붉은색을 상징색으로 내세운다.

8_ 『원본 초한지』 1 제10회 참조.

9_ 『원본 초한지』 1 제20회 각주 1 참조.

"그럼 재상의 검은 누구에게 파셨습니까?"

"패현 사람 소하에게 팔았습니다."

"그에겐 어떤 징험이 있습니까?"

"국운을 보위하는 원훈(元勳)으로 한나라 왕실을 경륜하면서도 전쟁을 일삼지 않고 오로지 인의에 의지합니다. 법을 간략히 하여 백성을 소생시키고 뱃길을 열어 많은 사람을 구제했습니다. 이에 평민과 마음을 합쳐 풍패에서 떨쳐 일어났습니다. 그분은 재상의 큰 재목으로 앞서 관중에서 진나라의 가혹한 법률을 폐지하고 '약법삼장'[10]을 제정했으므로 한 자루를 이미 그분에게 팔았습니다."

일찍이 이를 읊은 시가 있다.

재상검은 일찍이 태악에서 갈아내서,	相劍曾將太岳磨,
서리 같은 칼날로 나라 마귀 없앨 수 있네.	霜鋒消得國中魔.
함양에서 홀연히 어진 재상 만났으니,	咸陽忽遇眞良佐,
천금을 쓴다 해도 그 가치가 아깝지 않네.	不惜千金價値多.

한신은 말을 다 듣고 웃으며 말했다.

"선생께서 이미 보검을 한왕과 소 상국에게 파신 일은 올바른 사람을 찾았다고 할 수 있습니다. 그런데 지금 원수의 검은 이 보잘것없는 사람에게 팔려고 하십니다. 이 한신은 평소에 명망도 없고 장수의 여덟 가지 덕도 행하지 못하였으니 이 보검을 배반하는 일이 아니겠습

10_『원본 초한지』 1 제20회 각주 12 참조.

니까?"

"장군께서 배우고 수양한 바를 갖고 말씀드리면 그 옛날 손자(孫子),[11] 오자(吳子),[12] 사마양저(司馬穰苴)[13]라 해도 장군을 넘어설 수 없습니다. 그러나 아직 진정한 주군을 만나지 못했을 뿐입니다. 옛날에 천리마가 백락(伯樂)[14]을 만나지 못했을 때는 말구유에서 보통 말과 섞여 있었고, 노예의 손에서 보통 말과 똑같은 취급을 받았습니다. 그런데 일단 백락을 만나자 그것이 천리마임이 바로 알려졌습니다. 크고 길게 울며 번개를 뒤쫓고 먼지조차 떨쳐버리면서 천하의 훌륭한 말이 되었습니다. 이 때문에 옛사람은 이렇게 말했습니다. '북쪽을 향해 길게 울며 하늘 밖까지 멀리 갔다가, 바람 맞으며 비껴 달리다 태양 가에서 돌아오네.'[15] 지금 장군께서 사람들 뒤에서 평범하게 사시는 건 아직 진정한 주군을 만나지 못해 원수의 자질이 알려지지 못했기 때문입니다. 만약 진정한 주군을 만나 말과 계책이 받아들여지면 천지를 움직이고 풍운을 변화시킬 것입니다. 앞서 중원을 진압한 뒤 출입할 때 벽제(辟除)

11_ 춘추전국시대 병법가 손무(孫武)와 손빈(孫臏)이다. 손무는 춘추시대 오나라 군사로 초나라 군대를 대파했다. 『손자병법(孫子兵法)』이 전한다. 손빈은 전국시대 제나라 군사로 위(魏)나라 군대를 대파했다. 『손빈병법(孫臏兵法)』이 전한다.

12_ 전국시대 병법가 오기(吳起)다. 그는 노나라, 위(魏)나라, 초나라 장수를 역임했다. 『오자병법(吳子兵法)』이 전한다.

13_ 춘추시대 제나라 병법가다. 본래 성은 전씨(田氏)로 전쟁에서 큰 공을 세워 '사마(司馬)'의 직책을 받아 '사마'씨를 칭했다. 연나라와 진(晉)나라 군대를 대파했다. 『사마법(司馬法)』이 전한다.

14_ 백락(伯樂, ? ~ ?). 본명은 손양(孫陽)으로 알려져 있다. 춘추시대 진(秦) 목공(穆公) 때 사람으로 천리마 감별에 뛰어난 안목을 지녔다고 한다.

15_ 당나라 시인 평증(平曾)의 「집백마시상설복야(繫白馬詩上薛僕射)」에 나온다. "向北長鳴天外遠, 臨風斜控日邊還."

장량이 한신에게 보검을 팔다

하며 제후왕의 영예를 누리고 천자의 신하로서 가장 고귀한 지위에 올라 오늘의 평범한 삶과는 완전히 다른 생활을 하실 것입니다."

장량의 말이 이 대목에 이르자 한신은 자신도 모르게 장탄식을 내뱉으며 울분을 터뜨렸다.

"선생의 말씀을 들으니 마치 마음을 서로 비추어보는 듯합니다(肝膽相照). 저 한신은 이곳에 오래 머물렀지만 한 가지 생각도 펼칠 수 없었던 탓에 100가지 계책이 있어도 말을 하기 어려웠습니다. 이전에 누차 상소문을 올렸지만 패왕은 듣지 않았습니다. 이제 도성을 옮긴다 하니 국가 대사는 이미 물 건너갔습니다! 저도 오래지 않아 고향으로 돌아가 그럭저럭 세월이나 보내려 합니다!"

"장군! 그렇지 않습니다. 훌륭한 새는 나무를 선택하여 깃들고, 현명한 신하는 주군을 가려 보좌한다 했습니다. 장군께서 품은 포부로 어찌 초가집 사립문 안에 머물며 회음 땅 낚시꾼이 되려 하십니까?"

한신은 또 길게 탄식하며 말했다.

"선생께서 오늘밤 오셔서 이렇게 뵙는 동안 말씀은 저를 감동시켰고, 의론은 출중했습니다. 검을 파는 일에 그치지 않고 틀림없이 지금 깊은 뜻을 품고 계신 듯합니다. 제가 환한 달빛 아래, 붉은 촛불 앞에서 선생의 거동을 자세히 살펴보았는데, 선생께선 한나라 장자방 공이 아니십니까?"

장량은 자리에서 일어나 감사 인사를 했다.

"큰 명성을 오랫동안 흠모해왔으나 감히 뵙지 못하다가 오늘밤 문후를 여쭙니다. 제가 실로 깊은 뜻을 품고 있음을 장군께서 간파했으니 어찌 숨길 수 있겠습니까? 이 보잘것없는 사람이 바로 장량입니다."

한신은 껄껄 웃으며 장량의 손을 잡고 말했다.

"선생은 천하의 호걸이고 사람들 중에 용이십니다! 저는 이곳을 버리고 한나라에 귀의하고 싶지만 어찌해야 하는지 선생께서 가르침을 주십시오."

"한왕은 진실로 관대하고 덕망이 있는 분입니다. 지금은 잠시 포중에서 몸을 굽히고 계시지만 마침내 큰일을 이루실 것입니다. 장군께서 제 견해를 따르신다면 제가 물건 하나를 장군께 드릴 테니 그것을 신표로 삼으십시오."

그 물건은 이러했다.

귀하기는 수많은 성과 바꾸려던 화씨벽과 같고,	貴似連城和氏璧.
기이하기는 궁전을 비추던 야광주와 같네.	奇如照殿夜明珠.
강태공의 천 가지 계책을 말하지 말라,	休言呂望千條計.
이 작은 종이 한 장에도 미치지 못하는 것을.	不及區區一紙書.

거기에 무슨 말이 적혔는지는 다음 회를 들으시라.

신하가 임금을
죽이다

패왕이 강 가운데에서
의제를 시해하다
霸王江中弑義帝

장량은 보검을 판다는 핑계를 대고 한신에게 한나라에 귀의하라고 유세하면서 마침내 옷깃 속에서 각서(角書)¹ 한 통을 꺼내 한신에게 건넸다.

"제가 지난날 한왕, 소하와 이별할 때 그들과 약속했습니다. 만약 대장을 추천하면 이 각서에 의지하여 기록을 살펴볼 것이고, 또 만약 각서를 갖고 있으면 반드시 중용한다고 말입니다. 공은 이 각서를 잘 갈무리해두십시오. 잃어버려서는 안 됩니다. 잃어버리면 큰일을 그르치게 됩니다."

한신이 또 물었다.

---

1 약속이나 맹세 등을 적은 일종의 신표다. 글씨 쓴 부분을 둘로 나누어 양편이 갖고 있다가 문서나 사람의 진위를 확인할 때 맞추어본다.

"선생께서 이미 잔도를 불태워 끊었는데 어느 길로 포중으로 들어갈 수 있습니까?"

장량은 문서 주머니에서 지도 한 장을 꺼내 한신에게 주며 말했다.

"이 지도는 궁벽한 산길을 그린 것입니다. 포야도(褒斜道)[2] 갈림길에서 진창도(陳倉道)[3] 입구로 들어가시면 됩니다. 그리고 방향을 바꾸어 고운령(孤雲嶺), 양각산(兩脚山) 곁을 지나 계두산(鷄頭山)을 돌면 곧바로 포중에 닿습니다. 거리는 200리에 가깝습니다. 장군께서 뒷날 삼진을 깨뜨릴 때도 이 길로 나와야 합니다. 이 길은 한나라 사람들도 모릅니다. 장군께선 비밀을 유지해야지, 경솔하게 다른 사람에게 드러내서는 안 됩니다."

한신은 각서와 지도를 몸에 잘 갈무리하고 또 물었다.

"선생께선 지금 어디로 가실 겁니까?"

"저는 이제 패왕의 천도를 살펴보고 소진을 본받아 육국에 유세하여 그들이 초나라에 반기를 들게 할 작정입니다. 그리하여 패왕의 세력을 나누어 다시 서쪽을 돌아볼 마음을 먹지 못하게 하겠습니다. 이렇게 되면 장군께선 마음대로 삼진으로 나와서 함양에 근거지를 마련하고 천하를 도모할 수 있을 겁니다."

"아무개도 조만간 이곳을 떠나겠습니다. 그러나 사태의 기미가 어

2_ 관중에서 진령을 넘어 한중으로 통하는 길의 하나다. 남쪽 포곡구(褒谷口, 산시성陝西省 한중시 다중사大鍾寺 부근)에서 북쪽 야곡구(斜谷口, 산시성陝西省 메이현眉縣 예위관커우斜峪關口)로 통하므로 '포야도'란 이름이 붙었다.

3_ 관중에서 진령산맥을 넘어 한중에 이르는 가장 서쪽 길이다. 북쪽 진창(陳倉) 보계(寶鷄)로부터 진령산맥을 넘고 봉현(鳳縣)을 거쳐 최남단 약양(略陽)에 닿는다. 약양에서는 동서 방향의 길을 따라 한중으로 진입한다. 포야도 중간 유패현(留壩縣)에서 진창도 봉현으로 이어지는 갈림길이 있다. 이 갈림길을 연운도(連雲道)라 한다.

떻게 돌아가는지 살펴보고 그때 가서 저 스스로 알맞게 행동하겠습니다."

한신도 함양에 가족이 없어서 문지기 두 명만 밖에서 문을 지키고 있었으며, 또 심부름꾼 아이 두 명이 한신의 시중을 들고 있었다. 장량은 마침내 한신과 같은 침대에서 하룻밤을 보냈다. 다음날 그는 한신과 이별하고 각 제후국 제후왕들에게 유세하기 위해 함양을 떠났다. 한신도 행장을 꾸릴 준비를 했다. 그는 고향 가족에게 보내는 편지를 써서 심부름꾼 아이에게 여비와 함께 주고 회음으로 가서 가족을 보살피게 했다.

한편, 범증은 팽성에서 의제에게 침주로 행차할 것을 재촉했다. 의제가 말했다.

"임금은 명령을 내리는 사람이고, 신하는 임금의 명령을 받들어 교화를 펼치는 사람이오. 지난번에 항우가 나를 임금으로 추대하자 천하의 여망이 그에게 몰렸소. 이로써 제후들이 기쁘게 복종하여 함께 관중으로 들어갈 수 있었소. 나는 이미 관중으로 가장 먼저 들어가는 사람을 그곳 왕으로 삼겠다 약속했소. 그런데 지금 항우는 약속을 어기고 스스로 왕이 되어 천하에 제후들을 분봉하고, 또 나를 침주로 옮기려 하오. 이는 나를 폐위하여 방치하겠다는 뜻이니 머리를 몸 아래에 두고 발을 몸 위에 두는 것과 무엇이 다르오? 관모와 신발의 자리가 뒤바뀌었으니 이는 절대 신하의 태도가 아니오. 그대는 항우의 아보이므로 극언으로 간절한 간언을 올려 그 잘못을 바로잡아야 할 것이오. 그런데도 항우를 도와 악행을 저지른다면 멸망한 진나라의 뒤를 잇게 될 것이오. 그대는 마음에 부끄러움도 느끼지 못한단 말이오?"

범증은 땅에 엎드려 아뢰었다.

"신 범증이 누차 간곡한 간언을 올렸으나 패왕은 듣지 않고 지금 또 계포를 보내 일을 재촉하고 있습니다. 패왕은 머지않아 함양을 떠나 팽성으로 와서 도읍을 정할 것입니다. 신 또한 진퇴양난의 처지라 그가 시키는 대로 했을 뿐입니다."

의제가 말했다.

"그대는 항우의 심복이니 간곡한 간언을 올려야 하오. 그런데 어찌하여 명령에만 몸을 맡기고 옳고 그름을 따지지 않는단 말이오? 이는 권세가에 빌붙어 사는 소인배일 뿐, 정도로 주군을 섬기는 대신(大臣)이 아니오!"

범증은 황공무지한 모습으로 함양으로 돌아와 글을 갖추어 패왕에게 아뢸 뿐이었다. 패왕은 의제가 팽성을 떠나려 하지 않는다는 사실에 대로했다.

"회왕은 민간에서 굴러먹던 하찮은 자였는데, 우리 집안에서 옹립하여 천자로 높였다. 이는 천하의 기이한 경우라 할 만하다. 그런데도 한사코 유방을 서쪽으로 보내 서로 결탁하려 했다. 이는 은혜를 원수로 갚고 나를 해치려는 마음을 품은 것이다. 지금 또 의제로 높여주니 자존망대하고 있다. 만약 제거하지 않으면 틀림없이 후환이 될 것이다."

패왕은 마침내 구강왕 영포, 형산왕 오예, 임강왕 공오로 하여금 대강(大江)⁴ 속에 몰래 잠복하게 했다. 그리고 범증, 계포, 환초, 우영에게 의제의 출행을 재촉하여 대강까지 데려가면 그 행차를 맞이하는 것처

4_ 큰 강이란 뜻이다. 중국 역사서에서는 흔히 장강(長江)을 가리키지만 여기에서는 문맥상 장강의 지류인 상강(湘江)으로 보인다.

럼 꾸며서 의제를 죽이게 했다. 그리고 나라 안팎에는 의제가 강에서 폭풍을 만나 배가 뒤집혀 익사했다고만 말할 계략이었다. 사정을 숨기고 천하의 비난에서 벗어나려는 속셈이었다.

패왕은 계교를 마련한 뒤 전령을 세 사람에게 보내 서둘러 대강에서 기다리라고 명령했다. 의제에게는 다음과 같은 서신을 보냈다.

서초 패왕 신 항적은 머리를 조아리며 아룁니다. 엎드려 생각하옵건대 진나라를 격파하라는 명령을 받고 곧바로 함양으로 달려가자 자영은 머리를 내놓았고 이에 국법을 바로잡았습니다. 그리고 폐하를 의제로 높였으니 이는 폐하께서 진실로 천하의 주인이 되신 것입니다. 그러나 팽성은 남북 교차로의 요충지에 해당하여 무력이 횡행하는 땅이라 폐하께서 거주하시기에 마땅치 않은 곳입니다. 지금 침주는 호남의 이름난 도시인데다 왼쪽에는 동정호(洞庭湖)가 있고 오른쪽에는 팽려호(彭蠡湖)[5]가 있습니다. 산수도 수려하여 제왕의 도읍지라 할 만합니다. 바라옵건대 폐하께서는 그곳으로 행차하시어 천하를 보살펴주십시오. 지금 소인배들의 말만 들으시고 신이 부탁하는 말을 따르지 않으시면 군신 간에 서로 사사로이 의심하는 사태가 벌어질 것이며, 폐하의 수레를 맞아 소박한 음식이라도 올리려는 백성의 소망도 가로막게 될 것입니다. 길을 메울 정도로 많은 백성이 환영을 나와 온종일 기다리고 있을 텐데, 저들이 소비하는 하루 비용이 어찌 만금에 그치겠습니까? 그러니 백성의 임금 된 분으로 어찌 마음이 편하시겠습니까? 또 관직

5_ 지금의 장시성 북부에 있는 포양호(鄱陽湖)다. 침주에서 북쪽을 향해 바라보았을 때 팽려호는 오른쪽, 동정호는 북쪽에 있다. 원본의 묘사가 정확하다고 할 수 없다.

이 높은 신하를 보내 이 서신을 올리고 간절히 말씀드립니다. 조속히 아랫사람의 요청을 재가해주시면 감격의 마음 이길 수 없겠습니다.

의제는 항우의 서신을 다 읽고 나서 좌우 근신들과 상의하며 말했다.

"항우는 누차 사람을 보내 흡사 별똥별처럼 급하게 재촉하고 있소. 이미 신하로서의 체면 따위는 무시한 지 오래요. 더이상 미루다간 아마 다른 변고가 생길 듯하오. 차라리 수레와 말을 준비하여 바로 출발하는 것이 좋겠소."

의제는 곧 문무 대소 관리에게 명령을 내려 길일을 받아 침주로 길을 잡았다. 도성 백성들은 길을 막고 땅에 엎드려 수레의 먼지를 바라보며 머리를 조아렸다. 연도 수백 리에 어떤 백성은 다과를 바쳤고, 어떤 백성은 의제의 공덕을 노래했다. 집집마다 향불을 피운 상을 마련하고 모두 이렇게 말했다.

"의제께서 여기에 계신 여러 해 동안 저잣거리가 혼란하지 않고 시골 마을도 안정을 찾아 상하가 화목했으니 참으로 덕이 있는 군주십니다. 오늘 도성을 옮기면 언제 다시 뵐 수 있을지 모르겠습니다. 우러러 그리워할 뿐입니다."

의제는 백성들이 자신을 차마 놓아주려 하지 않는 모습을 보고 자신도 모르게 눈물을 흘렸다.

어느 날 의제의 행차가 대강 입구에 이르자 하얀 물고기가 배를 가로막았고 물결이 높이 일어 앞으로 나아갈 수 없었다. 뱃사공은 의제의 배를 묶어두고 나아가지 않았다. 갑자기 불어온 세찬 바람에 돛대가 꺾여 두 동강이 났다. 다행히 의제의 배는 강가에 정박해 있어서 무사했다. 그날 밤 의제는 잠이 들자마자 꿈을 꾸었다. 꿈속에서 오색의 상서로운 구름이 배를 가득 덮었다. 향기로운 바람이 불어오는 가운데 신선의 음악 한줄기가 하늘에서 들려왔고 먼저 금 같은 동자와 옥 같은 선녀가 배 안으로 들어오며 낮은 소리로 말했다.

"폐하께 아뢰옵니다. 일찌감치 용궁으로 행차하시어 만조백관의 축하를 받으시옵소서."

의제가 말했다.

"나는 침주로 가서 도성을 건설해야 한다. 용궁은 내가 거주할 곳이 아니다."

금 같은 동자가 말했다.

"용궁에서 상제의 칙명을 받들어 이미 어좌를 마련해두고 오직 폐하의 행차가 오기만을 기다리고 있습니다. 문무백관도 모두 조복을 입고 상청문(上淸門)에서 영접하려 하고 있으니 폐하께서는 사양하시면 안 됩니다."

"용궁은 인간 세상이 아닌데 짐이 어떻게 거처할 수 있단 말이냐?"

"상제께서 폐하에게 임금의 덕이 있으므로 보위에 앉으시는 것이 마땅하지만, 적제(赤帝)의 아들이 권력을 잡아 그 복과 덕이 광대하므로 폐하께서 보위를 양보하고 용궁에 거처하면서 물의 나라[水府]를 관장해야 한다고 하십니다. 마침 하늘나라의 열성조들께서도 차례로 천거했으므로 가볍게 거절해서는 안 됩니다. 폐하! 용궁으로 발걸음을 옮기시지요."

의제가 바야흐로 배에서 나오려는데, 멀리 물빛이 하늘과 이어진 곳에서 거대한 파도가 용솟음치는 것이 보였고 귀로는 신선의 음악소리

의제가 강 위에서 시해되다

가 들려 감히 발걸음을 뗄 수 없었다. 주저하는 사이에 문득 잠에서 깨어났다. 꿈이었다. 배에서는 삼경의 북소리가 울리고 있었다. 서둘러 좌우 근신들을 불러 촛불을 켜고 해몽을 하게 했다. 한 신하가 아뢰었다.

"마침 하얀 물고기가 배를 가로막고, 돛대가 바람에 꺾이는 걸 보았습니다. 또 꿈을 꾸다가 놀라 깨셨으니 이 모두는 좋은 조짐이 아닙니다. 폐하! 날이 밝으면 배를 돌렸다가 다시 상의하시옵소서."

의제가 말했다.

"그렇지 않소. 임금의 행차가 출발한 건 천하에 신의를 이미 밝게 보여준 것이오. 만약 이를 번복한다면 정해진 대세를 어기는 일이오. 하물며 천명이 정해져 있다면 인간은 어떻게 할 수 없소. 설령 불측한 일을 만나더라도 어찌 두려워할 것이 있겠소?"

의제는 끝내 근신들의 말을 듣지 않았다.

다음날 아침 배를 띄우고 대강을 향해 나아갔다. 행차가 강물 가운데 이르자 영포, 오예, 공오가 큰 배 세 척에 나누어 타고 북소리를 크게 울리며 순풍을 타고 내려왔다. 세 사람은 뱃머리에 서서 크게 외쳤다.

"신들이 패왕의 명령을 받들고 폐하를 영접하러 왔습니다. 폐하께선 모든 문서와 부절을 신들에게 건네주십시오."

의제가 그들을 크게 꾸짖었다.

"네놈들은 주왕과 같은 폭군을 도와 악행을 저지르면서도 왕의 교화에 대해서는 알지 못한다. 대강 한가운데서 병력을 믿고 나의 행차를 막고 있으니 이는 신하의 예가 아니다!"

영포 등은 각각 칼을 들고 자신들의 배를 의제의 배에 접근시킨 뒤 한걸음에 도약하여 배를 넘어왔다. 병졸들도 그 뒤를 따라 의제의 배로 쳐들어왔다. 배 안의 시종들은 깜짝 놀라 황급히 몸을 숨기려다 영포 등의 칼을 맞고 수십 명이 죽었다. 어떤 사람은 강물 속으로 뛰어들어 자결했고, 어떤 사람은 선창 속으로 몸을 숨겼다. 의제는 이 광경을 보고 서북쪽을 가리키며 크게 꾸짖었다.

"항적, 이 역적 놈아! 너는 뒷날 틀림없이 비명횡사할 것이다!"

그러고는 마침내 옷자락을 거머쥐고 강물 속으로 뛰어들었다. 물결과 파도를 따라 몸을 뒤치다가 종적을 알 수 없게 되었다. 선창 안에 숨은 사람들은 모두 영포 등에게 살해되었다. 후세에 호증이 이 일을 시로 읊었다.

의제는 남쪽으로 침주 천도 길 들어서서,	義帝南遷路入郴,
나라 망하고 몸은 죽어 큰 강 깊이 잠겼다네.	國亡身死大江深.
궁벽한 황천에 한스럽게 묻힌 뒤에,	不知埋恨窮泉後,
서쪽 산 조각달은 몇 번이나 뜨고 졌나?	幾度西陵片月沈.[6]

영포 등이 의제를 시해하고 배를 돌리려 할 때 강물 남쪽 연안의 백성들이 의제를 맞이하러 나왔다가 큰 소리를 질렀다.

"영포, 이 역적 놈아! 네놈이 항우의 지시를 믿고 의제를 시해했구나! 장차 천하를 탈취하더라도 절대 오래갈 수 없다! 우리가 이 사실을 천하에 두루 알려 맹주를 세우고 의제를 위해 장례를 치를 것이다. 그후 무도한 자를 죽이고 천하의 원한을 갚을 것이다."

6_ 당나라 호증의 영사시 「침현(郴縣)」이다. 현재 통용본에는 둘째 구 대강(大江)이 난산(亂山)으로 되어 있다.

영포는 배를 가까운 강기슭에 대고 백성과 대적하려 했으나 바람의 방향이 순조롭지 못했다. 위급한 상황에 대비하여 임시로 모였던 백성들은 모두 웅성거리다가 흩어졌다. 뒷일이 어떻게 될지는 다음 회를 보시라.

제33회

한중으로 가는 한신

한신이 초나라를 배반하고
함양을 떠나다
韓信背楚走咸陽

영포는 의제를 죽이고 나서 강 언덕의 백성들이 내지르는 고함소리를 들었다. 그는 배를 강기슭에 대고 언덕으로 올라가려 했으나 바람의 방향이 순조롭지 못해 배를 댈 수 없었다. 백성들은 영포의 행동을 보고 웅성거리며 모두 흩어졌다. 그들 중에는 세 노인이 있었다. 우두머리 한 노인은 나이가 여든 살로 사람들은 그를 동공(董公)이라 불렀다. 책을 많이 읽어 만물의 이치를 두루 알았으므로 한 고을 사람들이 그를 가장 존중했다. 그가 이렇게 큰 소리로 말했다.

"영포의 군사가 돌아가기를 기다려 우리가 의제의 시신을 건져올리고 침주로 모셔가서 예법에 맞춰 안장해드려야 합니다. 그리고 몇몇 장수를 모아 하남(河南) 낙양(洛陽)[1]에서 한왕을 영접하여 맹주로 삼고 의제의 복수를 해야 합니다."

사람들이 호응했다.

"존귀하신 명령에 따르겠습니다."

동공은 수영을 잘하는 뱃사공 수십 명을 고용하여 장강 아래로 내려가 시신을 찾았다. 저녁 무렵이 되자 달빛이 환하게 비치는 가운데 문득 수면 위에 어렴풋하게 무엇인가 보이는 듯했다. 뱃사공들이 헤엄쳐 가까이 다가가 그것을 끌어안고 보니 어떤 사람의 시신이었다. 뱃사공들은 그 시신을 강기슭으로 건져올려 횃불을 들고 비추어보았다. 안색이 살아 있는 사람처럼 전혀 변함이 없었다. 사람들은 그것이 의제의 시신인 줄 몰랐으나 어찌된 일인지 실오라기 하나 걸치지 않은 상태에서 양쪽 발목 복사뼈 위에 옥환(玉環) 두 개를 차고 있었다. 그것은 용 모양이었다. 동공이 말했다.

"이 사람이 틀림없는 의제요. 보통 사람이라면 어찌 이런 옥 장식을 차고 있겠소?"

사람들은 깨끗한 천으로 시신을 덮고 앞마을까지 떠메고 와서 각각 향불을 피우며 예를 올렸다. 다음날 임시 처소에 관을 안치했다가 곧바로 침주로 옮겼다. 침주 고을의 관리와 노인 들이 기다리고 있었다. 그들은 의제의 관을 본래 궁전으로 쓰려던 건물을 수리하고 그 중간에 안치했다. 시간을 오래 끌면 패왕이 알고 꼬투리를 잡아 해칠 수도 있

1_ 당시에 한왕 유방은 한중에 있었으므로 하남 낙양은 잘못된 진술이다. 그러나 동공이 만물의 이치를 두루 알았다고 했으므로 한왕이 포중을 탈출하여 동쪽 정벌에 나서 함양과 낙양으로 진출할 것을 예상했다고 볼 수도 있다. 조금 어색한 복선인 셈인데, 기실 『원본 초한지』 2 제54회에 한왕이 동쪽 낙양에 도착하여 동공을 만나는 장면이 나온다.

었기에 서둘러 안장하여 모든 일을 원만하게 처리하는 편이 더 낫다고 의견을 모았다. 고을 관리들이 택일하여 의제를 침주에서 장사 지냈다. 지금도 의제의 무덤은 그곳에 있고 사시사철 제향이 끊이지 않는다. 후세에 사관이 이 일을 시로 읊었다.

침주의 선비들은 임금 분묘 찾을 줄 아는데,	郴士尙知尋葬主,
패왕은 약속 어기고 강 가운데에서 임금 죽였네.	霸王背約弑江中.
천년 동안 꾸짖으며 청사에 밝혔건만,	千年唾罵昭青史,
오강의 그 싸움은 아직 끝나지 않았다네.	猶說烏江戰未窮.

영포 등은 의제를 시해하고 팽성으로 가서 사람들을 만나 그 일을 비밀리에 범증에게 이야기했다. 범증은 괴로워하며 장수들에게 말했다.

"의제는 나와 무신군이 옹립하여 사람들의 여망에 부응했소. 오늘에 이르러 그렇게 강 가운데에서 그분을 시해할 줄이야 어찌 생각이나 했겠소. 이건 참으로 신하로서 예의가 아니오. 또 지금 만약 다시 팽성으로 천도하면 절대 천하를 도모할 수 없소! 우리 모두 서둘러 패왕에게 도성을 옮겨서는 안 된다고 해야 하오. 유방이 감히 동쪽으로 나오지 못하게 말이오. 만약 함양을 떠나면 100일도 안 되어 유방이 포중을 뚫고 나올 터이니 우리는 하루도 편안하게 살 수 없소!"

계포가 말했다.

"앞서 한생도 이와 같이 말하다가 패왕에게 삶겨 죽었소."

범증이 말했다.

"우리 모두 각각 간절하게 간언을 올려 절대로 도성을 옮기지 못하게 해야 하오."

범증은 계포에게 그곳에 머물러 팽성을 정비하게 하고 장수들과 함양으로 가서 패왕에게 천도를 해서는 안 된다고 하려 했다. 그러나 함양은 벌써 아수라장이었다. 문무 관리들은 모두 행장을 꾸려 2, 3일 안에 떠날 채비를 하고 있었다. 범증은 영포 등과 함께 패왕을 알현하고 의제의 살해 소식을 낱낱이 모두 아뢰었다. 패왕은 매우 기뻐하며 말했다.

"내 뱃속 종기를 제거한 것과 같소."

범증이 말했다.

"뱃속 종기는 의제가 아니라 기실 유방입니다. 폐하께서 지금 만약 도성을 옮기시면 오래지 않아 유방이 포중을 뚫고 나올 것입니다!"

"저들은 잔도를 불태워 끊었소. 내 생각에는 유방에게 날개를 달아준다 해도 날아올 수 없을 것이오."

"폐하께서 도성을 옮기시면 삼진은 방비가 게을러집니다. 유방은 큰 뜻을 품고 틀림없이 호걸들을 길러서 폐하와 천하의 균형을 다투게 될 터이니, 그렇게 되면 잔도 탈출은 손바닥을 뒤집듯 쉬운 일이 될 것입니다. 바라옵건대 폐하께서는 도성을 옮겨서는 안 됩니다!"

"짐은 이미 명령을 내렸고, 문무 관리들은 행장을 꾸리고 있소. 이런 상황에서 어찌 중도에 그만둘 수 있겠소. 아보께서는 너무 근심할 필요 없소. 짐작건대 유방은 할 수 있는 일이 없을 것이오."

영포가 말했다.

"일은 먼저 도모하는 것을 귀하게 여기지만, 기미는 멀리까지 헤아리기 어렵습니다. 신은 폐하께서 함양을 떠나시면 민심이 게을러져서 이곳을 지키기가 어렵게 될까 두렵습니다. 근래에 각 지역 제후 중에서도 점차 반란을 도모하는 자가 있으니 폐하께서는 이를 고려해야 합니다."

패왕이 화를 내며 말했다.

"짐은 회계에서 봉기한 이래 어디를 가든 적수가 없었다. 반란을 일으킨 자들도 모두 재주 없는 자들인데, 뭐 그리 신경쓸 필요가 있겠는가? 도성을 옮기는 일에 대해서는 짐이 이미 마음을 결정했다. 더이상 여러 말 할 필요가 없다! 항거하는 자가 있다면 한생의 사례를 거울로 삼기 바란다!"

범증 등은 길게 한숨을 쉬며 각각 궁궐에서 나와 자신의 행장을 꾸릴 수밖에 없었다.

한편, 한신은 장량을 만난 뒤 그때 먹은 마음을 잊을 수 없어서 먼저 심부름하는 아이를 회음으로 돌려보내고 그날 밤 도위 진평의 집을 방문했다. 한신은 평소에 진평이 한나라에 항복할 마음을 먹고 있다는 사실을 알았기에 이번에 방문하여 그를 부추겼다.

"패왕이 도성을 옮기면 한왕은 포중에서 탈출한 텐데, 그럼 함양이 초나라의 소유가 아니게 되오."

진평이 말했다.

"패왕은 얼마 전 의제를 죽였으며, 또 팽성으로 천도하려고 한생도 삶아 죽였소. 스스로 그런 일을 옳다고 여기니 절대 오래 안정을 유지할 수 없소. 한왕은 덕이 있고 관대한 분이니 뒷날 대사를 성취할 것이오. 현공께선 이곳에서 평범하게 지내기보다 차라리 이곳을 등지고 떠나서 큰 재능을 펼치기 바라오."

"나도 그런 마음을 먹은 지 오래지만 연도의 관문과 나루를 통과하기 어려울까 걱정이오."

"그 또한 어렵지 않소. 우리 관아에 인장을 찍은 문서가 있소. 그것을 현공에게 한 장 드릴 테니 몸에 지니고 가시오. 지나는 관문에서는 이 문서가 있으면 바로 통과시켜줄 것이오. 정보를 염탐하기 위해 포중으로 들어간다고만 말하면 되오."

한신은 절을 올리며 감사 인사를 했다.

"이 문서를 얻으려면 진실로 천금을 드려야 할 것이오. 뒷날 조금 사정이 나아지면 절대 이 성덕(盛德)을 잊지 않겠소."

"현공께선 몸조심하시오. 이번 일이 성공하면 오래지 않아 나도 한나라로 들어갈 작정이오. 그때 현공께서 저를 좀 천거해주시오."

한신은 진평에게 배례하고 문서를 얻었다. 떠날 준비를 하고 행장을 잘 수습한 뒤 문지기에게 분부했다.

"나는 친구를 방문하기 위해 성밖으로 나갔다가 내일 돌아올 것이다. 그동안 집을 잘 지켜라."

그는 필마단기로 바로 함양을 나섰다. 그가 관문 입구에 이르렀을 때 범증은 관중으로 돌아왔고 한왕은 벌써 포중으로 들어간 뒤였다. 범증은 마음이 황망하여 사람을 보내 각 관문과 나룻목을 물 샐 틈 없이 지키라고 분부했다. 한신이 안평관(安平關) 입구에 도착하자 관문을 지키는 군사들이 그를 가로막고 물었다.

"장군! 어디로 가십니까?"

한신은 바로 진평에게서 받은 문서를 군사들에게 보여주고 관문 위로 올라가 관문지기 총관(總管)을 만났다. 각각 예를 마치자 총관이 한

한신이 관문을 탈출하다

신에게 물었다.

"족하께선 어디로 가시오?"

"패왕께서 나를 삼진으로 보내 군사와 말을 정비하게 하고 한나라 군사를 방비하라고 하셨소. 이에 밤낮없이 명령을 전하러 가는 길이오."

그리고 관문 병사들과 헤어져 관문을 나서 황급히 말을 채찍질하며 서쪽으로 달렸다.

한편, 한신의 거처 대문을 지키던 문지기 두 사람은 이틀을 기다려도 한신이 돌아오지 않자 서둘러 범증에게 모든 사실을 보고했다.

"한 달 전에 어떤 사람이 밤에 한신을 만나러 와서 하룻밤 꼬박 이야기를 나누고 한신의 집에서 묵었습니다. 그후 심부름하는 아이에게 짐을 싸게 하여 본적지로 돌려보냈습니다. 이제 또 필마단기로 친구를 찾아갔다가 다음날 돌아온다고 꾸며댔습니다. 예기치 못하게도 지금 벌써 이틀이나 지났으니 앞뒤 날짜를 합하면 모두 나흘이 지났지만 돌아오지 않고 있습니다. 틀림없이 도주한 것이라 감히 보고하지 않을 수가 없습니다."

범증이 그 이야기를 듣고 발을 구르며 말했다.

"그자에 대해서는 나도 온종일 걱정하고 있던 터였다. 전에도 패왕에게 그자를 쓰려면 중용해야 하고, 쓰지 않으려면 반드시 죽여서 후환을 없애야 한다고 당부한 적이 있다. 그런데 오늘 도망칠 줄이야 생각지도 못했다. 틀림없이 포중으로 갔을 것이니 내 마음속에 또 큰 병이 하나 생겼다. 추격해서 잡아오지 않으면 이른 새벽부터 한밤중까지 마음을 놓지 못할 것이다."

그리고 바로 대궐로 들어가 패왕에게 사실을 알렸다. 패왕이 화를 내며 말했다.

"그런 겁쟁이가 어찌 나를 배반하고 한나라로 귀의한단 말이냐?"

범증이 말했다.

"한신은 식견이 매우 뛰어난 사람이라 신이 여러 번 추천했지만 폐하께서 등용하지 않으셔서 오늘 결국 도주하고 말았습니다. 틀림없이 포중으로 갔을 것이니 훗날 폐하에게 큰 근심거리가 될 것입니다."

"그놈에겐 통행증이 없을 것이니 관문에서 틀림없이 막힐 것이오. 어떻게 탈출할 수 있겠소."

패왕은 서둘러 종리매에게 명령했다.

"경기병 200명을 거느리고 가서 서둘러 그놈을 잡아오라. 그리고 머리를 박살내어 군사들에게 본보기를 보여라!"

종리매는 명령에 따라 추격을 시작하여 안평관에 이르렀다. 그는 관문을 지키는 관병을 질책했다.

"어찌하여 경솔하게 한신을 내보내서 관문 방비에 실수를 했느냐?"

총관이 아뢰었다.

"한신은 인장이 찍힌 문서를 휴대했고, 삼진 땅에 긴급한 공무가 있다고 했습니다. 그러니 우리 군사들이 어찌 막을 수 있겠습니까? 지금 벌써 관문을 통과한 지 사흘이나 되었으니 한나라 경계로 들어섰을 것입니다. 명공께서도 아마 추격할 수 없을 것입니다. 차라리 삼진 땅에 급보를 전하고 군사를 파견하여 추격하는 편이 더 나을 것입니다. 하물며 잔도까지 불태워버렸으니 그곳을 통과하기 어려울 것입니다. 따라잡을 희망이 있습니다."

종리매가 말했다.

"너희의 소견이 그럴듯하구나."

그리고는 즉시 급보를 보내 삼진 땅에 알리고 군사를 일으켜 추격하게 했다. 종리매는 함양으로 돌아와 앞서의 일을 패왕에게 아뢰었다.

패왕이 말했다.

"이미 멀리까지 도주했을 테지만 한신은 겁쟁이이므로 무슨 큰일을 이루겠소? 걱정할 것 없소!"

그리고 문무 대소 관료들에게 명령을 내려 즉시 수레를 팽성으로 보내 도성을 건설하게 했다. 다만 함양을 지키기 위해 여신(呂臣)과 종공(樅公)만 남겨두었다.

한편, 한신은 안평관을 벗어나 곧바로 대산관에 도착했다. 그는 문서를 보여주고 관문을 통과한 뒤 삼거리에 닿았다. 그곳이 중요한 곳이라 짐작하고 장량이 준 지도를 꺼내 포중으로 가는 길을 살폈다. 다 살피고 나서 말에 채찍질을 하려는데 동쪽에서 한 기마병이 나는 듯이 달려왔다. 손에는 긴급 명령 패(牌)를 들고 길을 지키는 군사들에게 분부했다.

"너희는 필마단기로 지나가는 사람을 만나면 문서의 이름을 살펴라. 한신이 아니면 통과시켜도 좋다."

군사들이 바로 대답했다.

"방금 한 사람이 지나갔는데 필마단기였습니다. 우리는 내력을 추궁하지 않았는데, 어찌 서둘러 달려가서 물어보지 않으십니까?"

말단 장수는 황급히 한신을 따라잡고 물었다.

"장군의 성명은 어떻게 되시오? 또 무슨 공무가 있소?"

한신이 말했다.

"내 성은 이(李)가요. 친척을 만나러 포중으로 가는 길이오."

"증명서를 갖고 있소?"

"여기 있소."

그 사람이 문서를 보여달라고 하자 한신은 문서를 펼쳐 건네주는 척
하면서 등뒤의 보검을 뽑아들고 단칼에 베어 죽였다. 그러자 관문에서
군사 다섯 명이 달려와 한신을 공격했다. 한신은 필마단기로 그들 가까
이 달려가 보검을 들어 다섯 군사를 남김없이 죽이고 말에 채찍질을 하
며 서둘러 서쪽으로 달렸다. 언제 포중에 도착할지는 다음 회를 들으
시라.

〈2권에 계속〉

· 이 연표는 『사기』의 해당 기록을 바탕으로 작성했다.
· 수록 사건은 대체로 『서한연의』를 중심으로 선택했다.
· 이름과 지명도 『서한연의』에 근거했다.
· 각 연도는 기원전을 가리킨다.

261년 전후(진秦 소양왕 46년 전후)
• 진 왕흘, 왕전, 왕손 이인이 군사 10만을 이끌고 조(趙)나라를 침입.
• 염파, 공손건, 의화 등에게 패배, 왕손 이인이 조나라의 포로가 됨.

260년 전후(진 소양왕 47년 전후)
• 여불위가 이인을 만남.

259년(진 소양왕 48년)
• 여불위가 자신의 아이를 잉태한 애첩 주희를 이인에게 바침.
• 음력 12월 초3일 공자 정(政. 진시황)이 조나라에서 태어남.

250년(진 효문왕 1년)
• 태자 안국군(효문왕)이 즉위하여 이인(자초)을 태자로 책봉함. 탈상 후 3일
  만에 죽음. 이인 즉위(장양왕).

249년(진 장양왕 1년)
• 여불위가 승상이 됨.
• 동주를 멸함.

247년(진 장양왕 3년)
• 장양왕 즉위 3년 만에 죽음.
• 진왕 정이 보위에 오름.

246년(진왕 정 1년)
• 진나라가 조나라 진양을 뺏음.

239년(진왕 정 8년)
• 노애를 장신후에 봉함.

238년(진왕 정 9년)
• 노애가 반란을 일으킴. 노애를 참수하고, 노애와 사통한 태후를 별궁에 유폐.

236년(진왕 정 11년)
• 여불위의 승상직을 빼앗고 그의 봉토인 하남으로 보냄.

235년(진왕 정 12년)
• 여불위 자결.

233년(진왕 정 14년)
• 이사의 모함으로 한비가 죽음.

230년(진왕 정 17년)
• 화양태후가 죽음.
• 진나라가 한(韓)나라를 멸함.

228년(진왕 정 19년)
• 왕태후가 죽음.
• 진나라가 조나라를 멸함.

227년(진왕 정 20년)
• 연나라 태자 단(丹)이 형가(荊軻)를 시켜 진왕 정을 죽이려 했으나 실패함.

225년(진왕 정 22년)
• 진나라가 위(魏)나라를 멸함.
• 초나라 항연(항우의 조부)이 진나라 침략을 격퇴함.

224년(진왕 정 23년)
• 초나라 항연이 창평군(昌平君)을 보위에 올림. 창평군이 화살을 맞고 전사
  하자 항연도 자결함.

223년(진왕 정 24년)
• 진나라가 초나라를 멸함.

222년(진왕 정 25년)
• 진나라가 연(燕)나라와 대(代)나라를 멸함.

221년(진왕 정 26년)
• 진나라가 제(齊)나라를 멸함.
• 진왕 정이 천하를 통일하고 시황제를 칭함.
• 중국 전역을 36군(郡)으로 나눔.

220년(진시황 정 27년)
• 진시황 제1차 순행.
• 치도(馳道)를 닦음.

219년(진시황 정 28년)
• 진시황 제2차 순행. 태산에 봉선례를 올림.
• 서복을 보내 불사약을 구함.

218년(진시황 29년)

• 진시황 제3차 순행.

• 장량이 박랑사에서 진시황을 저격했으나 실패함.

216년(진시황 31년)

• 진시황이 난지(蘭地)에서 도적을 만남.

215년(진시황 32년)

• 진시황 제4차 순행. 갈석(碣石)으로 순행하여 각석을 세움.

• 여러 도사를 시켜 불사약을 구함.

• 성곽을 허물고 제방을 무너뜨림.

• 몽염을 시켜 흉노를 침.

214년(진시황 33년)

• 오령(五嶺)에 길을 닦고 수비부대를 파견함.

• 몽염을 시켜 장성을 쌓음.

213년(진시황 34년)

• 분서령(焚書令)을 내려 책을 불태움.

212년(진시황 35년)

• 직도(直道)를 닦음. 아방궁을 건축함.

• 유생 460명을 함양에서 생매장해서 죽임.

• 태자 부소가 직간하다 진시황의 질책을 받고 몽염 부대의 감독관으로 쫓
겨남.

211년(진시황 36년)

• 동군(東郡)에 운석이 떨어지고 운석 위에 "始皇帝死而天下分"이란 글자가
새겨진 것으로 전해짐(『서한연의』에는 "始皇死而地分"으로 나옴).

• 한신이 표모에게서 밥을 얻어먹음.

210년(진시황 37년)
• 진시황 제5차 순행. 운몽(雲夢), 단양(丹陽), 전당(錢塘), 회계(會稽), 낭야(琅琊), 지부(芝罘) 등지를 거쳐 평원진(平原津)에서 병이 듦.
• 7월 병인일(丙寅日)에 사구(沙丘) 평대(平臺)에서 세상을 떠남.
• 조고와 이사가 진시황의 유조를 위조하여 호해(진이세)를 보위에 올리고 태자 부소를 죽임.
• 한신이 불량배의 가랑이 사이를 기어나가는 치욕을 감수함.

209년(진이세 1년)
• 진승과 오광이 대택향(大澤鄕)에서 반란을 일으킴.
• 각지의 제후국이 독립하여 다시 여섯 나라(六國)가 병립함.
• 항우도 숙부 항량을 따라 회계에서 봉기함.
• 유방도 풍택에서 군사를 모음.

208년(진이세 2년)
• 항량이 장강을 건너 북상함.
• 설현에서 회왕을 옹립.
• 항량, 유방과 연합하여 동아(東阿)를 구원하고 복양 동쪽에서 진나라 군사를 격파함. 성양을 도륙하고 삼천 군수 이유를 옹구에서 죽임.
• 장함이 정도에서 항량의 군대를 격파함. 항량 전사.
• 회왕이 팽성으로 도성을 옮김.
• 진이세가 이사를 죽이고 조고를 승상에 임명.

207년(진이세 3년)
• 항우가 송의를 죽이고 군권을 장악함.
• 항우가 거록(鉅鹿)에서 진나라 군대를 섬멸함. 제후들의 군대가 모두 복속함.
• 진나라 장수 장함이 20만 대군을 거느리고 투항함.

• 조고가 진이세를 시해하고 황제 호칭을 없앰.

206년(한漢고제 1년)
• 유방이 함양에 먼저 입성하여 진왕 자영의 항복을 받음. 진나라 멸망.
• 항우가 신안에서 진나라 병졸을 생매장하여 죽임.
• 항우가 제후 연합군 40만을 거느리고 관중으로 진입함.
• 항우가 홍문연에서 유방을 죽이려 함.
• 항우가 진왕 자영을 죽이고 함양을 폐허로 만듦.
• 항우 스스로 서초(西楚) 패왕(覇王)에 올라 천하를 19국으로 분봉함.
• 유방은 한왕에 분봉되어 한중으로 좌천됨.
• 전영이 초나라에 반발하고 자립하여 제왕이 됨. 항우가 군사를 이끌고 제나
  라를 정벌함.
• 항우가 한(韓)왕 한성을 죽이고 정창을 한왕에 봉함.
• 한신이 장량과 소하의 추천으로 한(漢)나라 대장군에 임명됨.
• 한신이 한나라 군사를 이끌고 진창도로 나와 삼진을 격파하다.

205년(고제 2년)
• 항우가 영포 등을 시켜 의제(회왕)를 죽임.
• 유방이 한나라 사직을 세움.
• 유방이 부로들의 간언을 듣고 회왕을 위해 소복을 입고 발상함.
• 유방이 위표를 대장으로 삼은 후 제후 연합군을 이끌고 팽성을 공격하여 점
  령함. 패배 후 형양으로 후퇴.
• 항우가 정예병 3만으로 유방이 점령한 팽성을 기습하여 연합군 56만 명을
  크게 격파함.
• 수하의 유세로 구강국 영포가 한(漢)나라에 투항함.
• 한신이 위(魏)나라와 대나라를 공격하여 승리함.
• 유방이 서위(西魏)의 위표를 사로잡음.

204년(고제 3년)

- 한신이 배수진으로 조나라를 격파함. 진여를 죽이고 조헐을 사로잡음. 모사 이좌거를 얻음.
- 역생이 유방에게 육국의 후예를 분봉하라고 권했으나 유방은 장량의 말을 듣고 그만 둠.
- 항우가 진평의 반간계에 얽혀듦. 범증이 죽음.
- 항우가 형양을 포위함. 유방은 자기 대신 기신을 항복하게 하고 성을 탈출함.
- 유방이 종공과 주가를 시켜 성고를 지키게 함. 주가와 종공이 항우에 항복하지 않고 순절함.
- 한신이 조나라를 점령하고 연나라를 귀의케 함.
- 유방이 한신의 군영을 불시에 방문하여 한신과 장이의 지휘권을 박탈함. 이후 장이에게는 조나라를 지키게 하고, 한신에게는 제나라를 공격하게 함.
- 팽월이 초나라 군량 보급로를 끊고 군량을 불태움.

203년(고제 4년)

- 항우가 노관, 팽월을 공격하여 양(梁) 땅 10여 성을 함락시킴.
- 조구와 사마흔이 성고에서 유방에게 패배하고 성을 잃음.
- 유방이 성고를 빼앗고 광무에 주둔하여 항우와 대치함.
- 항우가 광무에서 유방에게 화살을 쏘아 부상을 입힘.
- 한신이 괴통의 계책에 따라 황하를 건너 제나라를 함락함. 한신이 유방에게 가제왕(假齊王) 책봉을 요청했고, 유방은 한신을 제왕(齊王)에 봉함. 괴통이 한신에게 천하삼분지계(天下三分之計)를 올림
- 역이기가 제나라에서 팽형을 당함.
- 항우가 무섭을 한신에게 보내 중립을 유지해달라고 유세함.
- 유방이 육가를 항우에게 보내 강화를 요청했으나 실패함.
- 항우가 후공의 유세를 듣고 한나라와 강화를 허락함. 홍구를 경계로 동서로 땅을 나눔.
- 항우가 태공과 여후를 송환함.

202년(고제 5년)

• 항우가 한나라와 강화한 후 동쪽으로 돌아가다 한나라 군대에 추격당함.
• 항우가 고릉에서 한나라 군대를 대파함.
• 유방이 한신, 팽월, 영포에게 봉토를 준다고 약속하고 연합군을 구성함.
• 유방이 진하(陳下)에서 항우의 군대를 대파함.
• 한나라 연합군이 해하에서 항우의 군대를 포위해 대파함.
• 항우가 패배 끝에 오강에서 자결함. 노나라 땅 곡성에 묻힘.
• 유방이 범수 북쪽에서 황제에 즉위함.
• 한신의 봉토가 제나라에서 초나라로 바뀜.

201년(고제 6년)

• 장량이 병을 핑계로 조정에 나오지 않음.
• 한신이 종리매를 숨겨주었다가 반역 혐의로 운몽에서 체포되어 회음후로 강등되고 장안에 연금됨.
• 흉노 묵특선우가 한나라를 공격함.

200년(고제 7년)

• 유방이 백등에서 흉노에 포위되었다가 진평의 계책으로 탈출함.
• 누경의 건의에 따라 장안에 도읍함.

198년(고제 9년)

• 한나라와 흉노가 강화함.

197년(고제 10년)

• 유방이 태자 유영을 폐하고 여의를 세우려 하자 주창이 강력하게 반대함.
• 진희가 반란을 일으킴.

196년(고제 11년)

• 한신이 진희의 반란에 연루된 혐의로 체포되어 참수되고, 그의 삼족이 모두

처형됨.

- 팽월이 모반 혐의로 고발되어 참수되고, 그의 삼족이 모두 처형됨.
- 난포가 팽월의 수급을 수습함.
- 영포가 한나라에 반란을 일으켰다 패배함.
- 유방이 고향 패현에 들러 「대풍가(大風歌)」를 부르며 고향 사람들과 즐김.

195년(고제 12년)
- 영포가 살해되고 그의 삼족이 모두 처형됨.
- 유방이 영포의 반란을 진압하다 맞은 화살의 상처가 도져서 세상을 떠남.
- 태자 유영이 보위에 오름(혜제).
- 여후를 황태후로 높임.

194년(혜제 1년)
- 노관이 흉노와 연합하여 반란을 일으켰다 패배하여 자결함.
- 여후가 조왕 여의와 척부인을 살해함.
- 승상 소하가 사망하자 조참을 후임으로 임명함.

190년(혜제 5년)
- 승상 조참이 죽음.
- 장안성이 완공됨.

189년(혜제 6년)
- 승상 조참의 후임에 왕릉과 진평을 임명함(왕릉은 우승상, 진평은 좌승상).
- 주발을 태위로 삼음.
- 번쾌가 죽음.
- 유후 장량이 죽음.

188년(혜제 7년)
- 혜제가 죽음.

원본 초한지 1

1판 1쇄 2019년 2월 18일
1판 7쇄 2024년 1월 15일

지은이 견위 | 옮긴이 김영문

편집 박민영 이희연 이고호 | 디자인 윤종윤 이주영 | 마케팅 김선진 배희주
브랜딩 함유지 함근아 고보미 박민재 김희숙 박다솔 조다현 정승민 배진성
저작권 박지영 형소진 최은진 서연주 오서영 | 모니터링 황지연
제작 강신은 김동욱 이순호 | 제작처 한영문화사

펴낸곳 (주)교유당 | 펴낸이 신정민
출판등록 2019년 5월 24일 제406-2019-000052호

주소 10881 경기도 파주시 회동길 210
문의전화 031.955.8891(마케팅) | 031.955.2680(편집) | 031.955.8855(팩스)
전자우편 gyoyudang@munhak.com

인스타그램 @gyoyu_books | 트위터 @gyoyu_books | 페이스북 @gyoyubooks

ISBN 978-89-546-5492-0 04910
    978-89-546-5491-3 (세트)

『원본 초한지』
가이드북

원본
초한지

西漢演義
가이드북

김영문 엮음

교유서가

| 차례 |

『원본 초한지』 관련 고본 표지

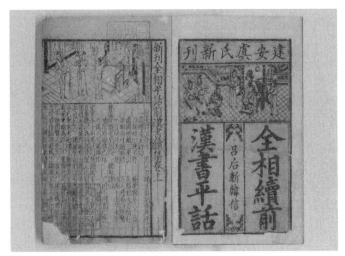

『속전한서평화續前漢書平話』(1321~23)

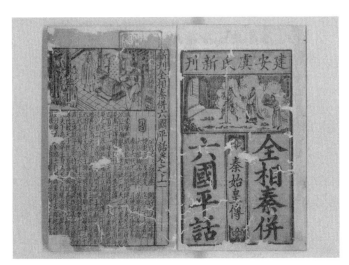

『진병육국평화秦倂六國平話』(1321~23)

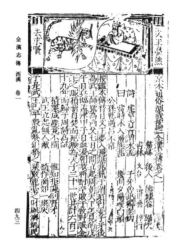

『전한지전全漢志傳』(1588)

『양한개국중흥지전兩漢開國中興志傳』
(1605)

『검소각본서한연의劍嘯閣本西漢演義』(명말)

『수상서한연의繡像西漢演義』(1899)

『서한연의 언해본』
(국립중앙도서관본 1800년대 중반)

『초한전楚漢傳』 [1]
(卓鐘佳家, 국립중앙도서관소장 1911)

『초한건곤장자방실기楚漢乾坤張子房實記』
(朝鮮書館, 국립중앙도서관소장 1913)

『몽결초한송夢決楚漢訟』
(新舊書林, 국립중앙도서관소장 1914)

『초한풍진홍문연楚漢風塵鴻門宴』
(匯東書館.국립중앙도서관소장 1916)

『초한전쟁실기楚漢戰爭實記』
(光東書局.국립중앙도서관소장 1917)

『초패왕전』
(以文堂.국립중앙도서관소장 1918)

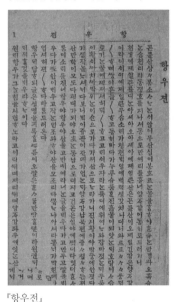

『항우전』
(博文書館.국립중앙도서관소장 1918)

한고조

여후

한신

항우

우희

장량

소하

번쾌

팽월

영포

조참

진평

항백

범증

지도

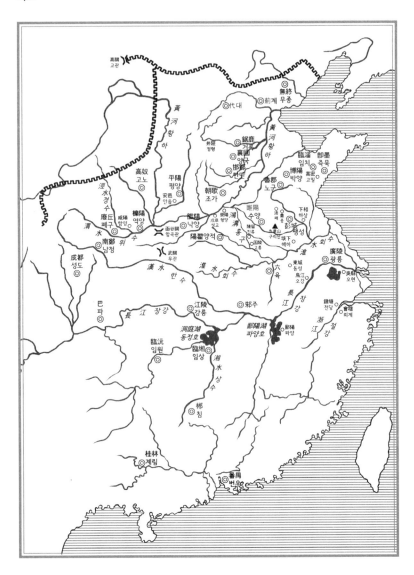

초한 쟁패 시기 주요 도시

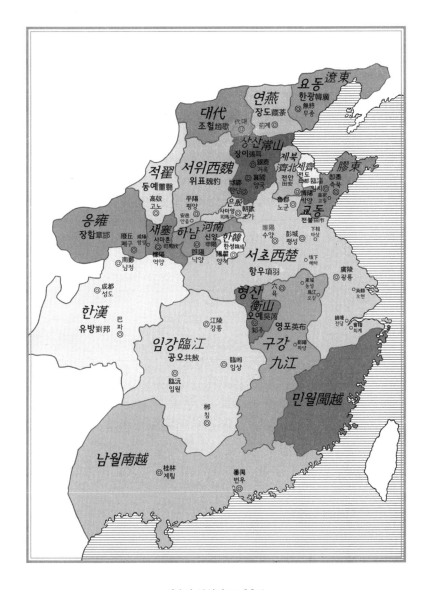

항우가 분봉한 19제후국

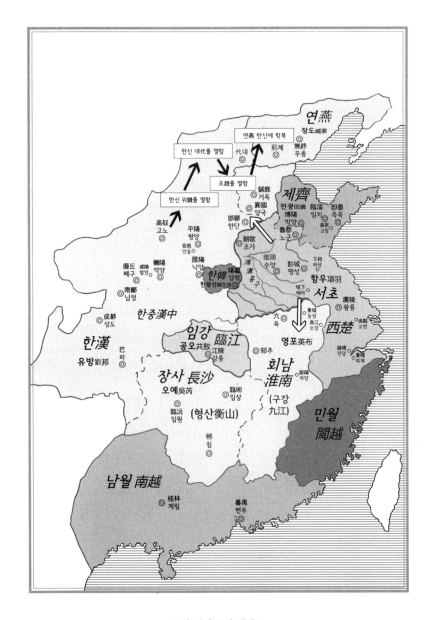

초한 쟁패 중기 형세도

초한 쟁패 말기 형세도

연표

- 이 연표는 『사기』의 해당 기록을 바탕으로 작성했다.
- 수록 사건은 대체로 『서한연의』를 중심으로 선택했다.
- 이름과 지명도 『서한연의』에 근거했다.
- 각 연도는 기원전을 가리킨다.

261년 전후(진秦 소양왕 46년 전후)
- 진 왕흘, 왕전, 왕손 이인이 군사 10만을 이끌고 조(趙)나라를 침입.
- 염파, 공손건, 의화 등에게 패배, 왕손 이인이 조나라의 포로가 됨.

260년 전후(진 소양왕 47년 전후)
- 여불위가 이인을 만남.

259년(진 소양왕 48년)
- 여불위가 자신의 아이를 잉태한 애첩 주희를 이인에게 바침.
- 음력 12월 초3일 공자 정(政, 진시황)이 조나라에서 태어남.

250년(진 효문왕 1년)
- 태자 안국군(효문왕)이 즉위하여 이인(자초)을 태자로 책봉함. 탈상 후 3일 만에 죽음. 이인 즉위(장양왕).

249년(진 장양왕 1년)
- 여불위가 승상이 됨.
- 동주를 멸함.

247년(진 장양왕 3년)
- 장양왕 즉위 3년 만에 죽음.
- 진왕 정이 보위에 오름.

246년(진왕 정 1년)
• 진나라가 조나라 진양을 뺏음.

239년(진왕 정 8년)
• 노애를 장신후에 봉함.

238년(진왕 정 9년)
• 노애가 반란을 일으킴. 노애를 잡아서 참수하고, 노애와 사통한 태후를 별궁에 유폐.

236년(진왕 정 11년)
• 여불위의 승상직을 빼앗고 그의 봉토인 하남으로 보냄.

235년(진왕 정 12년)
• 여불위 자결.

233년(진왕 정 14년)
• 이사의 모함으로 한비가 죽음.

230년(진왕 정 17년)
• 화양태후가 죽음.
• 진나라가 한(韓)나라를 멸함.

228년(진왕 정 19년)
• 왕태후가 죽음.
• 진나라가 조나라를 멸함.

227년(진왕 정 20년)
• 연나라 태자 단(丹)이 형가(荊軻)를 시켜 진왕 정을 죽이려 했으나 실패함.

225년(진왕 정 22년)

• 진나라가 위(魏)나라를 멸함.

• 초나라 항연(항우의 조부)이 진나라 침략을 격퇴함.

224년(진왕 정 23년)

• 초나라 항연이 창평군(昌平君)을 보위에 올림. 창평군이 화살을 맞고 전사
하자 항연도 자결함.

223년(진왕 정 24년)

• 진나라가 초나라를 멸함.

222년(진왕 정 25년)

• 진나라가 연(燕)나라와 대(代)나라를 멸함.

221년(진왕 정 26년)

• 진나라가 제(齊)나라를 멸함.

• 진왕 정이 천하를 통일하고 시황제를 칭함.

• 중국 전역을 36군(郡)으로 나눔.

220년(진시황 정 27년)

• 진시황 제1차 순행.

• 치도(馳道)를 닦음.

219년(진시황 정 28년)

• 진시황 제2차 순행. 태산에 봉선례를 올림.

• 서복을 보내 불사약을 구함.

218년(진시황 29년)

• 진시황 제3차 순행.

- 장량이 박랑사에서 진시황을 저격했으나 실패함.

216년(진시황 31년)
- 진시황이 난지(蘭地)에서 도적을 만남.

215년(진시황 32년)
- 진시황 제4차 순행. 갈석(碣石)으로 순행하여 각석을 세움.
- 여러 도사를 시켜 불사약을 구함.
- 성곽을 허물고 제방을 무너뜨림.
- 몽염을 시켜 흉노를 침.

214년(진시황 33년)
- 오령(五嶺)에 길을 닦고 수비부대를 파견함.
- 몽염을 시켜 장성을 쌓음.

213년(진시황 34년)
- 분서령(焚書令)을 내려 책을 불태움.

212년(진시황 35년)
- 직도(直道)를 닦음. 아방궁을 건축함.
- 유생 460명을 함양에서 생매장해서 죽임.
- 태자 부소가 직간하다 진시황의 질책을 받고 몽염 부대의 감독관으로 쫓겨남.

211년(진시황 36년)
- 동군(東郡)에 운석이 떨어지고 운석 위에 "始皇帝死而天下分"이란 글자가 새겨진 것으로 전해짐(『서한연의』에는 "始皇死而地分"으로 나옴).
- 한신이 표모에게서 밥을 얻어먹음.

210년(진시황 37년)
- 진시황 제5차 순행. 운몽(雲夢), 단양(丹陽), 전당(錢塘), 회계(會稽), 낭야(琅琊), 지부(芝罘) 등지를 거쳐 평원진(平原津)에서 병이 듦.
- 7월 병인일(丙寅日)에 사구(沙丘) 평대(平臺)에서 세상을 떠남.
- 조고와 이사가 진시황의 유조를 위조하여 호해(진이세)를 보위에 올리고 태자 부소를 죽임.
- 한신이 불량배의 가랑이 사이를 기어나가는 치욕을 감수함.

209년(진이세 1년)
- 진승과 오광이 대택향(大澤鄉)에서 반란을 일으킴.
- 각지의 제후국이 독립하여 다시 여섯 나라(六國)가 병립함.
- 항우도 숙부 항량을 따라 회계에서 봉기함.
- 유방도 풍택에서 군사를 모음.

208년(진이세 2년)
- 항량이 장강을 건너 북상함.
- 설현에서 회왕을 옹립.
- 항량, 유방과 연합하여 동아(東阿)를 구원하고 복양 동쪽에서 진나라 군사를 격파함. 성양을 도륙하고 삼천 군수 이유를 옹구에서 죽임.
- 장함이 정도에서 항량의 군대를 격파함. 항량 전사.
- 회왕이 팽성으로 도성을 옮김.
- 진이세가 이사를 죽이고 조고를 승상에 임명.

207년(진이세 3년)
- 항우가 송의를 죽이고 군권을 장악함.
- 항우가 거록(鉅鹿)에서 진나라 군대를 섬멸함. 제후들의 군대가 모두 복속함.
- 진나라 장수 장함이 20만 대군을 거느리고 투항함.
- 조고가 진이세를 시해하고 황제 호칭을 없앰.

206년(한漢고제 1년)

- 유방이 함양에 먼저 입성하여 진왕 자영의 항복을 받음. 진나라 멸망.
- 항우가 신안에서 진나라 병졸을 생매장하여 죽임.
- 항우가 제후 연합군 40만을 거느리고 관중으로 진입함.
- 항우가 홍문연에서 유방을 죽이려 함.
- 항우가 진왕 자영을 죽이고 함양을 폐허로 만듦.
- 항우 스스로 서초(西楚) 패왕(霸王)에 올라 천하를 19국으로 분봉함.
- 유방은 한왕에 분봉되어 한중으로 좌천됨.
- 전영이 초나라에 반발하고 자립하여 제왕이 됨. 항우가 군사를 이끌고 제나라를 정벌함.
- 항우가 한(韓)왕 한성을 죽이고 정창을 한왕에 봉함.
- 한신이 장량과 소하의 추천으로 한(漢)나라 대장군에 임명됨.
- 한신이 한나라 군사를 이끌고 진창도로 나와 삼진을 격파하다.

205년(고제 2년)

- 항우가 영포 등을 시켜 의제(회왕)를 죽임.
- 유방이 한나라 사직을 세움.
- 유방이 부로들의 간언을 듣고 회왕을 위해 소복을 입고 발상함.
- 유방이 위표를 대장으로 삼은 후 제후 연합군을 이끌고 팽성을 공격하여 점령함. 패배 후 형양으로 후퇴.
- 항우가 정예병 3만으로 유방이 점령한 팽성을 기습하여 연합군 56만 명을 크게 격파함.
- 수하의 유세로 구강국 영포가 한(漢)나라에 투항함.
- 한신이 위(魏)나라와 대나라를 공격하여 승리함.
- 유방이 서위(西魏)의 위표를 사로잡음.

204년(고제 3년)

- 한신이 배수진으로 조나라를 격파함. 진여를 죽이고 조헐을 사로잡음. 모사 이좌거를 얻음.

- 역생이 유방에게 육국의 후예를 분봉하라고 권했으나 유방은 장량의 말을 듣고 그만 둠.
- 항우가 진평의 반간계에 얽혀듦. 범증이 죽음.
- 항우가 형양을 포위함. 유방은 자기 대신 기신을 항복하게 하고 성을 탈출함.
- 유방이 종공과 주가를 시켜 성고를 지키게 함. 주가와 종공이 항우에 항복하지 않고 순절함.
- 한신이 조나라를 점령하고 연나라를 귀의케 함.
- 유방이 한신의 군영을 불시에 방문하여 한신과 장이의 지휘권을 박탈함. 이후 장이에게는 조나라를 지키게 하고, 한신에게는 제나라를 공격하게 함.
- 팽월이 초나라 군량 보급로를 끊고 군량을 불태움.

203년(고제 4년)
- 항우가 노관, 팽월을 공격하여 양(梁) 땅 10여 성을 함락시킴.
- 조구와 사마흔이 성고에서 유방에게 패배하고 성을 잃음.
- 유방이 성고를 빼앗고 광무에 주둔하여 항우와 대치함.
- 항우가 광무에서 유방에게 화살을 쏘아 부상을 입힘.
- 한신이 괴통의 계책에 따라 황하를 건너 제나라를 함락함. 한신이 유방에게 가제왕(假齊王) 책봉을 요청했고, 유방은 한신을 제왕(齊王)에 봉함. 괴통이 한신에게 천하삼분지계(天下三分之計)를 올림
- 역이기가 제나라에서 팽형을 당함.
- 항우가 무섭을 한신에게 보내 중립을 유지해달라고 유세함.
- 유방이 육가를 항우에게 보내 강화를 요청했으나 실패함.
- 항우가 후공의 유세를 듣고 한나라와 강화를 허락함. 홍구를 경계로 동서로 땅을 나눔.
- 항우가 태공과 여후를 송환함.

202년(고제 5년)
- 항우가 한나라와 강화한 후 동쪽으로 돌아가다 한나라 군대에 추격당함.
- 항우가 고릉에서 한나라 군대를 대파함.

- 유방이 한신, 팽월, 영포에게 봉토를 준다고 약속하고 연합군을 구성함.
- 유방이 진하(陳下)에서 항우의 군대를 대파함.
- 한나라 연합군이 해하에서 항우의 군대를 포위해 대파함.
- 항우가 패배 끝에 오강에서 자결함. 노나라 땅 곡성에 묻힘.
- 유방이 범수 북쪽에서 황제에 즉위함.
- 한신의 봉토가 제나라에서 초나라로 바뀜.

201년(고제 6년)
- 장량이 병을 핑계로 조정에 나오지 않음.
- 한신이 종리매를 숨겨주었다가 반역 혐의로 운몽에서 체포되어 회음후로 강등되고 장안에 연금됨.
- 흉노 묵특선우가 한나라를 공격함.

200년(고제 7년)
- 유방이 백등에서 흉노에 포위되었다가 진평의 계책으로 탈출함.
- 누경의 건의에 따라 장안에 도읍함.

198년(고제 9년)
- 한나라와 흉노가 강화함.

197년(고제 10년)
- 유방이 태자 유영을 폐하고 여의를 세우려 하자 주창이 강력하게 반대함.
- 진희가 반란을 일으킴.

196년(고제 11년)
- 한신이 진희의 반란에 연루된 혐의로 체포되어 참수되고, 그의 삼족이 모두 처형됨.
- 팽월이 모반 혐의로 고발되어 참수되고, 그의 삼족이 모두 처형됨.
- 난포가 팽월의 수급을 수습함.

- 영포가 한나라에 반란을 일으켰다 패배함.
- 유방이 고향 패현에 들러 「대풍가(大風歌)」를 부르며 고향 사람들과 즐김.

195년(고제 12년)
- 영포가 살해되고 그의 삼족이 모두 처형됨.
- 유방이 영포의 반란을 진압하다 맞은 화살의 상처가 도져서 세상을 떠남.
- 태자 유영이 보위에 오름(혜제).
- 여후를 황태후로 높임.

194년(혜제 1년)
- 노관이 흉노와 연합하여 반란을 일으켰다 패배하여 자결함.
- 여후가 조왕 여의와 척부인을 살해함.
- 승상 소하가 사망하자 조참을 후임으로 임명함.

190년(혜제 5년)
- 승상 조참이 죽음.
- 장안성이 완공됨.

189년(혜제 6년)
- 승상 조참의 후임에 왕릉과 진평을 임명함(왕릉은 우승상, 진평은 좌승상).
- 주발을 태위로 삼음.
- 번쾌가 죽음.
- 유후 장량이 죽음.

188년(혜제 7년)
- 혜제가 죽음.

고양주도(高陽酒徒): 역이기가 고양 땅의 술주정뱅이라는 뜻이다. 술을 좋아하며 자유분방하게 행동하는 사람을 비유한다.(『사기』「역생가의열전(酈生賈誼列傳)」)『원본 초한지』 3 제69회.

과하지욕(胯下之辱): 남의 가랑이 아래를 기어서 지나가는 치욕을 당했다는 뜻이다. 장차 큰일을 이루기 위해 목전의 작은 치욕을 참는 것을 비유한다.(『사기』「회음후열전」)『원본 초한지』 1 제13회.

국사무쌍(國士無雙): 나라 안의 선비들 중에서 둘도 없는 인재라는 뜻이다. 식견, 재능, 용력이 뛰어나 비견할 만한 인물이 없음을 비유한다.(『사기』「회음후열전」)『원본 초한지』 2 제38회.

금의야행(錦衣夜行): 화려한 비단옷을 입고 밤길을 간다는 뜻이다. 출세한 뒤 고향에 돌아가지 않음을 비유한다. 또는 자랑할 만한 일을 하고도 생색을 내지 않아서 아무 보람이 없는 것처럼 보이는 것을 비유한다.(『사기』「항우본기」)『원본 초한지』 1제30회.

기화가거(奇貨可居): 기이한 물건을 손에 넣어 간직한다는 뜻이다. 뒷날 큰 이익을 가져다줄 진귀한 보배나 뛰어난 인물을 미리 알아보고 투자하는 것을 비유한다.(『사기』「여불위열전」)『원본 초한지』 1 제2회.

낭중지추(囊中之錐): 뛰어난 인재는 조용히 있어도 그 능력이 저절로 드러나 보임을 비유한다. 중국 전국시대 조(趙)나라 평원군의 문객 모수가 자신을 추천하며 한 말에서 나왔다. "이 모수로 하여금 일찌감치 주머니 속에 들어가게 했다면 송곳 자루까지 주머니를 뚫고 나왔을 터이니, 겨우 송곳 끝만 보이는 데 그치지 않았을 것입니다(使遂蚤得處囊中, 乃穎脫而出, 非特其末見而已)."(『사기』「평원군열전」)『원본 초한지』 2 제36회.

단병상접(短兵相接): 짧은 무기를 들고 서로 붙어 싸운다는 뜻이다. 쌍방이 가까운 거리에서 백병전을 벌이거나 적과 얼굴을 마주대고 첨예하게 투쟁하는 상황을 비유한다.(굴원,『초사』「구가‧국상」)『원본 초한지』 3 제84회.

동문황견(東門黃犬): 상채 동문에서 황견을 끌다라는 뜻이다. 관직생활을 하다가 억울하게 참화를 당하고 나서 뒤늦게 후회함을 비유한다.(『사기』「이사열전」)『원본 초한지』 1 제16회.

명수잔도, 암도진창(明修棧道, 暗度陳倉): 겉으로는 잔도를 수리하는 체하면서 몰래 진창도(陳倉道)로 건너간다는 뜻이다. 겉으로 사람들의 눈에 띄는 행동을 하여 상대의 시선을 빼앗고 뒤로는 진실한 의도를 숨기며 상대의 잘못된 대응을 유도하는 것을 비유한다.(『사기』「고조본기」)『원본 초한지』 2 제43회.

목후이관(沐猴而冠): 원숭이에게 머리를 감기고 관을 씌운다는 뜻이다. 겉으로 드러난 의관은 화려하지만 언행이 사람답지 못함을 비유한다.(『사기』「항우본기」)『원본 초한지』 1 제30회.

발산개세(拔山蓋世): 힘이 산을 뽑고 세상을 뒤덮는다는 뜻이다. 강력한 힘과 용기를 비유한다. 역발산, 기개세(力拔山, 氣蓋世)라고도 한다.(『사기』「항우본기」)『원본 초한지』 3 제83회.

방호귀산(放虎歸山): 호랑이를 풀어 산으로 돌려보낸다는 뜻이다. 쓸데없는 인정을 베풀어 화근을 남기는 일을 비유한다. 방룡입해(放龍入海), 종호귀산(縱虎歸山)도 같은 말이다.(『동주열국지』 제45회)『원본 초한지』 1 제24회.

배수일전(背水一戰): 강물을 등지고 전투를 하다, 또는 스스로 퇴로를 끊고 결사전을 치른다는 뜻으로 간단히 배수진(背水陣)이라고도 한다. 막다른 골목에 몰려서 목숨을 걸고 마지막 싸움을 벌이는 것을 비유한다.(『사기』「회음후열전」)『원본 초한지』 2 제62회.

백마소거(白馬素車): 백마가 끄는 하얀 수레라는 뜻이다. 나라의 멸망이나 사람의 장례를 비유한다.(『사기』「진시황본기」)『원본 초한지』 1 제20회.

분서갱유(焚書坑儒): 책을 불태우고 유생을 생매장한다는 뜻이다. 문화적 억압과 지식인 탄압을 비유한다.(『사기』「진시황본기」)『원본 초한지』 1 제7회.

사면초가(四面楚歌): 사방에서 모두 초나라 노래가 들려온다는 뜻이다. 도와주는 사람이 아무도 없는 외로운 상황에 처했거나 홀로 적에게 포위되어 탈출할 수 없는 상황을 비유한다.(『사기』「항우본기」)『원본 초한지』 3 제82회.

성야소하, 패야소하(成也蕭何, 敗也蕭何): 한신이 성공할 수 있게 도와준 사람도 소하이고, 한신이 패망하도록 내버려둔 사람도 소하라는 뜻이다. 어떤 일의 성패가 한 사람에게 달린 상황을 비유한다.(『사기』「회음후열전」)『원본 초한지』3 제93회.

소향피미(所向披靡): 향하는 곳마다 모든 군사가 쓰러진다는 뜻이다. 힘이 미치는 곳에 모든 장애물이 제거됨을 비유한다.(『사기』「항우본기」)『원본 초한지』3 제84회.

십면매복(十面埋伏): 열 방향에 빈틈없이 복병을 배치했다는 뜻이다. 도처에 곤경이 겹쳐 매우 어려운 상황에 빠졌음을 비유한다. '사면초가'와 거의 같은 의미로 쓰인다.(『서한연의』제80회)『원본 초한지』3 제80회.

약법삼장(約法三章): 진나라의 번거로운 법률을 3장으로 줄였다는 뜻이다. 가혹한 법률을 가볍고 단순하게 줄여 백성을 너그럽게 대하는 것을 비유한다.(『사기』「고조본기」)『원본 초한지』1 제20회.

양호유환(養虎遺患): 호랑이를 길러 후환을 남긴다는 뜻이다. 적을 섬멸하지 않거나 화근의 단서를 남겨서 나중에 막대한 손실을 입는 상황을 비유한다.(『사기』「항우본기」)『원본 초한지』3 제75회.

운주유악(運籌帷幄): 장막 안에서 계책을 세우고 운용한다는 뜻이다. 밝은 지혜와 뛰어난 식견으로 임금이나 나라를 위해 정확하고 시의적절하게 방략을 마련하는 일을 비유한다. 19세기 후반 우리나라에서 출간된 한문소설 『유악귀감』도 바로 이 고사성어에서 제목을 취한 것으로『서한연의』중에서 장량의 활약을 집중적으로 부각한 작품이다.(『사기』『고조본기』)『원본 초한지』3 제85회.

유자가교(孺子可教): 가르쳐볼 만한 젊은이라는 뜻이다. 유아나 청소년의 재능이 뛰어나서 장차 큰 성취를 이룰 만함을 비유한다.(『사기』「유후세가」)『원본 초한지』1 제8회.

일결자웅(一決雌雄): 한 번 자웅을 겨룬다는 뜻이다. 단 한 번의 대결로 상대편과 승패나 고하를 겨루는 것을 비유한다.(『사기』「항우본기」)『원본 초한지』3 제72회.

일반천금(一飯千金): 한 끼 밥을 천금으로 갚는다는 뜻이다. 자신에게 작은 은혜를 베푼 사람에게 후하게 사례하는 것을 비유한다.(『사기』「회음후열전」)
『원본 초한지』3 제85회.

일일천리(一日千里): 하루에 1000리를 간다는 뜻이다. 발걸음이 빨라서 하루에
1000리를 갈 수 있는 말을 형용하는 성어다. 어떤 사람의 행동이 빠르거나
어떤 일의 진척이 신속함을 비유한다.(『장자』「추수」)『원본 초한지』1 제15회.

일자천금(一字千金): 글자 하나가 천금에 해당한다는 뜻이다. 문장의 묘사나
가치가 지극히 뛰어나서 함부로 빼거나 보탤 수 없음을 비유한다.(『사기』
「여불위열전」)『원본 초한지』1 제6회.

지록위마(指鹿爲馬): 사슴을 가리켜 말이라고 한다는 뜻이다. 거짓으로 윗사람
을 속이고 권세를 부리는 일, 또는 불의한 권력으로 진실을 가리는 일을 비
유한다.(『사기』「진시황본기」)『원본 초한지』1 제16회.

첩족선등(捷足先登): 발이 빠른 사람이 먼저 올라간다는 뜻이다. 행동이 기민
하고 눈치가 빠른 사람이 추구하는 목적에 먼저 도달함을 비유한다.(『사기』
「회음후열전」)『원본 초한지』3 제94회.

추호무범(秋毫無犯): 털끝만큼도 침범하지 않는다는 뜻이다. 백성이나 상대의
이익에 조금도 손해를 끼치지 않거나 그들의 기분을 전혀 상하게 하지 않음
을 비유한다.(『사기』「항우본기」)『원본 초한지』1 제20회.

토사구팽(兎死狗烹): 교활한 토끼를 잡고 나면 사냥개는 쓸모가 없어져서 삶아
먹히게 된다는 뜻이다. 자신이 필요할 때는 사람을 이용하다가 필요가 없어
지면 가혹하게 내버리는 상황을 비유한다.(『사기』「월왕구천세가」)『한비자』
「내저설좌하」에는 "狡兎盡則良犬烹, 敵國滅則謀臣亡"이라고 되어 있다. 『원
본 초한지』3 제88회.

토포악발(吐哺握髮): 어진 인재를 등용하기 위해 힘쓰는 모습을 비유한다. 주
나라 주공은 손님이 찾아오자 밥을 먹다가도 입안에 든 밥을 뱉어내고 뛰어
나가 맞았고, 머리를 감다가도 물이 흐르는 머리칼을 움켜쥐고 달려나가 마
중했다고 한다.(『사기』「노주공세가」)『원본 초한지』2 제36회.

파부침주(破釜沈舟): 솥을 깨뜨리고 배를 침몰시킨다는 뜻이다. 스스로 돌아갈
길을 끊고 결사항전에 나섬을 비유한다.(『사기』「항우본기」)『원본 초한지』1
제14회.

피견집예(披堅執銳): 견고한 갑옷을 입고 날카로운 무기를 들었다는 뜻이다. 완전무장을 하고 전투에 나섬을 비유한다.(『사기』「항우본기」)『원본 초한지』 3 제88회.

항장무검, 의재패공(項莊舞劍, 意在沛公): 항장이 칼춤을 추는 의도는 패공을 해치려는 데 있다는 뜻이다. 겉으로 드러난 모습과 달리 속으로 악랄한 흉계를 감추고 있음을 비유한다.(『사기』「항우본기」)『원본 초한지』 1 제23회.

해의추식(解衣推食): 옷을 벗어 입혀주고 밥을 빌려 먹게 했다는 뜻이다. 어떤 사람을 지극하게 보살피면서 관심을 갖고 사랑을 쏟는 것을 비유한다.(『사기』「회음후열전」)『원본 초한지』 3 제71회.

인명사전

- 인물 표제어는 『사기(史記)』 등 정사보다 『서한연의(西漢演義)』를 우선시했다.
- 인물 이력은 『서한연의』 내용을 요약한 것이다. 정사와 다른 경우 부가 설명을 한 곳도 있다.
- 가나다순으로 배열했다.
- 인물 생몰년이 밝혀진 경우는 괄호 안에 서기 연도를 표기했지만 그렇지 않은 경우는 아무 표기도 하지 않았다.
- 인물 설명 마지막에는 그 인물이 등장하는 장회를 표시하여 쉽게 찾아볼 수 있게 했다.
- 초한 쟁패 시기 이외의 인물에 대해서는 본문 해당 각주에서 간략하게 설명했다.

【ㄱ】

경자관군(卿子冠軍) → 송의(宋義)

경창(耿昌) 적왕 동예 휘하의 장수다. (2권 47회)

경패(耿沛) 진삼세 자영의 휘하 장수다. 무관을 지키는 주괴를 돕도록 파견되었으나 유방의 관중 진공을 막지 못했다. (1권 19회)

계량(季良) 초패왕 항우의 장수다. 계항과 함께 폐구로 파견되어 그곳을 지키는 장함에게 관문 수비에 주의하라는 명령을 전했다. 이후 장함의 휘하에서 한신의 군대와 싸우던 중 전사했다. (2권 43, 46, 48회)

계묵(季黙) 공손건의 인척으로 평소에 청탁을 받고 뒷거래를 하며 살았다. 여불위의 청탁을 받고 그를 공손건에게 소개했다. (1권 2회)

계포(季布) 본래 회계군수 은통의 아장(牙將)이었다. 항우에게 충성을 바치며 유방의 군사를 여러 번 격파하고 유방에게 모욕을 줬다. 항우가 죽고 초나라가 패망한 뒤 하후영의 설득으로 한나라에 항복하여 고위 관직을 지냈다.

의협심이 강하고 신용이 두터워 "황금 백 근을 얻는 것보다 계포의 승낙 한 번 얻는 게 더 낫다(得黃金百斤, 不如得季布一諾)"라는 말이 유행했다. (1권 11~12, 15, 18, 30, 32~33회, 2권 52~53, 55, 58, 60, 64~65회, 3권 67, 72, 74~79, 81~82, 86~87회)

계항(季恒) 초패왕 항우의 장수다. 계량과 함께 폐구로 파견되어 그곳을 지키는 장함에게 관문 수비에 주의하라는 명령을 전했다. 이후 장함의 휘하에서 한신의 군대와 싸우던 중 전사했다. (2권 43, 46, 48회)

고기(高起) 한고조 유방의 장수다. 고릉 전투에서 항우와 전투를 벌였다. 구리산 십면매복과 해하 전투에 참여했다. (3권 76, 80~81, 85회)

공손건(公孫乾) 조나라 장수로 의화와 함께 군사 2만을 이끌고 장하로 침공해온 진나라 군사를 막아냈다. 인질이 된 이인을 감시하는 역할을 맡았으나 여불위의 계략에 속아 이인의 탈출을 막지 못했다. (1권 1~2, 4~5회)

공오(共敖, ?~기원전 204) 진나라 말기 반진(反秦) 의군을 일으켜 초나라 진영에 가담하여 초회왕의 주국(柱國)에 임명되었다. 항우가 관중을 공격할 때 남군(南郡)을 빼앗아 호응하여 임강왕(臨江王)에 봉해졌다. 항우의 밀명을 받고 구강왕(九江王) 영포, 형산왕(衡山王) 오예(吳芮)와 침주로 가는 의제를 시해했다. 초한 쟁패 과정에서 항우에게 그다지 협조적이지 않았다. (1권 18, 26, 32회)

공희(孔熙) 진하와 함께 태산 등운령(登雲嶺)에 숨어 살며 무예를 닦다가 한신에게 투신한 장수다. 유방이 구리산 십면매복에 나설 때 앞길에서 백성을 효유하는 임무를 맡기고 요후(蓼侯)에 봉했다. 유방이 항우를 유인할 때 진하와 좌우 날개 역할을 하며 유방을 보호했다. (3권 78~81회)

곽미(郭縻) 하남왕 신양의 부장이다. 신양에게 유세하러 온 장량을 포박하여 항우에게 가다가 번쾌의 창을 맞고 죽었다. (2권 49~50회)

관씨(管氏) 본래 서위왕 위표의 후궁이었으나 한고조 유방의 후궁으로 들어갔다. (2권 61회)

관영(灌嬰, ?~기원전 176) 한고조 유방이 관중으로 진격할 때 무관(武關) 앞에서 유방의 진영에 귀의했다. 유방 휘하의 용장으로 이름을 떨쳤다. 삼진 평정 전투, 팽성 전투 등에서 날랜 기병을 이끌고 혁혁한 전공을 세웠다. 한신을 따라 제나라를 공격했고, 해하 전투에서도 항우를 몰아쳐 한나라 승리의 주역이 되었다. 영음후(潁陰侯)에 봉해졌다. 천하 통일 뒤 장도, 한왕신, 진희, 영포의 반란을 평정했다. 여후 사후 문제(文帝)를 옹립하고 태위로 승진했다. 주발 뒤를 이어 승상 지위에 올랐다. 시호는 의후(懿侯)다. (1권 19, 27회, 2권 39, 44, 46~50, 60~61회, 3권 67~68, 73~74, 76, 80, 82~84, 92, 94, 96회)

광무군(廣武君) → 이좌거(李左車)

괴문통(蒯文通) → 괴철(蒯徹)

괴철(蒯徹) 한나라 이후 무제 유철(劉徹)의 이름을 피하여 괴통(蒯通)으로 표기했다. 자는 문통(文通)이다. 본래 연왕(燕王)을 섬겼으나 이좌거의 말을 듣고 한신에게 귀의했다. 한신에게 유방, 항우에 맞서 자립하도록 천하삼분지계(天下三分之計)를 올렸다. 한신이 그의 의견을 채택하지 않자 저잣거리에서 미치광이처럼 떠돌았다. 천하 통일 뒤 한신이 여후에게 잡혀 피살되자 한신의 시신을 수습했다. (2권 62~63회, 3권 68~72, 77회)

괴통(蒯通) → 괴철(蒯徹)

구강왕(九江王) → 영포(英布)

구명(仇明) 팽월의 장수로 외황(外黃) 현령을 지냈다. 팽월이 항우의 공격을 피해 외황을 떠난 뒤 부장 주거와 외황을 지키다가 항우에게 항복했다. (3권 67회)

구숙(仇叔) 구명의 맏아들이다. 항우가 외황을 점령했을 때 열세 살 어린 나이로 그에게 유세하여 성안 백성을 학살하지 못하게 했다. (3권 67회)

구환(拘喚) 초패왕 항우 휘하의 패현(沛縣) 현령이다. 태공 가족을 감시하다가 유신에게 인도했다. (2권 51회)

귀곡자(鬼谷子) 본명은 왕허(王栩)로 알려져 있다. 술수학(術數學), 병학(兵學), 유세학, 신선술에 달통했다고 한다. 귀곡(鬼谷)에 은거하여 제자를 길렀으므로 흔히 귀곡자로 부른다. 손빈(孫臏), 방연(龐涓), 소진(蘇秦), 장의(張儀), 여불위 등이 그의 제자로 알려져 있다. (1권 2회)

근강(靳强, ?~기원전 185) 한고조 유방의 장수다. 삼진 평정 전투에 수행했다. 초한 쟁패 과정에서 공을 세워 분양후(汾陽侯)에 봉해졌다. (2권 44회)

근무(靳武) 한신이 대산관을 돌파하기 위해 시무의 이름을 근무로 바꾸고 장평의 군영에 잠입시켰다. (2권 43, 45회) → 시무(柴武)

근흡(靳歙, ?~기원전 183) 삼진 평정에 나선 한신이 태백령(太白嶺)을 통과하는 과정에서 엄청난 크기의 독사가 길을 가로막자 근흡이 독사를 베고 길을 열었다. 해하 전투에서도 항우와 치열한 전투를 벌였다. 신무후(信武侯)와 건무후(建武侯)에 봉해졌으며 천하 통일 이후에도 한왕신, 진희, 영포의 반란을 진압하는 데 큰 공을 세웠다. 시호는 숙후(肅侯)다. (1권 18~19, 22~23회, 2권 45~46, 48, 52, 55, 58, 62회, 3권 73, 75~76, 80~81, 84, 89회)

기리계(綺里季) → 상산사호(商山四皓)

기신(紀信, ?~기원전 204) 기성(紀成)으로 쓰기도 한다. 한고조 유방의 용장이다. 홍문연을 오갈 때 번쾌, 하후영, 근흡 등과 함께 유방을 보위했다. 유방의 군사가 형양성에서 항우에게 포위되었을 때 기신의 모습이 유방과 비슷했으므로 스스로 유방의 의관을 쓰고 항우에게 항복하여 화형을 당했다. (1권 23회, 2권 58, 64회)

기통(紀通) 기신의 아들로 한고조 유방의 장수다. 그에게 정예병 2만을 주어 반란을 일으킨 영포의 본영을 습격하게 했다. (3권 96, 98회)

【ㄴ】

나무꾼(樵夫) 한신이 항우의 진영을 탈출하여 유방에게 귀의할 때 태백령 산중에서 길을 가르쳐준 시골 사람이다. 한신은 이 사람이 초나라에 고변할까 두려워 다시 돌아가서 그를 죽였다. 한신은 나중에 한나라 대장군이 된 뒤 무고하게 죽은 나무꾼을 위해 무덤을 다시 조성하고 사당을 지어 영혼을 위로했다. 천하 통일 뒤 건충후(建忠侯)에 추존되었다. (2권 34, 85회)

낙갑(洛甲) 한나라 장수다. 경삭하(京索河) 전투에서 이필과 함께 정동 방향의 포위망을 담당했다. 이어진 전투에서 초나라 포(浦) 장군의 화살을 맞고 죽었다. (2권 58회)

난포(欒布, ?~기원전 145) 팽월의 심복 장수다. 천하 통일 뒤 팽월이 억울하게 죽자 낙양으로 달려가 팽월의 시신을 수습했다. 영포에게 팽월의 신세로 전락하지 말라고 부추겨 반란을 일으키게 했다. 영포의 반란을 진압하러 나선 한고조 유방에게 화살을 쏴서 오른쪽 어깨에 명중시켰다. 그러나 정사에는 팽월의 시신을 수습한 충성심을 인정받아 한고조에게 사면을 받았으며 이후 연나라 국상(國相)을 지내는 등 경제(景帝) 때까지 생존한 것으로 기록되어 있다. (3권 67, 95~96회)

내사(内使) 이공(李公) 한나라 초기 황궁 내사(内使)다. 여후가 그에게 후한 예물을 주어 상산사호를 초빙해오게 했다. (3권 97회)

노공(魯公) → 항우(項羽)

노관(盧綰, 기원전 256~기원전 194) 한고조 유방의 고향 친구로 같은 해 같은 날 태어났다. 어릴 때부터 유방과 동고동락했고, 초한 쟁패의 전 과정에 참전했다. 천하 통일 뒤 연왕(燕王)에 봉해졌다. 이후 한신 등 공신이 주살당하고 여후가 전횡하자 반란을 일으켜 흉노와 연합했다가 번쾌의 공격을 받고 패배하여 자결했다. (1권 18~19회, 2권 44~46, 52, 55, 58, 61회, 3권 73, 76, 80~81, 89, 100회)

노생(盧生) 진시황 때의 유생이다. 돌아오지 않는 서복을 찾기 위해 진시황이 바닷가로 파견했다. 서복은 찾지 못하고 동화산(東華山) 꼭대기에서 이인(異人)을 만나 『천록비결(天錄秘訣)』이라는 책을 받았다. 그 책에는 "진나라를 멸망시키는 것은 호(胡)다(亡秦者, 胡也)"라는 참언이 쓰여 있었다. 진시황의 분서갱유(焚書坑儒) 때 생매장되었다. (1권 7회)

노애(嫪毐, ?~기원전 238) 여불위가 장양후의 음행을 만족시키기 위해 바쳤다. 양물(陽物)이 커서 장양후의 총애를 받으며 장신후(長信侯)에까지 봉해졌다. 장양후와의 사이에서 두 아들을 낳고 반란을 일으켰다가 진왕 정에게 잡혀 참수되었다. (1권 6회)

녹리선생(甪里先生) → 상산사호(商山四皓)

농부(田父) 해하에서 패배한 항우가 음릉(陰陵)에서 길을 잃고 강동으로 가는 길을 묻자, 항우를 속여 늪지대에 빠지게 했다. (3권 83회)

누경(婁敬) 제나라 사람이다. 한고조 유방에게 유세하여 도읍을 낙양에서 장안으로 옮기게 했다. 이 공로에 보답하여 유방은 그에게 한나라 종실 성인 유씨(劉氏)를 하사했다. 이에 유경(劉敬)으로도 불린다. 한나라 황실 공주를 흉노 묵특선우에게 바치고 화친을 이루게 했다. (3권 87, 90회)

누번(婁煩) 기마와 궁술에 뛰어난 북맥(北貉) 장수다. 소하를 따라 한나라에 귀의하여 유방을 위해 싸웠다. 광무산 전투에서 항우의 창에 찔려 죽었다. (3권 72회)

【ㄷ】

당봉(黨奉) 번쾌 휘하의 기마병 장수다. 반란을 일으킨 노관을 치려고 길 좌우에 매복시켰다. (3권 100회)

도만달(都萬達) 은왕 사마앙 휘하의 모사다. 조가(朝歌) 성을 지키다가 한신의 군대에 항복했다. (2권 52회)

동공(董公) 동공삼로 또는 동삼로라고도 부른다. 삼로(三老)는 지방의 풍속을 관장하는 장로(長老)다. 항우가 영포 등을 시켜 침주로 옮겨가는 의제를 시해하자 그 시신을 수습하여 장사지냈다. 이후 낙양으로 가서 유방을 만나 의제를 위해 모든 군사들이 소복을 입고 상례를 치르라고 하여 천하의 민심이 귀의하게 했다. (1권 33회, 2권 54회)

동공삼로(董公三老) → 동공(董公)

동삼로(董三老) → 동공(董公)

동식(董式) 적왕 동예의 맏아들이다. 한신이 새왕 사마흔을 사로잡기 위해 번쾌에게 동식을 거짓으로 포박하여 사마흔의 진영으로 가서 항복하게 했다. 사마흔이 사로잡힌 뒤 풀려났다. (2권 47회)

동예(董翳. ?~기원전 204) 진나라 장수로 장함을 보좌하며 반진(反秦) 의군을 진압했다. 거록 전투에서 항우에게 패배한 뒤 장함, 사마흔과 함께 항우에게 투항했다. 진나라 멸망 뒤 항우에 의해 삼진의 하나인 적왕(翟王)에 봉해졌다. 역양 전투에서 패배하여 한나라에 투항했다. 이후 다시 팽성 전투에서 패배한 뒤 항우에게 항복했다가 참수되었다. 『사기』 「항우본기」에는 성고 전투에서 한나라 군사에게 패배한 뒤 조구와 함께 사수(汜水) 가에서 자결한 것으로 기록되어 있다. (1권 13~16, 18, 21, 26회, 2권 47, 55~56회)

동원공(東園公) → 상산사호(商山四皓)

동화산(東華山) 이인(異人) 동화산 꼭대기에 거주하는 은자(隱者)다. 불로장생약을 찾는 노생에게 세상에 그런 약은 없다고 일깨워주었다. 『천록비결(天錄秘訣)』이라는 책을 주어 진시황에게 가져다주게 했다. 그 책에 "진나라를 멸망시키는 것은 호(胡)다(亡秦者, 胡也)"라는 참언이 쓰여 있었다. (1권 7회)

등공(滕公) → 하후영(夏侯嬰)

【ㅁ】

마화(馬和) 번쾌 휘하의 기마병 장수다. 반란을 일으킨 노관을 치려고 길 좌우에 매복시켰다. (3권 100회)

맹방(孟防) 진나라 대장 장함의 부하 장수다. (1권 15회)

모수(毛修) 진나라 부장으로 장하 전투에서 패배한 뒤 유평과 함께 조나라 추격군을 방비하는 임무를 맡았다. (1권 1회)

모초(茅焦) 제나라 출신 유세객이다. 진왕 정이 태후를 별궁에 유폐하고 간언을 금지하자, 진왕 정의 불효를 꾸짖고 태후를 모셔오게 했다. (1권 6회)

몽염(蒙恬, 기원전 259?~기원전 210) 진나라 명장이다. 진나라 통일 뒤 30만 대군을 거느리고 흉노를 쳐서 승리했다. 인부 80만을 동원하여 변방을 따라 장성을 높이 쌓고 북방 오랑캐(胡)를 방비했으며, 구주(九州) 직도(直道)를 닦았다. 진시황 사후 조고와 이사에 의해 사사(賜死)되었다. (1권 7, 9~10회)

무섭(武涉) 초패왕 항우의 대부로 우간의(右諫議) 등의 직을 지냈다. 제나라 왕이 된 한신에게 천하삼분지계를 권했으나 한신이 따르지 않았다. 이후 이 삼분지계를 괴철이 또 한신에게 권했으나 역시 듣지 않았다. (1권 26회, 3권 71회)

무신(武臣) 진나라 말기 조(趙) 땅에서 반진(反秦) 군사를 일으킨 장수다. (1권 10회)

무신군(武信君) → 항량(項梁)

묵특선우(冒頓單于, 기원전 234~기원전 174) 진한 교체기에 중국 북방 초원을 통일한 유목 제왕이다. 남쪽 음산(陰山)에서 북쪽 바이칼호, 동쪽 요하(遼河), 서쪽 파미르고원 너머까지 대제국을 건설했다. 백등(白登)에서 한고조 유방을 포위하고 곤경에 빠뜨렸다. (3권 89회)

문신후(文信侯) → 여불위(呂不韋)

문통(文通) → 괴철(蒯徹)

【ㅂ】

박소(薄昭) 한나라 장수로 구리산 십면매복에서 사방 군사들의 전진을 재촉하는 역할을 맡았다. (3권 80회)

박씨(薄氏) → 박후(薄后)

박후(薄后, 기원전 215?~기원전 155) 박후가 위표의 왕후였는지는 분명하지 않다. 보통 위표의 후궁으로 본다. 나중에 한고조 유방의 후궁이 되어 박희(薄姬)로 불렸다. 이후 박희는 유방의 아들 문제(文帝)를 낳았고, 문제가 보위에 오른 뒤 황태후로 봉해졌다. (2권 59, 61회)

박희(薄姬) → 박후(薄后)

백직(柏直) 서위왕 위표의 대장이다. 황하를 건너 공격해오는 한나라 군사에게 패배하여 도주했다. (2권 59~60회)

번쾌(樊噲, 기원전 242~기원전 189) 한고조 유방과 동향으로 패(沛) 땅 사람이다. 본래 직업은 개백정이었으나 유방 휘하에서 용장으로 이름을 날렸다. 홍문연에서 항장의 칼춤에 맞서 유방을 보호했다. 수많은 전투에서 승리하여 한나라 건국에 큰 공을 세웠다. 무양후(舞陽侯)에 봉해졌으며 시호는 무후(武侯)다. (1권 10, 13, 18~21, 23, 25, 27~28, 2권 39~50, 52, 55~56, 58, 61~63회, 3권 73~74, 76~77, 80, 82~83, 88~89, 92~94, 96, 98, 100~101회)

범증(范增, 기원전 277~기원전 204) 초패왕 항우의 가장 뛰어난 군사(軍師)다. 항량의 반진 군영에 가담할 때 벌써 70세를 넘은 것으로 알려져 있다. 항우는 범증을 높여서 아보(亞父)라고 불렀다. 항우의 작전과 계책이 대부분 범증의 머리에서 나왔다. 한왕 유방을 제거하기 위해 진력했으나 항우가 듣지 않아 모두 실패했다. 결국 한나라 진평의 반간계에 빠져든 항우의 배척을 받아 관직을 버리고 귀향하던 도중 병사했다. (1권 12~18, 21~25, 27, 32~33, 2권 43, 49, 51~52, 55~61, 63회)

부관(傅寬, ?~기원전 190) 한고조 유방의 장수다. 본래 위(魏)나라 장수였다가 유방에게 귀의했다. 누차 전공을 세워 양릉후(陽陵侯)에 봉해졌다. 시호는 경후(景侯)다. (1권 18~19회, 2권 43, 58회, 3권 80~81회)

부소(扶蘇, ?~기원전 210) 진시황의 맏아들로 태자에 책봉되었다. 성격이 강직하고 용력이 뛰어났으며 인의로 아랫사람을 다스려 신망이 높았다. 분서갱유 때 직간하다가 진시황의 노여움을 사 몽염의 만리장성 축조 감독관으로 추방되었다. 진시황 사후 조고와 이사의 농간으로 태자의 지위를 잃고 자결했다. (1권 9회)

부필(傅弼) 한고조 유방의 장수다. 유방에게 귀의하러 온 관영과 싸우다 패배했다. 경삭하 전투에서 부관과 함께 동남쪽 포위망을 담당했다. (1권 19회, 2

비혁(費赫) 구강왕 영포의 모사다. 『사기』 「경포열전(黥布列傳)」에는 '비혁(賁赫)'으로 되어 있다. 유방의 유세객 수하에게 설득당해 그를 영포에게 소개했다. 구강왕 영포가 반란을 일으킬 때 올바른 방책을 건의했으나 영포는 듣지 않았다. (2권 56~57회, 3권 96회)

【ㅅ】

사공저(謝公著) 한신의 하인이다. 한신이 진희와 내통했다고 승상부에 고변하여 처형당하게 했다. (3권 93회)

사마앙(司馬卬, ?~기원전 204) 본래 조나라 장수였다. 반진(反秦) 진영에 가담한 뒤 하내(河內) 평정에 공을 세우자 항우는 그를 은왕(殷王)에 봉했다. 계속 항우에게 복종하다가 한신의 공격을 받고 사로잡혀 한나라에 투항했다. 나중에 위표가 지휘하는 팽성 전투에서 항우의 창에 찔려 죽었다. (1권 26회, 2권 52, 55회)

사마이(司馬移) 여신과 함께 함양성 수비를 담당한 대장이다. 여마통이 가져온 위조문서에 속아 자신도 죽고 함양성도 한신에게 빼앗겼다. (2권 48회)

사마흔(司馬欣, ?~기원전 204) 진나라 장수로 장함을 보좌하며 반진(反秦) 의군을 진압했다. 거록 전투에서 항우에게 패배한 뒤 장함, 동예와 함께 항우에게 투항했다. 진나라 멸망 뒤 항우에 의해 삼진의 하나인 새왕(塞王)에 봉해졌다. 역양(櫟陽) 전투에서 번쾌에게 패배하여 한나라에 투항했다. 이후 다시 팽성 전투에서 패배한 뒤 항우에게 항복했다가 참수되었다. 『사기』 「항우본기(項羽本紀)」에는 성고(成皋) 전투에서 한나라 군사에게 패배한 뒤 조구(曹咎)와 함께 사수(汜水) 가에서 자결한 것으로 기록되어 있다. (1권 13~16, 18, 21, 26회, 2권 47, 55~56회)

상산사호(商山四皓) 진한 교체기의 혼란을 피해 상산(商山)에 은거한 네 늙은이다. 현명하고 덕망이 높아 한고조 유방이 초빙하려 했으나 응하지 않았다. 유방이 태자 유영을 유여의로 교체하려 할 때 장량의 계책에 따라 하산하여 유영을 가르치며 보위했다. 그것을 본 유방은 태자의 우익이 이미 형성되었다 여기고 태자를 바꾸지 않았다. 동원공(東園公)은 성이 당(唐), 이름은 선명(宣明)이며 동원(東園)에 살았다. 또 한 사람은 성이 기(綺), 이름은 리계(里季)이며 한단 사람인데, 상산 남쪽에 은거하다가 나중에 동원공과 친구가 됐다. 또 한 사람은 성이 최(崔), 이름은 황(黃), 자(字)는 소통(少通)으로 제나라 사람이며, 하황(夏黃)에 은거하여 하황공이라 불렸다. 또 한 사람은 성이 주(周), 이름은 술(術), 자는 원도(元道)로 하내(河內) 사람이며 녹리선생(甪里先生)이라 불렸다.

새왕(塞王) → 사마흔(司馬欣)

서복(徐福) 송무기가 진시황에게 추천한 방사다. 동남, 동녀 각각 500명을 거느리고 바다 속으로 신선과 불사약을 찾으러 갔다가 돌아오지 않았다. (1권 7회)

서초패왕(西楚霸王) → 항우(項羽)

선충(單忠) 대주(代州) 장동과 하열의 모사다. 대주가 한신에게 함락된 뒤 성문을 열고 항복했다. (2권 61회)

설공(薛公) 초나라 영윤 출신이다. 영포가 반란을 일으켜 가장 좋지 않은 계책을 낼 것이라고 예언하여 적중시켰다. 한고조 유방은 그를 천호(千戶) 벼슬에 봉했다. (3권 96회)

설구(薛歐, ?~기원전 188) 한고조 유방의 장수다. 유방이 관중으로 진격할 때 큰 공을 세웠고, 함곡관을 공격하는 항우를 방어했다. 누차 전공을 세워 광평후(廣平侯)에 봉해졌다. (1권 18, 20~21회, 2권 48, 52, 58회)

섭간(涉間) 진나라 대장 장함의 부하 장수다. 항우가 숙부 항량의 원수를 갚으러 전투에 나섰을 때 사로잡혀 참수되었다. (1권 15회)

성안군(成安君) → 진여(陳餘)

소각(蘇角) 진나라 대장 장함의 부하 장수다. (1권 15회)

소씨(蘇氏) 한신의 부인이다. 중국 정사에는 한신의 부인에 관한 정보가 전무하다. 명나라 때 중국 전통극 극본 심채(沈采)의 『천금기(千金記)』에는 고씨(高氏)로 나온다. (3권 93회)

소양왕(昭襄王, 기원전 325~기원전 251) 성명은 영직(嬴稷)으로 소왕(昭王)이라고도 한다. 안국군 효문왕의 부친이며, 진시황의 증조부다. 범저(范雎), 백기(白起) 등의 명신과 명장을 등용해 부국강병을 이뤘다. 조나라 화씨벽을 강탈하기 위해 음모를 꾸몄으나 인상여의 대처에 막혀 실패했다. 왕흘, 왕전 등을 시켜 조나라 장하를 공격했으나 패배하고 손자 이인을 인질로 잡

히게 했다. (1권 1회)

소왕(昭王) → 소양왕(昭襄王)

소하(蕭何, 기원전 257~기원전 193) 한고조 유방의 고향 패현(沛縣)의 관리로 유방과 함께 의군을 일으켰다. 한신, 장량과 함께 한초삼걸로 불린다. 한나라 승상으로 초한 쟁패 기간에 율령과 도서를 관장하여 국가의 질서를 바로 잡았으며, 군량미 공급과 후방 관리를 맡아 한나라 건국에 큰 공을 세웠다. 장량, 하후영과 함께 한신을 대장으로 추천하여 항우와의 전투에서 우세를 확립하게 했다. 시호는 문종후(文終侯)다. (1권 10, 18~21, 23, 26~28회, 2권 35~44, 57~58, 61회, 3권 72~74, 77, 79, 82, 85, 88~89, 91~93, 96, 98, 101회)

소화공주(少華公主) 한고조 유방의 딸이다. 항백의 아들 항동과 혼인했다. 『서한연의』에만 기록이 있고 정사에는 기록이 없다. (3권 99회)

손가회(孫可懷) 한나라 장수로 구리산 십면매복에서 사방 군사들의 전진을 재촉하는 역할을 맡았다. (3권 80회)

손승(孫勝) 진나라 대장 장함의 편장(偏將)이다. 초나라 대장 항량의 목을 벴다. (1권 13회)

손안(孫安) 초나라 옹왕 장함의 휘하 장수였다. 장함이 한신에게 패배해 자결한 뒤 한나라에 투항했다. 한신이 함양성을 공격할 때 여마통과 손안으로 하여금 거짓 문서를 가지고 성안으로 잠입하게 했고, 이후 안팎에서 호응하여 성을 함락했다. (2권 46, 48회)

손인(孫寅) 은왕 사마앙 휘하의 대장이다. 한신의 군대와 싸우다가 항복했다. (2권 52회)

손흥(孫興) 번쾌의 아장이다. 번쾌가 한신과 함께 삼진 정벌에 나선 뒤 인부 3천 명과 함께 계속 잔도를 수리하며 초나라 군대의 눈을 속였다. (2권 43회)

송무기(宋無忌) 진시황의 근신이다. 진시황의 순행을 수행하여 구름 기운을 설명했다. 삼신산에 불로장생약이 있다고 하면서, 그것을 구하기 위해서는 방사(方士) 서복을 보내야 한다고 진시황에게 건의했다. (1권 6~7회)

송문(宋文) 진나라 대장 장함의 아장(牙將)이다. (1권 15회)

송양(宋襄) 초나라 경자관군 송의의 아들이다. 항우의 세력에 불안을 느낀 송의가 아들 송양을 제나라 재상 전영에게 보내 도움을 받으려 했다. 항우는 그 낌새를 알고 송의를 죽였으며, 아울러 제나라로 가는 송양을 뒤쫓아가

살해했다. (1권 14회)

송의(宋義, ?~기원전 207) 흔히 경자관군(卿子冠軍)으로도 불린다. 경자(卿子)는 공자(公子)와 같은 뜻이고, 관군(冠軍)은 가장 뛰어난 장수 또는 상장(上將)을 뜻한다. 본래 전국시대 초나라 영윤이었다. 항량에 의해 옹립된 초회왕이 그를 대장군으로 삼았다. 장함이 조나라를 공격할 때 관망하다가 항우에 의해 살해되었다. (1권 12~14회)

송자련(宋子連) 초패왕 항우의 중대부다. 유방의 부친 태공의 서찰을 갖고 성고의 유방에게 가서 군사를 물리게 하려 했으나 실패했다. (3권 73회)

수적(水賊) 황하의 강도다. 황하 위에서 진평을 위협하여 물건을 뺏고 죽이려 했다. (2권 53회)

수하(隨何) 한고조 유방의 모사다. 영포와 연왕에게 각각 유세하여 한나라로 귀의하게 했다. 초패왕 항우와 그의 모사 범증을 이간시키는 계책을 수행했다. 천하 통일 뒤 한신의 진영에 숨은 종리매를 잡아 바치도록 한신에게 유세했다. 반란을 일으킨 진희의 진영으로 가서 그의 부하들을 매수하여 이간시켰다. (2권 56~57, 62~63회, 3권 75, 87, 92회)

숙손통(叔孫通, ?~기원전 194?) 진나라 박사 출신 유학자다. 본래 초나라 항량에게 귀의해서 초회왕을 섬겼다. 유방이 잠시 팽성을 함락했을 때 한나라로 투항하자 유방은 그를 박사로 삼고 직사군(稷嗣君)에 봉했다. 한신의 삼진 평정에 수행했다. 왕릉의 모친이 항우에게 잡혔을 때 초나라로 파견되어 그 유언을 가지고 돌아와 왕릉에게 전했다. 천하 통일 뒤 조정의 의례와 행사를 관장했다. 한고조가 태자 유영을 폐하려 하자 주창과 함께 반대 간언을 올렸다. (2권 44, 47, 60~61회, 3권 88, 97, 100~101회)

시무(柴武, ?~기원전 163) 한고조 유방의 명장이다. 한신은 삼진 평정에 나서 대산관을 공격할 때 시무를 근무로, 주발을 요룡으로 변장시켜 초나라 장평의 진영으로 잠입시켰다. 이 비밀 작전은 성공을 거둬 쉽게 관문을 함락했다. 이후로도 시무는 다수의 전투에서 혁혁한 전공을 세웠고, 해하에서도 전선에서 유방을 보호하며 항우를 공격했다. 극포후(棘蒲侯)에 봉해졌으며 시호는 강후(剛侯)다. (1권 18회, 2권 42~43, 46~48, 50~52, 55, 58, 66회, 3권 69, 73, 76, 80~81, 84회)

식장(植長) 서위왕 위표의 군사(軍師)다. (2권 59회)

신기(辛奇) 태백령 주막집 아들이다. 조부는 신뢰(辛雷), 부친은 신금(辛金)이다. 진시황의 폭정을 피해 깊은 산골로 옮겨 주막을 운영하며 생계를 유지했다. 신기는 평소에 무예를 닦으며 자신을 알아주는 인물을 만나려 하다가 한신이 주막에 들르자 의기투합하여 의형제를 맺었다. 이후 한신이 삼진 평정에 나설 때 동행하여 한나라 장수로 많은 전공을 세웠다. 형양 경삭하 전투에서 초패왕 항우의 창을 맞고 전사했다. (2권 34, 45~47, 58회)

신양(申陽) 본래 조나라 장이의 총신이었다. 거록 전투 뒤 낙양 일대의 하남 땅을 점령하고 항우를 환영했다. 항우가 제후를 분봉할 때 신양을 하남왕에 봉했다. 육가의 계책으로 스스로 세력을 넓히다가 결국 유방에게 투항했다. (1권 26회, 2권 48~50, 54~55회)

심이기(審食其, ?~기원전 177) 한고조 유방의 고향 사람으로 유방 일가의 집사다. 점차 여후와 가까워져 정부(情夫)가 된 것으로 알려져 있다. 벽양후(辟陽侯)에 봉해졌다. 여후가 죽은 뒤 회남왕(淮南王) 유장(劉長)에 의해 살해되었다. 시호는 유후(幽侯)다. (3권 99~100회)

【ㅇ】

악소년(惡少年) → 왈패 소년(惡少年)

안국군(安國君, 기원전 302~기원전 250) 진 소양왕의 아들이다. 여불위의 건의에 따라 조나라 인질이었던 이인을 태자로 세웠다. 소양왕 사후 보위에 올랐으나 소양왕의 장례를 치른 뒤 갑자기 세상을 떠났기 때문에 여불위의 음모에 의해 독살된 것으로 의심을 받았다. 당시 진나라 국상 기간은 1년이었으므로 안국군이 실제로 재위한 기간은 1년이었고, 탈상한 후 사흘 뒤에 세상을 떠났다. 시호는 효문왕(孝文王)이다. (1권 1회)

양나라 태복 팽월이 술에 취해 자신을 모욕하자 장안으로 가서 팽월이 모반하려 한다고 고변했다. 이 일로 팽월은 억울하게 목숨을 잃었다. (3권 95회)

양무(楊武) 한고조 유방의 오군도위(五軍都尉)다. 초패왕 항우를 끝까지 포위 공격했고, 항우가 오강에서 자결하자 여마통, 양희, 왕예, 여승과 그 시신을 나눠가져 공적으로 삼았다. 오방후(吳防侯)에 봉해졌다. (3권 80, 83~84회)

양진인(楊眞人) 항우의 모사인 범증의 스승이다.(2권 63회)

양희(楊喜, ?~기원전 168) 한고조 유방의 낭중기도위(郎中騎都尉, 中郎騎將)

다. 초패왕 항우를 끝까지 포위 공격했고, 항우가 오강에서 자결하자 여마통, 양무, 왕예, 여승과 그 시신을 나눠가져 공적으로 삼았다. 적천후(赤泉侯)에 봉해졌다. (3권 73, 80, 83~84회)

어의부인(御衣夫人) 성은 계씨(季氏)다. 장양후와 노애의 의복을 담당한 늙은 궁녀다. 노애의 포악한 언행을 참지 못하고 조고에게 장양후와 노애의 사통을 알렸다. (1권 6회)

여공(呂公) → 여문(呂文)

여마통(呂馬通, ?~기원전 170) 『사기』에는 여마동(呂馬童)으로 기록되어 있다. 초패왕 항우의 친구로 옹왕 장함의 휘하 장수였다. 장함이 한신에게 패배해 자결한 뒤 한나라에 투항했다. 한신이 함양성을 공격할 때 여마통과 손안으로 하여금 거짓 문서를 가지고 성안으로 잠입하게 했고, 이후 안팎에서 호응하여 성을 함락했다. 해하 전투에서 초패왕 항우와 결사전을 벌였고, 항우가 그의 눈앞에서 자결하자 양희, 양무, 왕예, 여승과 항우의 시신을 나눠서 전공으로 삼았다. 중수후(中水侯)에 봉해졌다. (2권 46, 48회, 3권 67, 76, 80, 83~84회)

여문(呂文, ?~기원전 203) 자는 숙평(叔平)으로 선부(單父)의 부호다. 유방의 관상을 보고 고귀하게 될 인물로 여겨 자신의 맏딸 여안을 그에게 출가시켰으며, 또 번쾌에게는 둘째 딸 여수를 출가시켰다. (1권 10회)

여문의 부인 여문이 건달과 비슷한 유방을 사위로 삼자 여문의 부인은 반대했다. (1권 10회)

여불위(呂不韋, ?~기원전 235) 조나라 양적(陽翟) 출신의 거상이다. 귀곡자(鬼谷子)에게 관상술을 배운 것으로 알려져 있다. 한단(邯鄲)에서 장사를 하다가 조나라에 인질로 잡힌 진나라 왕손 이인을 보고 그를 도와 안국군과 화양부인의 태자가 되게 했다. 자신의 아이를 임신한 주희를 이인에게 바쳐 아들 정(政)을 낳게 했다. 정이 진나라 보위에 오른 뒤, 승상에 임명되고 문신후(文信侯)에 봉해졌다. 『여씨춘추(呂氏春秋)』를 편찬했다. 왕태후가 된 주희와 사통했다가 진왕 정에게 발각되어 승상 직위를 박탈당했으며, 촉(蜀) 땅으로 귀양 가는 길에 자결했다. (1권 1~6회)

여수(呂嬃) 여문이 번쾌에게 시집보낸 둘째 딸이다. (1권 10회)

여승(呂勝) 한고조 유방의 우군사마(右軍司馬)다. 초패왕 항우를 끝까지 포위 공격했고, 항우가 오강에서 자결하자 여마통, 양희, 양무, 왕예와 그 시신을 나눠가져 공적으로 삼았다. 열양후(涅陽侯)에 봉해졌다. (3권 80, 83~84회)

여신(呂臣, 기원전 235?~기원전 173) 본래 진나라 말기 반진(反秦) 영수 진승의 장수였다가 항량에게 투항했다. 항우가 문무 대소 관료를 새로운 수도 팽성을 건설하는 데 보낸 뒤, 함양을 지키라고 남겨뒀다. 그러나 한신의 계책에 속아 함양성을 잃고 주살당했다. 정사에는 한나라 통일 후까지 살아남아 병사한 것으로 기록되어 있다. (1권 33회)

여안(呂顏) → 여후(呂后)

여옹(呂翁) 여불위의 부친으로 여불위와 함께 진(秦)나라로 옮겨 살았다. (1권 2, 5회)

여음후(汝陰侯) → 하후영(夏侯嬰)

여의(如意) → 유여의(劉如意)

여장(呂璋) 한나라 초기 오군(吳郡) 태수다. 영포가 오 땅을 공격하자 성문을 열고 항복했다. (3권 96회)

여정(呂政) → 진시황(秦始皇)

여택(呂澤, ?~기원전 199) 여문의 맏아들이자 여후의 오빠다. 유방이 거병할 때부터 참여했다. 천하 통일 뒤 주려후(周呂侯)에 봉해졌다. 태자 유영을 보호하기 위해 장량의 계책에 따라 상산사호를 초빙했다. 한고조 6년에 죽었다. 시호는 영무(令武)다. 여후가 집권한 뒤, 시호를 도무왕(悼武王)으로 높였다. (3권 97, 99~101회)

여황(呂況) 한나라 장수로 구리산 십면매복에서 여마통과 함께 해와 달의 역할을 맡았다. (3권 80회)

여후(呂后, 기원전 241~기원전 180) 한고조 유방의 황후다. 정사에는 성명이 여치(呂雉)로 기록되어 있지만, 『서한연의』에는 여안(呂顏)으로 나온다. 항우에게 사로잡혀 고통을 겪었다. 통일 뒤 한신, 팽월, 영포 등 공신을 주살하는 데 간여했고, 유방 사후 조정의 권력을 오로지하며 여씨(呂氏) 천하를 열었다. (1권 10회, 2권 51, 55~56회, 3권 75, 91~95, 97, 99~101회)

역상(酈商, ?~기원전 180) 역이기의 아우다. 형 역이기와 함께 한나라 유방에게 귀의하여 신성군(信成君)에 봉해졌다. 경삭하 전투에서 시무와 함께 정남 방향의 포위망을 담당했다. 한고조 사후 여후가 공신들을 죽이려 하자

만류하여 그만두게 했다. (2권 58회, 3권 100회)

역생(酈生) → 역이기(酈食其)

역양(櫟陽) 의원 역양에 거주하는 명의다. 한고조 유방의 병을 고칠 수 있다고 장담했으나 유방은 치료를 거절하고 죽었다. (3권 99회)

역이기(酈食其, ?~기원전 203) 진류(陳留) 고양(高陽) 땅 현인으로 학문이 뛰어나고 성격이 호방하여 광생(狂生)으로 불렸다. 고양 읍령 왕덕의 추천으로 유방을 만났다. 진류 태수 진동으로 하여금 유방의 진영에 투항하게 하여 광야군(廣野君)에 봉해졌다. 또 유방이 무관(武關)을 돌파할 때 타당한 계책을 올려 항우보다 먼저 관중으로 들어갈 수 있게 했다. 이후 초한 쟁패 과정에서 형양을 빼앗고 오창(敖倉)을 점거하여 군량을 보급 받는 계책을 시행하게 했다. 유방에게 육국의 인수를 만들어 육국의 후손을 제후에 봉하게 했으나 장량의 반대로 실패했다. 제나라 왕 전광에게 유세하여 한나라 유방에게 투항하게 했으나, 그의 공을 시기한 한신이 제나라를 공격했고, 이 때문에 그에게 속았다고 생각한 전광이 그를 결국 솥에 삶아 죽였다. (1권 18~20, 22, 26~27회, 2권 40, 54, 59, 66회, 3권 68~69회)

연지(閼氏) 흉노 묵특선우의 왕비다. 한나라 진평의 계책에 빠져 묵특에게 한고조에 대한 포위를 풀게 했다. (3권 89회)

염락(閻樂) 진나라 승상 조고의 사위다. 함양령(咸陽令)을 지냈다. 조고의 명령으로 진시황의 거짓 유서를 태자 부소에게 전해 자결하게 했다. 나중에 또 조고의 계략을 받들고 망이궁으로 쳐들어가 진이세 호해를 핍박하여 죽음으로 몰아넣었다. (1권 9, 19회)

염파(廉頗, ?~기원전 250) 조나라 맹장으로 장하에서 진나라 왕흘, 왕전, 이인의 군사를 대파하고 왕손 이인을 사로잡았다. 인상여와 문경지교를 맺고 조나라를 보위했다. 조나라의 마지막 맹장으로 수많은 전공을 세웠으나 간신 곽개(郭開)의 참소로 대장 직에서 해임되었다. 이후 위(魏)나라를 거쳐 초나라로 망명했다가 그곳에서 울분 속에 병사했다. (1권 1회)

영정(嬴政) → 진시황(秦始皇)

영포(英布, ?~기원전 196) 진나라의 법을 어겨 얼굴에 경형(黥刑)을 받았으므로 경포(黥布)라 부르기도 한다. 항우 진영에 투신하여 맹장으로 활약하며 구강왕에 봉해졌다. 항우의 명령으로 강 위에서 의제(義帝, 초회왕)를 시해했다. 나중에는 항우와 불화하여 유방에게 투항했다. 한신, 팽월과 함께 장수 신분으로 한나라 건국에 큰 공을 세워 회남왕(淮南王)에 봉해졌다. 건국 뒤 한신과 팽월이 반역 혐의로 주살되자 스스로 반란을 일으켰다가 피신 도중 오예의 조카 오성에게 살해되었다. (1권 11, 13~15, 18, 21, 23~26, 32~33회, 2권 51, 56~57, 64회, 3권 67, 73, 77, 80~81, 83~84, 87, 91, 95~96회)

오강 정장 오강까지 쫓긴 항우에게 강동으로 가서 재기할 것을 권유했다. 그러나 항우는 그의 말을 듣지 않고 끝까지 싸우다가 자결했다. (3권 84회)

오광(吳廣, ?~기원전 208) 자는 숙(叔)으로 진승과 함께 진나라에 반기를 들었다. 진시황의 태자 부소와 초나라 장수 항연의 원수를 갚는다는 명분으로 군사를 모아 진나라에 대항했다. 형양(滎陽)을 공격하던 도중 진승의 명령을 빙자한 전장(田臧)에게 살해되었다. (1권 10회)

오단(吳丹) 초패왕 항우 휘하의 형양 수령(守令)이었으나 한나라 군사가 당도하자 유방에게 항복했다. 3권 78회에 나오는 회계 수령 오단과는 동명이인이다. (3권 68회)

오단(吳丹) 형양 수령 오단과는 다른 사람이다. 회계 태수로 있으면서 항우의 사자 이녕이 와서 군사 지원을 요청하자 민병 8만을 모아서 지원했다. (3권 78회)

오륜(吳倫) 적왕 동예의 부장이다. (2권 47회)

오성(吳成) 형산왕 오예의 조카다. 자신의 집으로 피신해온 영포를 살해했다. 『사기』「여태후본기(呂太后本紀)」에는 오신(吳臣)으로 기록되어 있고, 오예의 아들로 나온다. (3권 96회)

오예(吳芮, 기원전 241?~기원전 201) 진나라 말기 장강과 회수 사이, 지금의 호북성(湖北省) 중부 지역에서 진나라에 대항한 인물이다. 항우가 제후를 분봉할 때 형산왕(衡山王)에 봉했다. 항우의 밀명을 받고 구강왕 영포, 임강왕 공오와 침주로 가는 의제를 시해했다. 한나라에 투항하여 구리산 십면매복에 참가했다. 천하 통일을 전후하여 봉작이 장사왕(長沙王)으로 옮겨졌다. (1권 26, 31회, 3권 80~81, 85, 96~97회)

온(媼) 한고조 유방의 모친이다. 일찍이 소택지 제방에서 쉬다가 교룡(蛟龍)과 교합하여 유방을 낳았다. (1권 10회)

옹왕(雍王) → 장함(章邯)

옹치(雍齒) 초패왕 항우 휘하의 장수다. 주로 군문 출입을 관리했다. 항우가 전국에 제후를 봉할 때 옹치는 좌장군 직위를 받았다. 천하 통일 뒤 십방후 (什方侯)에 봉해졌다. (1권 15, 17, 23회, 2권 55~56회, 3권 72~73, 85회)

왈패 소년(惡少年) 강회(江淮) 땅 시장통의 불량배다. 한신에게 자신의 가랑이 사이로 기어나가게 하며 모욕을 주었다. 천하 통일 뒤 초왕이 된 한신은 왈패 소년을 찾아 아량을 베풀며 중위(中尉) 벼슬을 내렸다. (1권 13회, 3권 85, 88회)

왕관(王官) 진나라 대장 장함의 부하 장수다. (1권 15회)

왕광(王匡) 조나라 대장 염파의 모사(謀士)로 장하 전투에 참전하여 공을 세웠다. (1권 1회)

왕광(王壙) 흉노 묵특선우의 장수다. 묵특선우가 백등에서 진평의 가짜 미인 계략에 속은 것을 알고 왕광을 시켜 한고조를 추격하게 했으나 번쾌의 창에 찔려 말에서 떨어졌다. (3권 89회)

왕덕(王德) 진나라 말기 고양 읍령이다. 고양 관내의 현인 역이기를 유방에게 추천했다. (1권 18회)

왕릉(王陵, ?~기원전 181) 한고조 유방의 패현 호족이다. 유방이 미천할 때 왕릉을 형으로 섬겼다. 항우가 효자 왕릉을 자기 진영으로 포섭하려고 왕릉의 모친을 구금하자 왕릉의 모친은 스스로 목숨을 끊어 아들이 유방을 끝까지 섬기게 했다. 유방의 용장으로 많은 전공을 세워 안국후(安國侯)에 봉해졌다. 천하 통일 뒤 승상 조참이 죽자 왕릉은 우승상, 진평은 좌승상에 임명되었다. 시호는 무후(武侯)다. (1권 18~19회, 2권 50~51, 56, 58, 60~61, 65회, 3권 68, 72~74, 76~77, 80~81, 83, 85, 89, 91~92, 94, 96, 101회)

왕릉 모친 항우가 효자 왕릉을 자기 진영으로 포섭하려고 왕릉의 모친을 구금하자 왕릉의 모친은 스스로 목숨을 끊어 아들이 유방을 끝까지 섬기게 했다. 이후 이 이야기는 민간에 널리 전승되어 당나라 변문(變文) 「한장왕릉변(漢將王陵變)」으로 정형화되었고, 명나라 소정괴(邵正魁)가 편찬한 『속열녀전(續列女傳)』에도 「왕릉모(王陵母)」라는 제목의 기록이 존재한다. 『삼국연의(三國演義)』의 서서(徐庶) 모친 이야기는 왕릉 모친 이야기를 원전으로 삼았을 가능성이 크다. (2권 51회)

왕리(王離) 진나라 대장 장함의 부하 장수다. 항우가 숙부 항량의 원수를 갚

으러 전투에 나섰을 때 사로잡혀 참수되었다. (1권 15회)

왕사장(王社長) 사장(社長)은 중국 고대 시골 마을의 행정조직인 사(社)를 관장하는 관리다. 보통 50가(家)를 1사(社)로 편성하여 나이가 많고 농사에 밝은 사람을 사장에 임명했다. 왕사장은 피신해온 초나라 왕실 후예 미심(米心, 회왕) 모자를 고용하여 명맥을 유지하게 했다. (1권 12회)

왕수(王燧) 해하 전투에 조참의 부장으로 출전하여 주란과 환초의 진로를 끊었다. (3권 83회)

왕수도(王守道) 새왕 사마흔의 부장이다. (2권 47회)

왕예(王翳) 한고조 유방의 좌군사마(左軍司馬)다. 초패왕 항우를 끝까지 포위 공격했고, 항우가 오강에서 자결하자 여마통, 양희, 양무, 여승과 그 시신을 나눠가져 공적으로 삼았다. 두연후(杜衍侯)에 봉해졌다. (3권 80, 83~84회)

왕위위(王衛尉) 위위(衛尉)는 구경(九卿)의 하나로 궁궐을 호위하는 관직이다. 왕위위는 소하가 뇌물을 받은 혐의로 구금되자 그의 억울함을 풀어주는 간언을 올려 풀려나게 했다. (3권 98회)

왕이(王姨) 『서한연의』 원본에는 황이(皇夷)로 되어 있다. 화양부인의 언니다. 100여 칸이나 되는 왕이객점을 마련하고 객상(客商)들에게 빌려주어 막대한 수익을 올렸다. 여불위를 화양부인에게 소개했다. (1권 2회)

왕이 남편 자신의 집을 찾은 여불위를 환대하고 왕이에게 소개했다. (1권 2회)

왕전(王翦) 전국시대 말기 진나라 장수다. 왕흘과 함께 장하에서 조나라를 공격했으나 이기지 못했다. 이후 진시황을 도와 육국을 병탄할 때 큰 공을 세웠다. 무성후(武成侯)에 봉해졌다. (1권 1회)

왕존(王存) 대주 장동과 하열의 부장이다. 대주가 한신에게 함락된 뒤 성문을 열고 항복했다. (2권 61회)

왕택(王澤) 한나라 장수 왕릉의 아우로 농사를 지으며 모친을 봉양했다. 초패왕 항우가 왕릉을 초나라로 유인하기 위해 그의 모친을 데려가 인질로 삼았다. (2권 51회)

왕환(王桓) 한나라 도위(都尉)다. 동산 전투에서 항우를 막아서다가 항우의 칼을 맞고 죽었다. (3권 84회)

왕황(王黃) 한나라 초기에 한왕 희신이 반란한 틈에 옛 조나라 장수 조리를 왕으로 추대하고 군현을 노략질했다. (3권 88, 91회)

왕흘(王齕, ?~기원전 244) 일명 왕기(王齮)다. 전국시대 말기 진나라 장수다. 장평대전(長平大戰) 때 상장군 백기(白起)의 부장으로 출전하여 대승을 거뒀다. 조나라 장하를 침공했으나 이기지 못했다. (1권 1회)

요룡(姚龍) 한신이 대산관을 돌파하기 위해 주발의 이름을 요룡으로 바꾸고 장평의 군영에 잠입시켰다. (2권 43, 45회) → 주발(周勃)

용저(龍且, ?~기원전 203) 초패왕 항우 휘하의 용장으로 대사마(大司馬) 직을 수행했다. 형양 전투에서 한나라 군사를 격파하고 주가(周苛)를 사로잡아 팽살(烹殺)했다. 유수(濰水) 전투에서 한나라 대장 한신의 계략에 속아 조참에게 참수되었다. (1권 18회, 2권 54, 56, 60~61, 64~65회, 3권 69~70회)

우서(牛西) 진(秦)나라 사신이다. 장하 전투 뒤 조나라로 파견되어 강화를 맺었다. 인질로 잡힌 진나라 왕손 이인을 보호하기 위해 노력했다. (1권 1회)

우영(于英) 초패왕 항우의 장수다. 본래 회계의 도산(塗山)에서 환초와 함께 의적 활동을 하다가 항우의 초빙에 응하여 하산했다. 항우의 맹장으로 활약하다가 한나라 한신의 병거진에 패배하여 부상을 입었다. (1권 11, 13, 15, 18, 27, 32회, 2권 58회)

우일공(虞一公) 우희의 부친이다. (1권 11회)

우자기(虞子期, ?~기원전 202) 우희의 사촌동생이다. 정사에는 기록이 없고 『서한연의』에 나온다. 초패왕의 근위 장수로 복무하며 주로 우희를 보위하는 역할을 맡았다. 우희가 자결하자 우자기도 군문에 머리를 부딪쳐 죽었다. (1권 11회, 2권 54~56, 58, 63회, 3권 72~74, 76, 79~81회)

우희(虞姬, ?~기원전 202) 초패왕 항우의 총희(寵姬)다. 본명, 출생지, 출생년도, 항우와 만난 연유, 만난 장소 등은 기존 역사책에 아무런 기록이 남아 있지 않다. 심지어 성명에 대해서도 『사기』「항우본기(項羽本紀)」에서는 "미인의 이름이 우(有美人名虞)"라고 하여 '우(虞)'를 이름으로 기록했지만, 『한서(漢書)』「항적전(項籍傳)」에서는 "미인의 성이 우(有美人姓虞)"라고 했다. 항우가 해하 전투에서 패배한 뒤 최후 결전에 나서자 항우의 칼을 빌려 자결했다. (1권 11회, 2권 54회, 3권 79, 81, 83회)

위구(魏咎, ?~기원전 208) 전국시대 위나라 공자로 진승과 오광이 진나라에 항거하여 장초(張楚)를 세우자 진승에게 투신했다. 진승은 주불(周市)을 파견하여 위나라 옛 땅을 수복하고 위구를 위왕에 봉했다. 진나라 장수 장함이 진승을 격파하고 위나라를 공격하자 위구는 백성의 생명을 보장해준다는 조건을 걸고 항복한 뒤 자결했다. 위표의 형이라고도 하고 사촌형이라고도 한다. (1권 13회)

위무지(魏無知) 진평의 친구로 함양에 거주했다. 초패왕 항우 진영을 탈출한 진평을 한왕 유방에게 소개했다. (2권 53회)

위씨부인(衛氏夫人) 진나라에 멸망한 초나라 마지막 태자의 부인으로 미심(회왕)의 모친이다. 미심을 데리고 민간에 숨어 초나라 혈손이 이어지게 했다. (1권 12회)

위표(魏豹. ?~기원전 204) 전국시대 위나라 공자로 위구의 동생이다. 위나라가 진나라 장함에게 함락되어 위왕 위구가 자결하자 초나라로 도주했다. 초회왕에게 군사 수천을 빌려 위나라 땅 일부를 수복하고 자립하여 위왕을 칭했다. 초패왕 항우에 의해 서위왕(西魏王)에 봉해졌다. 얼마 뒤 유방에게 투항하여 한신 대신 대장군이 되었지만 초나라 항우와의 전투에서 대패했다. 다시 항우에게 귀의했다가 한신에게 사로잡혀 형양(滎陽)에 구금되었으며 결국 한나라 장수 주가에게 살해되었다. (1권 13, 18회, 2권 49, 54~56, 59~61, 65회)

위표 노모 한고조 유방에게 패배한 아들 대신 사죄하고 아들의 목숨을 살렸다. (2권 61회)

위형(魏亨) 은왕 사마앙 휘하의 부장이다. 한신의 군대와 싸우다가 항복했다. (2권 52회)

유가(劉賈. ?~기원전 195) 한고조 유방의 일족이다. 일찍부터 유방을 수행하며 전공을 세웠다. 해하 전투에서 조참의 부장으로 출전하여 주란과 환초의 진로를 끊었다. 천하 통일 뒤 형왕(荊王)에 봉해졌고, 영포의 반란 때 출전했다가 영포에게 살해되었다. (3권 83, 85, 96회)

유경(劉敬) → 누경(婁敬)

유교(劉交. ?~기원전 179) 한고조 유방의 이복동생이다. 구리산 십면매복에서 후군 순찰을 맡았다. 한신이 처형된 뒤 초왕에 봉해졌다. 학문을 좋아하여 그의 휘하에 많은 학자들이 모였다. 한나라의 유명한 학자 유향(劉向)과 유흠(劉歆) 부자도 그의 후손이다. 시호는 원왕(元王)이다. (3권 80, 96회)

유림(劉林) 새왕 사마흔의 부장이다. (2권 47회)

유무(劉武) 진희의 부장이다. (3권 91~92, 94회)

유방(劉邦, 기원전 256~기원전 195) 자는 계(季)로 한나라 개국 황제다. 풍(豊) 땅 패현(沛縣) 사람으로 부친은 태공(太公), 모친은 온(媼)이다. 진승의 봉기 뒤 얼마 지나지 않아 의군을 일으켜 패현을 점령하고 패공을 칭했다. 처음에는 항량의 휘하에 투신하여 초회왕을 섬겼다. 초회왕이 관중을 먼저 점령하는 사람에게 관중 왕을 봉하겠다고 약속했으나, 유방은 먼저 관중을 점령하고도 항우에게 세력에서 밀려 관중 왕이 되지 못했다. 장량, 한신, 소하, 영포, 팽월 등 뛰어난 인재를 등용하여 천하 통일의 기반을 닦았다. 서초패왕이 된 항우에 의해 한왕에 봉해져 관중에서 추방되었다. 이후 은인자중하며 힘을 길러 관중을 수복하고 항우와 천하를 놓고 쟁패를 벌였다. 홍구(鴻溝)를 경계로 삼자는 강화 회담 이후 승기를 잡고 항우를 몰아쳐 해하에서 대승했으며, 항우가 자결한 뒤 천하를 통일하고 황제 자리에 올랐다. 이후 한신, 팽월, 영포 등을 주살했다. 영포의 반란을 진압하던 도중 화살에 맞았고, 점차 그 상처가 악화되어 세상을 떠났다. (1권 10, 13, 18~24, 26~28회, 2권 37~45, 48, 53~67회, 3권 68, 72~81, 83~95, 97~99회)

유비(劉濞) 한고조 유방의 형 유중(劉仲)의 아들이다. 유방이 영포의 반란을 진압한 뒤 유비를 오왕에 봉하고 강동 땅을 진무하게 했다. (3권 97회)

유신(劉信) 초패왕 항우의 부장이다. 유방의 부친 태공 일가를 잡아 팽성으로 압송하다가 한나라 장수 왕릉, 주길, 주리를 만나 전투 끝에 죽었다. (2권 51회)

유여의(劉如意, ?~기원전 194) 한고조 유방과 척희 사이에서 태어난 아들이다. 유방이 유영 대신 유여의를 태자로 삼으려 했으나 대신들의 반대로 실패했다. 이후 유여의는 조왕(趙王, 정사에는 代王)에 봉해졌다가, 한고조 사후 여후에게 피살되었다. (3권 90~91, 97~99회)

유영(劉盈, 기원전 210~기원전 188) 한고조 유방과 여후 사이에서 태어난 태자다. 유방이 수수(睢水) 전투에서 패배하여 후퇴할 때 수레가 느리게 움직이자 아들 유영을 수레 밖으로 떨어뜨렸으나 하후영이 구해내 무사히 귀환했다. 천하 통일 뒤 유방이 척희의 소생 여의를 태자로 세우려 하자 장량이 상산사호를 태자의 우익(羽翼)으로 초빙하여 태자를 바꾸지 못하게 했다. 어질고 후덕했으나 모친 여후의 세력이 강해서 통치력을 제대로 발휘하지 못했다. 16세에 즉위하여 7년간 재위하다가 23세에 세상을 떠났다. 시호가 효혜(孝惠)라서 흔히 혜제(惠帝)라 부른다. (2권 51, 56회. 3권 85, 87~88, 90~91, 97~101회)

유장(劉章, 기원전 200~기원전 176) 한고조 유방의 서장자(庶長子)인 유비(劉肥)의 아들이다. 주허후(朱虛侯)에 봉해졌다. 여후 일족을 제어하는 임무를 맡았다. 시호는 경왕(景王)이다. (3권 101회)

유택(劉澤) 한고조 유방의 장수다. 위표가 지휘한 팽성 전투 때 사마흔, 동예와 팽성 수비를 맡았으나 패배했다. (2권 55회)

유평(劉平) 진나라 부장으로 장하 전투에서 패배한 뒤 모수와 함께 조나라 추격군을 방비하는 임무를 맡았다. (1권 1회)

육가(陸賈, 기원전 240?~기원전 170) 언변이 뛰어난 한고조 유방의 모사 중 한 사람이다. 본래 초나라 사람으로 알려져 있으나 『서한연의』에서는 낙양(洛陽) 하남왕(河南王) 신양의 관리로 나온다. 유방이 관중으로 진공할 때 동행했다가 한중까지 가서 보좌했다. 이후 위표와 신양을 한나라로 귀의시키기 위해 파견되었으나 신양의 환대를 받고 한나라로 돌아가지 않았다. 나중에 장량의 설득으로 다시 마음을 돌려 신양까지 유방에게 투항하게 했다. 팽월에게 유세하여 역시 한나라로 귀의하게 했다. 이후 유방의 사신으로 여러 제후국과 항우의 진영을 오가며 지모를 발휘했다. 저서 『신어(新語)』가 전해온다. (1권 20회. 2권 42, 44, 48, 50, 54, 58회. 3권 72, 75~76, 80~81, 86, 93~95회)

윤륜(尹綸) 조나라 대장 염파의 비장이다. 장하 전투에 참전하여 공을 세웠다. (1권 1회)

은개(殷蓋) 한고조 유방의 장수로 한신이 한나라 대장이 된 뒤 감군(監軍)으로 임명했다. 그러나 한신이 정한 군율을 등한시하다가 군법에 의해 처단되었다. 『서한연의』에는 유방의 가까운 친척으로 언급되지만 정사에는 기록이 없다. (2권 40~41회)

은통(殷通, ?~기원전 209) 진나라 회계 군수로 항량과 항우에 의해 살해되었다. (1권 10~11회)

의제(義帝) → 회왕(懷王)

의화(醫和) 조나라 장수로 공손건과 함께 군사 2만을 이끌고 포오 땅에 매복한 채 진나라 침공을 방어했다. 나중에 조나라를 탈출하는 이인을 추격했으나 따라잡지 못했다. (1권 1, 5회)

이계숙(李繼叔) 조나라 장수로 진나라 침략 때 장하를 지켰다. (1권 1회)

이녕(李寧) 초패왕 항우의 사자다. 서류 땅을 다스리는 주은에게 파견되어 군사 지원을 요청했으나 거절당했다. 이에 회계 태수 오단에게 가서 8만 명의 민병을 지원받았다. (3권 78회)

이덕(李德) 진희의 부장이다. (3권 91회)

이륭(李隆) 잔도를 수리하던 번쾌의 아장이다. 번쾌가 유방에게 인부 지원 요청을 해달라고 파견했다. (2권 42회)

이번(李蕃) 계포, 장월, 항양과 함께 초패왕 항우의 어가를 호위하는 장수다. 누번과의 싸움에서 화살을 맞고 말에서 떨어졌다. (3권 72회)

이봉(李奉) 초패왕 항우의 용장이다. 한신이 서위왕 위표를 공격하러 간 틈에 항우가 이봉을 형양으로 보내 상황을 탐색하게 했다. (2권 60회)

이봉(李封) 해하 전투에서 조참의 부장으로 출전하여 주란과 환초의 진로를 끊었다. (3권 83회)

이사(李斯, 기원전 284?~기원전 208) 초나라 출신 법가 학자로 순자(荀子)의 제자다. 진시황에게 부국강병책을 건의하여 천하 통일에 공을 세웠다. 통일 뒤 승상을 맡아 진시황을 보좌하다가 진시황 사후 조고와 함께 진시황의 유서를 위조하여 태자 부소를 죽이고 호해를 진이세로 옹립했다. 조고의 모함으로 목숨을 잃었다. (1권 7~10회)

이우(李禹) 문서를 지우고 조작하는 전문가 즉 수문사(水文士)다. 한신의 요청으로 초나라 문서를 위조하여 여마통에게 줬고, 여마통이 그 문서로 함양성 수비 대장 사마이와 여신을 속여 성안으로 잠입했다. (2권 48회)

이우(李遇) 진나라 대장 장함의 부하 장수다. (1권 15회)

이우(李佑) 한나라 장수다. 동산 전투에서 항우를 막아서다가 항우의 칼을 맞고 죽었다. (3권 84회)

이유(李由, ?~기원전 208) 진시황의 승상 이사의 아들이다. 진승과 오광의 군사를 막는 데 큰 힘을 발휘했지만, 옹구(雍丘) 전투에서 항우에게 패배하여

죽었다. 정사에는 조참에게 참살당한 것으로 기록되어 있다. (1권 13회)

이인(異人, 기원전 281~기원전 247) 진나라 소양왕의 손자이며, 안국군 즉 효문왕의 아들이고, 진시황의 부친이다. 본명은 이인이지만 화양부인의 양자가 되면서 자초로 개명했다. 효문왕의 뒤를 이어 진나라 보위에 올랐으며 사후 장양왕이라는 시호를 받았다. 왕흘, 왕전 등과 조나라를 공격하다 패배하여 포로가 되었다. 조나라에서 여불위의 도움으로 귀국하여 보위에 올랐다. 여불위의 아이를 임신한 주희를 아내로 삼았고, 주희가 아들 정(政)을 낳았으며 정이 나중에 진나라 보위에 올라 진시황이 되었다. 이인(장양왕)은 보위에 오른 지 3년 만에 세상을 떠났다. (1권 1~2, 4~5회)

이정(李鼎) 번쾌 휘하의 기마병 장수다. 반란을 일으킨 노관을 치려고 길 좌우에 매복시켰다. (3권 100회)

이좌거(李左車) 진나라 말기 육국(六國)이 다시 일어날 때 조나라 왕 조헐을 보좌하며 공을 세워 광무군에 봉해졌다. 한신이 조나라를 공격할 때 이좌거는 조왕과 진여에게 사잇길로 먼저 한신을 기습해야 한다고 건의했으나 채택되지 못했다. 이후 한신에게 귀의하여 무력을 사용하지 않고 유세로 연나라를 항복시키라고 권유했다. 또 괴철을 설득하여 한신을 섬기게 했다. 구리산 십면매복 때 항우 진영에 거짓 항복하여 무리한 공격에 나서게 하고 항우를 한나라 포위망으로 유인했다. (2권 62~63회, 3권 77~81회)

이주(李周) 한나라 화가다. 한고조에 대한 흉노의 포위망을 풀기 위해 진평의 계책에 따라 미인도를 그려 바쳤다. (3권 89회)

이지(李芝) 적왕 동예의 모사다. 동예가 한신에게 투항한 뒤 이지를 새왕 사마흔에게 보내 항복을 권유했으나 사마흔이 거부하고 이지를 옥에 가뒀다. 이후 한신이 사마흔을 사로잡은 뒤 이지를 석방했다. (2권 47회)

이필(李畢) 진삼세 자영의 휘하 장수다. 한담과 함께 조고를 사로잡아 참수했다. 나중에 유방에게 귀의하여 항우에 맞서 싸웠다. 경삭하 전투에서 낙갑과 함께 정동 방향의 포위망을 담당하다가 초나라 포 장군의 칼을 맞고 죽었다. (1권 19회, 2권 58~59회)

이현(李顯) 제(齊) 땅의 군수다. 괴철을 데리러 온 육가에게 협조하여 임무를 잘 완수하게 했다. (3권 94회)

인상여(藺相如) 조나라 상대부다. 화씨벽(和氏璧)을 진나라로 가지고 갔다가 완전하게 보존하여 돌아왔다. 명장 염파와 문경지교(刎頸之交)를 맺고 조나라를 수호했다. 장하를 침공한 진나라 왕흘, 왕전, 이인의 군사를 격파했다. (1권 1, 5회)

임강왕(臨江王) → 공오(共敖)

임부(任敷) 한고조 유방의 장수다. (1권 18회)

임오(任敖) 한나라 장수로 구리산 심면매복에서 한왕 유방의 본영을 지키는 역할을 맡았다. (3권 80회)

【ㅈ】

자영(子嬰, ?~기원전 206) 호해의 조카로 알려져 있지만 부친이 누군지는 분명하지 않다. 성품이 어질고 후덕했으며 사리 분별에 밝았다. 조고에 의해 진삼세(秦三世) 황제로 옹립되었지만 조고의 죄상을 알고 주살했다. 43일간 재위하다가, 관중으로 진격한 유방에게 항복했으며 한 달 뒤 항우에게 살해되었다. (1권 10, 19, 23회)

자초(子楚) → 이인(異人)

장가(莊賈, ?~기원전 208) 반진(反秦) 영수 진승의 수레꾼이다. 진나라 장수 장함의 유혹에 넘어가 진승을 죽였지만 얼마 못가 진승의 부하 여신에게 살해되었다. (1권 12회)

장도(臧荼, ?~기원전 202) 본래 진나라 말기 연왕(燕王) 한광의 부장으로 장함에게 포위된 조나라를 구원하는 전투에 참여했다가 항우를 따라 관중으로 들어갔다. 항우가 천하에 제후를 봉할 때 연왕에 봉해졌다. 한광은 요동왕(遼東王)으로 옮겨진 뒤 장도에게 멸망당했다. 한신이 조나라를 격파하자 광무군 이좌거의 간언에 따라 한나라에 항복했다. 천하 통일 뒤 유방에게 반기를 들었다가 살해되었다. (1권 18회, 3권 76~77, 80~81, 85회)

장동(張仝) 하열(夏悅)과 함께 대주(代州)를 다스리던 권력자다. 한나라에 신복(臣服)하지 않다가 한신의 공격을 받고 죽었다. (2권 61회)

장량(張良, 기원전 250?~기원전 189) 자(字)는 자방이다. 전국시대 한(韓)나라 귀족 출신으로 그의 가문이 5세(世) 동안 한나라 재상을 지냈다. 박랑사(博浪沙)에서 철퇴로 진시황을 저격했으나 실패했다. 하비(下邳)에서 황석공(黃石公)을 만나 계책과 술수를 담은 비급을 얻어 공부했다. 역이기의 추천으로 한고조 유방을 도와 항우를 패퇴시키고 천하를 통일했다. 통일 뒤 유후(留侯)에 봉해졌으며, 흔히 소하, 한신과 함께 한초삼걸(漢初三傑)로 일컬어진다. 한고조가 태자 유영을 폐하고 척희 소생 유여의를 태자로 세우려 하자 상산사호를 초빙하여 유영을 보필하게 하고 태자의 지위를 공고하게 했다. 만년에는 벼슬을 버리고 산수 간에 은거하여 여생을 마쳤다. 시호는 문성후(文成侯)다. (1권 8, 18~32회, 2권 48~50, 53~54, 56~61, 63~66회, 3권 71~77, 81~82, 84~86, 90, 97~98회)

장벽강(張辟彊) 장량의 아들이다. 여후의 오빠 여택과 친분이 있어서 여택을 부친 장량에게 소개했고, 이에 장량은 여택에게 상산사호를 초빙해오게 하여 태자 유영의 지위를 안정시켰다. (3권 90, 97회)

장신후(長信侯) → 노애(嫪毐)

장양왕(莊襄王) → 이인(異人)

장양후(莊襄后) → 주희(朱姬)

장염(張黶) 진나라 말기 장이의 장수다. 장이와 진여는 본래 막역한 사이로 진여는 장이를 아버지처럼 여겼다. 진나라 말기 장이와 진여는 진섭의 진영에 투신하여 진나라에 반기를 들었다. 우여곡절 끝에 장이는 거록(鉅鹿) 성에 갇혀 진나라 군대에 포위되었고, 진여는 거록 성 북쪽에 주둔하고 있었다. 이때 장이는 장염과 진택을 진여에게 보내 구원을 요청했지만, 진여는 두 사람에게 단지 군사 5천을 주었고, 두 사람은 군사 5천을 이끌고 진나라 장수 장함을 공격하다가 모두 몰살당하고 말았다. 이 때문에 장이와 진여의 막역한 사귐은 결국 원수로 바뀌고 말았다. (3권 71~73회)

장영(張榮) 번쾌 휘하의 기마병 장수다. 반란을 일으킨 노관을 치려고 길 좌우에 매복시켰다. (3권 100회)

장월(張月) 계포, 이번, 항양과 함께 초패왕 항우의 어가를 호위하는 장수다. 누번과의 싸움에서 화살을 맞고 말에서 떨어졌다. (3권 72회)

장의(張儀, ?~기원전 309) 전국시대 위나라 유세가로 귀곡자 문하에서 소진과 함께 유세술을 배웠다. 진나라가 가까운 나라와 연합하여 합종책을 타파해야 한다는 연횡책을 주장했다. 각국을 전전하며 온갖 술수로 연횡책을 설파하다가 위나라에서 병사했다. (2권 49회)

장이(張耳, ?~기원전 202) 진나라 말기 협객으로 이름을 날렸다. 진여와 문경지교를 맺고 무신을 조왕으로 세운 뒤 자신은 우승상이 되었다. 무신이 살해된 뒤에는 다시 조헐을 조왕으로 삼았다. 거록에서 진나라 군사에게 포위되었을 때 진여가 적극적으로 진나라를 공격하지 않자 결국 두 사람은 절교했다. 초패왕에 의해 조나라 북부 땅을 받고 상산왕(常山王)에 봉해졌다. 이일로 진여가 제나라 왕 전영과 연합하여 장이를 공격했고, 장이는 달아나 유방에게 투신했다. 다음해 장이는 한신과 함께 조나라 군사를 크게 격파했다. 이 과정에서 진여와 조헐은 살해되었고, 장이는 한신의 추천으로 조왕에 봉해졌다. (1권 14, 18회, 2권 53, 55, 62, 66회, 3권 68, 71, 73, 80~81, 85회)

장창(張蒼, 기원전 256~기원전 152) 창(蒼)은 창(倉)으로도 쓴다. 전국시대 말기 순자(荀子)의 제자로 이사, 한비(韓非) 등과 동문수학했다. 유방의 의군에 참여하여 삼진 평정 과정에서 큰 공을 세웠고, 항우와의 전투에서도 초나라 군량을 불태웠다. 연왕 장도의 반란을 진압하는 과정에서도 많은 전공을 세웠다. 북평후(北平侯)에 봉해졌다. 관영 사후 승상에 임명되어 국정을 관리했다. (1권 18회, 2권 44, 46~47회, 3권 73, 76, 80~81, 95회)

장평(章平) 진나라 대장 장함의 아우이며 부장이다. 항우가 숙부 항량의 원수를 갚으러 나섰을 때 장평은 초나라 장수 영포에게 패배했다. 나중에 대산관(大散關)을 지키다가 한신의 계략에 빠져 관문을 빼앗기고 포로가 되었다. 한신은 옹왕 장함의 화를 돋우기 위해 장평의 한쪽 귀를 자르고 폐구(廢丘)의 장함에게 보냈다. (1권 15회, 2권 43, 45~46회)

장함(章邯, ?~기원전 205) 『사기정의(史記正義)』에 '邯'의 발음을 '胡甘切'이라 했으므로 '함'으로 읽는다. 진나라를 수호한 최후의 장수다. 진나라에 항거한 진승의 군사를 격파했고, 이후 계속해서 반진(反秦) 영수 항량을 공격하여 죽였다. 거록(鉅鹿)과 장우(漳紆) 등지의 전투에서 항우에게 대패한 뒤 항복했다. 항우에 의해 삼진 땅 중에서 옹왕(雍王)에 봉해졌다. 한나라 한신의 공격을 받고 대패하여 도림(桃林)으로 도주했다가 자결했다. (1권 5, 12~18, 21, 26회, 2권 43, 46~48회)

적왕(翟王) → 동예(董翳)

전광(田光) 제나라 왕 전광(田廣)의 조카다. 한신이 제나라를 공격하자 제나라에서는 전광을 항우에게 보내 구원을 요청했다. (3권 67, 70회)

전광(田廣, ?~기원전 204) 제나라 왕 전영의 아들이며 전횡의 조카다. 전영이 죽은 뒤 숙부 전횡에 의해 제왕에 옹립되었다. 역이기를 삶아 죽이고 한나라에 대항하다 한신에게 사로잡혀 죽었다. (3권 69~70회)

전긍(田肯) 한나라 초기 대부다. 한고조가 한신을 사로잡아 오자, 한신의 공적을 생각하여 관대하게 처분해야 한다고 간언을 올렸고, 한고조는 한신을 회음후에 봉했다. (3권 88회)

전담(田儋. ?~기원전 208) 전국시대 제나라 왕족으로 제나라 멸망 뒤 사촌동생 전영, 전횡과 적현(狄縣)으로 이주하여 세력을 키웠다. 진승과 오광이 진나라에 반란을 일으키자 옛 제나라 땅을 수복하고 자립하여 제왕(齊王)이 되었다. 진나라 장수 장함이 위나라를 공격하자 구원에 나섰다가 사마흔에게 패배하여 죽었다. (1권 13회)

전영(田榮. ?~기원전 205) 진나라 말기 전담이 자립하여 제왕(齊王)이 되었다가 진나라에 패배하여 죽은 뒤 전영이 뒤를 이어 제나라 왕을 칭했다. 『서한연의』에 의하면 초패왕 항우가 제후를 분봉하면서 전횡은 상제왕(上齊王), 전영은 전제왕(前齊王)에 봉한 것으로 되어 있지만, 정사에는 전영이 정식으로 분봉을 받지 못했고, 전횡도 제후왕에 봉해진 적이 없는 것으로 나와 있다. 전영이 항우에게 불만을 품고 항거하자 항우가 정벌에 나섰다. 패배한 전영은 평원(平原)으로 도망갔다가 그곳 백성들에게 살해되었다. 이후 전횡은 전영의 아들 전광을 보위에 올렸다. (1권 26회)

전횡(田橫. ?~기원전 202) 진나라 말기 사촌형 전담, 형 전영과 군사를 일으켰다. 형 전영이 죽은 뒤 형의 아들 전광을 보위에 올린 뒤 제나라 실권을 장악했다. 초한 쟁패 과정에서 자립을 추구하며 국력을 길렀다. 역이기의 유세를 듣고 한나라에 투항하려 했으나, 한신이 역이기의 공로를 시기하며 공격해와 역이기를 삶아 죽이고 한신에 대항했다. 한신의 대군에 패배하여 전광이 포로로 잡히자 그는 바다 속 섬으로 들어가 한나라에 복종하지 않았다. 천하 통일 뒤 황제가 된 유방이 전횡을 부르자, 전횡은 두 빈객과 함께 낙양으로 가다가 낙양성 30리 지점에서 한나라에 굴복하지 않고 자결했다. 이후 두 빈객도 전횡을 따라 자결했으며 섬에 남은 전횡의 부하 500명도 모두 자결하여 절개를 지켰다. (1권 26회, 2권 56회, 3권 68, 86회)

정(政) → 진시황(秦始皇)

정공(丁公) 초패왕 항우 휘하의 장수다. 주로 군문 출입을 관리했다. 항우가 전국에 제후를 봉할 때 정공은 우장군 직위를 받았다. (1권 15, 17, 22~23회, 2권 55~56회, 3권 72~73회)

정복(丁復, ?~기원전 183) 본래 조나라 장수였다가 한나라 유방의 진영에 가담했다. 초한 쟁패 과정에서 공을 세워 양도후(陽都侯)에 봉해졌고 시호는 경후(敬侯)다. (1권 18회)

조고(趙高, ?~기원전 207) 진시황의 내시다. 진시황 사후 이사와 진시황의 유서를 날조하여 태자 부소를 자결하게 하고, 호해를 보위에 올렸다. 지록위마(指鹿爲馬)와 같은 술수로 권력을 농단하며 진나라를 망국의 수렁에 빠뜨렸다. 이사를 모함하여 죽이고 진이세를 자결하게 한 뒤 자영을 보위에 올렸지만 결국 자영에 의해 목이 잘렸다. (1권 6, 8~10, 13, 16, 19회)

조구(曹咎, ?~기원전 203) 초패왕 항우 휘하의 장수다. 항우는 조구에게 유방이 성고에서 물러난 뒤 성고를 점령하고 굳게 지키기만 하라고 명령했으나, 조구는 한나라 군사들의 모욕을 참지 못하고 성을 나섰다가 포위되어 범수(汜水) 가에서 자결했다. (2권 66회, 3권 67회)

조덕(祖德) 한나라 장수다. 경삭하 전투에서 한나라 포위망에 갇힌 초나라 군사에게 계포와 종리매가 접근하는 걸 막다가 계포의 창에 찔려 죽었다. (2권 58회)

조리(趙利) 한나라 초기에 왕황 등에게 왕으로 추대된 옛 조나라 장수다. (3권 88회)

조무상(曹無傷, ?~기원전 206) 무(無)는 무(毋)로도 쓴다. 유방이 관중에 먼저 입성하고 항우와 대치할 때 유방의 좌사마(左司馬)였다. 항우에게 비밀리에 사자를 보내 유방의 세 가지 죄상을 알렸다. 이 일로 항우는 더욱 유방을 적대시하며 홍문연을 열어 유방을 죽이려 했다. 일이 발각되어 결국 유방에게 참수되었다. (2권 21, 24회)

조삼공(趙三公) 한(韓)나라 도성 서쪽에 거주하는 노인이다. 사람들에게 옛날 태평시절을 이야기하며 은근히 진시황의 폭정을 드러냈다. (1권 7회)

조상(趙常) 진나라 간신 조고의 조카다. 조고가 장함을 소환하기 위해 조상을 파견했으나 장함은 조고의 음모를 알아채고 조상을 참수했다. (1권 16~17회)

조성(趙成, ?~기원전 207) 진나라 간신 조고의 아우다. 조고의 음모에 따라 염락과 함께 진이세를 핍박하여 자결하게 했다. 자영이 진삼세로 등극하여 조고를 참수하고 그의 삼족을 멸할 때 조성도 연좌되어 죽었다. (1권 19회)

조왕(趙王) 조나라 효성왕(孝成王, ?~기원전 245)이다. 혜문왕(惠文王)의 태자 단(丹)으로 어린 나이에 보위에 올랐기에 모후인 혜문태후(惠文太后)가 수렴청정을 했다. 조나라에 인질로 잡혀 있던 이인의 탈출을 막지 못했다. 자주 진나라의 침략에 시달렸으나 한때 노중련(魯仲連)과 신릉군(信陵君)의 도움으로 진나라 군사를 격파하기도 했다. (1권 5회)

조참(曹參, ?~기원전 190) 자는 경백(敬伯)으로 유방의 고향인 패현 사람이다. 유방의 의군에 처음부터 참여하여 수많은 전투에서 혁혁한 공을 세웠다. 한나라 건국 뒤 평양후(平陽侯)에 봉해졌다. 소하 사후 한나라의 두번째 승상이 되어 소하가 정한 법령을 준수했다. (1권 18~19, 28회, 2권 40, 47~63회, 3권 69~70, 73, 80~82, 89, 96, 101회)

조헐(趙歇, ?~기원전 204) 전국시대 조나라 귀족의 후예로 장이와 진여에 의해 조왕에 옹립되었다. 진나라 장함이 조나라를 공격할 때 대군을 동원하여 거록을 포위 공격했다. 항우는 장이를 상산왕에 봉하고 조헐을 대왕으로 옮겼지만, 진여가 장이를 축출하고 다시 조헐을 조왕으로 세웠다. 이후 한신이 조나라를 공격하여 배수진을 치고 승리한 뒤 진여와 조헐을 죽였다. (2권 62회)

조흡(趙歙) 진나라 말기 진승의 반란 이후 자립한 조나라 왕이다. 초나라 항우를 도와 장함에 대항했다. (1권 14~15회)

조희(趙姬) → 주희(朱姬)

종공(樅公) 항우가 문무 대소 관료를 새로운 수도 팽성을 건설하는 데 보낸 뒤, 함양을 지키라고 남겨둔 장수다. 나중에 유방에게 투항했고, 유방이 형양성에서 철수할 때 주가와 함께 성을 고수하라고 명령을 내렸다. 두 사람은 성이 함락되고도 항우에게 항복하지 않고 목숨을 바쳐 절개를 지켰다. (1권 33회, 2권 65회)

종리매(鍾離昧, ?~기원전 200) 매(昧)는 매(眛)로도 쓴다. 본래 회계 군수 은통의 아장(牙將)이었다가 계포와 함께 항우에게 항복했다. 초패왕 항우의 용장으로 많은 전공을 세웠다. 해하 전투 때 초나라 진영을 떠나 옛 친구 한신에게 투신했다. 진평의 계책에 빠진 한신이 종리매를 죽여 한고조에게 보내려 하자 한신을 꾸짖으며 자결했다. (1권 15, 18, 27, 33회, 2권 51, 54,

58~60, 63~65회, 3권 67~68, 71~82, 86~88회)

주가(朱家) 진한 교체기의 협객이다. 노예로 변장하여 자신의 집에 숨어든 계포를 알아보고 하후영에게 계포가 사면받을 수 있도록 건의했다. 하후영이 한고조에게 계포의 사면을 상주하여 허락받았다. (3권 86회)

주가(周苛, ?~기원전 203) 한고조 유방의 장수로 주창의 사촌형이다. 유방의 반진(反秦) 거병 때부터 참가하여 관중 공격에서 전공을 세웠다. 유방이 한 왕으로 책봉된 뒤에는 한중으로 들어가 어사대부가 되었다. 유방이 철수한 뒤 형양성을 지키다가 종공과 함께 순절했다. 사후 고경후(高景侯)에 봉해졌다. (2권 42, 45, 65회)

주거(周䒥) 팽월의 부장이다. 팽월이 항우의 공격을 피해 외황을 떠난 뒤 외황 현령 구명(仇明)과 함께 외황을 지키다가 항우에게 항복했다. (3권 67회)

주괴(朱蒯) 진나라 장수다. 유방이 관중으로 진격할 때 무관을 지키다가 패배하여 도주했다. (1권 19~20회)

주길(周吉) 남양 땅의 장사로 왕릉과 문경지교를 맺었다. 왕릉의 요청으로 유방의 부친 태공 일가를 호송하다가 초나라 대장 영포에게 패배해서 죽었다. (2권 50~51회)

주란(周蘭) 초패왕 항우 휘하의 장수다. 용저와 함께 제나라를 구원하러 고밀(高密)까지 갔다가 용저의 경솔함으로 인해 유수(濰水)에서 한신에게 대패하여 도주했다. 광무산 전투에서 한신의 태을진(太乙陣)을 알아보고 탈출할 수 있게 했다. 구리산으로 출전하지 말도록 항우에게 간언을 올렸으나 채택되지 못했다. 해하에서 한나라의 포위망 속에서 항우를 보위하기 위해 끝까지 결사전을 벌이다가 환초와 함께 자결했다. (3권 69~70, 74~83회)

주리(周利) 남양 땅의 장사다. 주길과는 친형제간인데 주길(周吉)를 먼저 쓰는 것으로 보아 주길이 형이고 주리가 동생으로 보인다. 유방의 부친 태공 일가를 호송하다가 영포에게 패배해서 죽었다. (2권 50~51회)

주발(周勃, ?~기원전 169) 한고조 유방의 장수로 유방과 함께 반진(反秦) 의군을 일으켰다. 삼진 평정 전투, 성고 전투 등에서 탁월한 전공을 세워 강후(絳侯)에 봉해졌다. 천하 통일 뒤 태위(太尉)가 되었고, 한고조 사후 여후의 일족이 정권을 오로지하자 진평 등과 모의하여 여씨 일족을 주살하고 문제(文帝)를 옹립했다. 이후 승상 직에 올랐으며 자신의 후임으로 관영을 추천했다. 문제 11년에 세상을 떠났다. 시호는 무후(武侯)다. (1권 18, 28회, 2권 40, 42~43, 46~48, 50~53, 55~56, 58, 61~62, 64, 66회, 3권 68, 72~74, 76~77, 80~81, 83, 89, 91~92, 94, 96, 100~101회)

주숙(周叔) 서위왕 위표의 모사다. (2권 49회)

주원신(周元臣) 한고조 유방의 근신이다. 삼진 정벌을 준비하는 한신 진영으로 파견되어 유방의 칙지와 술 및 양고기를 전했다. (2권 42회)

주은(周恩) 광무산 전투에 참가한 주은(周殷)과는 다른 사람이다. 초나라 세력하의 서류(舒六, 지금의 안휘성 장강 북쪽 일대) 땅을 다스린 권력자다. 영포와 친분이 두터워 영포가 한나라에 투항하자 자신은 서류 땅을 관장하며 항우에 협력하지 않았다. 항우가 이녕을 파견하여 군사 지원을 요청했으나 거절했다. (3권 78회)

주은(周殷) 초패왕 항우의 장수다. 광무산 전투에서 항우와 함께 한신의 포위망을 뚫었다. (2권 63회, 3권 73~74회)

주장(周長) 항우의 초나라가 멸망한 뒤 계포는 도주하여 함양 땅 주장의 집에 숨어 살았다. 주장이 계포에게 한나라가 그를 수배한다는 소식을 알리자 계포는 노예의 모습을 가장하고 자신의 몸을 주가에게 팔았다. (3권 86회)

주종(周從) 해하 전투에서 조참의 부장으로 출전하여 주란과 환초의 진로를 끊었다. (3권 83회)

주창(周昌, ?~기원전 192) 한고조 유방의 장수로, 유방과 동향인이다. 누차 전공을 세워 분음후(汾陰侯)에 봉해졌다. 유방이 태자 유영을 폐하고 유여의를 태자로 세우려 하자 직간을 올려 그만두게 했다. 유여의가 조왕(趙王)으로 부임할 때 조나라 재상으로 임명되었다. 유여의가 여후에게 살해되자 슬픔 속에서 지내다가 3년 만에 세상을 떠났다. 시호는 도후(悼侯)다. (1권 18회, 2권 43, 58, 61회, 3권 67~68, 73, 76, 90~92, 94, 97~98회)

주태(周態) 진나라 대장 장함의 부하 장수다. (1권 15회)

주희(朱姬) 여불위의 애첩으로 나중에 이인에게 바쳐져 진시황 영정을 낳은 여인이다. 흔히 조희(趙姬)로 알려졌으나 중국 정사에는 성명이 전하지 않는다. 조나라 여인이라는 의미의 조희로 칭하게 된 것은『동주열국지(東周列國志)』이후의 일이다. 이인이 진나라 보위에 오른 뒤 장양후가 되었다. 장양왕 사후 아들 정이 즉위하자 여불위와 사통했으며 다시 여불위가 바친 노애와 사통하여 두 아들을 낳았다. 진왕 정은 노애의 반란을 진압한 뒤 노애와 두 아들을 죽이고 모후는 별궁에 유폐했다. 이후 진왕 정은 모초의 간언을 듣고 모후와 화해했다. (1권 4, 6회)

진동(陳同) 진나라 말기 진류(陳留) 태수다. 그의 친한 친구 역이기의 권유로 유방에게 투항했다. 나중에 영포와 연합하여 성고를 함락시켰다. (1권 18회, 3권 67회)

진산(陳産) 진희의 부장이다. (3권 91회)

진삼세(秦三世) → 자영(子嬰)

진승(陳勝, ?~기원전 208) 자는 섭(涉)으로 진나라 말기에 가장 먼저 반군(反軍)을 일으켜 장초(張楚) 정권을 세우고 왕을 칭했다. 이후 항우와 유방 그리고 전국시대 각 제후국 후예들이 반진(反秦) 의군을 일으켜 중국 전역을 분할했다. 진나라 장수 장함에게 패해 여음(汝陰) 땅으로 도주했다가 수레꾼 장가에게 피살되었다. (1권 10회)

진시황(秦始皇, 기원전 259~기원전 210) 여불위가 자신의 아이를 임신한 주희를 이인에게 바쳤고, 주희가 아들 정(政)을 낳았으며, 정이 장양왕 사후 진나라 보위에 올라 진시황이 되었다. 이 때문에 본래 성명은 영정(嬴政)이지만 여불위의 성을 따서 여정(呂政)이라 쓰기도 한다. 전국시대를 통일하고 전국에 군현제를 시행했다. 형가(荊軻)와 장량의 공격을 받았으나 위기를 모면했다. 모후와 결탁한 노애의 반란을 진압했고, 모후와 사통한 여불위를 추방하여 자결하게 했다. 불로장생을 위해 서복을 동해로 파견했으나 불로초를 구하지 못했다. 유가 서적을 불태우고 유생을 생매장해서 죽였다. 천하 순행 도중 병이 들어 사구(沙丘)에서 죽었다. (1권 4, 6~9회)

진여(陳餘, ?~기원전 204) 초한 쟁패 시기 위나라 명사다. 봉호는 성안군(成安君)이다. 진나라 말기 무신을 조왕으로 옹립하고 자신은 대장군이 되었다. 무신이 살해된 뒤에는 조헐을 조왕으로 세웠다. 진나라 장수 장함의 공격을 받고 거록에서 포위됐다가 항우의 도움으로 풀려났다. 이 과정에서 진나라를 적극적으로 공격하지 않아, 문경지교를 맺은 장이와 절교했다. 항우가 책봉한 제후 봉작에 불만을 품고 제나라 왕 전영과 연합하여 장이를 쫓아내고 조헐을 다시 왕으로 세운 뒤 자신은 자립하여 대왕(代王)이 되었다. 한신이 위나라를 함락한 뒤 장이와 함께 조나라를 공격하자 이좌거의 간언을 무시하고 한신의 배수진을 얕보다가 대패했으며, 결국 지수(泜水) 가에서 한나라 장수 관영에게 살해되었다. (1권 14, 17~18회, 2권 62회, 3권 71회)

진영(陳嬰, ?~기원전 183) 진나라 말기에 우태(盱胎)에서 진시황의 폭정에 항거하는 군사를 일으켰다. 그뒤 초나라 항량에게 투항하여 초회왕을 옹립했다. 초회왕에 의해 상주국(上柱國)에 임명되고 다섯 현(縣)을 봉토로 받았다. 나중에 다시 한나라 유방에게 투항하여 당읍후(堂邑侯)에 봉해졌다. (1권 12~13회)

진왕정(秦王政) → 진시황(秦始皇)

진이세(秦二世) → 호해(胡亥)

진택(陳澤) 진나라 말기 장이의 장수다. → 장염(張黶) 참조.

진패(陳沛) 한고조 유방의 장수다. 유방이 관중으로 진격할 때 큰 공을 세웠고, 함곡관을 공격하는 항우를 방어했다. 주로 설구와 짝을 이뤄 작전을 수행했다. (1권 18, 20~21회, 2권 44, 48, 52, 58회)

진평(陳平, ?~기원전 178) 한고조 유방의 뛰어난 모사 중 한 사람이다. 본래 초패왕 항우의 모사였으나 항우가 간언을 받아들이지 않자 유방에게 귀의했다. 그의 공로는 흔히 '육출기계(六出奇計)'라는 말로 정리하곤 한다. 첫째, 반간계로 초나라 모사 범증을 축출한 일. 둘째, 초나라 사신에게 나쁜 음식을 대접하여 의심을 야기한 일. 셋째, 형양(榮陽)에서 항우에게 포위되었을 때 유방 대신 기신을 항복하게 하고 유방을 탈출시킨 일. 넷째, 한신을 제나라 왕에 봉하게 하고 군사 협력을 이끌어낸 일. 다섯째, 한신을 운몽(雲夢)으로 유인하여 사로잡은 일. 여섯째, 백등에서 흉노에게 포위되었을 때 미인 그림으로 황제를 탈출시킨 일이 그것이다. 이러한 공로로 곡역후(曲逆侯)에 봉해졌다. 여후 정권에서 우승상을 지냈으나 여후가 죽자 주발 등과 모의하여 여씨 일가를 축출하고 문제를 옹립했다. 시호는 헌후(獻侯)다. (1권 23, 26~27, 30, 33회, 2권 53~54, 56~57, 60~66회, 3권 72~77, 80, 87~89, 91, 94~96, 98, 101회)

진하(陳賀) 공희와 함께 태산 등운령(登雲嶺)에 숨어 살며 무예를 닦다가 한신에게 투신한 장수다. 유방이 구리산 십면매복에 나설 때 앞길에서 백성을 효유하는 임무를 맡고 비후(費侯)에 봉했다. 유방이 항우를 유인할 때 진하와 좌우 날개 역할을 하다가 항우의 창에 찔려 죽었다. (3권 78~81회)

진희(陳豨, ?~기원전 195) 한나라 맹장으로 한신의 부장을 지냈다. 한신이 천하 통일 뒤 억울하게 한고조에게 핍박을 받자 대(代) 땅에서 반란을 일으켜 대왕(代王)을 칭했다. 한고조 유방이 직접 공격에 나서 반란군을 평정했고 번쾌가 진희를 참수했다. 한신도 이 반란에 연루된 것으로 의심을 받아 여후에게 사로잡혀 참수되었다. (1권 17회, 3권 80~81, 91~94회)

【ㅊ】

창해공(滄海公) 성은 여씨(黎氏)로 해변에 살며 백 근짜리 쇠창을 쓰는 장사다. 장량과 모의하여 박랑사에서 철퇴로 진시황을 저격했으나 실패하고 사로잡혀 기둥에 머리를 박고 자결했다. (1권 8회)

척공(戚公) 한고조 유방의 총비(寵妃) 척희의 아버지다. 유방이 팽성 수수 전투에 패배하여 쫓기고 있을 때 하룻밤 잠자리를 제공하며 자신의 딸을 유방에게 바쳤다. 유방은 혁대를 예물로 주고 척씨 처녀와 동침했고, 천하 통일 뒤 정식 후궁으로 맞아들였다. (2권 55회)

척사(戚思) 한나라 장수로 구리산 십면매복에서 사방 군사들의 전진을 재촉하는 역할을 맡았다. (3권 80회)

척씨 처녀 → 척희(戚姬)

척희(戚姬) 척가장(戚家莊) 척공의 딸이다. 팽성 전투에서 패배하여 쫓기는 유방에게 척공이 자신의 딸을 바쳤고 천하 통일 뒤 정식으로 후궁이 되었다. 한고조 유방의 총애를 받으며 아들 여의(如意)를 낳았다. 한고조는 여의를 태자로 삼으려 시도했지만 대신들의 반대로 실패했다. 한고조 사후 여후는 척희와 여의를 비참하게 죽였다. (2권 55회, 3권 90~91, 97~99회)

초초(楚招) 진희의 부장이다. (3권 91회)

초패왕(楚霸王) → 항우(項羽)

초회왕(楚懷王) → 회왕(懷王)

【ㅌ】

태공(太公, 기원전 281~기원전 197) 한고조 유방의 부친이다. 항우에게 사로잡혀 고통을 당하다가 홍구(鴻溝)를 경계로 삼자는 강화 회담 이후 석방되어 한나라로 귀환했다. (1권 10회, 2권 51, 55~56회, 3권 73, 75회)

태상황(太上皇) → 태공(太公)

【ㅍ】

패공(沛公) → 유방(劉邦)

패왕(霸王) → 항우(項羽)

패현 현령 본래 소하와 조참을 따라 반진(反秦) 의군을 일으키기로 약속했으나 유방의 세력이 강한 것을 보고 소하와 조참을 죽이려 하다가 패현 백성들에게 주살되었다. (1권 10회)

팽월(彭越, ?~기원전 196) 진나라 말기 반진(反秦) 의군을 일으켜 주로 위나라 땅에서 활약하며 항우에게 협력했다. 위나라 상국, 건성후(建成侯)에 봉해졌다. 팽성 전투 뒤 한나라에 귀의하여 양(梁) 땅을 중심으로 황하 유역에서 유격전을 벌였다. 초한 쟁패 과정에서 유방의 군량 보급로를 확보하고 넉넉한 군량을 제공했다. 이로써 항우는 자신의 보급선을 잃고 큰 고통을 당했다. 한신, 영포와 함께 한나라 개국 3대 명장으로 꼽힌다. 천하 통일 뒤 참소에 의해 억울한 죽음을 당했다. (2권 54, 56~57, 64회, 3권 67, 77, 80~81, 83, 85, 88, 91, 95회)

포(蒲) 장군 초나라 항우의 장수다. 경삭하 전투에서 한나라 포위망을 탈출한 항우의 뒤를 막고 한나라 군사를 물리쳤다. (2권 59회)

표모(漂母) 회수(淮水)에서 빨래하는 아낙네로 어린 시절 밥을 굶는 한신에게 소쿠리 밥을 주어 허기를 면하게 해주었다. 천하 통일을 이룬 뒤 초왕이 된 한신은 표모를 찾아가서 천금으로 사례했다. (1권 13회, 3권 85회)

풍경(馮敬) 서위왕 위표의 기장(騎將)이다. 진나라 장수 풍무택(馮無澤) 아들이다. 한나라 기병대장 관영의 상대였으나 황하를 건너 공격해오는 한나라 군사에게 패배하여 도주했다. (2권 59~60회)

필혁(畢革) 진삼세 자영의 상대부다. 진삼세를 설득하여 유방에게 항복하게 했다. (1권 20회)

【ㅎ】

하열(夏悅) 장동과 함께 대주(代州)를 다스리던 권력자다. 한나라에 신복(臣服)하지 않다가 한신의 공격을 받고 죽었다. (2권 61회)

하태후(夏太后) 이인의 생모로 일찍 죽었다. 이인이 보위(장양왕)에 오른 뒤 하태후로 추존했다. (1권 6회)

하황공(夏黃公) → 상산사호(商山四皓)

하후영(夏侯嬰. ?~기원전 172) 한고조 유방의 어릴 때 친구다. 유방의 수레를 몰며 여러 차례 큰 전공을 세워 등공(滕公)에 봉해졌다. 나중에 더욱 혁혁한 공을 세워 소평후(昭平侯)와 여음후(汝陰侯)의 봉작을 받았다. 초나라에서 투항해온 한신을 알아보고 유방에게 추천했다. 팽성에서 패배한 항우의 수레를 몰며 항우의 자녀를 보호한 일은 매우 유명하다. (1권 13, 18, 22~23회, 2권 35~39, 43, 45~46, 53, 56, 60회, 3권 70, 72~73, 77, 80~81, 86, 98회)

한고조(漢高祖) → 유방(劉邦)

한담(韓覃) 진삼세 자영의 휘하 장수다. 이필과 함께 조고를 사로잡아 참수했다. (1권 19회)

한생(韓生) 초패왕 항우의 간의대부(諫議大夫)다. 항우가 항간의 민요를 믿고 도읍을 관중에서 팽성으로 옮기려 하자 강력하게 간언을 올렸으나 듣지 않고 결국 그를 삶아 죽였다. (1권 30회)

한신(韓信. ?~기원전 196) 전국시대 한(韓)나라 왕손으로 어린 시절 매우 불우했다. 당시 일화 중에서 빨래하는 아낙네(漂母)에게 밥을 빌어먹은 일과 불량배의 가랑이 사이를 기어나간 일은 매우 유명하다. 병법에 밝아 항우의 진영으로 투신하여 재능을 발휘하고 싶어했으나 항우가 중용하지 않았다. 이후 장량의 권유로 한나라 유방에게 갔고, 하후영과 소하의 추천으로 대장이 되어 천하 평정에 불후의 공을 세웠다. 관중을 수복하고 위(魏), 조(趙), 연(燕), 제(齊)를 격파하여 제왕(齊王)에 봉해졌다. 해하에서 항우를 포위 공격하여 자결하게 하고 최후의 승리를 거뒀다. 소하, 장량과 함께 한초삼걸로 일컬어진다. 통일 뒤 초왕(楚王)으로 봉지가 옮겨졌다가 무고(誣告)에 걸려 회음후(淮陰侯)로 강등되었다. 마지막에는 진희의 반란에 연루되었다는 혐의로 여후에게 체포되어 목이 잘리고 그의 가족도 멸문지화를 당했다. (1권 13, 27, 30~33회, 2권 34~48, 50~63, 66회, 3권 67~74, 77~83, 85, 87~88, 90~91, 93회)

한영(韓榮) 진삼세 자영의 휘하 장수다. 무관을 지키는 주괴를 돕도록 파견되었으나 유방의 관중 진공을 막지 못했다. (1권 19~20회)

한왕(漢王) → 유방(劉邦)

한왕성(韓王成) → 희성(姬成)

한왕신(韓王信) → 희신(姬信)

한일휴(韓日休) 유방이 팽성 수수 전투에서 패배한 뒤 형양으로 후퇴했을 때 형양성을 수비한 장수다. (2권 56회)

한장(韓章) 진나라 대장 장함의 부하 장수다. (1권 15회)

합정적(哈廷赤) 한나라 북방을 침공한 오랑캐 왕의 대장이다. 큰 도끼를 쓰며 용맹을 떨쳤으나 진희의 유인책에 걸려 죽었다. (3권 91회)

항동(項東) 항백의 아들이다. 소화공주와 혼인하고 소신후(昭信侯)에 봉해졌다. 『서한연의』에만 기록이 있고 정사에는 기록이 없다. (3권 99회)

항량(項梁. ?~기원전 208) 초나라 마지막 명장 항연(項燕)의 아들로, 항우의 숙부이고 항백의 형이다. 진나라 말기 회계에서 조카 항우와 함께 의군을 일으켜 폭정에 항거했다. 초회왕을 세워 초나라가 천하의 구심이 되게 했다. 초왕에 의해 무신군(武信君)에 봉해졌다. 자신의 무용과 세력에 자만하다가 진나라 장수 장함에게 패배하여 죽었다. (1권 9~13회)

항명(項明) 전국시대 초나라 양양(襄陽)을 지키던 장수다. 진나라 장수 장함이 위나라를 공격할 때 항우의 군대에 가담하여 동예를 추격하다가 구원에 나선 이유에게 패배했다. (1권 13회)

항백(項伯. ?~기원전 192) 이름은 전(纏)이고 자가 백(伯)이다. 초나라 명문 항씨(項氏)의 후예로 항량의 아우이며 항우의 숙부다. 한(漢)나라 장량과 우호 관계를 맺고 홍문연에서 유방을 보호했다. 항우의 모사 범증이 추방되어 죽은 뒤 범증의 역할을 대신했다. 항우가 해하에서 패배할 때 장량을 찾아가 몸을 의탁했으며, 나중에 유방에게 항복하여 유씨(劉氏) 성을 하사받고 사양후(射陽侯)에 봉해졌다. (1권 8, 21~23, 29회, 2권 59, 63~64, 66회, 3권 71, 73~74, 77, 79, 82, 84회)

항앙(項昻) 계포, 이번, 장월과 함께 초패왕 항우의 어가를 호위하는 장수다. 누번과의 싸움에서 화살을 맞고 말에서 떨어져, 한나라 장수 왕릉에게 참수되었다. (3권 72회)

항우(項羽. 기원전 232~기원전 202) 초나라 마지막 명장 항연의 손자이며 항량과 항백의 장조카다. 이름은 적(籍), 자는 우(羽)로 초나라 하상(下相) 사람이다. 숙부 항량과 회계에서 반진(反秦) 의군을 일으켰다. 용력이 뛰어나 천하무적이었다. 항량이 죽은 뒤 초나라 권력을 장악하고 진나라 장함과 왕리의 군사를 격파했다. 관중으로 들어간 뒤 진나라 군사와 백성을 학살했다. 초패왕에 등극하여 의제를 시해하고 천하의 제후를 봉했다. 한나라 유방과 천하를 놓고 쟁패하다가 해하에서 패배했고, 결국 오강(烏江)에서 한나라 군사에게 포위되어 자결했다. (1권 9~16, 18~27, 30, 33회, 2권 49, 51~61, 63~66회, 3권 67, 72~84회)

항장(項莊) 항우의 일가 아우(사촌아우라고도 함)로 검객이다. 홍문연에서 칼춤을 추며 유방을 죽이려 하다가 항백의 방해로 실패했다. "항장이 칼춤을 추는 것은 그 의도가 패공에게 있다(項莊舞劍, 意在沛公)"는 고사성어가 여기에서 나왔다. 항우의 측근 장수로 계속 활약했다. (1권 23회, 2권 52~53, 55, 58회, 3권 73, 77~78회)

항적(項籍) → 항우(項羽)

항타(項它) 서위왕 위표의 보장(步長)이다. 한나라 보병대장 조참의 상대였으나 황하를 건너 공격해오는 한나라 군사에게 패배했다. (2권 59회)

허부(許負) 한나라 초기에 활동한 여성으로 관상술에 뛰어났다. 수많은 왕후장상의 관상을 보고 그 사람의 운명을 알아맞혔다고 한다. 한신과 위표의 관상을 본 이야기가 『서한연의』에 실려 있다. 한고조가 신기하게 여겨 그녀를 명자후(鳴雌侯)에 봉했다. 명나라 때 주리정(周履靖)이 수집·정리한 『허부상법(許負相法)』 16편이 전해온다. 『서한연의』에 나오는 허부는 성별이 밝혀져 있지 않지만 대체로 남자로 인식하고 있는 듯하다. (1권 13회, 2권 55, 59회)

형산왕(荊山王) → 오예(吳芮)

혜제(惠帝) → 유영(劉盈)

호첩(扈輒) 양왕(梁王) 팽월의 대부다. 전국시대 말기 조나라 장수 호첩(扈輒)과는 다른 사람이다. 태복의 고변으로 팽월이 장안으로 가려 할 때, 그곳으로 가면 반드시 목숨을 잃는다고 간언을 올렸다. 팽월은 결국 장안으로 가서 돌아오지 못했다. (3권 95회)

호해(胡亥, 기원전 230~기원전 207) 진시황의 열여덟째 아들이며 태자 부소의 아우다. 조고와 이사가 진시황의 유서를 위조하여 호해를 진이세로 등극하

게 했다. 조고의 농간을 알아채지 못하고 폭정을 자행하다가 진승과 오광의
항쟁을 불렀다. 결국 조고의 사위 염락의 핍박으로 자결했다. (1권 9~10회)

화양부인(華陽夫人) 진나라 안국군의 부인으로 아들이 없었다. 여불위의 계
책으로 조나라에서 탈출해온 이인을 후사로 삼았다. 자신이 초나라 출신이
었으므로 이인의 이름을 자초로 바꾸게 했다. (1권 3, 5~6회)

환초(桓楚) 초패왕 항우의 장수다. 본래 회계의 도산(塗山)에서 우영과 함께
의적 활동을 하다가 항우의 초빙에 응하여 하산했다. 해하 전투에서 최후까
지 항우에게 충성을 바치다가 주란과 함께 스스로 목숨을 끊었다. (1권 11,
13, 15, 18, 27, 32회, 2권 55, 58회, 3권 72~74, 76, 79, 82~83회)

황석공(黃石公) 하비의 은사(隱士)다. 진시황을 저격하다 실패한 뒤 하비로
도피한 장량에게 천하의 비급을 주어 천자를 보좌할 재능을 닦게 했다. (1권
8회)

회왕(懷王, ?~기원전 206) 이름은 심(心)으로 전국시대 초회왕(楚懷王) 웅괴
(熊槐)의 직계 후손이다. 『서한연의』에서는 미심(米心)으로 표기했지만 '미
(米)'는 초나라 왕실 성씨인 '미(羋)'나 '웅(熊)'으로 써야 옳다. 초나라가
망한 뒤 초나라 태자부인 위씨(衛氏)가 그를 데리고 민간에 숨어 살았다. 초
나라 후예 항량이 의군을 일으킨 뒤 그를 옹립하고, 초나라 백성에게 진나
라에 대한 원한을 상기시키기 위해 역시 회왕이라 불렀다. 천하 쟁패의 야
심을 가진 항우는 회왕을 의제로 높여주고 남쪽 변방 침주(郴州)로 추방한
뒤 영포 등을 시켜 시해했다. 유방은 이후 의제를 위해 상복을 입음으로써
천하의 민심을 얻었다. (1권 12~14, 18, 25, 32회)

회음후(淮陰侯) → 한신(韓信)

효문왕(孝文王) → 안국군(安國君)

후공(侯公) 낙양 사람이다. 한고조 유방이 동정(東征)을 위해 낙양에 들렀을
때 동삼로와 함께 시정의 폐단을 지적했다. 유방을 위해 항우에게 유세하여
홍구를 경계로 땅을 나누고 쌍방이 강화하게 했으며, 유방의 부친 태공 및
모든 가족이 귀환할 수 있게 했다. (3권 75회)

후생(侯生) 진시황에 의해 노생과 함께 생매장된 유생이다. (1권 7회)

희강(姬康) 한(韓)나라 공자 중 한 명이다. 유방이 희신을 한왕(韓王)에 봉할
때, 희강은 진류군(陳留君)으로 봉하여 한왕을 보필하게 했다. (2권 54회)